Jacob Müller Johann Heinrich

Mathematischer Supplementband zum Grundriss der Physik und Meteorologie

Jacob Müller Johann Heinrich

Mathematischer Supplementband zum Grundriss der Physik und Meteorologie

ISBN/EAN: 9783744682206

Hergestellt in Europa, USA, Kanada, Australien, Japan

Cover: Foto ©ninafisch / pixelio.de

Weitere Bücher finden Sie auf **www.hansebooks.com**

Mathematischer Supplementband

zum

Grundriß

der

Physik und Meteorologie.

Von

Dr. Joh. Müller,

Professor der Physik und Technologie an der Universität zu Freiburg im Breisgau.

Mit 178 in den Text eingedruckten Holzschnitten.

Nebst besonders gedruckten Auflösungen.

Braunschweig,
Druck und Verlag von Friedrich Vieweg und Sohn.
1860.

Die Herausgabe einer Uebersetzung in englischer, französischer und anderen modernen Sprachen wird vorbehalten.

Vorrede.

In der Vorrede zur sechsten Auflage meines Grundrisses der Physik und Meteorologie habe ich bereits das baldige Erscheinen eines mathematischen Supplementbandes angekündigt, welchen ich hiermit der Oeffentlichkeit übergebe.

Die Motive, welche mich zur Ausarbeitung dieses Supplementbandes bestimmten, habe ich bereits an der angeführten Stelle kurz angedeutet.

Von mancher Seite her hat man gegen den Grundriß nicht mit Unrecht geltend gemacht, daß in demselben der mathematischen Entwickelung der Naturgesetze nicht soviel Gewicht beigelegt worden sei, wie es für solche Lehranstalten wünschenswerth und nothwendig ist, in welchen, wie z. B. auf technischen Vorbereitungsanstalten, die Mathematik mehr cultivirt und dem physikalischen Unterricht mehr Zeit gewidmet werden kann, als dies auf Gymnasien in der Regel geschieht.

Wenn man aber auf der einen Seite die Forderung nach einer weiter gehenden mathematischen Entwickelung als wohl begründet anerkennen muß, so ist es doch auf der anderen Seite auch als ein entschiedener Mißgriff zu bezeichnen, wenn man die experimentelle Begründung allzusehr in den Hintergrund stellen wollte. Man würde dadurch die Physik nur zu einem trockenen, unfruchtbaren Zweig der angewandten Mathematik einschrumpfen lassen.

Ohne hinlängliche experimentelle Anschauung wird die Formel, welche eigentlich nur ein präciser Ausdruck für das Naturgesetz sein soll, zum todten Buchstaben, nach welchem man zwar in gegebenen Fällen, wie nach einem Recepte, gewisse Aufgaben lösen kann, welcher aber nicht vermag den Schüler in dem Geist des Gesetzes einzuführen.

So nothwendig es also auch ist, daß aller physikalische Unterricht von mathematischem Geiste durchdrungen sei, so darf in demselben doch auch eine abstract mathematische Behandlungsweise nicht einseitig vorherrschen, ohne den Erfolg wesentlich zu beeinträchtigen. Es hieße gewiß die Bedeutung des Experiments und der Beobachtung verkennen, wenn man der, wie mir scheint, noch immer vielfach verbreiteten Ansicht beitreten wollte, welche Fischer in der Einleitung zu seiner mechanischen Naturlehre ausgesprochen hat, indem er sagt: »... da aber der streng mathematische Vortrag für den ersten Unterricht zu schwierig sein würde, so weicht man demselben so viel als möglich durch den Experimentalweg aus, d. h. man giebt die Resultate, welche der mathematische Scharfsinn entdeckt hat, historisch an und verbürgt sie gleichsam durch Experimente.«

Die Bedeutung der Mathematik für die Naturlehre ist eine rein formelle. Beobachtung und Experiment sind die Quellen, aus welchen wir das Material zur Naturlehre schöpfen; die Mathematik aber ist ein vortreffliches und unentbehrliches Werkzeug, ohne welches man die Masse des rohen Materials weder genügend praktisch verwerthen noch aus derselben ein wissenschaftliches Gebäude aufzuführen im Stande ist.

Durch Mathematik aber können wir die mangelnde Kenntniß der Thatsachen eben so wenig ersetzen, wie die Art des Zimmermanns Holz zu produciren im Stande ist.

Und so bin ich denn auch der Ueberzeugung, daß bei einem gedeihlichen Unterricht in der Physik die experimentelle Basis nicht auf ein geringeres Maß beschränkt werden darf, als es in unserm Grundriß der Fall ist; für solche Lehranstalten jedoch, welche der mathematischen Entwickelung mehr Raum gestatten können, bedarf er nach dieser Seite hin einer Ergänzung, für welche mir ein Supplementband die geeignetste Form zu sein schien.

Der Supplementband schließt sich eng an den Grundriß an und bildet mit ihm ein Ganzes, ohne ihn durch die weiter gehenden mathematischen Entwickelungen den Kreisen zu entfremden, deren Bedürfniß er gerade in seiner bisherigen Form und Ausdehnung entsprach.

Bei Ausarbeitung des Supplementbandes habe ich mich ebenso, wie beim Grundriß einer möglichst einfachen und klaren Darstellung bestrebt. Auf der einen Seite suchte ich eine unnöthige Weitläufigkeit auf der andern Seite aber auch eine übertriebene Kürze zu vermeiden, welche die einzelnen Sätze apodictisch hinwirft, ohne den Zusammenhang gehörig hervorzuheben oder wenigstens den Weg zu seiner Verfolgung anzudeuten.

Ich habe dabei Schüler im Auge gehabt, welche zwar mit einem hinlänglichen Maß mathematischer Vorkenntnisse ausgerüstet sind, ohne jedoch schon eine große Uebung und Gewandtheit in Behandlung mathematischer Probleme erlangt zu haben. — Das Erstere muß vorausgesetzt werden, das Letztere aber kann sich nur allmälig und zwar zum Theil gerade an dem Studium mathematisch-physikalischer Disciplinen entwickeln.

Wenn man von dem Schüler auch nicht verlangen kann, daß ihm stets alle zur Anwendung gebrachten mathematischen Lehrsätze vollständig gegenwärtig seien, so muß er doch im Stande sein, sich in allen Fällen aus seinem mathematischen Lehrbuch Raths zu erholen. — Die geometrischen Sätze betreffend, von welchen in dem vorliegenden Supplementband Gebrauch gemacht wurde, so habe ich jeweils auf die entsprechenden Paragraphen meiner kürzlich erschienenen Anfangsgründe der geometrischen Disciplinen (enthaltend die Elemente der ebenen Geometrie und Stereometrie, der ebenen und sphärischen Trigonometrie und der analytischen Geometrie) verwiesen.

Nichts ist geeigneter, die mathematisch-physikalischen Lehren zu einer recht lebendigen Anschauung zu bringen, sie gehörig zu verarbeiten und einzuüben, als die Auflösung entsprechender Aufgaben. Ich habe deshalb fast jedem Paragraphen eine Anzahl passender Aufgaben beigefügt. Es dürfte hier wohl als ein besonderer Vortheil angeführt werden, daß die Aufgaben in unmittelbarer Verbindung mit den entsprechenden Lehrsätzen stehen, indem diese sogleich eine geeignete Anwendung finden, die Aufgaben aber in den vorhergehenden Entwickelungen die nöthigen Erläuterungen finden.

Die Auflösungen dieser Aufgaben werden in einem besonderen Heftchen fast gleichzeitig mit diesem Supplemente erscheinen.

Im Allgemeinen ist bei dem Vortrag des Supplementbandes nur die Kenntniß der Elementarmathematik vorausgesetzt. Nur in einigen für Geübtere bestimmten Abschnitten, welche ohne Störung des Zusammenhanges überschlagen werden können, ist auch Differential- und Integral-Rechnung in Anwendung gebracht worden; so namentlich in dem Schaltcapitel, welches die analytische Ableitung der Bewegungsgesetze behandelt. In diesem Capitel, welches bis zu der Deduction fortgeführt ist, daß die unter dem Einfluß der allgemeinen Schwere von den Himmelskörpern beschriebenen Curven, Kegelschnitte sein müssen, habe ich darthun wollen, wie einfach und leicht sich mit Hülfe der Analysis Resultate erreichen lassen, welche der Elementarmathematik entweder ganz unzugänglich sind, oder welche, wenn sie überhaupt mit elementaren Hülfsmitteln erreichbar sind, doch unverhältnißmäßig umständliche und weitläufige Entwicke­lungen in Anspruch nehmen, wie man dies namentlich sieht, wenn man die Ableitung des Pendelgesetzes in §. 30 und in den §§. 48 und 49 mit einander vergleicht.

Auch bei der Berechnung des Effectes der Dampfmaschinen ist höhere Rechnung in Anwendung gebracht worden, nachdem vorher gezeigt worden ist, wie man auch auf elementarem Weg wenigstens annähernd die Wirkung des Dampfes während seiner Expansion ermitteln kann.

Endlich ist auch im Schlußcapitel, welches die Ausgleichung der Beobachtungsfehler bespricht, die Kenntniß der Differentialrechnung in denjenigen Paragraphen vorausgesetzt, welche die Methode der kleinsten Quadrate behandeln.

Für Anfänger liegt beim Studium mechanischer und physikalischer Schriften, welche höhere Rechnung in Anwendung bringen, häufig darin eine große Schwierigkeit, daß die besprochenen Fragen von vornherein in einer zu großen Allgemeinheit behandelt werden und sich deshalb der Anschauung allzuleicht entziehen. In solchen Werken wenigstens, welche dafür bestimmt sind, den Schüler in die Vorstellungsweisen der höheren Mathematik einzuführen, scheint es mir durchaus nothwendig, die analy­tischen Methoden zunächst auf einfachere, concrete Fälle anzuwenden und erst nach gehöriger Orientirung im neuen Gebiete zu allgemeineren Betrachtungsweisen überzugehen.

Dieser Ansicht folgend, glaube ich Manches durch Betrachtung con­creter Fälle mit verhältnißmäßig geringen Hülfsmitteln zum Verständniß gebracht zu haben, was in allgemeinerer Form für minder Geübte dar­zuthun sehr schwierig, wenn nicht unmöglich gewesen wäre. Als ein hierher gehöriges Beispiel will ich nur die Paragraphen anführen, welche über den Achromatismus der Linsen handeln und in welchen dieser wich­tige Gegenstand eine weit gründlichere und vollständigere Erledigung findet, als es gewöhnlich in elementaren Werken der Fall ist.

Ueberhaupt war es mein Bestreben, dahin zu wirken, daß der Schüler seine Kräfte gebrauchen lerne, daß er Vertrauen zu denselben fasse und daß er ermuthigt werde, mit den ihm zu Gebote stehenden Hülfsmitteln den concreten Fall in Angriff zu nehmen, wo ihm die allgemeinere Lösung zu schwierig ist.

Der vorliegende Supplementband kann auch als eine Ergänzung zu meinem größeren Lehrbuch der Physik betrachtet werden, denn obgleich Einiges aus diesem größeren Lehrbuch in den Supplementband übergegangen ist, so ist doch der größte Theil desselben auch für die Besitzer des größeren Werkes neu. Namentlich dürften für dieselben,

Vorrede.

abgesehen von den Aufgaben, diejenigen Abschnitte von Interesse sein, welche von der Bahn der Himmelskörper, von den achromatischen Linsen und der Ausgleichung der Beobachtungsfehler handeln.

So möchte ich denn zum Schlusse unsern Supplementband Allen empfehlen, welche sich für einen gründlichen mathematisch-physikalischen Unterricht interessiren oder welche durch Privatstudium ihre physikalischen Kenntnisse befestigen und erweitern wollen.

Freiburg, im Januar 1860.

Dr. J. Müller.

Inhaltsverzeichniß.

Erstes Buch.
Gesetze des Gleichgewichtes und der Bewegungen.
Einleitung.

§.		Seite
1	Specifisches Gewicht. (Zu §. 9 d. Gr.)	3
2	Chemische Aequivalente. (Zu §. 13 d. Gr.)	4

Erstes Capitel.
Vom Gleichgewicht der Kräfte.

3	Das Parallelogramm der Kräfte. (Zu §. 16 d. Gr.)	9
4	Das Knie	10
5	Der Hebel. (Zu §. 18 bis 20 d. Gr.)	11
6	Räderwerke. (Zu §. 21 d. Gr.)	12
7	Schwerpunkt. (Zu §. 25 d. Gr.)	14

Zweites Capitel.
Gleichgewicht der Theilchen fester Körper unter einander.

8	Festigkeitsmodulus. (Zu §. 31 d. Gr.)	16
9	Krystallisation. (Zu §. 38 d. Gr.)	17
10	Krystallsysteme	18
11	Hemiedrie	24
12	Berechnung der Krystallaren	27

Drittes Capitel.
Hydrostatik.

13	Die hydraulische Presse. (Zu §. 34 d. Gr.)	33
14	Boden- und Seitendruck der Flüssigkeiten. (Zu §. 37 und 38 d. Gr.)	—
15	Gewichtsverlust untergetauchter Körper. (Zu §. 40 d. Gr.)	34
16	Scalenaräometer. (Zu §. 43 d. Gr.)	—

Fünftes Capitel.

Vom Gleichgewicht der Gase.

§.		Seite
17	Das Mariotte'sche Gesetz. (Zu §. 58 d. Gr.)	39
18	Das Gay-Lussac'sche Gesetz	40
19	Barometrische Höhenmessung	41
20	Die Luftpumpe. (Zu §. 59 d. Gr.)	45
21	Compressionspumpen. (Zu §. 60 d. Gr.)	46
22	Steigkraft des Luftballons	47

Siebentes Capitel.

Bewegung fester Körper unter dem Einfluß beschleunigender Kräfte.

23	Das Fallgesetz. (Zu §. 70 d. Gr.)	49
24	Gleichförmig verzögerte Bewegung. (Zu §. 73 d. Gr.)	51
25	Fall auf der schiefen Ebene	—
26	Wurfbewegung. (Zu §. 74 d. Gr.)	53
27	Centralbewegung. (Zu §. 75 d. Gr.)	56
28	Centralkraft und Schwungkraft. (Zu §. 75 u. 76 d. Gr.)	—
29	Größe des Druckes und der Spannung, welche die Schwungkraft erzeugt	57
30	Gesetze der Pendelschwingungen. (Zu §. 78 d. Gr.)	58
31	Lebendige Kraft. (Zu § 82 d. Gr.)	62
32	Von den Trägheitsmomenten	63
33	Berechnung des Trägheitsmomentes	66
34	Bestimmung des Schwingungspunktes an einem zusammengesetzten Pendel	69
35	Experimentelle Bestimmung des Trägheitsmomentes oscillirender Körper	72
36	Vom Stoß	74
37	Vom Stoß unelastischer Körper	75
38	Das ballistische Pendel	78
39	Stoß elastischer Körper	80
40	Bewegungsquantität und lebendige Kraft nach dem Stoß	82

Achtes Capitel.

Bewegungsgesetze der Flüssigkeiten.

41	Ausflußgeschwindigkeit. (Zu §. 85 d. Gr.)	83
42	Ausflußmenge. (Zu §. 87 d. Gr.)	—
43	Reibungswiderstand in langen Röhren	84

Neuntes Capitel.

Bewegung der Gase.

44	Ausflußgesetze der Gase	89

Inhaltsverzeichniß.

Schaltcapitel.
Elemente der Bewegungslehre mit Anwendung höherer Rechnung.

§.		Seite
45	Differentialgleichungen der Bewegung	91
46	Gleichförmige Bewegung	92
47	Gleichförmig beschleunigte Bewegung	93
48	Oscillirende Bewegung	94
49	Pendelschwingungen	96
50	Grundgleichungen der krummlinigen Bewegung	97
51	Elliptische und parabolische Bahn der Himmelskörper	101

Zweites Buch.
Akustik.
Erstes Capitel.
Die Schallwellen.

52	Fortpflanzungsgeschwindigkeit des Schalles in der Luft. (Zu §. 104 d. Gr.)	113
53	Theoretische Bestimmung der Fortpflanzungsgeschwindigkeit des Schalles in der Luft	114
54	Fortpflanzungsgeschwindigkeit des Schalles in tropfbar-flüssigen und festen Körpern	116

Zweites Capitel.
Die Vibrationen musikalischer Töne.

55	Beziehungen zwischen Schwingungsdauer, Wellenlänge und Fortpflanzungsgeschwindigkeit des Schalles	119
56	Töne gespannter Saiten	120
57	Transversalschwingungen elastischer Stäbe. (Zu §. 112 d. Gr.)	121

Drittes Buch.
Optik, oder die Lehre vom Lichte.
Erstes Capitel.
Verbreitung des Lichtes.

58	Geschwindigkeit des Lichtes. (Zu § 117 d. Gr.)	125
59	Photometrie. (Zu §. 119 d. Gr.)	128

XIV
Inhaltsverzeichniß.

Zweites Capitel.

Die Reflexion oder Spiegelung des Lichtes.

§.		Seite
60	Der Spiegelsextant. (Zu §. 120 d. Gr.)	129
61	Hohlspiegel. (Zu §. 123 u. 124 d. Gr.)	133

Drittes Capitel.

Die Brechung des Lichtes.

62	Das Brechungsgesetz. (Zu §. 127 d. Gr.)	135
63	Größe der Ablenkung	136
64	Ablenkung der Lichtstrahlen durch Prismen. (Zu §. 128 d. Gr.)	138
65	Das Minimum der durch ein Prisma hervorgebrachten Ablenkung	139
66	Bestimmung des Brechungsexponenten fester und flüssiger Körper	141
67	Austritt der Strahlen aus dem Prisma	145
68	Sammellinsen. (Zu §. 130 d Gr.)	147
69	Brennpunkt für centrale Strahlen	150
70	Berechnung der Bildweite. (Zu §. 130 d. Gr.)	151
71	Hohllinsen. (Zu §. 131 d. Gr.)	154
72	Bestimmung der Zerstreuungsweite von Hohllinsen	155
73	Wirkung der Linsen auf convergirende Strahlen	—
74	Combinirte Linsen	157
75	Fraunhofer'sche Linien	159
76	Brechungsexponenten der verschiedenen Strahlen des Spectrums	162
77	Verhältniß der Dispersion in verschiedenen Mitteln	164
78	Chromatische Aberration	168
79	Achromatische Linsen	—
80	Genauere Betrachtung achromatischer Linsen	169
81	Das Optometer	174

Viertes Buch.

Die elektrischen Erscheinungen.

Erstes Capitel.

Vom Magnetismus.

82	Tragkraft der Stahlmagnete	183
83	Messung magnetischer Kräfte	—
84	Die magnetischen Anziehungen und Abstoßungen stehen im umgekehrten Verhältnisse des Quadrates der Entfernungen	188
85	Totalwirkung eines Magnetstabes in die Ferne	190
86	Bestimmung der Intensität des Erdmagnetismus nach absolutem Maß	196
87	Sättigungspunkt	203

Inhaltsverzeichniß. XV

Zweites Capitel.
Reibungselektricität.

§.   Seite
88 Die Maßflasche 205
89 Gesetze der Wärmeentwickelung durch den Entladungsschlag der Batterie   206

Drittes Capitel.
Vom Galvanismus.

90 Die Tangentenbussole. (Zu §. 219 d. Gr.) 213
91 Vergleichung der Tangentenbussole mit dem Voltameter 214
92 Das Ohm'sche Gesetz. (Zu §. 221 d. Gr.) 217
93 Leitungswiderstand der Metalle. (Zu §. 222 d. Gr.) .... —
94 Zweckmäßigste Combination rheomotorischer Becher 219
95 Wärmeentwickelung durch den galvanischen Strom. (Zu §. 208 d. Gr.) 225
96 Galvanisches Glühen. (Zu §. 208 d. Gr.) .... —
97 Das elektrolytische Gesetz 227
98 Gesetze des Elektromagnetismus. (Zu §. 225 d. Gr.) 230
99 Einfluß der Stablänge 231

Fünftes Buch.
Von der Wärme.

Erstes Capitel.
Ausdehnung.

100 Vergleichung der Thermometerscalen. (Zu §. 241 d. Gr.) 235
101 Lineare Ausdehnung fester Körper. (Zu §. 242 d. Gr.) .... —
102 Kubische Ausdehnung. (Zu §. 243 d. Gr.) 236
103 Scheinbare Ausdehnung der Flüssigkeiten. (Zu §. 244 d. Gr.) 237
104 Ungleichförmigkeit der Ausdehnung der Flüssigkeiten 238
105 Dichtigkeitsmaximum des Wassers. (Zu §. 244 d. Gr.) 239
106 Ausdehnungs-Coefficient der Luft. (Zu §. 245 d. Gr.) 241
107 Bestimmung des specifischen Gewichtes der Luft .... —
108 Dichtigkeit der Gase 242

Zweites Capitel.
Veränderung des Aggregatzustandes.

109 Bestimmung der gebundenen Wärme des Wassers. (Zu §. 247 d. Gr.) 243
110 Beziehungen zwischen der Temperatur, der Spannkraft und der Dichtigkeit
     des gesättigten Wasserdampfes. (Zu §. 252 d. Gr.) 245
111 Bestimmung des specifischen Gewichtes der Dämpfe 247
112 Berechnung des Effectes der Dampfmaschinen. (Zu §. 257 d. Gr.) ... 248

§.
113 Die Pambour'sche Theorie 253
114 Abhängigkeit des Siedepunktes vom Drucke. (Zu §. 258 d. Gr.) . . . 257
115 Latente Wärme der Dämpfe (Zu §. 261 d. Gr.) 259
116 Beziehungen zwischen latenter Wärme und Dichtigkeit der Dämpfe . . . 261
117 Latente Wärme des Wasserdampfes bei verschiedenem Druck 262

Drittes Capitel.
Die specifische Wärme.

118 Numerische Werthe der specifischen Wärme einiger Körper. (Zu §. 263 u. 264 d. Gr.) 263

Fünftes Capitel.
Die Quellen der Wärme.

119 Wärmeentwickelung durch mechanische Mittel. (Zu §. 276 d. Gr.) . . . 266
120 Wärmeentwickelung durch Reibung 269
121 Das mechanische Aequivalent der Wärme 272
122 Mechanische Theorie der Wärme 273
123 Die Dynamiden 275

Schlußcapitel.
Ausgleichung der Beobachtungsfehler.

124 Beobachtungsfehler 278
125 Das arithmetische Mittel 280
126 Mittelwerthe für mehrere gleichzeitig zu bestimmende Größen 283
127 Die Methode der kleinsten Quadrate 288
128 Bildung der Bedingungsgleichungen 289
129 Erweiterung der Formeln 293
130 Der mittlere Fehler 295
131 Das Gewicht einer Beobachtungsreihe 297

Erstes Buch.

Gesetze des Gleichgewichtes und der Bewegungen.

Einleitung.

Specifisches Gewicht. Bezeichnen wir das specifische Gewicht eines Körpers mit S, sein absolutes Gewicht mit P, das Gewicht eines gleichen Volumens Wasser mit p, so ist

§. 1.
(Zu §. "
r. Gr.)

$$S = \frac{P}{p} \quad \ldots \ldots \ldots \ldots (1)$$

Ist V das Volumen des Körpers und n das Gewicht der Volumeneinheit Wasser, so ist $p = Vn$. Es ist also

$$S = \frac{P}{Vn} \quad \ldots \ldots \ldots \ldots (2)$$

Wählt man z. B. für die Raumeinheit den preußischen Kubikfuß, für die Gewichtseinheit das (alte) preußische Pfund, so hat man $n = 66$ zu setzen, weil ein preußischer Kubikfuß Wasser 66 preußische Pfund wiegt. Wählt man ein Maßsystem, bei welchem wie bei dem neueren französischen Maßsystem das Gewicht der Raumeinheit Wasser zur Gewichtseinheit genommen ist (1 Kubikdecimeter Wasser wiegt 1 Kilogramm, 1 Kubikcentimeter Wasser wiegt 1 Gramm), so ist $n = 1$ und die Gleichung (2) reducirt sich alsdann auf

$$S = \frac{P}{V} \quad \ldots \ldots \ldots \ldots (3)$$

daraus folgt

$$V = \frac{P}{S} \quad \ldots \ldots \ldots \ldots (4)$$

und endlich

$$P = VS \quad \ldots \ldots \ldots \ldots (5)$$

Zur Einübung dieser Beziehungen mögen folgende Beispiele dienen:

1. Man hat gefunden, daß 6 Kubikcentimeter Kupfer 53 Gramm wiegen, was ist das specifische Gewicht des Kupfers? (nach Gl. 3.)

2. Ein Marmorblock wiegt 59 Kilogramm, wie viel Kubikdecimeter beträgt sein Rauminhalt, wenn das specifische Gewicht des Marmors gleich 2,84 ist? (nach Gl. 4.)

4 Einleitung.

3. Wie viel wiegt eine Eisenmasse von 6,8 Kubikdecimetern Inhalt, wenn das specifische Gewicht des Eisens 7,8 ist? (nach Gl. 5.)

4. Eine Bleikugel soll 500 Gramm wiegen, wie groß muß ihr Durchmesser sein, wenn das specifische Gewicht des Bleies 11,3 ist? (Stereometrie S. 109.)

5. Welchen Raum (in Kubikcentimetern ausgedrückt) nehmen 6 Kilogramm Quecksilber (specif. Gewicht 13,598) ein?

6. Was wiegen 100 Liter absoluten Weingeistes (specif. Gewicht 0,793)?

7. Welchen Raum nehmen 500 Gramm gasförmiger Kohlensäure ein, wenn das specifische Gewicht derselben 0,00198 ist?

8. Welchen Raum nehmen 500 Gramm Wasserstoffgas ein, wenn das specifische Gewicht desselben 0,0000894 ist?

§. 2. **Chemische Aequivalente.** Wenn zwei einfache Stoffe eine chemische Verbindung mit einander eingehen, so entsteht ein neuer Körper, welcher ganz andere Eigenschaften besitzt als jeder der Bestandtheile, und sich wesentlich von einem Gemenge derselben unterscheidet. Wenn man fein vertheilten Schwefel noch so lange mit Quecksilber zusammenreibt, so erhält man doch nur ein Gemenge, in welchem man mit Hülfe des Mikroskops immer noch die einzelnen Schwefel- und Quecksilbertheilchen unterscheiden kann und dessen Bestandtheile sich leicht trennen lassen, wenn man dasselbe in Wasser bringt, in welchem nämlich das schwerere Quecksilber alsbald zu Boden sinkt.

Ein ganz anderes Resultat erhält man, wenn man Quecksilber mit geschmolzenem Schwefel zusammenbringt; man erhält auf diese Weise einen schwarzen Körper, welcher durch Sublimation in eine dunkelrothe krystallinische Masse verwandelt wird, deren Farbe durch Reiben in das prachtvollste Scharlachroth übergeht. Dies ist der Zinnober, eine chemische Verbindung von Quecksilber und Schwefel, in welcher das beste Mikroskop nicht mehr die einzelnen Bestandtheile erkennen läßt, die man auch dadurch nicht trennen kann, daß man das Zinnoberpulver in Wasser schüttet.

Schwefel und Kohlenstoff verbinden sich zu einer durchsichtigen, äußerst flüchtigen, das Licht stark brechenden und zerstreuenden Flüssigkeit, dem Schwefelkohlenstoff.

Unser gewöhnliches Kochsalz ist eine Verbindung des gasförmigen Chlors mit einem metallischen Körper, welcher Natrium genannt wird. Das Chlornatrium, ein in Wasser lösliches Salz, ist aber in allen seinen Eigenschaften wesentlich vom Chlor sowohl wie auch vom Natrium verschieden.

Während man verschiedene einfache Stoffe in den verschiedensten Verhältnissen zusammenmengen kann, so treten sie doch nur in bestimmten Verhältnissen zu chemischen Verbindungen zusammen. Der Zinnober enthält z. B. auf 200 Gewichtstheile Schwefel stets 1250 Gewichtstheile Quecksilber. Schmilzt man Schwefel und Quecksilber in anderen Verhältnissen zusammen, so bleibt außer dem gebildeten Zinnober noch ein Ueberschuß von Schwefel oder Quecksilber übrig, welcher nicht in die Verbindung eingeht, je nachdem man von dem einen oder andern dieser Stoffe zu viel genommen hat.

Einleitung.

Es ist nun höchst wichtig, genau die Gewichtsverhältnisse zu kennen, in welchen die einfachen Stoffe zu chemischen Verbindungen zusammentreten. Die Untersuchungen der Chemiker haben nun in dieser Beziehung zu folgenden Hauptresultaten geführt.

Es verbinden sich 100 Gewichtstheile Sauerstoff (O) mit

200	Gew.-Thln.	Schwefel ... S	1295	Gew.-Thln.	Blei	Pb
175	„	Stickstoff ... N	350	„	Eisen	Fe
443	„	Chlor Cl	407	„	Zink	Zn
387,5	„	Phosphor .. P	12,5	„	Wasserstoff ..	H
75	„	Kohlenstoff .. C	345	„	Mangan ...	Mn
1350	„	Silber .... Ag	250	„	Calcium	Ca
1250	„	Quecksilber .. Hg	287,4	„	Natrium	Na
396	„	Kupfer .... Cu	489	„	Kalium	K

Die oben mitgetheilten Zahlen geben aber nicht allein an, in welchen Verhältnissen sich die genannten Körper mit Sauerstoff, sondern auch, in welchen Verhältnissen sie sich unter einander verbinden. So verbinden sich 200 Gew.-Thle. Schwefel mit 1250 Gew.-Thln. Quecksilber zu Schwefelquecksilber (Zinnober), und 200 Gew.-Thle. Schwefel mit 12½ Gew.-Thln. Wasserstoff zu Schwefelwasserstoffgas. Ferner vereinigen sich 443 Gew.-Thle. Chlor mit 396 Gew.-Thln. Kupfer zu Chlorkupfer, mit 407 Gew.-Thln. Zink zu Chlorzink, mit 287,4 Gew.-Thln. Natrium zu Chlornatrium u. s. w.

Diese Zahlen, welche also zunächst angeben, in welchen Gewichtsverhältnissen je zwei einfache Stoffe zu chemischen Verbindungen zusammentreten können, werden chemische Aequivalente genannt und durch die in obiger Tabelle beigefügten Buchstaben bezeichnet. So bezeichnet H ein Aequivalent Wasserstoff, Cl ein Aequivalent Chlor, Hg ein Aequivalent Quecksilber u. s. w.

Ein zusammengesetzter Körper wird durch die Zusammenstellung der Zeichen seiner Bestandtheile bezeichnet; so ist z. B. HO das Zeichen des Wassers, d. h. Verbindung von 1 Aeq. Wasserstoff mit 1 Aeq. Sauerstoff; Hg S ist das chemische Zeichen für Zinnober, Zn Cl das für Chlorzink u. s. w. Das Aequivalent eines zusammengesetzten Körpers ist stets die Summe der Aequivalente seiner Bestandtheile; so ist z. B. das Aequivalent für

Kali .... $KO = 589$ Zinkoxyd .... $ZnO = 507$
Natron ... $NaO = 387,4$ Schwefelzink .. $ZnS = 607$ u. s. w.

Es kommt häufig vor, daß zwei einfache Stoffe sich in mehreren bestimmten Verhältnissen verbinden, alsdann aber sind die Mischungsgewichte der in solchen Verbindungen enthaltenen Bestandtheile einfache Multipla der einfachen Aequivalente. So verbinden sich z. B. 200 Gew.-Thle. Schwefel mit 200 Gew.-Thln. Sauerstoff zu schwefliger Säure und mit 300 Gew.-Thln. Sauerstoff zu Schwefelsäure.

Die schweflige Säure besteht also aus 1 Aeq. Schwefel und 2 Aeq. Sauerstoff, die Schwefelsäure aus 1 Aeq. Schwefel und 3 Aeq. Sauerstoff. Es ist demnach das chemische Zeichen für schweflige Säure SO_2, für Schwefelsäure

SO_3, indem man mit O_2 und O_3 zwei und drei Aequivalente Sauerstoff bezeichnet. Das chemische Aequivalent der schwefligen Säure ist 400, das der Schwefelsäure ist 500.

Ebenso giebt es mehrere Verbindungen von Kohlenstoff und Sauerstoff, nämlich:

Kohlenoxydgas ... $CO = 175$
Kohlensäure .... $CO_2 = 275$;

ferner giebt es mehrere Verbindungen von Stickstoff und Sauerstoff, nämlich:

Stickstoffoxydul ... $NO = 275$
Stickstoffoxyd .... $NO_2 = 375$
Salpetrige Säure .. $NO_3 = 475$
Untersalpetersäure .. $NO_4 = 575$
Salpetersäure ... $NO_5 = 675$.

In der Salpetersäure sind also auf jedes Aequivalent Stickstoff 5 Aeq. Sauerstoff enthalten, oder mit anderen Worten, die Salpetersäure besteht aus 175 Gew.-Thln. Stickstoff und 500 Gew.-Thln. Sauerstoff.

Die meisten Verbindungen des Sauerstoffs mit den nichtmetallischen Elementen sind Säuren; die Verbindungen des Sauerstoffs mit Metallen werden dagegen Oxyde genannt; sie gehören meist einer Classe von Verbindungen an, welche die Chemiker Basen nennen, deren Eigenschaften aber hier nicht weiter besprochen werden können.

Die binären, d. h. die aus zwei Elementen zusammengesetzten Körper geben unter einander weitere Verbindungen ein; so verbinden sich z. B. die Säuren und Basen zu Salzen, und auch diese Verbindungen stehen unter dem Gesetz der Aequivalente. Auch hier ist das chemische Aequivalent eines zusammengesetzten Körpers stets die Summe der Aequivalente seiner Bestandtheile. So ist z. B.

Salpetersaures Kali ... $NO_5 + KO = 1264$
Salpetersaures Natron . $NO_5 + NaO = 1062,4$
Salpetersaures Zinkoxyd . $NO_5 + ZnO = 1182$.

Statt die chemische Formel für Säure und Basis durch $+$ zu verbinden, setzt man auch ein Komma zwischen beide, es ist also $NO_5+KO=NO_5, KO$, ferner ist

Schwefelsaures Natron .. $SO_3, NaO = 887,4$
Kohlensaures Natron .. $CO_2, NaO = 662,4$.

Das schwefelsaure Natron verbindet sich mit 10 Aeq. Wasser zu krystallisirtem Glaubersalz; es ist also

Glaubersalz $= SO_3, NaO + 10 HO = 887,4 + 1125 = 2012,4$.

In 2012,4 Gew.-Thln. Glaubersalz sind also auf 1400 Gew.-Thle. (14 Aeq.) Sauerstoff, 125 Gew.-Thle. (10 Aeq.) Wasserstoff, 200 Gew.-Thle. (1 Aeq.) Schwefel und 287,4 Gew.-Thle. (1 Aeq.) Natrium enthalten.

Einleitung.

Diese Beispiele mögen genügen, um das Gesetz der chemischen Aequivalente zu erläutern.

Es ist klar, daß es bei Feststellung der chemischen Aequivalente nur auf das Verhältniß, nicht auf den absoluten Zahlenwerth derselben ankommt; der absolute Zahlenwerth ändert sich nämlich, wenn man eine andere Einheit zu Grunde legt. Setzt man das Aequivalent des Wasserstoffs $= 1$, so ist:

$$O = 8 \qquad Cl = 35{,}4$$
$$N = 14 \qquad Zn = 32{,}5$$
$$S = 16 \qquad K = 39 \quad \text{u. s. w.}$$

Nimmt man an, daß, wenn 1 Aeq. eines Stoffes mit 1 Aeq. eines andern verbunden ist, die Verbindung auch gleich viel Atome von jedem Bestandtheile enthält, so geben obige Aequivalentzahlen auch das Gewichtsverhältniß der verschiedenen Atome an, und man kann in dieser Voraussetzung jene Zahlen auch **Atomgewichte** nennen.

Nimmt man z. B. an, daß im Zinnober immer 1 Atom Schwefel mit 1 Atom Quecksilber verbunden sei, so ist klar, daß sich alsdann auch das Gewicht von 1 Atom Schwefel zum Gewicht von 1 Atom Quecksilber verhalten müsse wie $200 : 1250$.

In diesem Sinne werden dann auch die Zahlen, wie sie in der Tabelle auf Seite 5 enthalten sind, **Atomgewichte** genannt. Nur für einige gasförmige Körper nimmt man das Atomgewicht nur halb so groß als das chemische Aequivalent, und zwar aus folgenden Gründen.

Wenn man Wasser mit Hülfe der galvanischen Säule in seine Bestandtheile zerlegt, so erhält man stets 1 Volumen Sauerstoffgas auf 2 Volumina Wasserstoffgas und umgekehrt verbinden sich 2 Volumina Wasserstoffgas mit 1 Volumen Sauerstoffgas zu Wasser. Nimmt man nun an, daß 1 Volumen Sauerstoffgas so viel Atome enthält wie 1 Volumen Wasserstoffgas, so würde daraus folgen, daß im Wasser immer 2 Atome Wasserstoff auf 1 Atom Sauerstoff enthalten sind, und wenn also das Gewicht von 1 Atom Sauerstoff mit 100 bezeichnet wird, so wäre das Gewicht von 2 Atomen Wasserstoff gleich 12,5 und das Atomgewicht des Wasserstoffs 6,25.

Da sich 1 Volumen Wasserstoffgas mit 1 Volumen Chlorgas zu Salzsäure verbindet, so muß das Atomgewicht des Chlors gleichfalls halb so groß genommen werden, als das oben angegebene chemische Aequivalent des Chlors.

Ebenso wird auch das Atomgewicht des Stickstoffs halb so groß angenommen als sein Aequivalent.

Aufgaben. 1. Wie viel weißen Marmor (kohlensauren Kalk) hat man nöthig, um durch Einwirkung von Salzsäure 500 Gramm Kohlensäure aus demselben zu entwickeln? (Kohlensaurer Kalk ist $CO_2 + CaO$.)

2. Wie viel Blei ist in einem Centner Bleiglanz (Schwefelblei PbS) enthalten?

3. Wenn man verdünnte Schwefelsäure auf Zink gießt, so wird das Wasser zersetzt; der Sauerstoff des Wassers verbindet sich mit dem Zink zu

8 Einleitung.

Zinkoxyd, welches mit der Schwefelsäure der Lösung schwefelsaures Zinkoxyd (SO_3 + ZnO) bildet, während Wasserstoffgas entweicht. Wie viel Zink muß nun oxydirt werden, um 500 Gramm Wasserstoffgas zu entwickeln?

4. Wie viel Chlor ist in 1 Pfund Kochsalz (Cl Na) enthalten?

5. Wie viel Zink, wie viel Schwefel und wie viel Sauerstoff ist in 1 Kilogramm Zinkvitriol (SO_3, ZnO + 7 HO) enthalten?

6. Wie groß ist das Aequivalent des Phosphors, des Kohlenstoffs, des Silbers, des Quecksilbers, des Kupfers, des Bleies, des Eisens, des Mangans, des Calciums und des Natriums, wenn man das Aequivalent des Wasserstoffs zur Einheit nimmt?

7. Man hat 1 Kilogramm krystallisirtes kohlensaures Natron (NaO, CO_2 + 10 HO) in Wasser aufgelöst. Wie viel Schwefelsäure vom specifischen Gewicht 1,785 (SO_3 + 2 HO) muß man zusetzen, um alle Kohlensäure auszutreiben? Wie viel Glaubersalz (SO_3, NaO + 10 HO) befindet sich nach dem Austreiben der Kohlensäure in der Lösung?

8. Einer Lösung von kohlensaurem Natron muß man 56 Gramm Schwefelsäure vom specifischen Gewicht 1,785 zusetzen, um alle Kohlensäure auszutreiben; wie viel Kohlensäure und wie viel Natron enthielt die Lösung?

9. Wenn man einer Lösung von salpetersaurem Silberoxyd eine Lösung von Kochsalz (Chlornatrium) zusetzt, so entsteht ein weißer Niederschlag von Chlorsilber. Geschieht der Zusatz der Kochsalzlösung allmälig (zuletzt tropfenweise), so kann man genau den Punkt treffen, wo eben alles Silber ausgeschieden ist, wo der nächste Tropfen Kochsalzlösung, den man zusetzt, keinen Niederschlag von Chlorsilber mehr bewirkt. Kennt man nun das Quantum Kochsalzlösung, welches man zusetzen mußte, um diesen Punkt zu erreichen, und den Kochsalzgehalt der Lösung, so kann man aus diesen Daten berechnen, wie viel Silber in der Lösung war. Nehmen wir an, 100 Kubikcentimeter Kochsalzlösung enthalten gerade 5 Gramm reines Chlornatrium; man habe von dieser Kochsalzlösung 253 Kubikcentimeter nöthig gehabt, um aus einer Lösung von salpetersaurem Silberoxyd alles Silber zu fällen; wie viel Silber war in dieser Lösung ursprünglich enthalten?

10. Wie viel Kupfer ist in 1500 Gramm krystallisirten Kupfervitriols (CuO, SO_3 + 5 HO) enthalten?

11. Wie viel Schwefel ist in 1 Centner Eisenkies (Zweifach-Schwefeleisen, Fe_2S_2) enthalten?

Erstes Capitel.

Vom Gleichgewicht der Kräfte.

Das Parallelogramm der Kräfte. Da man die Resultirende zweier gegebener Kräfte, welche auf einen materiellen Punkt wirken, durch eine geometrische Construction finden kann, so muß man sie nach denselben Principien auch durch Rechnung finden können. — Nehmen wir an, daß auf den Punkt a (Fig. 1) zwei Kräfte P und Q wirken, welche sich verhalten wie die Linien ab und ac, während ihre Richtungen den Winkel x mit einander machen, so ist die Resultirende, dem §. 16 des Grundrisses zufolge, durch die Diagonale ad dargestellt, die wir mit R bezeichnen wollen. ad ist aber eine Seite des Dreiecks abd, folglich ist, einem bekannten trigonometrischen Satz zufolge (Ebene Trigonometrie, S. 33):

§. 3.
(Zu §. 16 d. Gr.)

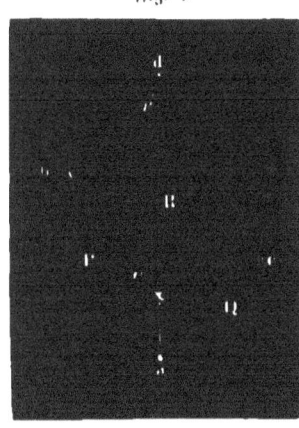

Fig. 1.

$$ad^2 = ab^2 + bd^2 - 2ab.bd.\cos y$$

oder

$$R^2 = P^2 + Q^2 - 2P.Q\cos y,$$

wenn man mit y den Winkel dba bezeichnet. Nun aber ist $y = 180^\circ - x$, also $\cos y = -\cos x$, folglich

$$R^2 = P^2 + Q^2 + 2PQ\cos x \ldots (1)$$

Es sei z. B. $P = 3$, $Q = 2$ und der Winkel x gleich 75°, so ergiebt sich

$$R^2 = 9 + 4 + 2.3.2.\cos 75^\circ$$
$$R^2 = 13 + 12 . 0{,}259 = 16{,}1,$$

mithin

$$R = 4.$$

Ist einmal die Größe der Resultirenden mit Hülfe der Gleichung (1) ermittelt, so kann man leicht auch die Winkel berechnen, welche die Resultirende

10   Erstes Buch. Erstes Capitel.

mit den Seitenkräften macht. Bezeichnen wir den Winkel bad mit α, so ergiebt sich aus dem Dreieck abd (Ebene Trigonometrie, S. 31):
$$R : Q = \sin y : \sin \alpha,$$
also
$$\sin \alpha = \frac{Q \sin y}{R},$$
oder
$$\sin \alpha = \frac{Q \sin x}{R},$$
da $\sin x = \sin (180 - x)$ ist. Für unser obiges Beispiel ergäbe sich also:
$$\sin \alpha = \frac{2 \sin 75^0}{4} = 0{,}5 \cdot 0{,}966 = 0{,}483,$$
mithin
$$\alpha = 28^0\ 53'.$$

Bezeichnen wir mit β den Winkel, welchen Q mit R macht, so ist $\beta = x - \alpha$, also in unserem Falle:
$$\beta = 75^0 - 28^0\ 73' = 46^0\ 7'.$$

Aufgaben. 1. Auf einen materiellen Punkt wirken zwei Kräfte 8 und 5, welche einen Winkel von 45⁰ mit einander bilden, wie groß ist ihre Resultirende und welchen Winkel macht sie mit der kleineren der beiden Seitenkräfte?

2. Die Resultirende zweier auf einen Punkt wirkender Kräfte 5 und 7 ist gleich 9; welchen Winkel machen die Seitenkräfte mit einander?

3. Unter welchem Winkel müssen die Seitenkräfte 5 und 7 zusammenwirken, wenn ihre Resultirende gleich 4 sein soll.

4. Jede der beiden Seitenkräfte sei gleich 5, der Winkel, welchen sie mit einander machen, sei 63⁰; wie groß ist die Resultirende?

5. Jede der beiden Seitenkräfte sei 5; unter welchem Winkel müssen sie zusammenwirken, wenn ihre Resultirende gleich 8, unter welchem Winkel, wenn die Resultirende gleich 2 sein soll?

6. Wie groß müssen zwei gleiche Seitenkräfte sein, deren Resultirende gleich 8 sein soll, wenn sie unter einem Winkel von 50⁰ auf einen materiellen Punkt wirken?

§. 4. **Das Knie.** Wenn zwischen zwei festen Wänden zwei Stangen ab und bc so eingesetzt sind, daß sie, bei b durch ein Gelenk verbunden, einen sehr stumpfen Winkel mit einander machen, so wird eine kleine Kraft R, welche, den stumpfen Winkel abc halbirend, in b angreift, einen sehr starken Druck der beiden Stangen gegen die Widerlagen veranlassen.

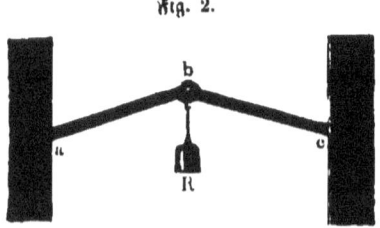

Fig. 2.

Offenbar ist hier R die Resultirende zweier Seitenkräfte, welche in der Richtung ba und bc wirken.

Vom Gleichgewicht der Kräfte. 11

Da in unserem Falle diese beiden Seitenkräfte gleich sind, so haben wir nach Gleichung (1) auf Seite 9, worin jede dieser Seitenkräfte gleich P gesetzt wird:

$$R^2 = 2 P^2 (1 + \cos x),$$

wenn x den Winkel abc bezeichnet, wonach

$$P = \frac{R}{\sqrt{2 (1 + \cos x)}}.$$

Aufgabe. Wie groß ist der Werth von P, wenn $R = 25$ Pfund ist, für einen Winkel $x = 170$, $x = 175$, $x = 178$?

Eine nach diesem Princip construirte Vorrichtung, welche dazu dient, mittelst einer geringen Kraft einen starken Druck hervorzubringen, wird ein Knie oder auch eine Kniehebelpresse genannt. Man hat das Knie bei Prägmaschinen, Oelpressen, Buchdruckerpressen u. s. w. in Anwendung gebracht.

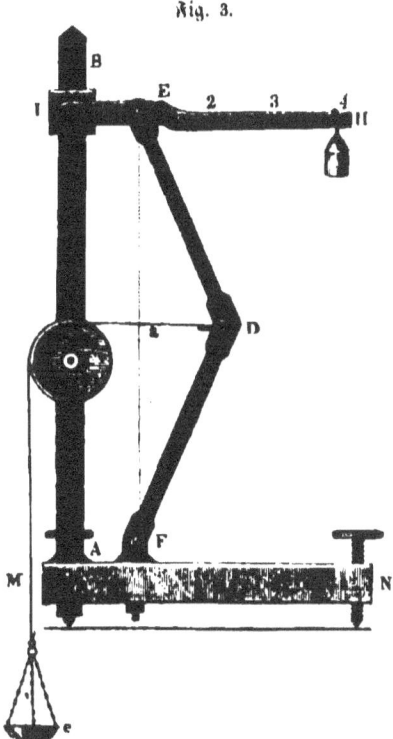

Fig. 3.

Fig. 3 zeigt eine Vorrichtung, welche dazu dient, das Princip des Knies experimentell anschaulich zu machen. Näheres über diesen Apparat in Frick's physikalischer Technik.

Der Hobel. Die in den Paragraphen 18 bis 20 besprochenen Verhältnisse sind so einfach, daß sie keiner weiteren erläuternden Beispiele bedürfen; es war aber dort nur von gewichtlosen Hebeln die Rede, welche in der Praxis nicht vorkommen können, wir müssen deshalb hier noch den Einfluß des Gewichtes der Hebelstange auf die Gleichgewichtsverhältnisse betrachten.

§. 5. (zu §. 18 bis 20 f. G.)

Wenn der Drehpunkt des materiellen Hebels mit dem Schwerpunkt zusammenfällt, so ist das Gewicht desselben ohne Einfluß auf die Kräfte, welche sich an demselben das Gleichgewicht halten sollen, man kann also in dieser Beziehung den Hebel als gewichtlos betrachten; wenn aber der Schwerpunkt des Hebels nicht mit seinem Stützpunkt zusammenfällt, so muß man das in dem

Schwerpunkt vereinigt gedachte Gewicht des Hebels noch als eine am Hebel angreifende Kraft in Rechnung bringen.

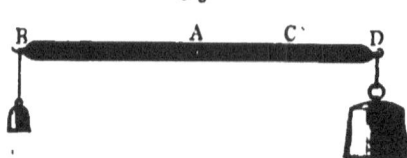

Fig. 4.

Es stelle z. B. Fig. 4 eine 10 Pfd. schwere Eisenstange vor, welche sich um die Axe bei C drehen kann. Der Hebelarm CD sei 9 Zoll, CB sei 27 Zoll und der Schwerpunkt A der Stange liege 9 Zoll von C entfernt. Wenn nun bei D ein Gewicht von 100 Pfund angehängt wird, wie viel Gewicht muß man in B anhängen, um das Gleichgewicht herzustellen? Bezeichnen wir mit x das in B anzuhängende Gewicht, so haben wir die Gleichung:

$$27 \cdot x + 10 \cdot 9 = 100 \cdot 9,$$

also

$$x = \frac{900 - 90}{27} = 30 \text{ Pfund}.$$

So darf man denn auch bei der Berechnung eines Sicherheitsventils, Fig. 5, das Gewicht des Hebels nicht außer Acht lassen, d. h. man muß durch den Versuch ermitteln, wie groß nach Entfernung des Gewichtes P noch der

Fig. 5.

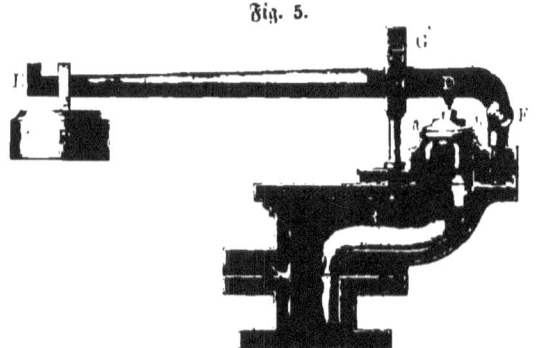

Druck ist, mit welchem der Hebel selbst bei D auf dem Sicherheitsventil lastet und diesen Druck dann stets zu dem durch das Gewicht P verursachten hinzu addiren.

§. 6. **Räderwerke.** Bei solchen Vorrichtungen, bei welchen, wie beim Haspel, bei der Winde u. s. w., einer am Umfang einer Welle wirkenden Last durch eine an einem größeren Hebelarm wirkende Kraft P das Gleichgewicht gehalten werden soll, besteht den Hebelgesetzen zufolge zwischen Kraft und Last die Beziehung

$$P = \frac{r}{R} Q.$$

Vom Gleichgewicht der Kräfte. 13

wenn r den Radius der Welle und R den Hebelarm bezeichnet, an welchem die Kraft wirkt. Mit derselben Kraft P kann man also eine um so größere Last Q heben, je kleiner r und je größer R ist.

In der Praxis kann man aber r weder beliebig verkleinern, noch R beliebig vergrößern, denn durch Verkleinerung von r wird die Tragkraft der Welle vermindert und eine Vergrößerung von R über gewisse Grenzen hinaus ist nicht allein unbequem, sondern auch in vielen Fällen wegen beschränkter Localitäten oder (wie beim Haspel) wegen der Körperdimensionen des Arbeiters unmöglich.

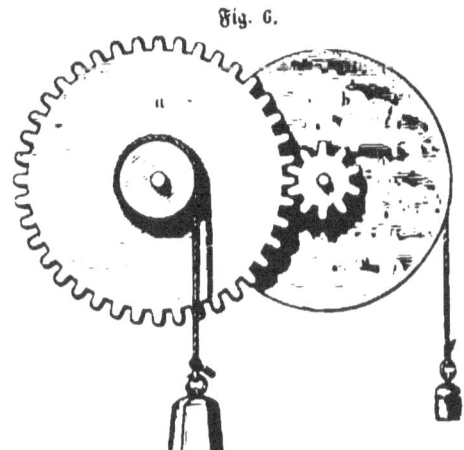

Fig. 6.

Um eine stärkere Uebersetzung zu erzielen, d. h. um mit derselben Kraft eine größere Last heben zu können, als es mit einem einfachen Haspel möglich ist, werden Zahnräder angewandt, deren eine größere Zahl in ähnlicher Weise verbunden werden kann, wie es für zwei Räder durch Fig. 6, oder durch die Hebevorrichtung Fig. 7 erläutert ist. Bezeichnen wir mit R den Hebelarm, an welchen die Kraft angreift, mit r den Radius des auf

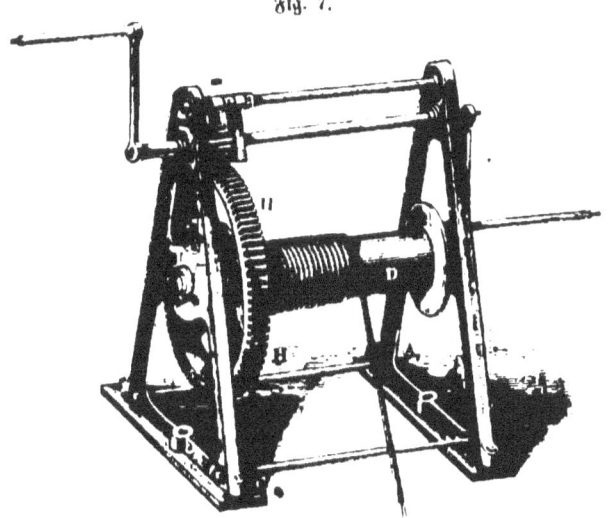

Fig. 7.

14 Erstes Buch. Erstes Capitel.

derselben Axe sitzenden Triebes, ferner mit R' und r', R'' und r'' u. s. w. die Radien des Rades und des Triebes, welche auf der zweiten, dritten u. s. w. Axe sitzen, mit R_n und r_n endlich die Radien des letzten Zahnrades und der Welle, an welcher die Last hängt, so hat man, wie leicht abzuleiten ist:

$$\frac{P}{Q} = \frac{r \cdot r' \cdot r'' \ldots r_n}{R \cdot R' \cdot R'' \ldots R_n},$$

wenn wie bisher P die Kraft und Q die Last bezeichnet. Es verhält sich also an einem solchen Räderwerk die Kraft zur Last wie das Product der Radien aller Triebe (oder Wellen) zu dem Product der Radien aller Räder (wenn der Hebelarm, an welchem die Kraft angreift, als der Radius des ersten Rades gezählt wird).

Der Radius eines Triebes verhält sich zum Radius des Rades, in welches er eingreift, wie der Umfang des Triebes zum Umfang des Rades; die Umfänge aber verhalten sich wie die Anzahl der Zähne, welche sie tragen.

An der Vorrichtung Fig. 7 sei z. B. der Radius der Kurbel, an welche der Arbeiter angreift, also $R = 0{,}5$ Meter, der Radius der Welle D sei $r' = 0{,}12$ Meter. Ferner habe der auf der Kurbelaxe sitzende Trieb 12, das Rad II aber 72 Zähne, so ist $\frac{r}{R'} = \frac{12}{72}$, es ergiebt sich also

$$\frac{P}{Q} = \frac{12 \cdot 0{,}12}{0{,}5 \cdot 72} = \frac{0{,}12}{3} = 0{,}04$$

$$P = 0{,}04\, Q \quad \text{oder} \quad P = \tfrac{1}{25}\, Q.$$

§. 7. (zu §. 25 d. Gr.) **Schwerpunkt.** Der Schwerpunkt einer geraden Linie liegt offenbar in der Mitte ihrer Länge.

Der Schwerpunkt eines homogenen Dreiecks (Fig. 8) wird gefunden,

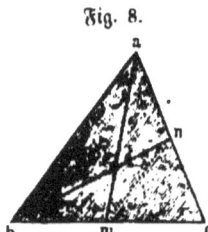

Fig. 8.

indem man von zwei Spitzen desselben nach der Mitte der gegenüberstehenden Seiten gerade Linien zieht. Der Durchschnittspunkt g dieser beiden Linien ist der gesuchte Schwerpunkt. Die Wahrheit dieser Behauptung ist leicht einzusehen. Der Punkt m ist der Schwerpunkt der geraden Linie bc; denkt man sich nun im Dreieck irgend eine gerade Linie parallel mit bc gezogen, so wird sie offenbar durch die Linie am halbirt; auf der Linie am liegen also die Schwerpunkte aller im Dreieck parallel mit bc gezogenen Linien; am ist also so zu sagen eine Schwerlinie des Dreiecks, und offenbar muß der Schwerpunkt des Dreiecks auf am liegen. Dieselbe Schlußweise zeigt aber auch, daß der Schwerpunkt auf der Linie nb liegen müsse.

Der Punkt g liegt so, daß $gm = \tfrac{1}{3}\, am$ und $gn = \tfrac{1}{3}\, bn$ ist. Dies zu zeigen, ziehe man die Linie mn, so ist offenbar $mn = \tfrac{1}{2}\, ba$. Die Dreiecke gmn und gab sind aber ähnlich, und daraus folgt, daß $gm : ga = mn : ba$, daß also $gm = \tfrac{1}{2}\, ga$.

Der Schwerpunkt eines Polygons (Fig. 9) wird gefunden, wenn man es in Dreiecke zerlegt und den Schwerpunkt eines jeden bestimmt. Da nun die in den Schwerpunkten dieser Dreiecke angreifenden Kräfte dem Flächeninhalte der Dreiecke proportional sind, so hat man nur noch nach den bekannten Regeln die Resultirende dieser Kräfte zu suchen.

Fig. 9.

Der Schwerpunkt einer dreiseitigen Pyramide (Fig. 10) wird gefunden, wenn man von den Spitzen g und a Linien nach den Schwerpunkten h und k der gegenüberstehenden Dreiecke zieht. Der Durchschnittspunkt g'' dieser beiden Linien ist der Schwerpunkt der Pyramide. Es ist leicht zu beweisen, daß $g''h = 1/4 \, hg$ ist.

Der Schwerpunkt eines Kegels (Fig. 11) von kreisförmiger Basis liegt auf der geraden Linie, welche von der Spitze nach dem Mittelpunkte der Basis

Fig. 10.   Fig. 11.

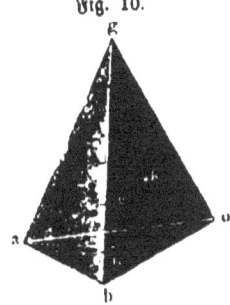
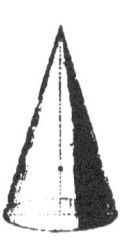

gezogen werden kann, und zwar ist seine Entfernung von dem Mittelpunkte des Basis $1/4$ dieser ganzen Höhe.

Der Schwerpunkt einer regelmäßigen Ecksäule, eines Cylinders, einer Kugel fällt mit dem geometrischen Mittelpunkte zusammen.

Zweites Capitel.

Gleichgewicht der Theilchen fester Körper unter einander.

§. 8. Die in der Tabelle auf Seite 54 des Grundrisses mitgetheilten Zahlen werden gewöhnlich als **Festigkeitsmodulus** der entsprechenden Substanzen bezeichnet. Sie geben an, bis zu welchem Gewicht man die an einen Stab von der in der ersten Columne genannten Substanz und von 1 Quadratcentimeter Querschnitt angehängte Last vermehren darf, ehe er zerrissen wird.

Bezeichnen wir mit $\varkappa$ den Festigkeitsmodulus einer Substanz, mit n den Querschnitt eines Stabes, gemessen nach der Einheit, welche man bei der Bestimmung des Festigkeitsmodulus zu Grunde gelegt hat, so haben wir für das Gewicht P, welches eben hinreicht, um den Stab zu zerreißen,
$$P = n\varkappa.$$
Danach lassen sich folgende *Aufgaben* berechnen:

1. Welches ist das Minimum des Gewichtes, welches man an einen Stab von Kiefernholz, welcher 3 Quadratcentimeter Querschnitt hat, anhängen muß, um ihn zu zerreißen.

2. Welches ist die Gränze der Tragkraft eines runden eisernen Stabes von 1,2 Centimeter Durchmesser?

3. Wie dick muß ein Messingdraht sein, wenn 500 Pfund die Gränze seiner Tragkraft sein soll?

4. Welches ist die Gränze der Tragkraft für ein schmiedeeisernes Rohr, welches 5 Centimeter äußeren und 4 Centimeter inneren Durchmesser hat?

5. Ein Seil von 3 Centimeter Durchmesser riß ab, als man das angehängte Gewicht allmälig bis auf 4000 Kilogramm vermehrt hatte; welches wäre demnach der Festigkeitsmodulus für dieses Seil?

6. Ein Balken von Eichenholz, 12 Centimeter breit, 20 Centimeter hoch, ist einerseits eingemauert und ragt aus der Mauer noch 1 Meter hervor. Welche Last Q müßte man mindestens an dem freien Ende anhängen, um den Balken abzubrechen? (Nach der Formel $Q = \dfrac{\varkappa b h^2}{2 l}$ auf Seite 55 des Grundrisses.)

Der Festigkeitsmodulus ist natürlich eine relative Zahl, welche von der Flächeneinheit abhängt, mit welcher der Querschnitt gemessen wird. Nach den auf Seite 54 gegebenen Werthen des Festigkeitsmodulus kann man leicht den Werth desselben für jede der genannten Substanzen berechnen, wenn man den preußischen Quadratzoll zur Flächeneinheit und das Pfund (zu 500 Gramm)

Gleichgewicht der Theilchen fester Körper unter einander. 17

zur Gewichtseinheit wählt, d. h. man kann nach den auf Seite 54 gegebenen Zahlen leicht berechnen, wie viel Pfunde eben nöthig sind, um einen Stab der genannten Substanzen zu zerreißen, welcher 1 Quadratzoll preuß. Querschnitt hat. (1 Zoll preuß. = 2,6 Centimeter, also 1 preuß. Quadratzoll = 6,76 Quadratcentimeter.)

7. Der Schüler führe die hier angedeutete Reduction für alle in der Tabelle auf Seite 54 enthaltenen Substanzen aus.

8. Ein Balken von Kiefernholz, welcher 5 Zoll preuß. breit, 1 Fuß hoch ist, ist an seinen beiden Enden eingemauert. Das zwischen den beiden Mauern befindliche freie Stück des Balkens ist 18 Fuß lang. Welche Last müßte man mindestens auf der Mitte dieses Balkens auflegen, um ihn zu zerbrechen?

$$\left(\text{Nach der Formel } Q = \frac{x\,b\,h^2}{l}\right).$$

Da man es hier mit preußischem Maaß zu thun hat, so hat man für x den nach der Aufgabe (7) berechneten Werth des Festigkeitsmodulus in Rechnung zu bringen.

Krystallisation. Da die äußere Gestalt der Krystalle in dem innigsten Zusammenhange mit den physikalischen Eigenschaften der Körper steht, so wollen wir hier wenigstens die Grundzüge der krystallographischen Symmetriegesetze betrachten.

§. 9.

Wenn man zwei Krystalle desselben Stoffes untersucht, so findet man freilich keine absolute Gleichheit oder Aehnlichkeit der Gestalten im geometrischen Sinne. So haben z. B. Quarzkrystalle häufig die vollkommen regelmäßige Gestalt, Fig. 12, sehr oft kommen sie aber auch in Formen, wie Fig. 13 vor,

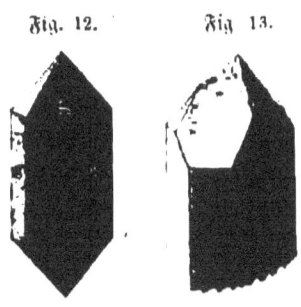

Fig. 12.   Fig. 13.

und oft weichen sie noch weit mehr von dem normalen Habitus Fig. 12 ab. Wie aber auch die verschiedenen Quarzkrystalle verzerrt erscheinen mögen, so behalten sie doch immer einen selbst dem weniger Geübten leicht erkennbaren Grundtypus, sie bilden eine durch sechsseitige Pyramiden zugespitzte sechsseitige Säule; diese Pyramidenflächen erscheinen aber nicht immer ganz gleichmäßig ausgebildet, sie liegen nicht immer in gleicher Entfernung vom geometrischen Mittelpunkte des Krystalls; aller dieser Unregelmäßigkeiten ungeachtet sind die Winkel der entsprechenden Flächen für alle Krystallindividuen desselben Körpers stets dieselben. So ist z. B. der Winkel, den eine Säulenfläche des Bergkrystalls mit der benachbarten macht, stets 120°, der Winkel zweier neben einander liegenden Pyramidenflächen ist stets 133° 44′ u. s. w.

Wenn man die Krystallform eines Körpers beschreibt, wenn man sie zeichnet, so abstrahirt man von allen Zufälligkeiten, man betrachtet alle entsprechenden

Flächen als gleich weit vom Mittelpunkte des Krystalls liegend. Wir wollen eine solche Krystallgestalt den **idealen Krystall** nennen; die folgenden Betrachtungen beziehen sich auf diese idealen Formen.

§. 10. **Krystallsysteme.** In jedem Krystalle kann man gewisse Richtungen unterscheiden, gegen welche die einzelnen Flächen eine symmetrische Lage haben; diese Richtungen sind die Axen. In dem Krystall Fig. 12 ist offenbar die Linie, welche die Spitzen der beiden sechsseitigen Pyramiden verbindet, eine solche Axe. Die mit g bezeichneten Säulenflächen sind dieser Axe parallel, alle Pyramidenflächen sind gleich gegen dieselbe geneigt.

Die gegenseitige Lage und das Größenverhältniß dieser Axen ist aber nicht für alle Krystalle dieselbe; man hat in dieser Beziehung sechs verschiedene **Krystallsysteme** zu unterscheiden.

1. **Das reguläre System** mit drei zu einander rechtwinkligen und gleichen Axen.

Fig. 14 stellt das Axensystem des regulären Systems dar. Die drei Axen schneiden sich in dem Punkte m, und zwar steht jede derselben rechtwinklig auf der Ebene der beiden anderen. Zwei dieser Axen, ac und bd, erscheinen in unserer Figur unverkürzt, dagegen erscheint die dritte, von vorn nach hinten gerichtete Axe fg verkürzt. In der That ist $mf = ma = mb$.

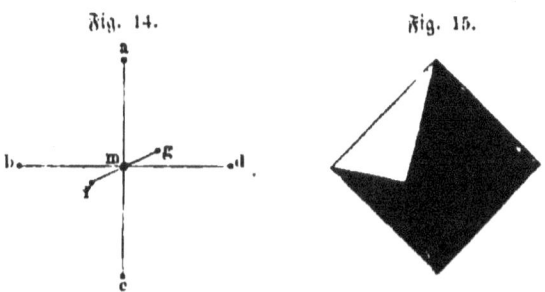

Fig. 14.   Fig. 15.

Denken wir uns in jede der acht körperlichen Ecken des Axenkreuzes (Fig. 14) eine Fläche gelegt, welche gegen alle drei Axen gleich geneigt ist, also eine Fläche durch die Punkte a, f und d; eine zweite durch f, d und c; eine dritte durch f, b und a u. s. w., so entsteht das Octaëder Fig. 15, welches man als die Grundgestalt des regulären Systems betrachtet, weil man von ihm leicht alle anderen Gestalten dieses Systems ableiten kann.

Alle Ecken des regulären Octaëders sind unter einander gleich und jede Modification einer Ecke muß an allen übrigen in derselben Weise stattfinden.

Wird jedes Octaëdereck durch eine Fläche abgestumpft, welche auf der entsprechenden Axe rechtwinklig steht, so entsteht der Körper Fig. 16. Denken wir uns die Abstumpfungsflächen bis zur gegenseitigen Durchschneidung ausgedehnt, so erhält man den Würfel Fig. 17.

An dem Würfel sind wieder alle Ecken unter sich gleich; ebenso sind alle

Gleichgewicht der Theilchen fester Körper unter einander.   19

Kanten gleichartig; und jede Modification eines Ecks oder einer Kante findet sich in derselben Weise auch an den übrigen.

Fig. 16.   Fig. 17.

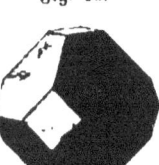

Die zwölf Kanten des Octaëders sind ebenfalls einander gleich; denken wir uns jede Octaëderkante durch eine Fläche abgestumpft, welche mit der abgestumpften Kante und einer Axe parallel läuft, so entsteht der Körper Fig. 18. Wenn die Abstumpfungsflächen der Octaëderkanten bis zu ihrer gegenseitigen Durchschneidung wachsen, so entsteht das Rhombendodekaëder Fig. 19.

Fig. 18.   Fig. 19.

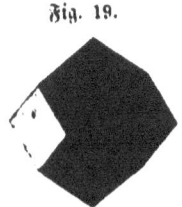

Auf ähnliche Weise lassen sich auch die übrigen Formen des regulären Systems ableiten; doch würde es uns hier zu weit führen, wenn wir alle näher betrachten wollten; das Gesagte wird schon hinreichen, um zu zeigen, daß der Charakter des regulären Systems eben darin besteht, daß alle Formen desselben in Beziehung auf die drei Axen vollkommen symmetrisch sind. Im regulären System krystallisiren Alaun, Kochsalz, Granat, Flußspath u. s. w.

2. Das quadratische System. Die Grundform dieses Systems ist ein Quadratoctaëder, Fig. 20 und Fig. 21, d. h. ein Octaëder, welches sich von dem regulären dadurch unterscheidet, daß zwei

Fig. 21.

Fig. 20.   Fig. 22.

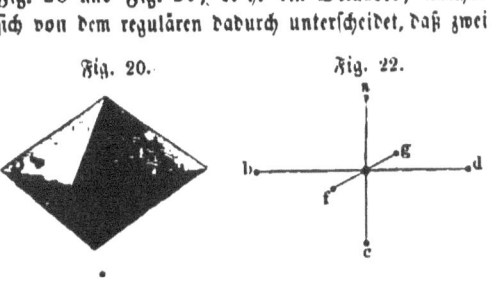

Axen unter sich, aber nicht der dritten gleich sind. Diese letztere ausgezeichnete Axe wollen wir die Hauptaxe nennen und uns dieselbe immer vertical gestellt denken.

Die Hauptaxe steht zu den beiden anderen nicht in einem rationalen Verhältniß; sie ist bald größer, bald kleiner als die horizontalen Axen; doch ist das Axenverhältniß für einen und denselben Körper stets dasselbe. Fig. 22 (a. vor. S.) stellt z. B. das Axenkreuz dar, wie es den Krystallen des arseniksauren Kalis entspricht; hier sind die Axen fg und bd einander gleich. Nimmt man die Länge dieser Axen zur Einheit, so ist für dieses Salz die verticale Axe ac gleich 0,66. Fig. 21 stellt die Grundform des Blutlaugensalzes dar, bei welchem die Hauptaxe größer ist als die Nebenaxen; und zwar verhält sich hier die Hauptaxe zu den Nebenaxen wie 1,77 zu 1.

Die vier horizontalen Kanten des Quadratoctaëders sind einander gleich, aber sie sind von den übrigen Kanten dieses Octaëders verschieden; die vier horizontalen Kanten können deshalb abgestumpft sein, ohne daß es die anderen sind, und so entsteht die Combination Fig. 23. Liegen die Abstumpfungsflächen der vier horizontalen Kanten der Hauptaxe verhältnißmäßig näher, so daß nur ein kleinerer Theil des Octaëders bleibt, so nimmt diese Combination den Habitus Fig. 24 an, welche die gewöhnliche Gestalt des arseniksauren Kalis darstellt.

Die vier Abstumpfungsflächen der horizontalen Kanten bilden zusammen eine quadratische Säule, und so sind Fig. 23 und Fig. 24 Combinationen des Quadratoctaëders mit der quadratischen Säule.

Fig. 23. Fig. 24. Fig. 25.

Die sechs Ecken des Quadratoctaëders sind ebenfalls nicht gleichartig; die vier Ecken, in welchen die Nebenaxen endigen, sind unter sich gleich, aber sie sind verschieden von dem Eck am obern und untern Ende der Hauptaxe. Deshalb können das obere und untere Eck des Quadratoctaëders allein abgestumpft sein, wie es Fig. 25 zeigt, welches die gewöhnliche Form des Blutlaugensalzes darstellt; bei anderen Krystallen dagegen sind die vier horizontalen Ecken abgestumpft, ohne daß es die Ecken der Hauptaxe sind.

Ohne in eine weitere Betrachtung der Gestalten dieses Systems einzugehen, wird aus dem Gesagten schon klar der Grundcharakter desselben hervorgehen, welcher eben darin besteht, daß die verticale Axe von den beiden anderen unter sich gleichartigen ausgezeichnet ist.

Im quadratischen Systeme krystallisiren unter anderen Vesuvian, Honigstein, Blutlaugensalz, schwefelsaures Nickeloxyd, saures arseniksaures Kali u. s. w.

Gleichgewicht der Theilchen fester Körper unter einander. 21

3. Das hexagonale System mit vier Axen (Fig. 26), von denen drei, nämlich cd, ef und hg, in einer Ebene liegend, einander gleich sind und einen Winkel von 60 Grad mit einander machen, während die vierte ausgezeichnete Axe, die Hauptaxe, rechtwinklig auf der Ebene der drei anderen steht und ihnen ungleich ist. Bezeichnen wir mit 1 die Länge der horizontalen Nebenaxen, so ist für Bergkrystall die Länge der Hauptaxe 1,1, für Kalkspath aber 0,83. In dieses System gehören die regulären sechsseitigen Pyramiden (Fig. 27), welche in gleicher Weise als die Grundgestalt dieses Systems betrachtet werden können, wie die Octaëder der übrigen Systeme. Wenn die horizontalen Kanten dieser Pyramide durch Flächen abgestumpft sind, welche mit der Hauptaxe parallel sind, so entsteht die Combination Fig. 28.

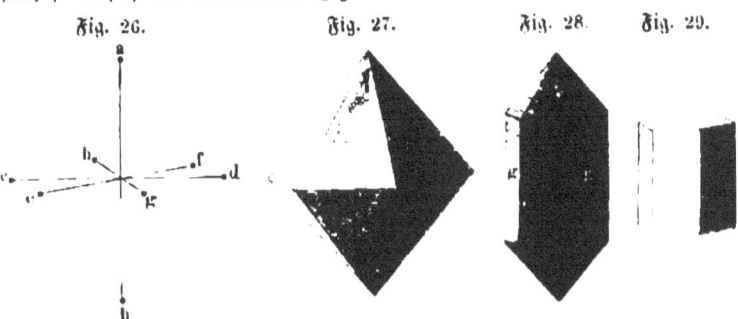

Fig. 26. Fig. 27. Fig. 28. Fig. 29.

Die Abstumpfungsflächen der horizontalen Kanten bilden zusammen eine reguläre sechsseitige Säule, welche in Fig. 29 mit der geraden Endfläche, d. h. mit einer Fläche combinirt ist, welche rechtwinklig auf der Hauptaxe steht.

4. Das rhombische System mit drei zu einander rechtwinkligen, aber ungleichen Axen. Denken wir uns eine dieser Axen vertical gestellt, so liegen die beiden anderen in einer horizontalen Ebene; doch sind hier die beiden horizontalen Axen nicht gleich wie beim quadratischen Systeme.

Fig. 30 stellt das Axenkreuz des in dieses System gehörigen natürlichen Schwefels dar. Für dieses Mineral verhalten sich die Axen $cd:ef:ab$ wie 0,8 : 1 : 1,9. Fig. 31 stellt das rhombische Octaëder dar, welches diesen Axenverhältnissen entspricht.

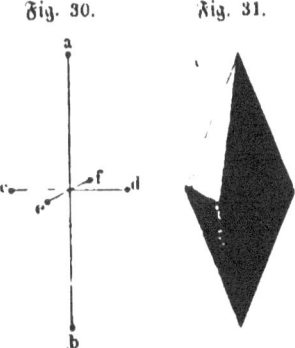

Fig. 30. Fig. 31.

An dem rhombischen Octaëder Fig. 31 sind nur immer je zwei diametral gegenüberliegende Ecken einander gleich, also das obere und untere, das vordere und hintere, das Eck rechts und das Eck links; wir haben also hier drei verschiedene Arten von Octaëderecken zu unterscheiden. Ebenso hat man am rhombischen Octaëder dreierlei Kanten zu unterscheiden: die vier horizontalen Kanten; die vier Kanten, welche in der Ebene der verticalen und der kleineren horizontalen Axe liegen, und endlich die Kanten, welche die verticale Axe mit der größeren horizontalen verbinden.

Werden die vier horizontalen Kanten des rhombischen Octaëders durch Flächen abgestumpft, welche der Hauptaxe parallel sind, so entsteht eine Combination des rhombischen Octaëders mit der geraden rhombischen Säule, Fig. 32. Die Gestalt des horizontalen Querschnitts, der Basis dieser Säule, hängt von dem Größenverhältniß der beiden horizontalen Axen ab. Fig. 33 stellt der Rhombus $cfde$ die Basis der rhombischen Säule, wie sie den Axen= verhältnissen des Salpeters entspricht, unverkürzt dar.

Fig. 32.   Fig. 33.

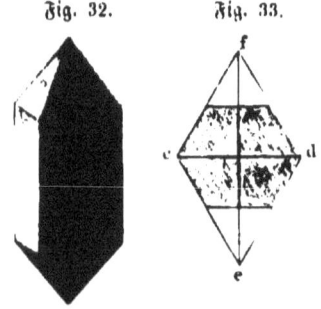

Die größere Diagonale ef dieser Basis heißt die Makrodiagonale, die kleinere cd ist die Brachydiagonale.

Die verticalen Kanten der rhombischen Säule sind einander nicht alle gleich; die vordere und hintere Kante, welche rechtwinklig auf den Enden der Makrodiagonale aufgesetzt erscheinen, sind spitzwinklig, während die beiden anderen rechtwinklig auf den Enden der Brachydiagonalen aufgesetzten Kanten stumpfwinklig sind.

An einem rhombischen Octaëder kann man nach Belieben jede der drei Axen zur Hauptaxe wählen; wenn aber eine Mineralspecies oder ein Salz, welches in diesem Systeme krystallisirt, wie es meist der Fall ist, säulenartig ausgebildete Formen zeigt, so wählt man die Axe dieser Säule zur Hauptaxe für die Krystalle dieser Substanz.

Durch Abstumpfung zweier diametral gegenüberstehenden Kanten der rhombischen Säule entsteht eine sechsseitige Säule. So erscheinen an der rhombischen Säule des Salpeters meist die scharfen Kanten abgestumpft (Fig. 34),

Fig. 34.   Fig. 35.

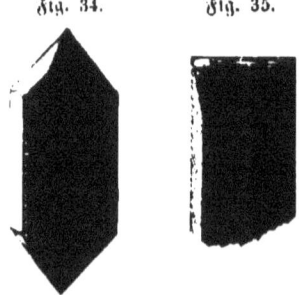

wodurch eine sechsseitige Säule entsteht, deren wahre Gestalt in Fig. 33 durch Schraffirung angedeutet ist.

Fig. 35 stellt den gewöhnlichen Habitus der Salpeterkrystalle dar; es ist eine Combination der eben besprochenen sechsseitigen Säule mit mehreren Flächen, die parallel mit der Axe cd laufen und verschiedene Neigung gegen die Haupt= axe haben. Die Octaëderflächen sind bei den Salpeterkrystallen meist gänzlich verschwunden.

Gleichgewicht der Theilchen fester Körper unter einander. 23

Das rhombische System ist also dadurch ausgezeichnet, daß sich in verticaler Richtung andere Symmetrieverhältnisse zeigen als von vorn nach hinten, und in dieser Richtung wieder andere als von der Linken zur Rechten.

Außer den schon genannten Körpern krystallisiren unter anderen im rhombischen Systeme Zinkvitriol, schwefelsaures Kali, Arragonit, Schwerspath, Topas u. s. w.

5. Das monoklinische System, in welchem unter anderen der Gyps, das Glaubersalz, der Eisenvitriol, das essigsaure Natron, der Zucker u. s. w. krystallisiren, zeichnet sich vor dem rhombischen Systeme dadurch aus, daß zwei Axen sich nicht unter rechtem Winkel schneiden, während die dritte rechtwinklig auf der Ebene der beiden schiefwinkligen steht.

Fig. 36 stellt ein in dieses System gehöriges Axenkreuz dar; die Axe *ef* steht rechtwinklig auf der Ebene der beiden anderen, dagegen schneiden sich die Axen *ab* und *cd* nicht unter rechtem Winkel.

Die Ebene der beiden Axen, welche sich nicht unter rechtem Winkel schneiden, also die Ebene der Axen *ab* und *cd*, Fig. 36, heißt die symmetrische Ebene, während die Axe, welche auf dieser Ebene rechtwinklig steht, die symmetrische Axe genannt wird.

Fig. 36.   Fig. 37.

Die charakteristischste und am häufigsten theils allein, theils in Combination mit anderen Flächen vorkommende Form dieses Systems ist die schiefe rhombische Säule, Fig. 37, welche sich von der geraden rhombischen Säule des vorigen Systems dadurch unterscheidet, daß die Hauptaxe dieser Säule nicht rechtwinklig auf der Basis steht.

Die Säule ist in unserer Figur so gestellt, daß die Ebene der beiden schiefwinkligen Axen unverkürzt, die dritte auf ihrer Ebene rechtwinklig stehende Axe aber, als gegen den Beschauer gerichtet, verkürzt erscheint.

Auch hier haben wir zwei scharfe und zwei stumpfe Säulenkanten zu unterscheiden. Die Abstumpfungsfläche der vorderen und hinteren Säulenkante (die Fläche *a* in Fig. 38 a. f. S.) steht rechtwinklig zu der oberen Endfläche *c*; dagegen macht die Abstumpfungsfläche *b* (Fig. 39) der Säulenkanten rechts und links einen schiefen Winkel mit *c*.

Die horizontalen Kanten der durch die Fläche *c* begränzten schiefen rhombischen Säule sind nicht gleicher Natur, wie dies bei der geraden rhombischen Säule der Fall war; an der oberen Fläche, Fig. 37, sind die beiden Kanten rechts scharfe Kanten, die beiden horizontalen Kanten auf der linken Seite der oberen Fläche sind dagegen stumpfe Kanten. An der unteren Fläche liegen die beiden scharfen Kanten links, die stumpfen rechts.

Fig. 38.   Fig. 39.   Fig. 40.

Die scharfen horizontalen Kanten können für sich allein abgestumpft sein, während bei anderen Krystallen nur die stumpfen horizontalen Kanten abgestumpft sind.

Die schon oben besprochene Gestalt, Fig. 39, zeigt die gewöhnliche Krystallform des Zuckers. Häufig erscheinen aber an den Zuckerkrystallen noch die spitzen Kanten zwischen c und b und die Ecken abgestumpft, in welchen die Säulenflächen g mit den Endflächen c zusammentreffen, wie dies Fig. 40 dargestellt ist.

6. Das triklinische System ist durch drei Axen charakterisirt, welche alle drei ungleich sind und von denen keine mit der andern einen rechten Winkel macht. Die Krystalle dieses Systems zeigen unter allen am wenigsten Symmetrie. Hier sind nur immer je zwei Flächen, Kanten oder Ecken gleichartig, welche einander diametral gegenüberstehen.

Dem triklinischen Systeme gehören unter anderen die Krystalle des Axinits und des Kupfervitriols an.

§. 11.   **Hemiedrie.** Es kommt bei Krystallen häufig vor, daß die Hälfte der Flächen einer einfachen Gestalt nach bestimmten Gesetzen in solchem Maaße ausgedehnt ist, daß die andere Hälfte der Flächen vollkommen verschwindet. Solche Krystalle nennt man **Halbflächner** oder **hemiëdrische Krystalle**. Wir müssen hier der Hemiëdrie noch kurz erwähnen, weil dieselbe in innigem Zusammenhange mit einigen physikalischen Erscheinungen der Krystalle steht.

Denken wir uns an dem regulären Octaëder (Fig. 41) die Fläche o und die in unserer Zeichnung nicht sichtbare Fläche der oberen Pyramide hinten rechts nach allen Seiten gewachsen, so schneiden sich diese beiden Flächen in der Kante ab. Wenn ferner von den vier unteren Octaëderflächen n und die Fläche hinten links wächst, so schneiden sich diese in der Kante cd; die gewachsenen Flächen o und n schneiden sich in der Kante bc u. s. w. Kurz, wenn die Fläche o und die drei Flächen des Octaëders, welche mit o nur in einer Spitze zusammentreffen, wachsen, bis die übrigen Octaëder

Fig. 41.

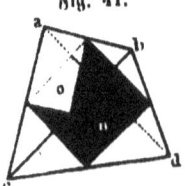

Gleichgewicht der Theilchen fester Körper unter einander.   25

flächen ganz verschwunden sind, so entsteht ein nur von vier Flächen begränzter Körper *abcd*, Fig. 41.

Fig. 42.   Fig. 43.

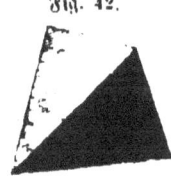

Fig. 42 stellt diesen Körper, welcher das Tetraëder genannt wird, für sich allein dar.

Fig. 43 ist eine Combination des regulären Tetraëders mit dem Würfel.

Das Tetraëder Fig. 42 kann man sich also aus dem Octaëder Fig. 41 dadurch entstanden denken, daß die Hälfte der Octaëderflächen bis zum Verschwinden der vier übrigen gewachsen sind. Denken wir uns dagegen diese vier letzteren Octaëderflächen bis zum Verschwinden der ersteren gewachsen, so entsteht das Tetraëder Fig. 44.

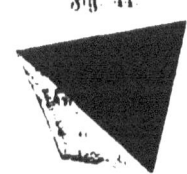

Fig. 44.

Die vier Flächen des Tetraëders Fig. 42 sowohl wie die des Tetraëders Fig. 44 sind gleichseitige Dreiecke, und die sechs Kanten derselben sind unter einander gleich.

Das Tetraëder Fig. 42 unterscheidet sich von dem Tetraëder Fig. 44 nur durch seine Stellung. Dadurch, daß man das letztere Tetraëder um seine verticale Axe um 90° dreht, kommt es in die Stellung des ersteren und ist alsdann vollkommen congruent mit demselben.

Einen solchen Fall der Hemiëdrie, bei welchem, wie hier die beiden aus derselben Grundgestalt abgeleiteten hemiëdrischen Formen einander vollkommen gleich und nur durch die Stellung verschieden sind, nennt man eine **congruente oder überdeckbare Hemiëdrie.**

Wie aus dem regulären Octaëder das Tetraëder, so entsteht aus der doppeltsechsseitigen Pyramide des hexagonalen Systems durch Wachsen der einen Hälfte der Flächen das **Rhomboëder.** Denken wir uns von der oberen

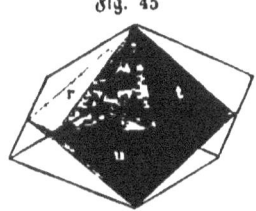

Fig. 45.

Pyramide, Fig. 45, die Flächen *r*, *t* und diejenige auf der hinteren Seite, welche *s* gegenüberliegt, von der unteren Pyramide aber gerade diejenigen Flächen gewachsen, welche in einer Kante mit den ausgefallenen Flächen der oberen Pyramide zusammenstoßen, so entsteht das Rhomboëder, wie es in Fig. 45 durch die starken Linien angedeutet und welches in Fig. 46 (a. f. S.) für sich allein dargestellt ist. Es ist dies die Grundgestalt des **Kalkspaths.**

26 Erstes Buch. Zweites Capitel.

Fig. 47 zeigt eine Combination des Rhomboëders Fig. 46 mit der regulären sechsseitigen Säule.

Fig. 46.   Fig. 47.   Fig. 48.

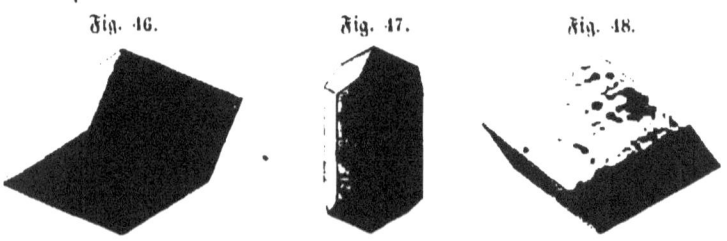

Während aus der doppelt sechsseitigen Pyramide Fig. 45 durch Wachsen der einen Hälfte der Flächen das Rhomboëder Fig. 46 entsteht, entsteht durch Wachsen der anderen Hälfte der Flächen das Rhomboëder Fig. 48.

Die beiden Rhomboëder Fig. 46 und Fig. 48 sind nur durch ihre Stellung verschieden, im Uebrigen aber vollkommen gleich, so daß man jedes durch Drehung in die Stellung des andern bringen kann; wir haben also hier gleichfalls ein Beispiel der überdeckbaren Hemiëdrie.

Eine andere wichtige hemiëdrische Form des hexagonalen Systems ist das Skalenoëder, Fig. 49. Es ist die Hemiëdrie einer symmetrisch zwölfseitigen Pyramide. Charakteristisch für diese Form ist es, daß ihre Seitenkanten wie die eines

Fig. 49.

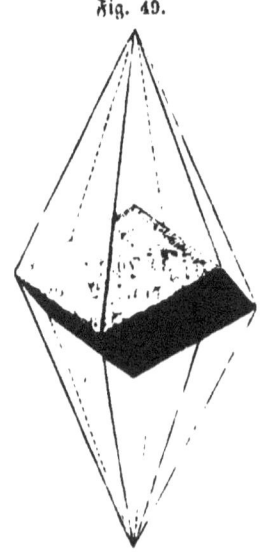

Rhomboëders liegen (welches in unserer Figur durch Schattirung hervorgehoben ist), daß man sich also das Skalenoëder leicht so vorstellen kann, als ob durch die Seitenkanten eines Rhomboëders Flächen nach einem Punkt der verlängerten Hauptaxe gelegt wären, welcher um die n fache (in Fig. 49 um die dreifache) Länge der verticalen Halbaxe des Rhomboëders von der Mitte des Krystalls absteht.

Fig. 50 und Fig. 51 stellen die unter dem Namen der Sphenoide bekannten beiden Halbflächner des rhombischen Octaëders, Fig. 31, S. 21 dar. Die Dreiecke, durch welche diese Tetraëder begränzt werden, sind ungleichseitig, d. h. keine Seite eines solchen Dreiecks ist der andern gleich, und deshalb kann auch das Tetraëder Fig. 50 durch keinerlei Drehung in die Stellung des Tetraëders Fig. 51 gebracht werden, wovon man sich leicht durch Modelle oder auch dadurch überzeugen kann, daß man die Horizontalprojection (den Grundriß)

Gleichgewicht der Theilchen fester Körper unter einander. 27

der beiden Sphenoide zeichnet. Die beiden Körper Fig. 50 und Fig. 51 sind also nicht congruent, sie verhalten sich aber wie Gegenstand und Spiegelbild, wie rechte und linke Hand. Wir haben also hier einen Fall von nicht congruenter oder nicht überdeckbarer Hemiödrie.

Die Sphenoide kommen nicht isolirt vor, sondern nur in Combination mit anderen Flächen, namentlich mit der rhombischen Säule, bei welcher Combination sich auch die Nicht-Ueberdeckbarkeit leichter übersehen läßt.

Fig. 50. Fig. 51. Fig. 52.

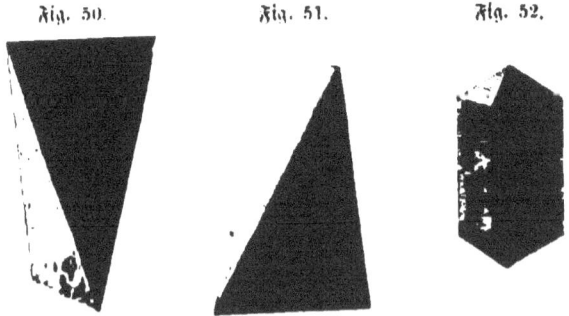

Fig. 52 stellt eine Combination der geraden rhombischen Säule mit dem rhombischen Octaëder dar, wie sie den Axenverhältnissen des Zinkvitriols entspricht. Wenn nun hier nach dem oben für das reguläre Octaëder angegebenen Gesetze die Hälfte der Octaëderflächen durch Wachsen der benachbarten Flächen verschwindet, so entsteht die Combination Fig. 53, welche beim Zinkvitriol und beim Bittersalz sehr häufig beobachtet wird.

Fig. 53. Fig. 54.

Bei den Zuckerkrystallen tritt die Hemiödrie häufig in der Weise auf, daß die Flächen d, Fig. 54, an der vorderen Säulenkante fehlen, während sie an der hinteren vorhanden sind.

Berechnung der Krystallaxen. Da man es in der Praxis nie mit §. 12. idealen Krystallgestalten, sondern nur mit mehr oder minder verzerrten Exemplaren zu thun hat, so können die Axenverhältnisse derselben auch nicht der Gegenstand directer Messungen sein. Nur die Winkel, welche die einzelnen Flächen eines Krystalls mit einander machen, sind am verzerrten Exemplar dieselben wie am idealen Krystall; wenn man aber diese Winkel gemessen hat, so kann man aus denselben die Axenverhältnisse berechnen. Hier müssen wir uns auf die einfachsten Fälle und zwar auf die Berechnung der Axenverhältnisse aus den gemessenen Winkeln der Grundformen der verschiedenen Systeme beschränken.

Bei dem regulären System sind alle Axen einander gleich; hier kann also die Berechnung der Axenverhältnisse nicht Gegenstand der Aufgabe sein, wir gehen deshalb gleich zur Berechnung der Axenverhältnisse des quadratischen Systems aus den gemessenen Winkeln des Quadratoctaëders über.

An einem Quadratoctaëder kommen, wie bereits bemerkt wurde, zweierlei Kanten vor, nämlich 1) die vier Kanten, welche in der Ebene der beiden gleichen Axen liegen und welche gleichsam die Basis der doppelten quadratischen Pyramide bilden, wir wollen sie die Grundkanten nennen; und 2) die acht übrigen Kanten, von denen vier in der oberen und vier in der unteren Spitze des Octaëders zusammenlaufen und die wir Pyramidenkanten nennen wollen.

Der Winkel, unter welchem sich zwei Octaëderflächen in einer Grundkante schneiden, soll der Grundkantenwinkel genannt und mit B bezeichnet werden.

Der Winkel, unter welchem sich zwei Octaëderflächen in einer Pyramidenkante schneiden, soll der Pyramidenkantenwinkel genannt und mit A bezeichnet werden.

Wäre über das Axenkreuz Fig. 55 das entsprechende Octaëder gelegt, so wäre fd eine Grundkante und der Winkel, unter welchem sich die Flächen fda und fde in fd schneiden, wäre der Grundkantenwinkel B. Die Kante fa dagegen wäre eine Pyramidenkante, und der Winkel, welchen die Octaëderflächen fad und fab mit einander machen, wäre der Pyramidenkantenwinkel A.

Das Axenverhältniß eines Quadratoctaëders, d. h. das Verhältniß der verticalen Hauptaxe zu den horizontalen Nebenaxen läßt sich nun berechnen, wenn man 1) den Grundkantenwinkel oder 2) wenn man den Pyramidenkantenwinkel des Quadratoctaëders gemessen hat. Betrachten wir zunächst den ersten Fall, nämlich den, daß der Grundkantenwinkel B eines Quadratoctaëders bekannt ist.

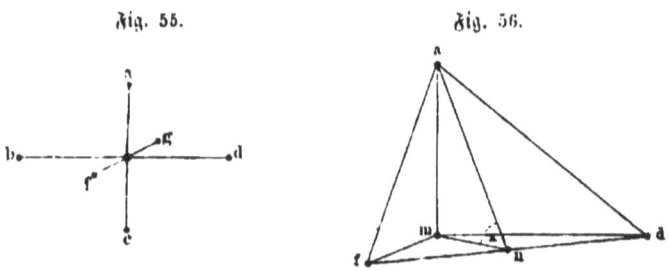

Fig. 55.   Fig. 56.

Gleichgewicht der Theilchen fester Körper unter einander.   29

Es stelle Fig. 56 in etwas größerem Maßstabe den einen Octanten des Axenkreuzes eines Quadratoctaëders sammt der in dieses Eck fallenden Octaëderfläche afd dar. Wenn man die Grundkante fd halbirt und nach dem Halbirungspunkte n eine Linie von der Spitze a des Octaëders und eine zweite vom Mittelpunkte m des Axenkreuzes zieht, so ist offenbar die Länge der verticalen Axe ma, welche wir mit c bezeichnen wollen, gleich $mn \cdot \tan mna$, oder

$$c = mn \cdot \tan x \quad \ldots \ldots \ldots \ldots (1)$$

wenn wir den Winkel mna, Fig. 56, mit x bezeichnen. Nun aber ist x der Winkel, welchen die Octaëderfläche afd mit der Ebene der beiden gleichen Axen macht und gleich dem halben Grundkantenwinkel, oder es ist

$$x = \tfrac{1}{2} B.$$

Ferner macht die Grundkante fd gleiche Winkel mit den Axen mf und md, d. h. $\angle mfd = \angle mdf = 45°$. Da aber die Linie mn den rechten Winkel fmd halbirt, so ist auch $\angle fmn = 45°$, folglich auch $fn = mn$, und da das Dreieck fmn bei n einen rechten Winkel hat, so ist

$$fm^2 = fn^2 + mn^2$$
$$fm^2 = 2\, mn^2.$$

Nehmen wir die Länge der horizontalen Axe zur Einheit, also $md = mf = 1$, so ist

$$1 = 2\, mn^2$$
$$mn^2 = \tfrac{1}{2}$$
$$mn = \sqrt{\tfrac{1}{2}}.$$

Setzt man diesen Werth von mn und den oben erhaltenen Werth des Winkels x in Gleichung (1), so kommt

$$c = \sqrt{\tfrac{1}{2}} \cdot \tan \tfrac{1}{2} B$$
$$c = 0{,}7071 \cdot \tan \tfrac{1}{2} B \quad \ldots \ldots (2)$$

Aufgaben. Für den Grundkantenwinkel B hat man an verschiedenen Quadratoctaëdern folgende Werthe gefunden:

1. Schwefelsaures Nickeloxydul . . . $B = 138° 56'$
2. Arsensaures Kali . . . . $B = 86° 24'$
3. Apophyllit . . . . $B = 121° 4'$
4. Blutlaugensalz . . . . $B = 136° 24'$.

Wie groß ist die Hauptaxe dieser Krystalle (die Nebenaxen gleich 1 angenommen)?

Die Hauptaxe des Quadratoctaëders läßt sich aber auch berechnen, wenn man nur den Pyramidenkantenwinkel A gemessen hat, und zwar nach der Formel

$$c = \cot x \quad \ldots \ldots \ldots \ldots (3)$$

wenn $\quad \cos x = \cot \tfrac{1}{2} A \quad \ldots \ldots \ldots (4)$

Die Gleichungen (3) und (4) lassen sich auf folgende Weise ableiten:

Es stelle Fig. 57 (a. f. S.) wieder den einen Octanten des Axenkreuzes eines Quadratoctaëders sammt seiner Octaëderfläche dar, so ist offenbar .

Erstes Buch. Zweites Capitel.

$$ma = md \cdot tang\, y$$
oder
$$c = tang\, y,$$

wenn die Länge der Nebenaxe md wieder mit 1, die der Hauptaxe ma wieder mit c bezeichnet wird und y der Winkel ist, welchen die Pyramidenkante da mit der Nebenaxe dm macht. Bezeichnen wir aber ferner den Winkel, welchen die Pyramidenkante da mit der Hauptaxe ma macht, durch x, so ist offenbar

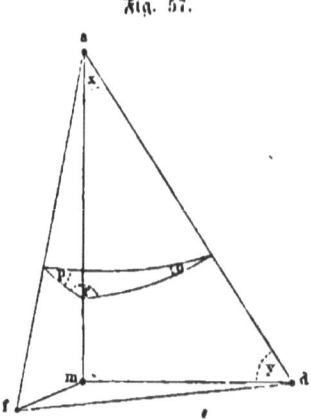

Fig. 57.

$$tang\, y = cotang\, x,$$

und wir haben in die letzte Gleichung nur für $tang\, y$ diesen seinen Werth zu substituiren, um die bereits oben angeführte Gleichung (3) zu erhalten.

Der Winkel x kann aber nicht unmittelbar gemessen, er muß mit Hülfe des gemessenen Pyramidenkantenwinkels berechnet werden.

Die durch die Axen mf und ma gelegte Ebene, die durch md und ma gelegte und die Octaëderfläche fda bilden ein sphärisches Dreieck, dessen Spitze a ist und dessen drei Winkel wir mit o, p und r bezeichnen wollen; der Winkel x bildet die eine Seite des sphärischen Dreiecks, welche dem Winkel p gegenüberliegt. In unserem Falle sind die drei Winkel o, p und r bekannt, und es ergiebt sich demnach zur Berechnung von x die Gleichung (Sphärische Trigonometrie, Seite 58, Gleichung 13)

$$cos\, x = \frac{cos\, p + cos\, r \cdot cos\, o}{sin\, r \cdot sin\, o} \ldots$$

Nun ist aber der Winkel r ein rechter, also $cos\, r = 0$ und $sin\, r = 1$, und ferner ist $p = o = \frac{1}{2} A$, also reducirt sich der Werth von $cos\, x$ auf

$$cos\, x = \frac{cos\, \frac{1}{2} A}{sin\, \frac{1}{2} A} = cotang\, \frac{1}{2} A,$$

also auf den bereits oben in Gleichung (4) für $cos\, x$ gegebenen Werth.

Aufgaben. Man berechne den Werth der Hauptaxe (die Nebenaxe gleich 1 genommen) für folgende Krystalle

  5. Rutil . . . . $A = 122^0\ 32'$
  6. Quecksilberjodid . . . . $A = 96^0\ 24'$
  7. Schwefelsaures Nickeloxydul . . . $A = 97^0\ 4'$
  8. Vesuvian . . . . $A = 129^0\ 29'$.

Die Länge einer horizontalen Nebenaxe gleich 1 angenommen ist die Länge c der Hauptaxe der doppelt sechsseitigen Pyramide (Fig. 27 auf S. 21) des hexagonalen Systems

$$c = tang\, \tfrac{1}{2} B \sqrt{\tfrac{3}{4}} \qquad . \qquad . \qquad . \quad (5)$$

Gleichgewicht der Theilchen fester Körper unter einander. 31

wenn B den Grundkantenwinkel bezeichnet. — Bezeichnet man mit A den Pyramidenkantenwinkel der doppelt sechsseitigen Pyramide, so ist

$$c = tang\ x \quad \ldots \ldots \ldots \ldots \ldots (6)$$

wenn

$$sin\ x = cotang\ 1/2\ A\ \sqrt{3} \ \ldots \ldots \ldots (7)$$

Aufgaben. 9. Die Gleichung (5), sowie die Gleichungen (6) und (7) abzuleiten.

10. Für Bergkrystall ist der Grundkantenwinkel B gleich $103^0\ 34'$; wie groß ist demnach die Hauptaxe c?

11. Der Pyramidenkantenwinkel des Quarzes ist $A = 133^0\ 34'$; wie groß berechnet sich danach die Hauptaxe c?

Da bei dem quadratischen System sowohl wie bei dem hexagonalen die Nebenaxen einander gleich sind, so bleibt, wenn man die Länge einer Nebenaxe gleich 1 setzt, nur noch die Länge der Hauptaxe, also nur eine Unbekannte zu ermitteln, zu deren Bestimmung also auch eine Winkelmessung erforderlich ist. Anders verhält es sich beim rhombischen System, für welches alle drei Axen ungleich sind. Nimmt man eine Axe gleich 1, so bleibt also noch die Länge der beiden anderen zu bestimmen, und dazu sind zwei von einander ganz unabhängige Winkelmessungen nöthig.

An einem rhombischen Octaëder kommen dreierlei Kanten, also drei verschiedene Kantenwinkel vor, von welchen zwei gemessen werden müssen, um die Axenverhältnisse des Octaëders zu bestimmen.

Fig. 58 stelle einen Octanten eines rhombischen Axenkreuzes mit der in diesen Octanten fallenden Octaëderfläche dar. Es sei ns die Hauptaxe, deren Länge wir mit 1 bezeichnen wollen; ferner sei md die kleinere der beiden Nebenaxen, so wird die Kante ds eine mikrodiagonale Kante genannt. Der Winkel, welchen zwei in einer mikrodiagonalen Kante sich schneidende Octaëderflächen mit einander machen, wird ein mikrodiagonaler Kantenwinkel genannt und wir wollen ihn mit A bezeichnen. Die Kante ms ist nun eine makrodiagonale Kante und ein Winkel, welchen zwei in se zusammentreffende Octaëderkanten mit einander machen, wird ein makrodiagonaler

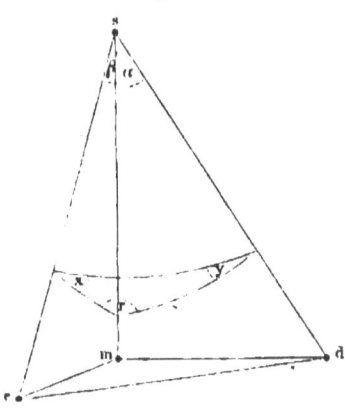

Fig. 58.

Kantenwinkel genannt, welchen wir mit B bezeichnen wollen.

Der Winkel, welchen die mikrodiagonale Kante sd mit der Hauptaxe macht, soll mit a, die Länge der Axe md soll mit a bezeichnet werden, so ist

$$a = tang\ \alpha \ \ldots \ldots \ldots \ldots \ldots (8)$$

32 Erstes Buch. Zweites Capitel. Gleichgewicht der Theilchen ꝛc.

Wenn der Winkel, welchen die makrodiagonale Kante *se* mit der Hauptare *sm* macht, mit β, und die Länge der Axe *me* mit *b* bezeichnet wird, so ist

$$b = tang\,\beta \qquad \qquad \qquad \qquad (9)$$

Aber weder β noch α können direct gemessen werden. Sie bilden zwei Seiten in einem sphärischen Dreieck, dessen Spitze in *s* ist und welches durch die Octaëderfläche *sde*, die Fläche *sme* und die Fläche *smd* gebildet wird; die Winkel dieses sphärischen Dreiecks sind in Fig. 58 mit x, y und r bezeichnet. Setzen wir y an die Stelle von b, x an die Stelle von a und 90° an die Stelle von c (da r ein rechter Winkel ist) in Gleichung (13) Seite 58 der sphärischen Trigonometrie, so kommt

$$cos\,\beta = \frac{cos\,y}{sin\,x},$$

da aber $y = \tfrac{1}{2} A$ und $x = \tfrac{1}{2} B$, so kommt

$$cos\,\beta = \frac{cos\,\tfrac{1}{2} A}{sin\,\tfrac{1}{2} B} \qquad \qquad \qquad (10)$$

In gleicher Weise ergiebt sich

$$cos\,\alpha = \frac{cos\,\tfrac{1}{2} B}{sin\,\tfrac{1}{2} A} \qquad \qquad \qquad (11)$$

Mit Hülfe der Gleichungen (8), (9), (10) und (11) kann man also a und b berechnen, wenn A und B durch Messung ermittelt worden sind.

12. An einem Octaëder von natürlichem Schwefel hat man gemessen $A = 106°\,38'$; $B = 84°\,58'$; welches sind die Axenverhältnisse dieses Octaëders?

Drittes Capitel.

Hydrostatik.

Die hydraulische Presse. *Aufgaben.* 1. An einer hydraulischen §. 13.
Presse sei der Durchmesser des Pumpenkolbens 1 Zoll (also $r = 0{,}5$ Zoll), (Zu §. 34
der Durchmesser des Druckkolbens sei 12 Zoll (also $R = 6$ Zoll). Es sei ferner
$l = 8$ Zoll, $L = 36$ Zoll. Mit welcher Kraft D muß der Arbeiter
drücken, damit der Druck, durch welchen der große Kolben gehoben wird,
gleich 40000 Pfund sei?
2. Wie groß ist für die oben angegebenen Dimensionen der hydraulischen
Presse P, wenn $D = 25$ Pfund ist?
3. Wie groß müßte bei übrigens unveränderten Dimensionen der hydraulischen Presse der Durchmesser des Pumpenkolbens sein, wenn der Arbeiter durch
eine Kraft $D = 30$ Pfund einen Druck $P = 50000$ Pfund ausüben sollte?

Boden- und Seitendruck der Flüssigkeiten. *Aufgaben.* 1. Der §. 14.
Boden eines Wasserständers hat 6 Quadratdecimeter Oberfläche und befindet (Zu §. 37
sich 7 Decimeter unter dem Wasserspiegel, welchen Druck hat der Boden aus- u. 38 d. Gr.)
zuhalten?
2. Ein Glasgefäß, dessen Boden 3 Quadratzoll preußisch beträgt, ist
9 Zoll hoch mit Quecksilber gefüllt; welchen Druck hat der Boden auszuhalten?
3. In einer Röhrenleitung steht eine Wassersäule von 350 Fuß Höhe,
wie groß ist der Druck, den jeder Quadratzoll der Wandfläche am unteren
Ende der Röhrenleitung auszuhalten hat?
4. Ein cylindrisches, mit Wasser gefülltes Gefäß hat 6 Decimeter Durchmesser. Wie groß ist der Gesammtdruck, den ein ringförmiges Stück der Gefäßwand auszuhalten hat, welches 1 Decimeter hoch ist und dessen obere Gränze
5 Decimeter unter dem Wasserspiegel liegt?

§. 15. **Gewichtsverlust untergetauchter Körper.** *Aufgaben.* 1. Wie viel wird eine sechspfündige Kugel von Gußeisen noch wiegen, wenn dieselbe in Wasser eingetaucht ist?

2. Wie weit wird ein auf Wasser schwimmender Würfel von trocknem Tannenholz noch aus dem Wasser hervorragen?

3. Mit welcher Kraft wird ein ganz in Wasser untergetauchtes Stück Kork aufwärts getrieben, wenn es in Luft gewogen 73 Gramm wiegt?

4. Ein Stück mit gediegenem Silber durchwachsenen Schwerspaths wiegt 1500 Gramm. In Wasser eingetaucht, beträgt sein Gewichtsverlust 230 Gramm. Wie viel gediegen Silber ist in dem Stück enthalten?

5. Wie schwer wird eine in Wasser untergetauchte Kugel von 2 Zoll Durchmesser wiegen, deren Masse 3 Gewichtstheile Blei auf 2 Gewichtstheile Zinn enthält?

NB. Die zur Lösung dieser Aufgaben nöthigen specifischen Gewichte findet man in der Tabelle auf Seite 79 des Grundrisses.

§. 16. **Scalenaräometer.** In Betreff der Densimeterscala folgen hier noch einige Erläuterungen.

Die folgende Tabelle giebt an, welche Volumetergrade den daneben stehenden specifischen Gewichten entsprechen.

Specif. Gewicht.	Entsprechende Volumetergrade.	Specif. Gewicht.	Entsprechende Volumetergrade.
2,0	50,00	1,1	90,90
1,9	52,63	1,0	100
1,8	55,55	0,95	105,26
1,7	58,82	0,90	111,11
1,6	62,50	0,85	117,64
1,5	66,66	0,80	125,00
1,4	71,43	0,75	133,33
1,3	76,92	0,70	142,85
1,2	83,33		

Nach dieser Tabelle sind in Fig. 59 rechts neben einer Volumeterscala für schwere Flüssigkeiten die Stellen bezeichnet, welche einem specifischen Gewichte 1,1; 1,2; 1,3 u. s. w. und in Fig. 60 die Stellen bezeichnet, welche den specifischen Gewichten 0,95; 0,90; 0,85; 0,80 u. s. w. entsprechen.

Theilt man nun auf der rechten Seite der Fig. 59 den Zwischenraum zwischen je zwei Theilstrichen (also zwischen 2,0 und 1,9 zwischen 1,9 und 1,8 u. s. w.) in 10 gleiche Theile; theilt man ferner den Abstand zweier auf einander folgender Theilstriche auf der rechten Seite der Fig. 60 in 5 gleiche Theile, so

Hydrostatik. 35

erhält man eine Densimeterscala, für welche der Abstand je zweier auf einander folgenden Theilstriche einer Differenz von $1/100$ im specifischen Gewicht entspricht; man kann also mit solchen Densimetern das specifische Gewicht der Flüssigkeit, in welche sie eingetaucht werden, unmittelbar bis auf die zweite Decimalstelle ablesen. Die obige Tabelle sowohl wie die Figuren 59 und 60 zeigen, daß für gleiche Differenzen des specifischen Gewichtes die Theilstriche am unteren Ende der Scala näher zusammenrücken als am oberen.

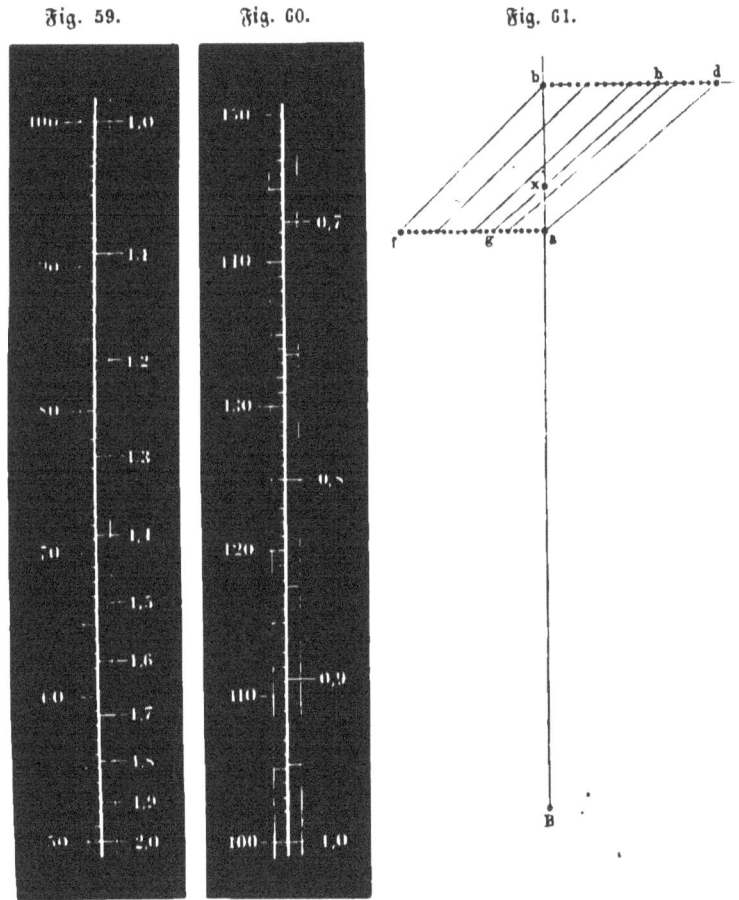

Fig. 59.   Fig. 60.   Fig. 61.

Zur Theilung der Densimeterscala hat G. G. Schmidt das folgende rein geometrische Verfahren angegeben: Es sei ab, Fig. 61 das zu theilende Stück der Scala und zwar sei a der Punkt, bis zu welchem das Instrument im Wasser, b der Punkt, bis zu welchem es in einer leichteren Flüssigkeit, z. B. einer

3*

solchen einsinkt, deren specifisches Gewicht 0,8 ist. Es soll nun der Zwischenraum ab so getheilt werden, daß jeder nach oben folgende Theilstrich einem um 0,01 geringeren specifischen Gewicht entspricht.

Zu diesem Zweck ziehe man in b sowohl als auch in a eine Linie rechtwinklig auf ab, und zwar in a nach der Linken, wenn die in b nach der Rechten gerichtet ist; man messe ferner auf diesen Perpendikeln die Längen bd und af ab, welche sich umgekehrt verhalten wie die den Punkten a und b entsprechenden specifischen Gewichte, man mache also, daß

$$af : bd = 80 : 100.$$

Endlich theile man bd sowohl als af in 20 gleiche Theile und verbinde die entsprechenden Theilpunkte durch gerade Linien, wie unsere Figur zeigt, so werden diese schrägen Linien die Scala ab in den gesuchten Punkten schneiden.

Die Richtigkeit dieses Verfahrens läßt sich folgendermaßen beweisen: Man denke sich ab so weit verlängert, daß $Bb : Ba = 100 : 80$, daß also Ba das in Wasser einsinkende Volumen darstellt. Es bezeichne nun x einen Zwischenpunkt, etwa denjenigen, welchem das specifische Gewicht 0,93 entsprechen soll, so muß

$$Bx : Ba = 100 : 93$$

sein; es ist also auch

$$Bx - Ba : Ba = 100 - 93 : 93$$
$$ax : Ba = 7 : 93$$
$$ax = \frac{7}{93} Ba \quad \ldots \ldots \ldots \quad (1)$$

Da aber auch

$$Bb : Ba = 100 : 80,$$

so ist auch

$$Bb - Ba : Ba = 20 : 80$$
$$ab = \frac{20}{80} \cdot Ba$$
$$Ba = \frac{80}{20} \cdot ab.$$

Setzen wir diesen Werth von Ba in Gleichung 1, so kommt

$$ax = \frac{7}{93} \cdot \frac{80}{20} \cdot ab = \frac{56}{186} \cdot ab.$$

Da nun aber

$$bx = ab - ax,$$

so ist auch

$$bx = ab - \frac{56}{186} ab = \frac{130}{186} ab,$$

und endlich

$$ax : bx = 56 : 130$$
$$ax : bx = 7.8 : 13.10.$$

Dieses Verhältniß zwischen ax und bx ergiebt sich aber in der That, wenn g von a aus gezählt der 7te Theilpunkt der Linie af und h von b aus gezählt der 13te Theilpunkt der Linie bd ist und dann von g nach h eine Linie gezogen wird, welche ab schneidet; denn in Folge der Aehnlichkeit der Dreiecke agx und bhx haben wir

$$ax : bx = ag : bh$$
$$ax : bx = \frac{7}{20} af : \frac{13}{20} bd = 7 af : 13 bd,$$

da aber $af = \frac{8}{10} bd$, so ist auch

$$ax : bx = 7 \cdot \frac{8}{10} bd : 13\, bd$$
$$ax : bx = 7 . 8 : 13 . 10.$$

Aufgabe. In gleicher Weise wie oben die Densimeterscala innerhalb der Punkte construirt wurde, welche den specifischen Gewichten 1 und 0,8 entsprechen, soll nun auch eine Densimeterscala für schwerere Flüssigkeiten construirt werden, und zwar um Hundertel des specifischen Gewichts fortschreitend vom Wasserpunkt an bis zu dem Punkte, welcher dem specifischen Gewicht 2 entspricht.

Die Relation, welche zwischen der Volumeterscala und der Densimeterscala besteht, habe ich auch durch die graphische Darstellung Fig. 62 (a. f. S.) anschaulich zu machen gesucht. Die Linie AB stellt uns eine Volumeterscala dar, welche von dem Theilstrich 50 bis zum Theilstrich 130 geht. In jedem der von 10 zu 10 fortschreitenden Theilpunkte ist ein Perpendikel errichtet und auf diesem eine dem entsprechenden specifischen Gewichte proportionale Länge aufgetragen; so sind z. B. die nach einer willkürlichen Einheit aufgetragenen Perpendikel für die Volumeterpunkte 50, 100, 120 u. s. w. gleich 2, 1, 0,83 u. s. w.

Die Gipfelpunkte dieser Perpendikel sind durch eine Curve EF verbunden und diese ist es, welche uns das Gesetz versinnlicht, durch welches die Scalenpunkte des Volumeters und die entsprechenden specifischen Gewichte verbunden sind. Die Curve wird um so steiler, je mehr sie sich dem unteren, nach A hin liegenden Theile der Volumeterscala nähert. Daraus geht aber klar hervor, daß die Differenz der beiden in 60 und 70 errichteten Perpendikel größer sein müsse als die Differenz der Perpendikel, welche in den eben so weit von einander entfernten Volumeterpunkten 120 und 130 errichtet sind; oder allgemein, daß einer gleichen Anzahl von Volumetergraden am unteren Ende der Volumeterscala eine größere Differenz der specifischen Gewichte entspricht als am oberen. Es geht auch ferner daraus hervor, daß wenn die Theilpunkte einer Scala gleichen Differenzen der specifischen Gewichte entsprechen sollten (wie es bei der Densimeterscala wirklich der Fall ist), die Entfernung zweier auf einander

38 Erstes Buch. Drittes Capitel. Hydrostatik.

folgender Theilstriche am oberen Ende der Scala größer sein müßte als am unteren.

Mit Hülfe der Curve EF, Fig. 62, lassen sich nun aber auch die Theilpunkte der Densimeterscala finden. Trägt man auf den Perpendikel AE die

Fig. 62.

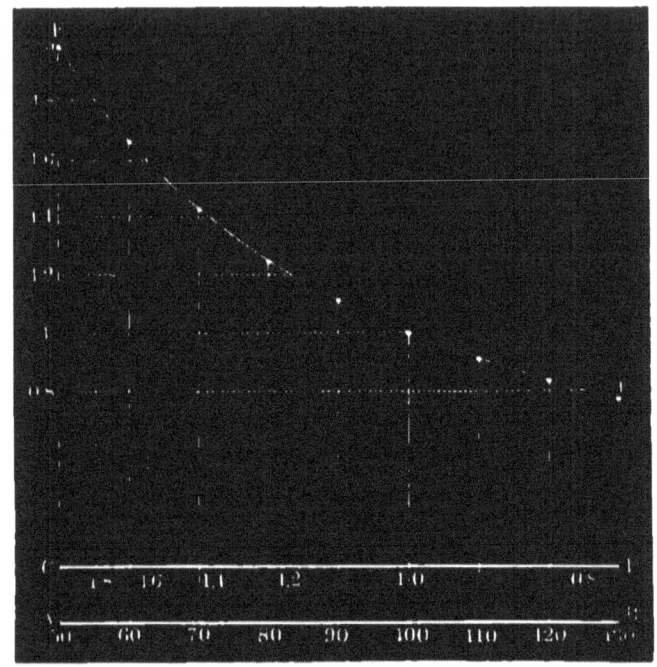

Höhen 0,8; 1; 1,2; 1,4; 1,6 u. s. w. auf, zieht man alsdann in diesen Höhen wagerechte Linien bis zum Durchschnitt mit der Curve und von diesen Durchschnittspunkten wieder vertical herunter bis zur Linie CD, so erhalten wir auf dieser Linie die Scalenpunkte, welche den specifischen Gewichten 1,8; 1,6; 1,4 u. s. w. bis 0,8 entsprechen, also die Densimeterscala.

Wir haben hier nur die Construction dieser Scala für Punkte von 20 zu 20 Procent des specifischen Gewichtes angegeben. Beabsichtigt man nach dieser Methode wirklich eine Densimeterscala zu construiren, so muß die Figur in größerem Maßstabe ausgeführt sein und es müssen die Punkte wenigstens von 5 zu 5 Procent des specifischen Gewichtes gesucht werden. Die so erhaltenen Zwischenräume kann man dann ohne merklichen Fehler in gleiche Theile theilen.

Fünftes Capitel.

Vom Gleichgewicht der Gase.

Das Mariotte'sche Gesetz. Um dem Mariotte'schen Gesetz einen mathematischen Ausdruck zu geben, wollen wir bezeichnen

§. 17.
(Zu §. 58 d. Gr.)

mit V_n

das Volumen einer gegebenen Gasmenge bei dem mittleren (normalen) Barometerstande von 760 Millimeter;

mit V_b

das Volumen derselben Gasmenge bei irgend einem anderen Drucke b, welcher gleichfalls durch die nach Millimetern gemessene Höhe einer Quecksilbersäule ausgedrückt sein soll, welche diesem Druck das Gleichgewicht hält, so haben wir

$$V_n : V_b = b : 760,$$

also

$$V_b = \frac{V_n \cdot 760}{b} \quad \ldots \ldots \ldots (1)$$

statt dieser Formel haben wir

$$V_b = \frac{V_n \cdot 336}{b} \quad \ldots \ldots \ldots (1\,a)$$

zu setzen, wenn der Barometerstand b nicht in Millimetern, sondern in Pariser Linien ausgedrückt ist.

Aufgaben. 1. Eine gegebene Menge Leuchtgas nimmt beim normalen Barometerstande von 760^{mm} ein Volumen von 5240 Kubikfuß ein; wie groß wird das Volumen dieser Gasmenge sein, wenn der Barometerstand auf 740^{mm} fällt? wie groß, wenn das Barometer auf 768^{mm} steigt?

2. Der Strom einer galvanischen Säule hat, durch ein Voltameter geleitet, in drei Minuten 258 Kubikcentimeter Knallgas bei einem Barometerstande von 736^{mm} geliefert; welchen Raum würde diese Gasmenge bei dem normalen Barometerstande von 760^{mm} einnehmen?

3. In einem Glasrohre (Fig. 63) befindet sich, durch Quecksilber abgesperrt, eine Gasmenge, welche das Volumen von 153 Kubikcentimeter einnimmt. Der Barometerstand beträgt gerade 742^{mm}; der Gipfel der Quecksilbersäule im Rohre steht 85^{mm} über dem Quecksilberspiegel im Gefäß; wie groß würde das Volumen dieser Gasmenge unter einem Drucke von 760^{mm} sein?

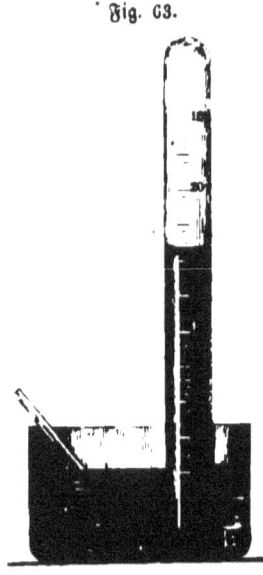

Fig. 63.

(Bezeichnen wir allgemein mit b den gerade stattfindenden Barometerstand, mit h die Höhe der Quecksilbersäule im Rohre, so ist der Druck, welchem das Gas im oberen Theile der Röhre ausgesetzt ist, offenbar $b-h$; im obigen Beispiele wäre also der Druck, welchem das Gas ausgesetzt ist, 742 — 85 : 657 Millimeter.)

4. In einem Gasometer sind 1800 Kubikzoll Sauerstoffgas eingeschlossen und durch eine Wassersäule von 21 Zoll (Pariser) comprimirt. Der Barometerstand ist gleich 27 Zoll 9 Linien. Welches Volumen würde obige Gasmasse einnehmen, wenn sie nur dem normalen Barometerstande (28 Zoll Quecksilberdruck) ausgesetzt wäre? (Zunächst muß berechnet werden, wie hoch eine Quecksilbersäule sein muß, wenn sie einer Wassersäule von 21 Zoll Höhe das Gleichgewicht halten soll.)

§. 18. **Das Gay-Lussac'sche Gesetz.** Das Volumen einer gegebenen Luftmasse hängt nicht allein von dem Drucke ab, welchem sie ausgesetzt ist, sondern auch von ihrer Temperatur. Obgleich nun die durch Temperaturerhöhung bedingte Ausdehnung eines Gases eigentlich einen Gegenstand für die Wärmelehre bildet, so wollen wir dieselbe doch gleich hier betrachten, weil sie in der Praxis doch stets mit dem Mariotte'schen Gesetz in Beziehung tritt, indem ja das Volumen einer Gasmasse gleichzeitig durch Druck und Temperatur bedingt ist.

Aus Gründen, welche in der Wärmelehre näher besprochen werden, muß man annehmen, daß die Gase sich gleichförmig ausdehnen, d. h. daß ihr Volumen für gleiche Temperaturerhöhung um gleich viel zunimmt.

Bezeichnen wir mit 1 das Volumen einer Gasmasse bei 0° C., mit α die Raumvermehrung derselben, welche einer Temperaturerhöhung von 1° C. entspricht, so ist das Volumen der Gasmasse bei t^0 C.

$$1 + \alpha t,$$

und bei einer Temperatur von $-t^0$ ist sie

$$1 - \alpha t.$$

Vom Gleichgewicht der Gase.

Eine Gasmasse, welche bei 0^0 C. das Volumen V_0 hat, wird also unter sonst gleichen Umständen bei t^0 das Volumen

$$V_t = V_0 (1 + \alpha t) \quad \ldots \ldots \ldots \quad (2)$$

einnehmen.

Der erste Versuch, den Coefficienten α genau zu bestimmen, wurde von Gay-Lussac gemacht, und deshalb wird auch das durch Gleichung (2) ausgedrückte Gesetz das »Gay-Lussac'sche« genannt. Nach ihm wäre

$$\alpha = 0,00375.$$

Nach späteren genaueren Bestimmungen von Rudberg, Magnus und Regnault ist für vollkommen trockne Luft

$$\alpha = 0,00365,$$

also schon nahe gleich $^{11}/_{3000}$.

Um nun das Mariotte'sche und das Gay-Lussac'sche Gesetz in einer Formel zusammenzufassen, wollen wir das Volumen einer Gasmasse bei 0^0 C. und unter einem Drucke von 760^{mm} mit V_{no}, das Volumen derselben Gasmasse bei t^0 und einem Druck b aber mit V_{bt} bezeichnen. Es ergiebt sich alsdann durch Combination der Gleichungen (1) und (2)

$$V_{bt} = V_{no} \frac{760}{b} (1 + \alpha t) \quad \ldots \ldots \quad (3)$$

wo für α der Werth $0,00365$ oder $^{11}/_{3000}$ zu setzen ist, und daraus

$$V_{no} = V_{bt} \frac{b}{760 (1 + \alpha t)} \quad \ldots \ldots \quad (4)$$

Die durch Gleichung (3) oder durch Gleichung (4) ausgesprochene Beziehung wird mit dem Namen des Mariotte-Gay-Lussac'schen Gesetzes bezeichnet.

Die Berechnung von V_{no} nach Gleichung (4), wenn V_{bt} durch die Beobachtung gegeben ist, wird auch die Reduction des Gasvolumens auf die Normaltemperatur und den Normaldruck oder kurz Reduction auf den Normalzustand genannt.

Aufgaben. 1. Welchen Raum nimmt bei 36^0 C. und unter einem Drucke von 732^{mm} eine Gasmasse ein, welche bei 0^0 C. und unter einem Drucke von 760^{mm} ein Volumen von 12 Kubikdecimetern ausfüllt?

2. Der durch ein Voltameter geleitete Strom einer galvanischen Säule hat 632 Kubikcentimeter Knallgas von 16^0 C. geliefert, welche unter einem Drucke von 742 Millimetern standen. Welchen Raum würde diese Gasmenge bei 0^0 C. und unter einem Drucke von 760^{mm} einnehmen?

Barometrische Höhenmessung. Weil die Luft expansibel ist und §. 19. das Volumen, welches eine gegebene Luftmenge einnimmt, von dem Drucke abhängt, welchem sie ausgesetzt ist, so ist klar, daß die Atmosphäre nicht überall gleiche Dichtigkeit haben kann, daß dieselbe vielmehr von unten nach oben fortwährend abnehmen muß, weil ja die tieferen Luftschichten einem weit größeren Druck ausgesetzt sind als die höheren.

Daß die tieferen Luftschichten wirklich einen stärkeren Druck auszuhalten haben, das beweisen uns die in verschiedenen Höhen angestellten Barometerbeobachtungen. Am Meeresufer ist die Höhe der Barometersäule im Mittel 760 Millimeter; sobald man sich aber über den Meeresspiegel erhebt, sinkt das Barometer um so mehr, je höher man steigt; zu Potosi, in einer Höhe von 13220 Fuß, ist der mittlere Barometerstand nur noch 471 Millimeter (17,4 Zoll); in jener Höhe ist also der Luftdruck nur noch 0,62 von demjenigen, welcher am Ufer des Meeres stattfindet.

Daß die Luft in der Höhe weniger dicht ist als in der Tiefe, läßt sich gleichfalls durch Barometerversuche darthun. Vom Spiegel des Meeres aus muß man um 10,5 Meter steigen, wenn das Barometer um 1 Millimeter fallen soll; wenn man aber von Potosi aus noch höher steigt, so muß man sich um 16,8 Meter erheben, um ein Sinken des Barometers um 1 Millimeter zu erhalten. Die Dichtigkeit der Luft zu Potosi verhält sich also zu der Dichtigkeit der Luft am Ufer des Meeres wie 10,5 zu 16,8, d. h. im Niveau des Meeres ist die Luft 1,6mal dichter als zu Potosi, oder mit anderen Worten: die Dichtigkeit der Luft zu Potosi ist nur 0,62 von derjenigen, welche am Ufer des Meeres stattfindet.

Das Barometer ist dasjenige Instrument, welches uns über die Dichtigkeitsverhältnisse der Luft in verschiedenen Höhen die beste Auskunft geben kann; um aber aus den Barometerbeobachtungen die gewünschten Resultate ziehen zu können, ist es nöthig, erst die Beziehungen kennen zu lernen, welche zwischen der Erhebung über den Meeresspiegel und dem entsprechenden Sinken des Barometers stattfindet.

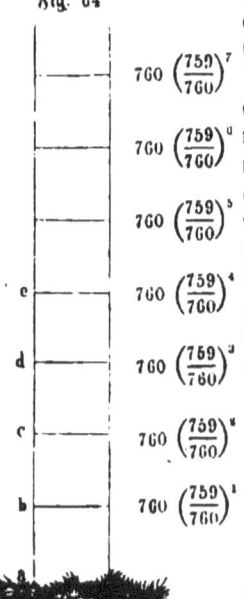

Fig. 64

$760 \left(\frac{759}{760}\right)^7$

$760 \left(\frac{759}{760}\right)^6$

$760 \left(\frac{759}{760}\right)^5$

$760 \left(\frac{759}{760}\right)^4$

$760 \left(\frac{759}{760}\right)^3$

$760 \left(\frac{759}{760}\right)^2$

$760 \left(\frac{759}{760}\right)^1$

Es ist soeben erwähnt worden, daß, wenn an einem Orte der Barometerstand 760 Millimeter beträgt, man um 10,5 Meter steigen müsse, wenn das Barometer um 1 Millimeter, also bis auf 759 Millimeter (oder, was dasselbe ist, auf $760^{759}/_{760}$ Millimeter) fallen solle. Ohne merklichen Fehler können wir annehmen, daß die ganze Luftschicht von 10,5 Meter Höhe überall gleich dicht sei, wir können annehmen, daß sie so dicht sei als am Boden. Es sei a (Fig. 64) ein Punkt auf dem Boden, b ein 10,5 Meter höher gelegener Punkt, und jeder der folgenden Punkte c, d, e u. s. w. liege immer wieder um 10,5 Meter höher als der nächst tiefere. Da nach dem Mariotte'schen Gesetze die Dichtigkeit der Luft dem Drucke proportional ist, unter welchem sie sich befindet, so muß die Luftschicht bc weniger dicht sein als ab, und zwar werden sich die Dichtigkeiten

Vom Gleichgewicht der Gase. 43

dieser Schichten verhalten wie die Barometerstände in a und b, d. h. die Dichtigkeit der Schicht bc ist $^{759}/_{760}$ von der Dichtigkeit der Schicht ab. Wenn man also von b nach c steigt, so wird das Barometer nicht abermals um 1 Millimeter fallen, sondern nur um $^{759}/_{760}$ Millimeter. Der Barometerstand in c ist demnach:

$$760 \frac{759}{760} - \frac{759}{760} \cdot \frac{759}{760} = \frac{759}{760}(760-1) = \frac{759^2}{760} = 760\left(\frac{759}{760}\right)^2 \text{ Millimeter.}$$

Auf diese Weise können wir weiter schließen, daß sich die Dichtigkeiten der Schichten bc und cd verhalten wie die Barometerstände in b und c, daß also die Schicht cd $^{759}/_{760}$ mal leichter ist als die Schicht bc. Wenn also die Luftschicht bc einer Quecksilbersäule von $\dfrac{759}{760}$ Millimetern das Gleichgewicht hält, so kann die Schicht cd nur eine Quecksilbersäule von $\dfrac{759}{760} \times \dfrac{759}{760} = \left(\dfrac{759}{760}\right)^2$ Millimeter tragen, und wenn man sich von c bis d erhebt, so muß das Barometer um $\left(\dfrac{759}{760}\right)^2$ Millimeter fallen. In d ist also der Barometerstand

$$760 \left(\frac{759}{760}\right)^2 - \left(\frac{759}{760}\right)^2 = 760 \left(\frac{759}{760}\right)^3 \text{ Millimeter.}$$

Dies reicht hin, um das Gesetz zu übersehen: in e wird der Barometerstand $760 \left(\dfrac{759}{760}\right)^4$, in f $760 \left(\dfrac{759}{760}\right)^5$ sein u. s. w. Wenn man sich also n mal 10,5 Meter über a erhebt, so ist der Barometerstand $760 \left(\dfrac{759}{760}\right)^n$.

Ist an einem Orte der Barometerstand $B = 760 \left(\dfrac{759}{760}\right)^m$, an einem anderen höher gelegenen $b = 760 \left(\dfrac{759}{760}\right)^n$, so ist die Höhendifferenz beider Orte $(n-m)$ mal 10,5 Meter.

Aus den Gleichungen

$$B = 760 \left(\frac{759}{760}\right)^m$$

$$b = 760 \left(\frac{759}{760}\right)^n$$

folgt

$$\log B = \log 760 + m \cdot \log \frac{759}{760}$$

$$\log b = \log 760 + n \cdot \log \frac{759}{760}.$$

Zieht man die letzte Gleichung von der vorhergehenden ab, so kommt

$$\log B - \log b = (m-n) \cdot \log \frac{759}{760} \text{ und}$$

Erstes Buch. Fünftes Capitel.

$$\log B - \log b = (n - m) \, 0{,}0005718$$
$$n - m = \frac{\log B - \log b}{0{,}0005718}.$$

Da aber die Höhendifferenz H der beiden fraglichen Orte $(n - m)$ 10,5 Meter ist, so haben wir auch

$$H = 10{,}5 \, \frac{\log B - \log b}{0{,}0005718}$$

$$H = 18363 \, (\log B - \log b) \quad \ldots \ldots \quad (1)$$

Diese Formel giebt die Höhendifferenz H zweier Orte in Metern. Will man dieselbe in Pariser Fußen ausgedrückt haben, so hat man die Gleichung

$$H = 56386 \, (\log B - \log b) \quad \ldots \ldots \quad (2)$$

anzuwenden.

Da der Quotient $\frac{B}{b}$ und folglich auch die Differenz $\log B - \log b$ unverändert bleibt, mit welcher Einheit auch die Barometerstände B und b gemessen sein mögen, so kann man nach Belieben, sowohl in Gleichung (1) als auch in Gleichung (2) die Barometerstände B und b in Millimetern oder in Pariser Linien oder in irgend einem anderen Maße ausdrücken.

Nach dieser Formel ist der mittlere Barometerstand einer Höhe

von 1500 Pariser Fuß über dem Meere 715^{mm} oder 26″ 5‴ Par.'M.
„ 3000 „ „ „ „ „ 673 „ 24 10 „
„ 6000 „ „ „ „ „ 595 „ 22 0 „
„ 9000 „ „ „ „ „ 527 „ 19 6 „
„ 18000 „ „ „ „ „ 365 „ 13 6 „
„ 27000 „ „ „ „ „ 252 „ 8 5 „

Aus unserer Formel ergiebt sich nun auch leicht, wie hoch man steigen müsse, wenn das Barometer auf die Hälfte des normalen Barometerstandes am Meere fallen soll. Setzt man $B = 760$, $b = 380$, so folgt aus Gleichung (2) $H = 16972$ Pariser Fuß.

Erhebt man sich abermals um 16972 Fuß, so muß das Barometer auf ¼ seines Standes am Meere fallen u. s. w.

Setzt man in unserer Gleichung (2) $B = 760$ und $b = 1$, so folgt $H = 162448$. In einer Höhe von 160000 Fuß, nahe 8 geographische Meilen, ist also der Luftdruck bereits so gering, daß er nur noch eine Quecksilbersäule von 1 Millimeter zu tragen im Stande ist, in einer Höhe von 8 Meilen über dem Meeresspiegel ist also die Luft schon so verdünnt, wie wir es kaum mit den besten Luftpumpen erreichen können.

In den unteren Schichten der Atmosphäre wiegen ungefähr 113 Kubikfuß Luft 1 Pfund, eben so viel wiegen in einer Höhe von 8 Meilen erst 8600 Kubikfuß Luft.

Die nach Gleichung (1) oder (2) berechnete Höhendifferenz zweier Orte kann man übrigens nur als eine erste Annäherung betrachten. Um genaue Resultate zu erhalten, müßte man noch Correctionen wegen ungleicher Luft-

Vom Gleichgewicht der Gase. 45

Temperatur, wegen der Luftfeuchtigkeit u. s. w. anbringen, von denen hier nicht die Rede sein kann.

Aufgaben. 1. Auf der Höhe eines Berges hat man den Barometerstand 22 Zoll 7 Linien beobachtet, während in einem benachbarten Thale gleichzeitig der Barometerstand 26 Zoll 5 Linien war. Wie hoch liegt der Gipfel des Berges über dem Beobachtungsorte im Thal?
Wie viel wiegen 1000 Kubikfuß Luft auf dem Gipfel des Berges?

2. Beim Beginn einer Luftfahrt in einem Luftballon war der Barometerstand 27 Zoll 4 Linien; als der Luftballon seine größte Höhe erreicht hatte, war das mitgenommene Barometer auf 19 Zoll 2 Linien gefallen; welche Höhe hat der Luftballon erreicht?

3. Gay-Lussac stieg im Luftballon bis zu einer Höhe von 21000 Fuß auf; wenn nun am Boden der Barometerstand 28 Zoll betrug, wie tief müßte in der vom Ballon erreichten Höhe das mitgenommene Barometer gesunken sein?

Die Luftpumpe. Bezeichnen wir mit V das Volumen des Recipienten sammt den Canälen bis zum Stiefel, mit v den Rauminhalt des Stiefels, so ist klar, daß die Luftmenge, welche das Volumen V einnahm, als der Kolben seine unterste Stellung hatte, sich auf das Volumen $V + v$ ausdehnen muß, wenn der Kolben, während die Communication zwischen dem Recipienten und dem Stiefel hergestellt ist, in die Höhe gezogen wird. Die Luft, welche ursprünglich die Dichtigkeit d hatte, wird in Folge dessen eine geringere Dichtigkeit d_1 erlangen, zu deren Bestimmung wir die Gleichung

§. 20.
(Zu §. 59 d. Gr.)

$$d : d_1 = V + v : V$$

haben, woraus sich ergiebt

$$d_1 = d \frac{V}{V + v} \quad \ldots \ldots \ldots (1)$$

Der Recipient enthält nun Luft von der Dichtigkeit d_1; ein zweiter Kolbenzug bringt aber eine abermalige Verdünnung hervor, er reducirt die Dichtigkeit der Luft auf d_2, für den Werth von d_2 haben wir aber

$$d_2 = d_1 \frac{V}{V + v},$$

und wenn wir für d_1 seinen obigen Werth setzen,

$$d_2 = d \left(\frac{V}{V + v} \right)^2.$$

Auf gleiche Weise fortschließend ergiebt sich, daß nach n Kolbenzügen die Dichtigkeit der Luft noch sein wird

$$d_n = d \left(\frac{V}{V + v} \right)^n \quad \ldots \ldots \ldots (2)$$

Der Einfachheit wegen wollen wir im Folgenden die ursprüngliche Dichtigkeit der Luft im Recipienten, also d gleich 1 setzen; ebenso wollen wir den

Raum innerhalb des Stiefels, also v, zur Volumeneinheit nehmen, nach welcher dann auch V zu messen ist.

Aufgaben 1. Der Inhalt des Recipienten sei gleich dem des Stiefels, also $V = v = 1$. Wie groß wird die Verdünnung im Recipienten nach 3, nach 6, nach 12 Kolbenzügen sein?

2. Der Rauminhalt des Recipienten sei dreimal so groß als der des Stiefels, wie groß ist die Verdünnung nach 4, nach 8, nach 16 Kolbenzügen?

3. Das Volumen des Recipienten ist viermal so groß als das des Stiefels, wie viel Kolbenzüge sind nöthig, um die Luft ungefähr bis auf $^1/_{500}$ ihrer ursprünglichen Dichtigkeit zu verdünnen?

Der nach Gleichung (2) berechnete Grad der Verdünnung läßt sich aber in der Praxis nie erreichen, einmal weil die Kolben, Hähne, Fugen u. s. w. des Instrumentes doch nicht absolut luftdicht sind, vorzugsweise aber wegen des schädlichen Raumes, den wir sogleich näher betrachten wollen.

So vollkommen auch eine Luftpumpe gearbeitet sein mag, so wird doch der Kolben, wenn er seine tiefste Stellung hat, nicht absolut genau auf dem Boden des Stiefels aufsitzen; es bleibt immerhin ein wenn auch verhältnißmäßig kleiner Raum zwischen der Unterfläche des Kolbens und der Bodenfläche des Stiefels übrig. Mit diesem Raume steht nun ein kurzes Canalstückchen in Verbindung, welches in Ventilluftpumpen unterhalb des Kolbenventils, bei Hahnluftpumpen zwischen der Bodenfläche des Kolbens und dem Senguerd'schen Hahne liegt, und welche mit demselben den sogenannten **schädlichen Raum** bilden.

Dieser schädliche Raum kommt nun beim Niedergang des Kolbens mit der äußeren Luft in Verbindung, und zwar bei Hahnluftpumpen durch den Senguerd'schen Hahn, bei Ventilluftpumpen durch die Oeffnung des Kolbenventils; er ist also jedenfalls mit Luft von atmosphärischer Dichtigkeit gefüllt, die sich in dem Recipienten verbreitet, wenn die Verbindung zwischen dem Stiefel und dem Recipienten wieder hergestellt wird und der Kolben seine aufgehende Bewegung beginnt.

Das Maximum der Verdünnung, welches eine Luftpumpe hervorzubringen im Stande ist, ist jedenfalls erreicht, wenn bei jedem Aufzug des Kolbens gerade so viel Luft aus dem Recipienten in den Stiefel hinübergeschafft wird, als sich nachher wieder aus dem schädlichen Raume in den Recipienten ergießt.

§. 21. **Compressionspumpen.** Die Verdichtung, welche man mittelst einer Compressionspumpe hervorbringen kann, würde man nach der Gleichung

$$d_n = d \left(\frac{V + v}{V} \right)^n,$$

welche durch ein ganz ähnliches Raisonnement erhalten wird, wie Gleichung (2) in §. 20, und in welcher die Buchstaben dieselbe Bedeutung haben, wie dort, berechnen können, wenn nicht auch hier der schädliche Raum seinen nachtheiligen Einfluß ausübte.

Der schädliche Raum ist bei der Compressionspumpe, welches auch übrigens ihre Construction sein mag, der Raum, welcher zwischen dem Bodenventil des Recipienten und dem Kolben des Laderohrs bleibt, wenn letzterer am oberen Ende des Laderohrs (d. h. an dem dem Recipienten zunächst liegenden Ende) angekommen ist. Die Gränze der Ladung ist erreicht, wenn die Luft, welche das Laderohr beim untersten Stande des Kolbens füllt, auf das Volumen des schädlichen Raumes comprimirt, nicht mehr im Stande ist, das Bodenventil des Recipienten zu heben, wenn also die Dichtigkeit im Recipienten nahe eben so groß ist wie die Dichtigkeit, welche die im Laderohre abgesperrte atmosphärische Luft bei ihrer Compression auf das Volumen des schädlichen Raumes erlangt.

Steigkraft des Luftballons. (Ein Kubikmeter Luft im Normalzu- §. 22. stande (Temperatur 0° C., Luftdruck 760 Millimeter) wiegt nahezu 1,3 (genauer 1,299) Kilogramm. Das Wasserstoffgas ist unter übrigens gleichen Umständen 0,07 (genauer 0,0688) mal leichter als atmosphärische Luft, 1 Kubikmeter Wasserstoffgas im Normalzustande wiegt also 1,3 $\times$ 0,07 oder in runder Zahl 0,09 Kilogramm. Die Differenz dieser Gewichte, 1,3 — 0,09 = 1,21 Kilogramm, repräsentirt also die Steigkraft von 1 Kubikmeter Wasserstoffgas.

Der Luftballon, in welchem Charles und Robert aufstiegen, hatte einen Rauminhalt von 500 Kubikmeter. Bei 0° C. Temperatur und 760 Millimeter Barometerstand würde also die Steigkraft des Wasserstoffgases im Ballon 500 . 1,21 oder 605 Kilogramm betragen. Der Ballon muß steigen, wenn das Gewicht der Hülle sammt Allem, was daran hängt, weniger als 605 Kilogramm wiegt.

Das Leuchtgas, welches in neuerer Zeit häufig zur Füllung von Luftballons angewandt wird, ist weit schwerer als Wasserstoffgas, sein specifisches Gewicht ist ungefähr 0,63 von dem der atmosphärischen Luft, 1 Kubikmeter Leuchtgas wiegt also im Normalzustande ungefähr 0,82 Kilogramm; es bleibt also für jedes Kubikmeter Leuchtgas noch eine Steigkraft von 1,3 — 0,82 = 0,48 Kilogramm. 500 Meter Leuchtgas haben demnach nur eine Steigkraft von 240 Kilogramm, sie ist also weit geringer als die Steigkraft eines gleichen Volumens Wasserstoffgas.

Für die Montgolfiere ist die Steigkraft noch weit geringer. In einem großen Ballon steigt die Temperatur der heißen Luft höchstens auf 60 bis 70°C., so daß die Dichtigkeit der im Ballon eingeschlossenen Luft ungefähr 0,8 der Luft von 0° C., woraus sich für das Kubikmeter der erwärmten Luft nur eine Steigkraft von 0,26 Kilogramm, für 500 Kubikmeter also nur eine Steigkraft von 130 Kilogramm ergiebt. Man muß also einer Montgolfiere schon sehr große Dimensionen geben, wenn sie einigermaßen bedeutende Lasten mit in die Höhe nehmen soll.

Bezeichnen wir allgemein mit s das Gewicht von 1 Kubikmeter atmosphärischer Luft, mit s' das Gewicht von 1 Kubikmeter eines anderen Gases, so ist die Steigkraft für 1 Kubikmeter dieses ringsum von atmosphärischer Luft umgebenen Gases $s - s'$.

48 Erstes Buch. Fünftes Capitel. Vom Gleichgewicht der Gase.

und für V Kubikmeter ist alsdann die Steigkraft
$$V(s - s').$$

Bezeichnen wir mit G das Gewicht des Ballons, d. h. das Gewicht der Hülle mit Allem was daran hängt, so ist die Steigkraft, mit welcher die ganze Vorrichtung aufsteigt,
$$V(s - s') - G.$$

Aufgaben. 1. Wie groß ist die Steigkraft eines bei 0° C. und einem Barometerstande von 760 Millimeter mit Wasserstoffgas gefüllten Ballons von 500 Kubikmeter Inhalt, wenn das Gewicht der Hülle mit Allem, was daran hängt, 450 Kilogramm wiegt?

2. Wie hoch wird dieser Ballon steigen, wenn er so geschlossen ist, daß weder etwas von dem eingeschlossenen Wasserstoffgase austreten, noch das Volumen des Ballons merklich zunehmen kann?

3. Wie groß ist die Steigkraft des in der Aufgabe Nr. 1 besprochenen Ballons, wenn er bei einer Temperatur von 20° C. und einem Barometerstande von 735 Millimeter gefüllt wird?

4. Wie groß müßte man einen mit Leuchtgas zu füllenden Ballon machen, der mit Allem, was daran hängt, gleichfalls 450 Kilogramm wiegen mag, wenn er unter sonst gleichen Umständen gleiche Steigkraft mit dem in der ersten Aufgabe besprochenen Ballon haben soll?

(NB. Da in diesem Falle die Hülle des weit größeren Ballons an und für sich schon weit mehr wiegt, als in dem für Wasserstoffgas construirten Ballon, so muß natürlich die angehängte Last für den Leuchtgasballon bei weitem geringer sein.)

Die Hülle des mit Wasserstoffgas oder Leuchtgas zu füllenden Ballons besteht aus Seidenzeug, welches durch Kautschuk gasdicht gemacht ist.

Siebentes Capitel.

Bewegung fester Körper unter dem Einfluß beschleunigender Kräfte.

Das Fallgesetz. Das Fallgesetz läßt sich in elementarer Weise auch noch mit Hülfe graphischer Darstellung ableiten. Wenn ein Körper mit der gleichförmigen Geschwindigkeit v sich t Secunden lang bewegt, so ist der Weg, den er zurückgelegt hat, vt. Dieses Product aber läßt sich geometrisch als ein längliches Rechteck construiren, dessen Basis die Zeit t, dessen Höhe aber der Geschwindigkeit v proportional ist. In Fig. 65 sei z. B. die Abscisse bc die Zeiteinheit, die Höhe ba der Geschwindigkeit v proportional, so stellt das längliche Rechteck $abcd$ den in einer Secunde durchlaufenen Raum dar. Bei

§. 23.
(Zu S. 70 d. Gr.)

Fig. 65.

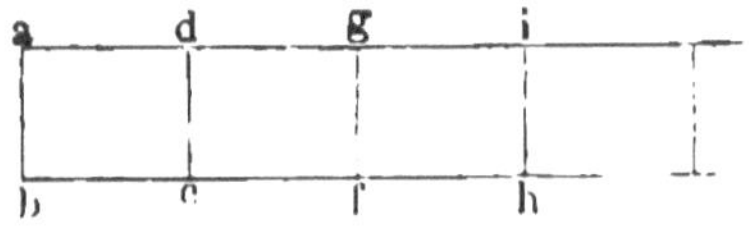

gleicher Geschwindigkeit wird in zwei, drei u. s. w. Secunden der doppelte, dreifache u. s. w. Weg zurückgelegt, welcher dann durch die Rechtecke $abfg$, $abhi$ u. s. w. dargestellt ist, deren Höhe stets dieselbe bleibt, während die Basis der Zeit proportional wächst.

Bei der gleichförmig beschleunigten Bewegung, z. B. beim freien Fall, ist nun die Geschwindigkeit nicht gleichförmig, sondern sie wächst der Fallzeit pro-

50   Erstes Buch. Siebentes Capitel.

portional. Zu Anfang der Bewegung ist die Geschwindigkeit 0, am Ende der ersten, zweiten, dritten u. s. w. Secunde ist sie g, $2g$, $3g$ u. s. w. In Fig. 66 stelle nun die Abscisse ab eine Secunde, die Ordinate bc aber die Endgeschwindigkeit der ersten Secunde g dar, so repräsentirt ad, ah ... ap die Fallzeit

Fig. 66.

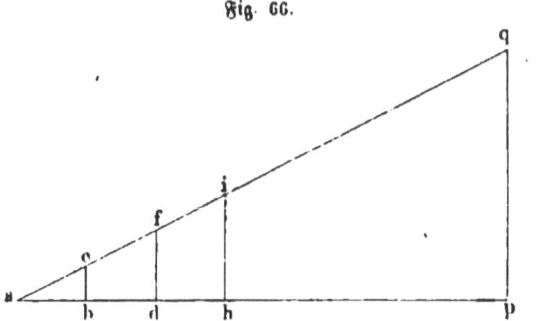

von $2, 3 \ldots t$ Secunden, während $df = 2g$, $hi = 3g \ldots pq = t.g$ die Endgeschwindigkeit der 2ten, 3ten ... t ten Secunde darstellt. Da während der ersten Fallsecunde die Geschwindigkeit gleichförmig von 0 bis cb, während $2, 3 \ldots t$ Secunden aber bis fg, $hi \ldots pq$ wächst, so stellen auch die Dreiecke abc, adf, $ahi \ldots apq$ den in $1, 2, 3 \ldots t$ Secunden durchlaufenen Fallraum dar.

Nun aber ist $\quad ap = t$
$\quad\quad\quad\quad\quad pq = g.t$,
also haben wir für den Inhalt s des Dreiecks apq:
$$s = \frac{ap \times pq}{2} = \frac{g}{2} t^2,$$
ein Werth, welcher mit dem der Gleichung auf S. 121 des Grundrisses übereinstimmt.

Der Uebersicht wegen wollen wir hier die auf die gleichförmig beschleunigte Bewegung bezüglichen Formeln zusammenstellen:

$$v = gt \quad \ldots \ldots \ldots \ldots \quad (1)$$
$$s = \frac{g}{2} t^2 \quad \ldots \ldots \ldots \ldots \quad (2)$$

und aus der Combination dieser beiden Gleichungen

$$v = \sqrt{2gs} \quad \ldots \ldots \ldots \quad (3)$$

und

$$s = \frac{v^2}{2g} \quad \ldots \ldots \ldots \quad (4)$$

Mit Hülfe dieser Gleichungen sind nun folgende Aufgaben zu lösen, wobei $g = 30$ (Pariser) Fuß oder gleich 9,8 Meter zu setzen ist.

1. Um die Tiefe eines Brunnens zu ermitteln, hat man einen Stein hinabfallen lassen, und von dem Moment, wo man ihn losließ, bis zu dem

Bewegung fester Körper unter dem Einfluß beschleunigender Kräfte. 51

Moment, in welchem man ihn ins Wasser fallen hörte, $3^1/_2$ Secunden gezählt; wie tief ist der Brunnen (ohne den Luftwiderstand und die Fortpflanzungsdauer des Schalls zu berücksichtigen)?

2. Wie viel Zeit würde ein Körper nöthig haben, um eine Höhe von 10000 Fuß (ohne Luftwiderstand) zu durchfallen?

3. Mit welcher Geschwindigkeit kommt eine Bleikugel auf dem Boden an, welche 10, 20, 500 Fuß hoch herabgefallen ist?

Gleichförmig vorzögerte Bewegung. *Aufgaben.* Wenn ein schwerer Körper mit einer Geschwindigkeit von 10, 50, 200, 1000 Fuß vertical in die Höhe geworfen wird, so ist die Frage, in wie viel Secunden erreicht er den Gipfel seiner Bahn (Gleichung 1) und wie hoch wird er steigen (Gleichung 2) [NB. ohne Berücksichtigung des Luftwiderstandes]? §. 24. (Zu §. 7? b. Gr.)

Fall auf der schiefen Ebene. Bezeichnet g wie bisher die beschleunigende Kraft der Schwere, x den Winkel, welchen die schiefe Ebene mit der horizontalen macht, so ist $g \cdot \sin x$ die beschleunigende Kraft, welche den Körper zur schiefen Ebene herabtreibt (Grundriß §. 22, S. 33). §. 25.

Der Weg s, welchen der frei fallende Körper in t Secunden zurücklegt, ist $s = \frac{g}{2} t^2$; auf der schiefen Ebene durchläuft er in derselben Zeit den Weg $s' = \frac{g}{2} \sin x \cdot t^2 = s \cdot \sin x$. — In Fig. 67 sei nun ab die schiefe Ebene, ac der Raum s, welchen der frei fallende Körper in t Secunden durchfällt, so findet man den Weg s', welchen ein Körper in derselben Zeit auf der schiefen Ebene durchläuft, durch Construction, wenn man von c ein Perpendikel cd auf ab fällt. Es ist hier offenbar $ad = ac \cdot \sin x$, oder $ad = s \cdot \sin x$, es ist also ad der gesuchte Fallraum s' auf der schiefen Ebene.

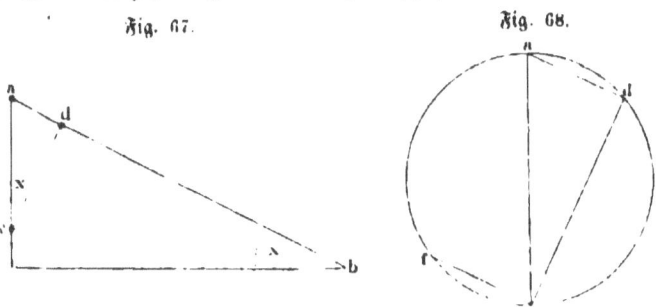

Fig. 67. Fig. 68.

Denken wir uns in einem Kreise, dessen Ebene vertical steht, den verticalen Durchmesser ac, Fig. 68, ferner von irgend einem Punkte d des Umfanges aus die Sehnen da und dc gezogen, so ist bekanntlich dac ein rechtwinkliges Dreieck, und wenn man mit x den Winkel bezeichnet, welchen dc mit der Verticalen macht, so ist x auch der Winkel zwischen ad und der Horizontalen;

4*

52   Erstes Buch. Siebentes Capitel.

ferner ist $ad = ac \cdot \sin x$, es wird also die Sehne ad in derselben Zeit durchlaufen, welche ein frei fallender Körper braucht, um den verticalen Durchmesser
ac zu durchfallen.

Dies gilt, welche Stellung der Punkt d auch auf dem Kreisumfange einnehmen mag; alle von a ausgehenden Sehnen, Fig. 69, werden in gleicher
Zeit durchlaufen, wie der verticale Durchmesser ac.

Fig. 69.   Fig. 70.

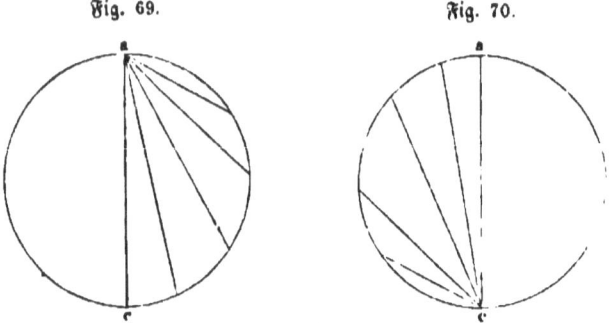

Denken wir uns durch c in Fig. 68 eine Sehne cf parallel mit ad gezogen, so hat cf nicht allein gleiche Neigung gegen die Horizontale, wie ad,
sondern auch gleiche Länge, woraus dann folgt, daß auch alle in c, Fig. 70,
zusammenlaufenden Sehnen des Kreises in gleicher Zeit durchlaufen werden,
wie der verticale Durchmesser ac.

Fig. 71.

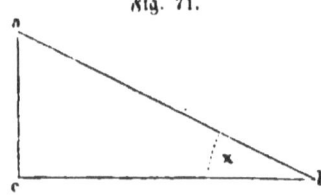

In Fig. 71 sei ab eine schiefe
Ebene, deren Länge wir mit l und deren
verticale Höhe wir mit h bezeichnen wollen. Die Geschwindigkeit, mit welcher
ein von a aus auf der schiefen Ebene
herabrollender Körper in b ankommt, ist

$$V = \sqrt{2gl\sin x} \quad . \quad . \quad . \quad (1)$$

Die Geschwindigkeit, mit welcher ein von a herabfallender Körper in c
ankommt, ist aber

$$v = \sqrt{2gh}.$$

Es ist aber $h = l \cdot \sin x$ oder $l = \dfrac{h}{\sin x}$. Setzen wir diesen Werth
von l in Gleichung (1), so kommt

$$V = \sqrt{2gh},$$

es ist also $V = v$, d. h. wenn ein Körper auf einer schiefen Ebene den
Weg ab zurückgelegt hat, so erlangt er stets dieselbe Geschwindigkeit, als ob er die Höhendifferenz zwischen a und b, also die Länge
ac frei durchfallen hätte.

Bewegung fester Körper unter dem Einfluß beschleunigender Kräfte. 53

Wurfbewegung. Für die Curve Fig. 72, welche ein horizontal geworfener Körper beschreibt, läßt sich auch leicht die analytische Gleichung ableiten. Bezeichnen wir den Weg ab, welchen der horizontal geworfene Körper vermöge des erhaltenen Stoßes in 1 Secunde zurücklegt, mit p, so

§. 26.
(Zu §. 74
d. Gr.)

Fig. 72.

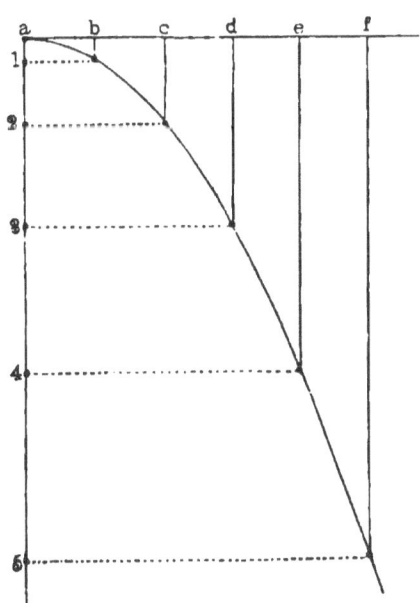

wird er nach 2, 3, 4 ... Secunden in horizontaler Richtung die Wege $2p$, $3p$, $4p$ u. s. w. in t Secunden, also den Weg

$$y = tp \quad \ldots \quad (1)$$

zurücklegen. Bezeichnen wir aber ferner den Weg, welchen ein frei fallender Körper in der ersten Secunde zurücklegt, mit $\frac{g}{2}$, so ist der Weg, den er in 2, 3, 4 ... Secunden durchfällt, $4\frac{g}{2}$, $9\frac{g}{2}$, $16\frac{g}{2}$ u. s. w. Für den Fallraum x, welcher in t Secunden zurückgelegt wird haben wir also

$$x = \frac{g}{2} t^2 \quad \ldots \quad (2)$$

Setzen wir nun in Gleichung (2) den aus (1) gezogenen Werth von t, nämlich $t = \frac{y}{p}$, so kommt als Gleichung der Wurflinie $x = \frac{g}{2} \frac{y^2}{p^2}$, oder endlich

$$y^2 = ax \quad \ldots \quad (3)$$

54   Erstes Buch. Siebentes Capitel.

wenn man $\dfrac{2p^2}{g}$ gleich a setzt. Die Gleichung (3) ist aber bekanntlich die Gleichung der Parabel. (Analytische Geometrie Seite 30.)

Wenn der ursprüngliche Stoß nicht horizontal gerichtet ist, sondern mit der Horizontalen einen beliebigen Winkel macht, so läßt sich nach den gleichen Principien die Gestalt der Wurflinie sowohl durch Zeichnung als auch durch Rechnung ermitteln.

Fig. 73.

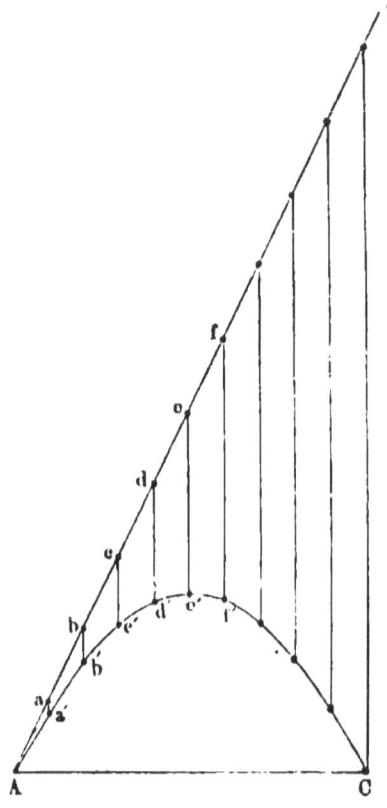

Es sei AB, Fig. 73, die Richtung, in welcher der Körper geworfen wird, AC die Horizontale. Wenn nun die ursprüngliche Geschwindigkeit der Art ist, daß $Aa = ab = bc = cd$ u. s. w. die Wege sind, welche der geworfene Körper in der 1sten, 2ten, 3ten u. s. w. Secunde zurücklegen würde, wenn die Schwere nicht auf ihn einwirkte, so findet man die Orte, an welchen sich der Körper am Ende der 1sten, 2ten, 3ten u. s. w. Secunde wirklich befindet, wenn man von a, b, c u. s. w. Verticale herabzieht und auf ihnen die Längen aa', bb', cc' u. s. w. abmißt, welche dem Fallraum von 1, 2, 3 u. s. w. Secunden gleich sind. Die über a', b', c' u. s. w. gezogene Curve ist dann die Wurflinie, wie sie sich ohne Luftwiderstand gestalten würde.

Um die Gleichung dieser Bahn zu ermitteln, wollen wir die Geschwindigkeit, welche durch den Stoß dem Körper mitgetheilt wird, in zwei Seitenkräfte zerlegen; die verticale Seitenkraft sei n, die horizontale sei p; es ist alsdann die Höhe, welche der Körper in t Secunden erlangt (Grundriß §. 73, S. 125)

$$h = nt - \dfrac{g}{2} t^2 \ . \ . \ . \ . \ . \ (4)$$

Bewegung fester Körper unter dem Einfluß beschleunigender Kräfte. 55

in horizontaler Richtung aber durchläuft er in t Secunden den Weg

$$s = pt \qquad \qquad (5)$$

setzt man den aus (5) gezogenen Werth von t in Gleichung (1), so kommt

$$h = \frac{ns}{p} - \frac{g}{2} \cdot \frac{s^2}{p^2} \qquad \qquad (6)$$

welches, wenn wir h und s als Abscissen und Ordinaten betrachten, die gesuchte Gleichung der Curve ist. In dieser Form läßt sich aber die Natur der Curve noch nicht gut erkennen, weshalb wir den Gipfelpunkt der Bahn zum Anfangspunkt der Coordinaten nehmen wollen.

Bezeichnen wir den verticalen Abstand irgend eines Punktes a, Fig. 74, der Curve vom Gipfelpunkte mit x und mit h wie bisher seine Höhe über der Horizontalen AC, so haben wir offenbar

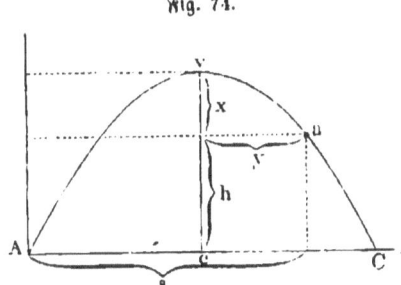

Fig. 74.

$$h + x = \frac{n^2}{2g} \qquad (7)$$

da $\frac{n^2}{2g}$ die Höhe des Gipfelpunktes v über der Horizontalen ist (Grundriß S. 125). Bezeichnen wir ferner mit y den horizontalen Abstand des Punktes a vom Gipfelpunkte, so ist offenbar

$$s = y + \frac{n}{g} p \qquad \qquad (8)$$

denn zum Steigen bis zum Gipfel braucht der Körper $\frac{n}{g}$ Secunden, und in dieser Zeit durchläuft er in horizontaler Richtung mit der Geschwindigkeit p den Weg $Ac = \frac{n}{g} p$.

Setzt man nun den Werth von s aus (8) und den Werth von h aus (7) in Gleichung (6), so ergiebt sich nach Ausführung aller Reductionen

$$y^2 = \frac{2 p^2}{g} x \qquad \qquad (9)$$

eine Gleichung, welche ganz mit Gl. (3) auf Seite 53 übereinstimmt, da ja $\frac{2 p^2}{g} = a$ ist; die Wurflinie ist also auch in diesem Falle eine Parabel. Die Weite des Wurfes AC ist gleich $2 . Ac = 2 \frac{n}{g} p$.

Aufgaben. 1. Ein Körper wird mit einer Geschwindigkeit von 200 Fuß in einer Richtung fortgeschleudert, welche einen Winkel von 60° mit der Horizontalen macht, es wird gefragt

a. Welches ist die horizontale Componente dieser Geschwindigkeit?
b. Welches ist die verticale Componente?
c. Wie hoch wird der Körper steigen?
d. Wie weit wird er fliegen (d. h. wie groß ist AC)?
e. Welche Zeit braucht er, um den Gipfel seiner Bahn zu erreichen?

2. Von der 200 Fuß über dem Boden befindlichen Galerie eines Thurmes wird in horizontaler Richtung eine Büchsenkugel mit einer Geschwindigkeit von 1200 Fuß abgeschossen; wie weit vom Thurme wird sie auf den Boden aufschlagen?

§. 27. Centralbewegung. Eine wesentliche Eigenschaft jeder Centralbewegung,
(Zu §. 75 d. Gr.) d. h. jeder Bewegung, bei welcher der bewegte Körper durch irgend eine Kraft in allen Punkten seiner Bahn stets gegen einen und denselben Punkt hingetrieben wird, ist die, daß der Leitstrahl (radius vector), d. h. die gerade Linie, welche den bewegten Körper mit dem Anziehungsmittelpunkt verbindet, in gleichen Zeiten gleiche Räume durchläuft.

Die Richtigkeit dieser Behauptung läßt sich leicht beweisen.

Wollen wir, wie in §. 75 d. Gr., die stets gegen den Punkt m, Fig. 75, gerichtete Centralkraft als stoßweise wirkend betrachten, so daß der bewegte Körper in den auf einander folgenden gleich großen Zeittheilchen t die Wege ad, dg u. s. w. zurücklegt, so sind die Flächenräume, welche der radius vector in diesen kleinen Zeiträumen beschreibt, die Dreiecke mad, mdg u. s. w. Nun ist aber $de = ad$, folglich $\triangle mad = \triangle mde$. Da nun aber ge parallel mit md ist, so haben die Dreiecke mde und mdg gleiche Grundlinie fd und gleiche Höhe, mithin ist $\triangle mde = \triangle mdg$, mithin auch $\triangle mad = \triangle mdg$.

Fig. 75.

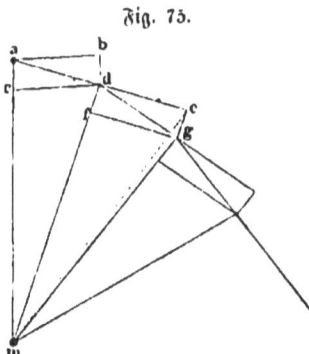

Da diese Beweisführung sich auf keinerlei Annahme über die Natur der Centralkraft stützt, so ist obiger Satz richtig, wie auch die Größe der Centralkraft für die verschiedenen Punkte der Bahn sich ändern, nach welchem Gesetz sie sich auch mit dem Abstande vom Centralpunkte abnehmen mag. Der eben bewiesene Satz gilt für jede Centralbewegung.

Daher kommt es denn auch, daß die Erde in ihrer Bahn langsamer fortläuft, wenn sie in der Sonnenferne (Aphelium), als wenn sie sich in der Sonnennähe (Perihelium) befindet.

§. 28. Centralkraft und Schwungkraft. *Aufgaben.* 1. Wie groß ist
(Zu §. 75 u. 76 d. Gr.) der Fallraum des Mondes gegen die Erde in einer Secunde? nach der Gleichung
$$p = \frac{2\pi^2 r}{t^2}.$$
Zur Ausführung dieser Rechnung sind noch folgende Zahlen-

Bewegung fester Körper unter dem Einfluß beschleunigender Kräfte. 57

angaben nöthig: Die Umlaufszeit t des Mondes beträgt 27 Tage 7 Stunden 43 Minuten oder 2 360 580 Secunden. Der Umfang der Erde beträgt 40 000 000 Meter; da aber der Radius der Mondsbahn 60mal so groß ist als der Erdhalbmesser, so ist der Umfang der Mondsbahn 40 000 000 $\times$ 60.

Nachdem der Werth von p für den Mond gefunden ist, ergiebt sich auch leicht der Werth der beschleunigenden Kraft, welche den Mond gegen die Erde treibt; es ist nämlich nach §. 75 des Grundrisses $v = 2p$.

2. Eine Bleikugel wird an einem 3 Fuß langen Faden so im Kreise herumgeschwungen, daß sie zu jeder Umdrehung $^1/_2$ Secunde Zeit bedarf. Wie groß ist in diesem Falle der Werth von v.

3. Wie groß ist der Werth von v für einen Punkt am Umfange eines Schwungrades, welches einen Halbmesser von 6 Fuß hat und 4 Umdrehungen in 3 Secunden macht?

4. Wie groß ist die Beschleunigung der Schwungkraft für einen auf dem Erdäquator befindlichen Punkt?

5. Wie schnell müßte sich die Erde um ihre Axe drehen, wenn am Aequator die Centrifugalkraft der Schwerkraft gleich sein sollte?

Grösse des Druckes und der Spannung, welche die Schwungkraft erzeugt. Es ist in vielen Fällen zu wissen nothwendig, wie groß der Druck oder der Zug ist, welchen ein Körper von bekanntem Gewichte bei seiner Rotation um eine feste Axe hervorbringt. §. 29.

Bezeichnet man den Druck oder den Zug des herumgeschleuderten Körpers mit D, sein Gewicht mit M, die beschleunigende Kraft der Schwere mit g und die beschleunigende Kraft, mit welcher sich die Masse M von der Axe zu entfernen strebt, mit v, so haben wir offenbar

$$g : v = M : D,$$

also

$$D = \frac{v \cdot M}{g},$$

für v aber ist der Werth bei (2) Seite 129 des Grundrisses zu setzen, folglich haben wir

$$D = \frac{4 \pi^2 r M}{g t^2},$$

oder wenn wir für π seinen Zahlenwerth 3,14 und für g seinen in Pariser Fußen ausgedrückten Werth 30 setzen,

$$D = 1{,}314 \frac{M r}{t^2},$$

wo natürlich r auch in Fußen auszudrücken ist.

Es werde z. B. eine 3 Pfund schwere Kugel an einer 2 Fuß langen Schnur so schnell herumgeschleudert, daß jeder Umlauf in $^3/_4$ Secunden vollendet wird, so ist

58 Erstes Buch. Siebentes Capitel.

$$D = 1{,}3 \cdot \frac{3 \cdot 2}{0{,}75^2} = 13{,}9 \text{ Pfund}.$$

Die Schnur wird also mit einer Kraft von 13,9 Pfunden gespannt sein. Wäre unter sonst gleichen Umständen die Umdrehungsgeschwindigkeit dreimal größer, so würde die Spannung der Schnur neunmal stärker, sie würde also 125 Pfund geworden sein. Man sieht, wie durch gesteigerte Geschwindigkeit die Schwungkraft leicht eine enorme Größe erreichen kann.

Mit Erfolg hat man in neuerer Zeit die Schwungkraft benutzt, um den Zucker vom Syrup zu reinigen. Der Brei wird in einen Cylinder gebracht, dessen Umfang durch Drahttuch gebildet wird. Bei der schnellen Rotation des Apparates wird der flüssige Syrup mit Gewalt durch die Poren des Drahttuches hindurchgetrieben, während die festen Zuckertheile zurückgehalten werden. Auf diese Weise wird jetzt in einigen Minuten die Reinigung einer Zuckermasse bewerkstelligt, während man früher dazu viele Wochen nöthig hatte.

Babo hat die Schwungkraft auch bei chemischen Arbeiten in Anwendung gebracht, namentlich um Krystalle von syrupartiger schmieriger Mutterlauge zu trennen, und um das Absetzen von Niederschlägen zu beschleunigen, welche unter den gewöhnlichen Umständen sehr lange suspendirt bleiben. Wenn nämlich die beschleunigende Kraft, mit welcher sich die geschwungene Flüssigkeitsmasse von der Rotationsaxe zu entfernen strebt, n mal so groß ist als die beschleunigende Kraft der Schwere, so ist auch die Differenz zwischen der Schwungkraft des Wassers und der Schwungkraft der suspendirten Theilchen n mal so groß als die Differenz der specifischen Gewichte des Wassers und des suspendirten Körpers, es muß also auch eine rasche Ausscheidung erfolgen.

§. 30. **Gesetze der Pendelschwingungen.** Nach dem in diesem Paragraphen besprochenen dritten Gesetze der Pendelschwingungen verhält sich die Schwingungsdauer ungleich langer Pendel wie die Quadratwurzel aus den Pendellängen, d. h. es ist

(Zu §. 78 d. Mr.)

$$t = n \sqrt{l},$$

wenn t die Schwingungsdauer, l die Pendellänge und n einen constanten Factor bezeichnet, welcher von der Größe der beschleunigenden Kraft der Schwere und von der Wahl der Längeneinheit abhängt. Der Zahlenwerth des Factors n läßt sich nun entweder auf empirischem Wege, d. h. durch Versuche, oder auch auf theoretischem Wege ableiten. Diese beiden Methoden wollen wir nun etwas näher betrachten.

I. Bestimmung von n durch Versuche. Man beobachte die Schwingungsdauer t eines einfachen Pendels, dessen Länge l möglichst genau gemessen worden ist und setze die gefundenen Zahlenwerthe für t und l in die Gleichung

$$t = n \sqrt{l}.$$

So fand z. B. Borda, daß ein einfaches Pendel von 12 Fuß Länge (144 Zoll) in einer Stunde 1818 Schwingungen macht. Es ist demnach für $l = 144$ Zoll, $t = 1{,}98$ Secunden, also

Bewegung fester Körper unter dem Einfluß beschleunigender Kräfte. 59

$$1{,}98 = n\sqrt{144}$$

und
$$n = 0{,}165.$$

Ist l in Pariser Fuß ausgedrückt, so ist
$$n = 0{,}165\sqrt{12} = 0{,}5716,$$
und wenn l in Metern ausgedrückt ist, so ist
$$n = 0{,}5716\sqrt{3{,}08} = 1{,}0028$$
zu setzen.

Ist einmal der Factor n bekannt, so kann man nun leicht die Pendellänge für jede gegebene Schwingungsdauer berechnen.

Aufgaben. 1. Wie viel Pariser Zoll muß ein einfaches Pendel sein, welches genau Secunden schlägt? Hier ist $t = 1$, also $1 = 0{,}165\sqrt{l}$, und demnach $l = \left(\dfrac{1}{0{,}165}\right)^2 = 36{,}666$ Zoll.

2. Wie groß ist die Schwingungsdauer eines einfachen Pendels, dessen Länge 100 Pariser Fuß beträgt?

3. Wie viel Meter müßte ein einfaches Pendel lang sein, wenn seine Schwingungsdauer 5 Secunden sein soll?

4. Wie lang ist ein einfaches Pendel, welches halbe Secunden schlägt?

5. Ein in dem Schiff der Universitätskirche zu Freiburg aufgehängtes Foucault'sches Pendel macht 14 Schwingungen in der Minute. Wie lang ist dasselbe?

II. **Mathematische Entwickelung des Pendelgesetzes.** Die Relation zwischen der Schwingungsdauer, der Pendellänge und der beschleunigenden Kraft der Schwere ist durch die Formel

$$t = \pi\sqrt{\frac{l}{g}} \qquad \ldots \ldots \ldots (1)$$

ausgedrückt, in welcher t die Schwingungsdauer, π das Peripherieverhältniß $3{,}14\ldots$, l die Pendellänge und g die beschleunigende Kraft der Schwere bezeichnet.

Das für die Physik so wichtige, durch die Gleichung (1) ausgesprochene Gesetz wird gewöhnlich mit Hülfe höherer Rechnung bewiesen; Kulik hat eine elementare Entwickelung desselben gegeben (Baumgartner's und Ettingshausen's Zeitschrift, 1. Band), welche hier in etwas veränderter Form folgt.

Es sei m, Fig. 76 (a. f. S.), der Aufhängepunkt eines einfachen Pendels, dessen Kugel zwischen den Punkten a und o hin und her schwingt. Der Ausschlagwinkel nma sei mit x bezeichnet. Wenn nun die Pendelkugel von a ausgehend den Weg ab zurückgelegt hat, so kommt sie in b mit einer Geschwindigkeit an, welche nach §. 25 gleich derjenigen ist, welche ein Körper erlangt, wenn er die verticale Höhendifferenz cd der beiden Punkte a und b durchfällt. Nun aber ist $cd = md - mc$. Bezeichnet man den Winkel amb mit y, so ist der Winkel $bmn = x - y$, und also auch $md = l\cos(x - y)$,

während $mc = l\cos x$ ist, vorausgesetzt, daß die Pendellänge ma mit l bezeichnet wird. Es ist also auch
$$cd = s = l\cos(x-y) - l\cos x,$$
und die Geschwindigkeit v, welche ein Körper erlangt, wenn er die verticale Höhe s durchfällt, ist also:
$$v = \sqrt{2gs} = \sqrt{2gl\,[\cos(x-y) - \cos x]}.$$
Der Ausdruck $\cos(x-y) - \cos x$ läßt sich aber noch umformen. Nach einer bekannten trigonometrischen (Trigonometrie S. 16) Formel ist
$$\cos A - \cos B = 2\sin\frac{A+B}{2}\cdot\sin\frac{B-A}{2}.$$
Setzt man in dieser Gleichung $x-y$ an die Stelle von A, und x anstatt B, so kommt
$$\cos(x-y) - \cos x = 2\sin\tfrac{1}{2}(2x-y)\sin\tfrac{1}{2}y.$$
So lange die Winkel x und y klein genug sind, kann man den Bogen statt des Sinus setzen, es ist also für diesen Fall
$$\cos(x-y) - \cos x = (2x-y)\frac{y}{2},$$
und also auch
$$v = \sqrt{gl(2x-y)y} \quad\ldots\ldots\ldots\ldots (2)$$
und dies ist der Werth für die Geschwindigkeit, mit welcher die Pendelkugel in b ankommt.

Fig. 76.   Fig. 77.

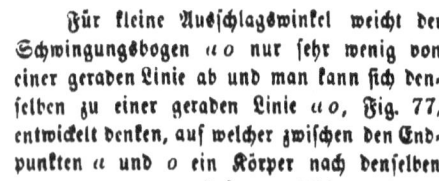

Für kleine Ausschlagswinkel weicht der Schwingungsbogen ao nur sehr wenig von einer geraden Linie ab und man kann sich denselben zu einer geraden Linie ao, Fig. 77, entwickelt denken, auf welcher zwischen den Endpunkten a und o ein Körper nach denselben Gesetzen oscillirt, wie die Pendelkugel auf dem Bogen ao, Fig. 76. Ist ab, Fig. 77, gleich dem Bogen ab,

Bewegung fester Körper unter dem Einfluß beschleunigender Kräfte. 61

Fig. 76, so kommt nach unserer Voraussetzung von a ausgehend der Körper in b, Fig. 77, mit derselben Geschwindigkeit an, wie die Pendelkugel in b, Fig. 76, nämlich mit einer Geschwindigkeit, welche durch die Gleichung (2) bestimmt ist.

Ueber ao, Fig. 77, als Durchmesser sei nun ein Halbkreis gezogen und in b ein Perpendikel auf ao errichtet, welches denselben in r schneidet. Kommt nun ein Körper, welcher von a aus den Bogen ar durchlaufen hat, in r mit der Geschwindigkeit $rs = c$ an, so ist der mit ao parallele Antheil dieser Geschwindigkeit gleich rt gleich $c . \cos \alpha$, wenn α den Winkel srt bezeichnet. Es ist aber offenbar der Winkel brn auch gleich α, folglich

$$\cos \alpha = \frac{rb}{rn};$$

rb aber ist die mittlere Proportionale zwischen ab und bo, also

$$rb = \sqrt{ab . bo}.$$

Da wir mit x den Ausschlagswinkel und mit l die Länge des Pendels, Fig. 76, bezeichnet haben, so ist an in Fig. 76 und in Fig. 77, also auch rn gleich $l . x$; ferner aber ist $ab = l . y$ und $bo = l(2x - y)$, also

$$rb = \sqrt{l^2 (2x - y) y},$$

und endlich

$$\cos \alpha = \frac{\sqrt{l^2 (2x - y) y}}{l . x},$$

und also

$$rt = \frac{c \sqrt{l^2 (2x - y) y}}{l x} = c \cdot \frac{\sqrt{(2x - y) y}}{x};$$

nimmt man aber an, daß $c = x \sqrt{gl}$ sei, so ergiebt sich

$$rt = \sqrt{gl(2x - y) y}.$$

Dieser Werth ist aber dem Werthe von v in Gleichung (2) ganz gleich; wenn wir also annehmen, daß ein Körper mit der gleichförmigen Geschwindigkeit $x \sqrt{gl}$ den zum Durchmesser ao gehörigen Kreis durchläuft, so wird für irgend einen Punkt r des Kreises der mit ao parallele Antheil dieser Geschwindigkeit gerade eben so groß sein, wie die Geschwindigkeit, mit welcher der nach dem Pendelgesetze auf ao sich bewegende Körper in dem Punkte b ankommt, welcher den Fußpunkt des von r auf ao gefällten Perpendikels bildet. Daraus folgt aber, daß dieser fingirte im Kreise sich bewegende Körper den Halbkreis in derselben Zeit zurücklegen muß, in welchem die Pendelkugel den Durchmesser ao beschreibt. Der Umfang des Halbkreises ist aber in unserem Falle $\pi l x$, und ein Körper, der sich mit der Geschwindigkeit $x \sqrt{gl}$ bewegt, braucht, um diesen Weg zurückzulegen, die Zeit

$$t = \frac{\pi l x}{x \sqrt{gl}} = \pi \sqrt{\frac{l}{g}},$$

und dies ist also auch die Zeit, welche ein Pendel von der Länge l braucht, um eine Schwingung zu vollenden, wie bereits zu Anfang dieses Paragraphen angeführt wurde.

62 Erstes Buch. Siebentes Capitel.

Aus Gleichung (1) ergiebt sich

$$g = \frac{\pi^2 l}{t^2},$$

und für $t = 1$

$$g = \pi^2 l;$$

kennt man also die Länge l des Secundenpendels, so hat man dieselbe nur mit π^2 zu multipliciren, um den Zahlenwerth der beschleunigenden Kraft der Schwere mit weit größerer Genauigkeit zu erhalten, als man sie aus Fallversuchen abzuleiten im Stande wäre.

Die folgende kleine Tabelle enthält die Länge des Secundenpendels für Orte von verschiedener geographischer Breite.

Ort.	Geographische Breite.	Länge des Secundenpendels.
St. Thomas . . .	0° 24′ 41″	991,0mm
Trinidad	10 38 56	991,2
New-York	40 42 43	993,2
Paris	48 50 14	993,9
London	51 31 8	994,1
Drontheim	63 25 54	995,1
Spitzbergen	79 49 58	995,9

Aufgaben. 1. Wie groß ist für jeden dieser Orte die beschleunigende Kraft der Schwere (also der Werth von g)?

2. Die Auflösung der Aufgabe 1 giebt den Werth von g für die genannten Orte in Metermaaß ausgedrückt. Wie groß aber ist der Werth von g für Paris, wenn man den Pariser Fuß oder wenn man den preußischen Fuß zur Längeneinheit wählt?

3. Auf dem Monde ist der Fallraum der ersten Secunde $\left(\text{also } \frac{g}{2}\right)$ 2,4 Pariser Fuß, auf dem Jupiter ist er 38,5 Fuß; wie groß würde die Schwingungsdauer des Pariser Secundenpendels auf dem Monde und auf dem Jupiter sein?

§. 31. **Lebendige Kraft.** Wenn man die lebendige Kraft eines Körpers und die Weite des Weges kennt, den er zurückzulegen hat, ehe er zur Ruhe kommt, so kann man die Größe des Widerstandes berechnen, den er dabei zu überwinden hat, wie durch das folgende Beispiel erläutert wird.

Wenn ein 700 Pfund schwerer Rammklotz, 5 Fuß hoch herabfallend, in 20 Schlägen einen mit Eisen beschlagenen 400 Pfund schweren Pfahl 6 Zoll tief eintreibt, wie groß ist die Widerstandsfähigkeit des Bodens?

Wenn der Klotz 5 Fuß herabgefallen ist, so ist seine Geschwindigkeit

$$v = \sqrt{2gs} = \sqrt{60 \cdot 5} = \sqrt{300} = 17,3.$$

Bewegung fester Körper unter dem Einfluß beschleunigender Kräfte. 63

Der Kloß trifft den Pfahl und nach dem Stoße würde die gemeinschaftliche Geschwindigkeit sein

$$17,3 \times \frac{700}{700 + 400} = 17,3 \cdot \frac{7}{11} = 11.$$

Mit dieser Geschwindigkeit, $v = 11$ Fuß, würde Kloß und Pfahl zusammen auf eine Höhe $s = \frac{11^2}{2g} = \frac{121}{60} = 2$ Fuß hoch steigen.

In 20 Schlägen dringt aber der Pfahl nur 6 Zoll, in einem einzigen Schlage also nur 0,025 Fuß tief ein, der Widerstand des Bodens ist also weit größer als der Widerstand der Schwere, und zwar im Verhältniß von 0,025 zu 2, d. h. der Widerstand, welchen der Boden dem Eintreiben des Pfahles entgegensetzt, ist 80mal so groß, als der, welchen die Schwere seiner und des Klotzes Hebung entgegensetzt. Zur Hebung des Pilots sammt Kloß sind 1100 Pfund nöthig, zum Niederdrücken des Pfahles also

$$1100 \times 80 = 88000 \text{ Pfund}.$$

Aufgaben. 1. Eine 6pfündige Kanonenkugel verläßt das Rohr mit einer Geschwindigkeit von 1200 Fuß, wie groß ist ihre lebendige Kraft?

2. Wie groß ist die lebendige Kraft eines $\frac{1}{4}$ Pfund schweren Hammers, welcher mit einer Geschwindigkeit von 25 Fuß auf den Kopf des Nagels aufschlägt?

3. Wie groß ist der Widerstand des Holzes, wenn der Nagel in sechs Schlägen 1 Zoll tief eindringt?

4. Wie tief dringt der Nagel mit einem Schlage ein, wenn der Widerstand des Holzes einem Druck von 12 Pfund gleich gesetzt werden kann?

5. Wie groß ist (in Kilogrammmetern ausgedrückt) die lebendige Kraft, mit welcher ein Gewicht von 50 Kilogramm auf den Boden aufschlägt, wenn es 7 Meter hoch frei herabgefallen ist ($g = 9,088$)?

6. Nehmen wir an, das Gewicht von 50 Kilogrammen sei an einem um eine Welle geschlungenen Seile befestigt, so daß durch das Niedersinken des Gewichtes die Welle umgedreht wird. Der Umdrehung der Welle wirkt aber irgend ein Widerstand, etwa Reibung, entgegen, weshalb der Fall des Gewichtes verzögert wird. Wenn nun das Gewicht, nachdem es 7 Meter herabgesunken ist, eine Geschwindigkeit von 5 Metern erlangt hat, wie groß ist die lebendige Kraft, die es noch besitzt?

7. Da nun aber das unter den angegebenen Verhältnissen 7 Meter hoch herabgefallene Gewicht nicht die volle lebendige Kraft besitzt, welche einer Fallhöhe von 7 Metern entspricht (Aufgabe 5), wie viel lebendige Kraft hat es verloren, was ist also die mechanische Arbeit, welche das Gewicht durch Umdrehung der Welle geleistet hat?

Von den Trägheitsmomenten. An einer möglichst leicht umdrehbaren Axe seien zwei Scheiben befestigt, Fig. 78 (a. f. S.), von denen die eine einen doppelt so großen Durchmesser hat als die andere. Diese Scheiben mögen §. 32.

dieselbe Einrichtung haben, wie das Rad an der Fallmaschine. Ueber die größere sei eine Schnur geschlungen und an beiden Enden der Schnur gleiche Gewichte m angehängt. Wird nun auf der einen Seite ein Uebergewicht p angebracht, so beginnt die Bewegung nach den Gesetzen, die wir schon oben kennen gelernt haben. Nehmen wir an, es sei Alles so eingerichtet, daß das Rad in der ersten Fallsecunde gerade eine Umdrehung macht.

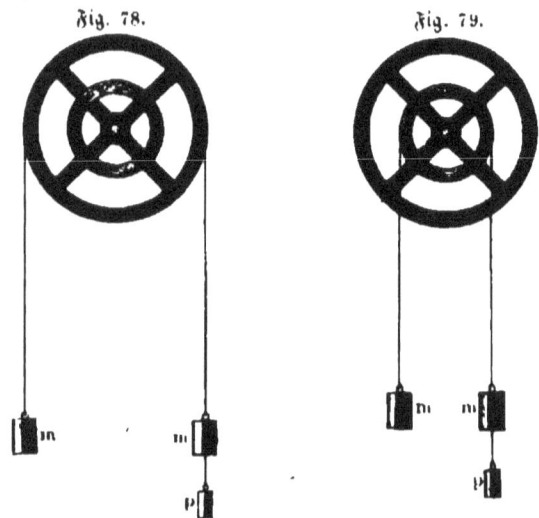

Fig. 78.   Fig. 79.

Nun hänge man die Schnur mit den unveränderten Gewichten über die kleinere Rolle, Fig. 79; es wird alsdann (vorausgesetzt, daß man den Einfluß der Masse der Räder unbeachtet lassen kann) der Fall auf der Seite des Uebergewichtes eben so schnell erfolgen wie vorher, dabei aber die Umdrehungsgeschwindigkeit des Rades doppelt so groß sein, als sie vorher war.

Soll die Umdrehungsgeschwindigkeit gerade so groß sein, als sie vorher war, so muß das Uebergewicht halb so groß gemacht werden, es muß $1/2\,p$ sein.

Statt das Uebergewicht $1/2\,p$ am Umfange der kleinen Rolle wirken zu lassen, kann man, ohne an der Bewegung etwas zu ändern, die Kraft $1/4\,p$ am Umfange der großen Rolle wirken lassen, vorausgesetzt, daß man die Masse von p gegen $2m$ vernachlässigen könne; wir haben hier nur die von p ausgeübte beschleunigende Kraft im Auge.

Sind die Gewichte an den Rollen so angehängt wie in Fig. 80, so ist also die Umdrehungsgeschwindigkeit dieselbe wie bei dem in Fig. 79 dargestellten Falle.

Die Umdrehungsgeschwindigkeit bleibt aber auch ferner unverändert, wenn man sowohl die zu bewegenden trägen Massen als auch die beschleunigende Kraft 4mal so groß macht. Für den Fig. 81 dargestellten Fall ist also die Umdrehungsgeschwindigkeit der Rolle noch eben so groß wie im Fall Fig. 78.

Bewegung fester Körper unter dem Einfluß beschleunigender Kräfte. 65

Die an dem Umfange der größeren Rolle wirkende beschleunigende Kraft p bringt also ganz gleiche Umdrehungsgeschwindigkeit hervor, sie mag nun die

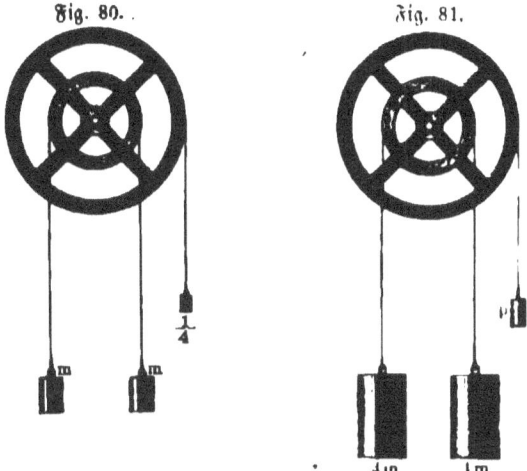

Fig. 80. Fig. 81.

am Umfange der größeren Rolle befindliche Last $2m$ oder eine am halb so großen Radius wirkende 4mal so große träge Masse $8m$ in Bewegung setzen.

Bei unverändert angreifender beschleunigender Kraft p hätte man aber auch statt der trägen Masse $2m$, welche über der äußeren Rolle hängt, eine 9mal so große träge Masse über eine an derselben Axe befestigte 3mal kleinere Rolle hängen müssen, wenn die Umdrehungsgeschwindigkeit unverändert bleiben soll; am Umfang einer Rolle von n mal kleinerem Durchmesser hätte man eine n^2 mal größere träge Masse anbringen müssen.

Die Masse m in Fig. 78 und die Masse $4m$ in Fig. 81 könnte man aber auch, ohne die mindeste Aenderung in den Bewegungsverhältnissen hervorzubringen, in Form eines Ringes gleichförmig um den Umfang der entsprechenden Rolle (die wir bisher als gewichtlos betrachtet haben) vertheilen. Die Umdrehung der (gewichtlos gedachten) Rollen unter dem Einfluß der an der äußeren angreifenden beschleunigenden Kraft p würde also mit gleicher Geschwindigkeit erfolgen, mag nun an dem Umfange der äußeren die Masse $2m$ oder an dem Umfange der inneren die Masse $4 \cdot 2m = 8m$ gleichförmig vertheilt sein.

Was hier in speciellen Fällen nachgewiesen wurde, läßt sich leicht verallgemeinern: Wenn bei unveränderter Stärke und bei unverändertem Angriffspunkte der beschleunigenden Kraft träge Massen um eine feste Axe umgedreht werden sollen, so müssen sich die trägen Massen umgekehrt verhalten wie die Quadrate ihrer Entfernung von der Umdrehungsaxe, wenn die Winkelgeschwindigkeit stets dieselbe bleiben soll.

Das Product, welches man erhält, wenn man die träge Masse mit dem

66 Erstes Buch. Siebentes Capitel.

Quadrate ihrer Entfernung vom Drehpunkte multiplicirt, wird das Trägheitsmoment derselben genannt; es ist die träge Masse, welche man statt der gegebenen in der Entfernung 1 vom Drehpunkte anbringen müßte, wenn bei ungeänderter Größe und bei ungeändertem Angriffspunkte der beschleunigenden Kraft durch diese Vertauschung die Winkelgeschwindigkeit nicht verändert werden soll.

Das eben entwickelte Gesetz gilt, es mag nun die beschleunigende Kraft eine ganze Umdrehung oder eine hin- und hergehende Bewegung hervorbringen, wie wir sie bei einem Pendel beobachten; eine Pendelvorrichtung ist aber besonders bequem, um die Richtigkeit unseres Gesetzes durch den Versuch zu prüfen.

Fig. 82 stellt einen geraden, eingetheilten Stab vor, welcher in der Mitte mit einer Schneide a versehen ist, wie die, welche den Drehpunkt eines Wagbalkens bildet. Wenn man nun 1 Decimeter weit und über dieser Schneide eine Bleilinse, z. B. jede 2 Pfund schwer, befestigt und die Schneide auf ihre Unterlage aufsetzt, so ist die Stange mit ihren Linsen im Zustande des indifferenten Gleichgewichtes, denn der Schwerpunkt des Systems fällt mit seinem Drehpunkte zusammen; sobald man aber am unteren Ende des Stabes ein kleines Uebergewicht anbringt, so ist nun das Ganze ein Pendel. Die Schwingungen dieses Pendels sind aber ungleich langsamer, als die Schwingungen eines einfachen Pendels von der Länge ab; denn die einzige Kraft, welche das ganze System in Bewegung setzt, ist die Schwere des unteren Bleigewichtes; diese hat aber nicht allein ihre eigene Masse in Bewegung zu setzen, wie es bei einem einfachen Pendel der Fall gewesen wäre, sondern sie hat auch noch die Massen der Linsen bei c und d zu bewegen.

Nimmt man nun, nachdem man die Schwingungszeit dieses Pendels beobachtet hat, die zwei Linsen bei c und d weg und bringt man 2 Decimeter weit von der Schneide zwei Linsen von $1/2$ Pfund, also 4mal leichtere, an, so wird durch diese Vertauschung die Schwingungszeit durchaus nicht geändert; sie bleibt auch unverändert, wenn man 3 Decimeter über und unter dem Drehpunkte $2/9$ Pfund schwere Linsen anbringt, während natürlich die Linse b, welche hier allein als beschleunigende Kraft wirkt, stets an derselben Stelle angebracht bleibt.

§. 33.   **Berechnung des Trägheitsmomentes.** Um das Trägheitsmoment eines Körpers, welcher um eine Axe gedreht werden soll, durch Rechnung zu bestimmen, muß man sich denselben in lauter kleine Theilchen zerlegt denken und für jedes Theilchen das Trägheitsmoment berechnen, indem man die Masse desselben mit dem Quadrate seiner Entfernung vom Drehpunkte multiplicirt; die Summe aller einzelnen so berechneten Trägheitsmomente ist das Trägheitsmoment des Körpers. Eine derartige Berechnung läßt sich ohne große Schwierigkeiten ausführen, wenn es sich um homogene Körper von einfach geometrischen Formen handelt.

Bewegung fester Körper unter dem Einfluß beschleunigender Kräfte. 67

Es sei z. B. das Trägheitsmoment eines Stabes AB, Fig. 83, zu berechnen, dessen Länge sehr groß ist im Vergleich zu seinem Querschnitt, und dessen Umdrehungsaxe an dem einen Ende desselben bei A liegt.

Fig. 83.

Denken wir uns den Stab durch Querschnitte in eine große Zahl dünner Scheibchen zerlegt, deren jedes die Länge δ hat, so ist das Gewicht eines solchen Scheibchens

$$\frac{P}{L}\delta,$$

wenn P das Gewicht und L die Länge des ganzen Stabes bezeichnet. — Bezeichnen wir ferner mit a, b, c, d u. s. w. den Abstand des 1sten, 2ten, 3ten, 4ten u. s. w. Scheibchens vom Drehpunkt, so ist offenbar das Trägheitsmoment des ganzen Stabes

$$T = \frac{P}{L}(a^2\delta + b^2\delta + c^2\delta + d^2\delta + \ldots)$$

Nun ist aber $b = a + \delta$, $c = b + \delta$, $d = c + \delta$ u. s. w., es ist also auch

$$b^3 = a^3 + 3a^2\delta + 3a\delta^2 + \delta^3$$
$$c^3 = b^3 + 3b^2\delta + 3b\delta^2 + \delta^3$$
$$d^3 = c^3 + 3c^2\delta + 3c\delta^2 + \delta^3$$
u. s. w.,

und wenn man, was wegen der Kleinheit von δ erlaubt ist, diejenigen Glieder vernachlässigt, welche δ^2 und δ^3 enthalten, so ergiebt sich

$$a^2\delta = \frac{b^3 - a^3}{3}$$
$$b^2\delta = \frac{c^3 - b^3}{3}$$
$$c^2\delta = \frac{d^3 - c^3}{3}$$
u. s. w.,

es ist also

$$T = \frac{P}{L}\left(\frac{b^3 - a^3}{3} + \frac{c^3 - b^3}{3} + \frac{d^3 - c^3}{3} + \ldots \frac{y^3 - x^3}{3} + \frac{z^3 - y^3}{3}\right),$$

wenn mit x, y und z der Abstand der letzten Scheibchen bezeichnet wird. Die ganze unter der Klammer stehende Summe reducirt sich aber auf $\frac{z^3 - a^3}{3}$. Da aber $z = L$ ist und a wegen seiner Kleinheit vernachlässigt werden kann, so ergiebt sich

$$T = \frac{P}{L} \cdot \frac{L^3}{3} = \frac{PL^2}{3} \quad \ldots \ldots \quad (1)$$

d. h. in Worten: das Trägheitsmoment eines Stabes, dessen einer Endpunkt

5*

die Umdrehungsaxe bildet, ist dasselbe, als ob der ganze Stab gewichtlos und nur am anderen Ende eine Masse vereinigt wäre, welche $1/_3$ von der Masse des gegebenen Stabes beträgt.

Darnach läßt sich nun leicht auch das Trägheitsmoment eines um seinen Mittelpunkt C, Fig. 84, rotirenden oder oscillirenden Stabes AB ableiten; denn wenn p und l das Gewicht und die Länge von jeder der Hälften AC und BC bezeichnen, so ist das Trägheitsmoment von jeder dieser Hälften $\frac{pl^2}{3}$, folglich das Trägheitsmoment des ganzen Stabes $2/_3\, pl^2$. Bezeichnet man aber mit L die Gesammtlänge, mit P das Gesammtgewicht des Stabes, so ist $p = \frac{P}{2}$ und $l = \frac{L}{2}$, und wenn man diesen Werth für l und p substituirt, so ergiebt sich für das gesuchte Trägheitsmoment der Werth

Fig. 84.

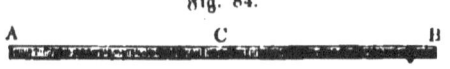

$$T = \frac{P \cdot L^2}{12} \quad \ldots \ldots \ldots \quad (2)$$

Das Trägheitsmoment eines prismatischen rectangulären Stabes, Fig. 85, welcher um eine durch seinen Schwerpunkt gelegte, mit der Kante ab parallele Axe schwingt oder oscillirt, ist

Fig. 85.

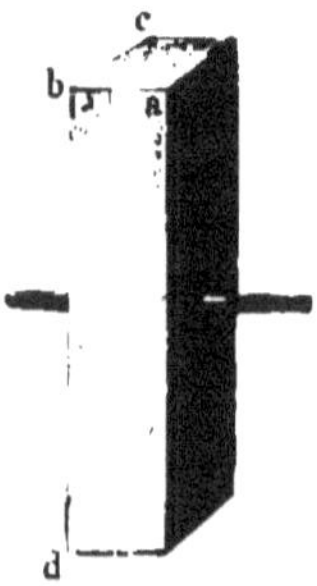

$$T = \frac{L^2 + B^2}{12} \cdot P \quad \ldots \ldots \quad (3)$$

wenn L und B die Länge der Kanten bd und bc bezeichnen, welche nicht mit der Umdrehungsaxe parallel sind.

Die Formel (3) geht in Gleichung (2) über, wenn B sehr klein ist im Vergleich zu L.

Aus Betrachtungen, welche den oben durchgeführten ähnlich sind, ergiebt sich, daß das Trägheitsmoment einer homogenen kreisförmigen Scheibe, welche um ihren Mittelpunkt rotirt,

$$T = 1/_2\, PR^2$$

ist, wenn P das Gewicht und R den Halbmesser der Scheibe bezeichnet.

Bei Körpern von complicirterer Gestalt ist die Berechnung des Trägheitsmomentes ohne Integralrechnung nicht ausführbar und wenn dieselben mehr oder weniger unregelmäßig gestaltet sind, ganz unmöglich; in solchen Fällen aber kann man das gesuchte Trägheitsmoment auf experimentellem Wege bestimmen. Zu diesem Zwecke braucht man nur den fraglichen Körper durch eine beschleunigende Kraft von bekannter Größe in Rotation zu versetzen und die Geschwindigkeit zu beobachten, welche er in einer gegebenen Zeit erlangt.

Ein erläuterndes Beispiel bietet die Fallmaschine. An einer derartigen Maschine mußte ein Uebergewicht r von 2 Gramm angewandt werden, um zu

Bewegung fester Körper unter dem Einfluß beschleunigender Kräfte. 69

bewirken, daß der Fallraum der ersten Secunde 1 Zoll, also $^1/_{192}$ des beim freien Fall in der ersten Secunde durchlaufenen Raumes betrage, während jede der Massen m und n 100 Gramm wog.

Das Uebergewicht von 2 Grammen hat hier offenbar die Trägheit einer Masse zu überwinden, welche 192mal so groß ist als seine eigene, also 384 Gramm beträgt; da nun die Gewichte m, n und r zusammen 202 Gramm wiegen, so bleiben für das Trägheitsmoment der Rolle noch 182 Gramm übrig, d. h. eine beschleunigende Kraft, welche die Rolle in Rotation zu setzen strebt, hat ein eben so großes Trägheitsmoment zu überwinden, als ob die Rolle gewichtlos und nur an ihrem Umfange eine Masse von 182 Grammen angebracht wäre.

Aufgaben. 1. Wie groß ist das Trägheitsmoment einer 862 Gramm schweren, 75 Centimeter langen Eisenstange, welche um den einen ihrer Endpunkte gedreht wird oder um denselben oscillirt?

2. Was ist das Trägheitsmoment eines in gleicher Weise bewegten Holzstabes von 2 Pfund Gewicht und 5 Fuß Länge? — Die Bedeutung der berechneten Zahl in Worten auszudrücken.

3. Was sind die Trägheitsmomente der in (1) und (2) besprochenen Stäbe, wenn der Drehungspunkt durch ihren Schwerpunkt geht?

4. Ein Stahlstab, 18 Centimeter lang, 4 Centimeter breit und 3 Centimeter hoch, ist an einem Faden aufgehängt, wie Fig. 86 zeigt. Wie groß ist das Trägheitsmoment dieses Stabes, wenn er in horizontaler Ebene um die durch den Faden gebildete Umdrehungsaxe oscillirt (specifisches Gewicht des Stahls 7,8)?

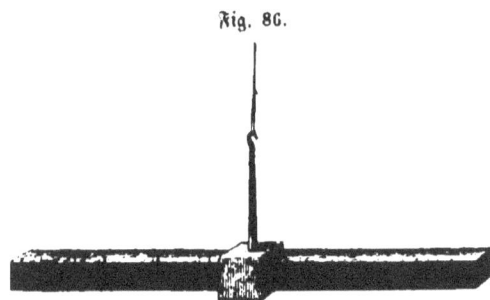

Fig. 86.

5. Wie groß ist das Trägheitsmoment einer eisernen Scheibe von 3 Fuß Durchmesser und 43 Pfund Gewicht, wenn dieselbe um eine durch ihren Mittelpunkt gehende, rechtwinklig auf ihrer Ebene stehende Axe rotirt?

6. Wie groß ist das Trägheitsmoment eines um seine Axe rotirenden Messingcylinders von 25 Centimeter Länge und 15 Centimeter Durchmesser (specifisches Gewicht des Messings 8,4)?

Bestimmung des Schwingungspunktes an einem zusammengesetzten Pendel. §. 34. Wenn an einer gewichtlosen Stange in einer Entfernung r vom Aufhängepunkte eine träge Masse m angebracht ist, so bringt sie dieselbe Schwingungsgeschwindigkeit hervor, als ob man statt derselben bei unverändertem Angriffspunkte und unveränderter Größe der beschleunigenden Kraft in der

Entfernung 1 vom Drehpunkte eine träge Masse mr^2 angebracht hätte. Statt der in der Entfernung r vom Drehpunkte angreifenden Schwerkraft der Masse m könnte man aber, ohne die Schwingungsgeschwindigkeit zu ändern, in der Entfernung 1 die beschleunigende Kraft mr wirken lassen.

Die Schwingungsgeschwindigkeit eines Pendels, welches aus einer gewichtlosen Stange besteht, an welcher in der Entfernung r vom Drehpunkte eine Masse m hängt, würde also dieselbe bleiben, wenn man statt derselben in der Entfernung 1 die träge Masse mr^2 anbrächte und auf dieselbe die beschleunigende Kraft mr wirken ließe.

Hinge also 5 Decimeter unter der Schneide des gewichtlosen Stabes eine Linse von 100 Gramm, so würden die Schwingungen ebenso schnell sein, als ob 1 Decimeter vom Schwerpunkte eine träge Masse von $5^2 \times 100$, also 2500 Gramm, angebracht wäre und auf diese die beschleunigende Kraft der Schwere von 5 . 100, also 500 Gramm, wirkte.

Dies läßt sich nun im Versuch wirklich ausführen, nur kann man keine gewichtlose Stange anwenden und muß sich mit einer Stange begnügen, deren Gewicht gegen das der angehängten Linsen vernachlässigt werden darf.

Wenn man in gleichen Entfernungen über und unter dem Drehpunkte eines Stabes Gewichte anbringt, von denen das untere das schwerere ist, so ist die träge zu bewegende Masse gleich der Summe, die beschleunigende Kraft aber gleich den Differenzen der beiden Gewichte.

Hätte man also 1 Decimeter unter dem Drehpunkte eine Linse von 1500, ebenso weit über dem Drehpunkte eine Linse von 1000 Gramm angebracht, so würde die in der Entfernung 1 vom Drehpunkte befindliche zu bewegende träge Masse 2500 Gramm, die auf dieselbe wirkende beschleunigende Kraft aber 1500 — 1000, also 500 Gramm sein.

Wenn man an der Stange, Fig. 82, 1 Decimeter unter der Schneide eine Linse von 1500 Gramm, 1 Decimeter über der Schneide eine ähnliche von 1000 Gramm anbringt, so schwingt der Apparat ebenso schnell, als ob nur eine Linse von 100 Gramm in einer Entfernung von 5 Decimeter unter der Schneide angebracht wäre, oder wie ein einfaches Pendel von 5 Decimeter Länge.

Wenn über und unter dem Drehpunkte, um die Längeneinheit von demselben entfernt, zwei Massen angebracht sind, deren Summe S und deren Differenz D ist, so ist die Schwingungsgeschwindigkeit dieselbe, als ob man eine einzige Masse m in der Entfernung r so angehängt hätte, daß $mr^2 = S$ und $mr = D$; da nun aber $\frac{mr^2}{mr} = r$, so ist auch $\frac{S}{D} = r$, d. h. mit Worten, man findet die Länge des einfachen, gleich schnell schwingenden Pendels, wenn man die Summe der beiden Massen durch ihre Differenz dividirt.

Hätte man 1 Decimeter über der Schneide eine Linse von 300, 1 Decimeter unter derselben eine Linse von 700 Gramm angebracht, so schwingt der Apparat so schnell, wie ein einfaches Pendel, dessen Länge $\frac{1000}{400} = 2{,}5$ Decimeter ist.

Bewegung fester Körper unter dem Einfluß beschleunigender Kräfte. 71

Nach diesen Betrachtungen können wir die Lage des Schwingungspunktes für ein aus zwei schweren Punkten zusammengesetztes Pendel berechnen. An einer unbiegsamen schweren Linie, Fig. 87, seien bei a und b die Massen m und m' angebracht, so ist das Trägheitsmoment der ersteren $m'r'^2$, das der anderen mr^2, wenn wir mit r' und r die Entfernung der Punkte a und b vom Drehpunkte bezeichnen; die statischen Momente der in den Punkten a und b hängenden Massen aber sind $m'r'$ und mr. Die Summe der Trägheitsmomente ist also $mr^2 + m'r'^2$, die Summe der statischen Momente ist $mr + m'r'$.

Brächte man nun in der Entfernung 1 über und unter dem Drehpunkte eines unbiegsamen, gewichtlosen Stabes zwei Massen, deren Summe $S = mr^2 + m'r'^2$, deren Differenz D aber gleich $mr + m'r'$ ist, so würde ein solcher Apparat eben so schnell schwingen wie das Pendel Fig. 87; nach den obigen Entwickelungen aber ist die Länge eines einfachen, gleich schnell schwingenden Pendels

$$\frac{S}{D} = \frac{mr^2 + m'r'^2}{mr + m'r'}.$$

Diese Betrachtung läßt sich auf ein aus 3, 4, 5 . . . unendlich vielen materiellen Punkten zusammengesetztes Pendel ausdehnen, und man kommt so zu dem wichtigen Satze: Man findet in einem zusammengesetzten Pendel die Entfernung des Schwingungspunktes vom Aufhängepunkte, wenn man die Summe der Trägheitsmomente aller materiellen Punkte durch die Summe ihrer statischen Momente dividirt. Diese Entfernung ist also stets durch einen Ausdruck von der Form

Fig. 87.

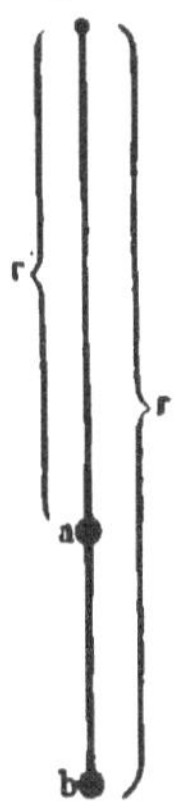

$$l = \frac{mr^2 + m'r'^2 + m''r''^2 + \text{ıc.}}{mr + m'r' + m''r'' + \text{ıc.}} = \frac{K}{C}$$

gegeben, wenn K die Summe der Trägheitsmomente und C die Summe der statischen Momente aller materiellen Punkte des Pendels bezeichnet. Was die Ausführung dieser Rechnung betrifft, so ist sie für einen wirklichen Körper ohne Integralrechnung nicht wohl mit voller Genauigkeit möglich, weil es sich um die Summation unendlich vieler kleiner Theilchen handelt.

Mit Hülfe dieser Betrachtung können wir nachweisen, daß der Schwingungspunkt einer Kugel, welche an einem langen Faden aufgehängt ist, nicht weit von ihrem Mittelpunkte liegen kann. Wäre die eine Hälfte der Kugelmasse in ihrem obersten, die andere Hälfte in ihrem untersten Punkte vereinigt, so könnten wir leicht die Lage des Schwingungspunktes berechnen. Es sei z. B. der Durchmesser der Kugel 1 Centimeter, ihr oberster Punkt 100, ihr unterster also 101 Centimeter vom Aufhängepunkte entfernt, so wäre die Entfernung des Schwingungspunktes vom Aufhängepunkte

$$x = \frac{100^2 + 101^2}{100 + 101} = 100,50248 \text{ Centimeter.}$$

72 Erſtes Buch. Siebentes Capitel.

Die Entfernung des Kugelmittelpunktes vom Aufhängepunkte iſt aber 100,5, der berechnete Schwingungspunkt liegt alſo nur um 0,00248 Centimeter tiefer als der Mittelpunkt.

Wir haben aber dieſe Berechnung auf die Annahme geſtützt, daß die eine Hälfte der Kugelmaſſe in dem oberſten, die andere Hälfte in dem tiefſten Punkte vereinigt wäre. Der wirkliche Schwingungspunkt liegt aber offenbar noch nicht ſo tief, als der nach dieſer Annahme berechnete: er liegt alſo bei Weitem noch nicht 0,0248 Millimeter unter dem Mittelpunkte der Kugel.

Aufgaben. 1. Wie groß iſt die Länge eines einfachen Pendels, welches eben ſo ſchnell ſchwingt wie der Eiſenſtab der Aufgabe Nr. 1 Seite 69, wenn derſelbe um eine an ſeinem oberen Ende angebrachte Schneide oſcillirt?

2. Wie lang müßte man einen ſolchen Stab machen, wenn er Secunden ſchwingen ſollte?

3. Eine Stange von Nußbaumholz (ſpecif. Gewicht 0,66), deren Querſchnitt ein Quadrat von 1,5 Centimeter Seite bildet, iſt 1 Meter lang und trägt wie der Stab Fig. 88 in der Mitte ihrer Länge eine Schneide, welche als Oſcillationsmittelpunkt dient. Wie groß iſt die Schwingungsdauer dieſes Stabes, wenn nahe am unteren Ende deſſelben, 48 Centimeter von der Schneide, eine 50 Gramm ſchwere Bleilinſe befeſtigt iſt?

4. Wie groß wird die Schwingungsdauer dieſes Pendels werden, wenn man, ohne ſonſt etwas zu ändern, das obere Ende der Stange ſo weit wegſchneidet, daß die Entfernung von der Schneide bis zum oberen Ende des Stabes nur noch 15 Centimeter beträgt?

5. Wie groß wird die Schwingungsdauer der unter Nr. 4 betrachteten Stange ſein, wenn man die am unteren Ende hängende Linſe ganz entfernt?

§. 35. **Experimentelle Bestimmung des Trägheitsmomentes oscillirender Körper.** Wir haben geſehen, daß die Schwingungsdauer eines einfachen Pendels

$$t = \pi \sqrt{\frac{l}{y}}$$

iſt; wenn man aber mit einem materiellen Pendel zu thun hat, ſo iſt für l die Länge des einfachen Pendels zu ſetzen, welches mit dem gegebenen gleiche Schwingungsdauer hat, d. h. der Abſtand des Schwingungspunktes vom Aufhängepunkte. Dieſer Abſtand iſt aber nach dem vorigen Paragraphen $\frac{K}{C}$, wenn man mit K das Trägheitsmoment des Pendels, mit C die Summe der ſtatiſchen Momente aller auf das Pendel wirkenden beſchleunigenden Kräfte bezeichnet. Wir haben alſo für ein materielles Pendel

$$t = \pi \sqrt{\frac{K}{Cy}} \quad \ldots \ldots \ldots (1)$$

Wird an den oſcillirenden Körper eine Maſſe von bekanntem Trägheitsmoment Q ſo angebracht, daß die beſchleunigende Kraft, welche das Pendel

Bewegung fester Körper unter dem Einfluß beschleunigender Kräfte. 73

oscilliren macht, ungeändert bleibt, so muß nun der Körper langsamer oscilliren. Bezeichnen wir jetzt seine Schwingungszeit mit t', so ist

$$t' = \pi \sqrt{\frac{K+Q}{Cg}} \qquad \ldots \ldots (2)$$

Aus den Gleichungen (1) und (2) läßt sich aber K leicht durch Elimination berechnen.

Wir wollen dies durch einige Beispiele erläutern.

Ein Pendel von der Fig. 88 dargestellten Einrichtung, dessen Gesammt-
Fig. 88. länge 11 Decimeter betrug und welches unten eine Linse b trug, machte ohne die Linsen c und d 68 Schwingungen in der Minute; zu einer Schwingung wären also 0,882 Secunden erforderlich: wir haben demnach

$$0,882 = \pi \sqrt{\frac{K}{Cg}}.$$

Nachdem sowohl 20 Centimeter über als auch 20 Centimeter unter der Schneide eine Linse von 220 Gramm angebracht worden war, während die Linse b unverändert an ihrer Stelle blieb, so machte nun das Pendel 48 Schwingungen in der Minute, es ist also $t' = 1,25''$. Das Trägheitsmoment der beiden Linsen c und d zusammengenommen ist $400 \cdot 220 \cdot 2 = 176000$, mithin ist

$$1,25 = \pi \sqrt{\frac{K + 176000}{Cg}},$$

aus der Combination dieser Gleichung mit der vorhergehenden ergiebt sich aber

$$K = 174500,$$

und dies ist das Trägheitsmoment der fraglichen Pendelstange sammt der Linse b, aber ohne die Linsen c und d.

Ein in einer messingenen Hülse liegender an einem Faden aufgehängter 27 Centimeter langer Magnetstab brauchte 10 Secunden zu einer Schwingung. Um sein Trägheitsmoment zu ermitteln, wurde ein 130 Gramm schwerer Messingring von 6,6

Fig. 89.

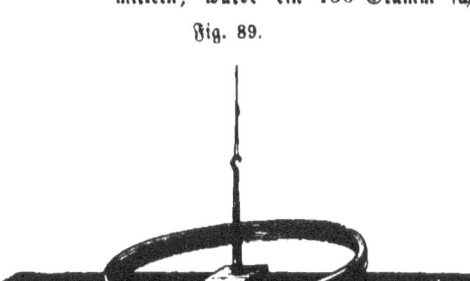

Centimeter Radius in der Weise aufgelegt, wie Fig. 89 zeigt, und nun betrug die Schwingungsdauer 13 Secunden. Das Trägheitsmoment des Ringes ist hier offenbar

$$130 \cdot 6{,}6^2 = 5663,$$

wir haben also

$$10 = \pi \sqrt{\frac{K}{Cg}}.$$

$$13 = \pi \sqrt{\frac{K+5663}{Cg}},$$

und aus diesen beiden Gleichungen ergiebt sich für das gesuchte Trägheitsmoment des Magnetstabes $K = 8207$.

Aufgaben. 1. Ein hölzerner Stab, wie der in Fig. 88 abgebildete, in der Mitte mit einer Schneide a, am unteren Ende mit einer Linse b versehen, macht 78 Schwingungen in der Minute; nachdem jedoch 20 Centimeter über und 20 Centimeter unter der Schneide noch Linsen von 500 Gramm angeschraubt worden waren, machte das Pendel nur noch 57 Schwingungen. Wie groß ist das Trägheitsmoment der Pendelstange sammt der Linse b?

2. Eine 150 Centimeter lange Stange von Holz ist nahe an ihrem oberen Ende mit einer Schneide versehen und trägt ungefähr 90 Centimeter von der Schneide eine Bleilinse. In diesem Zustande macht das Pendel 68 Schwingungen in der Minute. Nachdem nun 130 Centimeter von der Schneide noch eine 300 Gramm schwere Linse angeschraubt worden war, macht das Pendel nur noch 59 Schwingungen in der Minute. Wie groß war das Trägheitsmoment des Pendels vor dem Anschrauben der unteren Linse?

3. Ein Magnetstab von 29,5 Centimeter Länge und 2 Centimeter Breite wurde in ein durch Seidenfäden getragenes Schiffchen von Papier gelegt und machte auf diese Weise 16 Schwingungen in 8 Minuten. Nachdem nun aber 10 Centimeter von der Mitte des Stabes entfernt auf jeder Seite ein Gewicht von 50 Gramm aufgelegt worden war, machte der Stab nur noch 23 Schwingungen in 5 Minuten. Wie groß ist das Trägheitsmoment des um seinen Schwerpunkt oscillirenden Stabes? Was wiegt derselbe und wie dick ist er?

§. 36. **Vom Stoss.** Wenn ein in Bewegung begriffener Körper auf seiner Bahn mit irgend einem anderen zusammentrifft, so entsteht ein Stoß, in Folge dessen jeder den Bewegungszustand des anderen mehr oder weniger modificirt. Der nächste in sehr kurzer Zeit vollendete Erfolg des Stoßes ist eine Formveränderung der zusammentreffenden Körper, welche vorübergehend ist bei elastischen, bleibend bei nicht elastischen Substanzen.

In Beziehung auf die Lage des Punktes, in welchem ein Körper zuerst durch einen anderen ihn treffenden gestoßen wird, unterscheidet man centrale und excentrische (nicht centrale) Stöße. Denkt man sich auf der Oberfläche des Körpers in dem Punkte, auf welchen der Stoß erfolgt, eine Normale gezogen, so ist der Stoß central, wenn diese Normale durch den Schwerpunkt des Körpers geht, der Stoß ist excentrisch, wenn dies nicht der Fall ist.

Wie also auch eine homogene Kugel mit anderen Körpern zusammentreffen mag, so erleidet sie stets einen centralen Stoß, weil alle Normalen der Kugeloberfläche durch den Mittelpunkt derselben gehen; wird jedoch ein homogener Körper M von der Gestalt Fig. 90 im Punkte s von irgend einem anderen getroffen, so ist der Stoß in Beziehung auf diesen Körper M nicht cen-

Bewegung fester Körper unter dem Einfluß beschleunigender Kräfte. 75

tral, weil die Normale ab nicht durch den Schwerpunkt C des Körpers M geht.

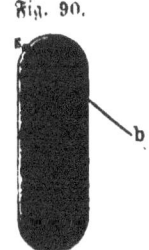

Fig. 90.

In Beziehung auf die Bewegungsrichtung unterscheidet man den geraden und den schiefen Stoß. Beim geraden Stoß fällt die Bewegungsrichtung mit der Normalen des Berührungspunktes zusammen, beim schiefen Stoß ist dies nicht der Fall.

Der Stoß zweier Kugeln wird also ein gerader sein, wenn sich beide in der Verbindungslinie der Mittelpunkte bewegen.

Wir können uns hier nur mit dem geraden centralen Stoß beschäftigen.

Vom Stoss unelastischer Körper. Wenn zwei unelastische Körper §. 37. A und B (Fig. 91) mit verschiedenen Geschwindigkeiten behaftet zusammenstoßen, so findet zunächst eine gegenseitige Zusammendrückung, eine Formver-

Fig. 91.

änderung statt, welche beendigt ist, wenn die Geschwindigkeit beider Körper die gleiche geworden ist. Es ist nun die Aufgabe, diese gemeinschaftliche Endgeschwindigkeit zu finden.

Es seien M und M_1 die Massen der beiden Körper, c und c_1 ihre Geschwindigkeiten, welche positiv bezeichnet werden sollen, wenn sie von der Linken zur Rechten gerichtet sind. Die Bewegungsgrößen der beiden Körper sind Mc und $M_1 c_1$; was der eine nach dem Stoß an Bewegungsquantität eingebüßt hat, um so viel hat die Bewegungsquantität des anderen zugenommen, und danach läßt sich die gemeinschaftliche Geschwindigkeit v nach dem Stoße berechnen. Nehmen wir an, daß bei gleichgerichteter Geschwindigkeit beider Körper die Geschwindigkeit c des Körpers A größer sei als die Geschwindigkeit c_1 des Körpers B, so ist der Verlust an Bewegungsquantität, welchen A durch den Stoß erleidet, $M(c-v)$, die Zunahme der Bewegungsquantität von B ist dagegen $M_1(v-c_1)$, wir haben also

$$M(c-v) = M_1(v-c_1),$$

und daraus

$$v = \frac{Mc + M_1 c_1}{M + M_1} \quad \ldots \ldots \quad (1)$$

Wenn sich B in entgegengesetzter Richtung von A bewegt, so ist c_1 negativ, und man erhält

$$v = \frac{Mc - M_1 c_1}{M + M_1}.$$

Aufgaben. 1. Für B sei $M_1 = 10$ Pfund und $c_1 = 3$ Fuß, für A aber $M = 3$ Pfund und $c = 10$ Fuß, wie groß ist die gemeinschaftliche Geschwindigkeit nach dem Stoße?

Antwort: $$\frac{10 \cdot 3 + 3 \cdot 10}{10 + 3} = \frac{60}{13} = 4{,}6 \text{ Fuß}.$$

2. Für B sei $M_1 = 10$ Pfund, $c_1 = 3$ Fuß
    A „ $M = 2$ „ $c = 5$ „
3. Für B „ $M_1 = 7$ „ $c_1 = 10$ „
    A „ $M = 5$ „ $c = 20$ „
4. Für B „ $M_1 = 7$ „ $c_1 = -10$ „
    A „ $M = 5$ „ $c = 8$ „
5. Für B „ $M_1 = 7$ „ $c_1 = -10$ „
    A „ $M = 10$ „ $c = 7$ „
6. Für B „ $M_1 = 7$ „ $c_1 = 0$ „
    A „ $M = 10$ „ $c = 7$ „

} Wie groß ist die gemeinschaftliche Geschwindigkeit nach dem Stoße?

Wenn der Körper B in Ruhe, also $c_1 = 0$, zugleich aber seine Masse M_1 gegen M als unendlich groß betrachtet werden kann, so wird $v = 0$.

Von diesen Gesetzen des Stoßes unelastischer Körper ist zum Theil schon oben in §. 31 Gebrauch gemacht worden.

Jeder Stoß unelastischer Körper ist mit einem Verlust an lebendiger Kraft verbunden. In dem Beispiele Nr. 1 z. B. ist die lebendige Kraft des Körpers A vor dem Stoße $3 \cdot \frac{100}{2 \cdot 30} = 5$, die lebendige Kraft von B ist vor dem Stoße $10 \frac{9}{2 \cdot 30} = 1{,}5$, also die Summe der lebendigen Kräfte vor dem Stoße ist 6,5. — Nach dem Stoße ist die lebendige Kraft beider Körper zusammen
$$(10 + 3) \frac{4{,}6^2}{2 \cdot 30} = 13 \frac{21{,}16}{60} = 4{,}58$$
also der Verlust an lebendiger Kraft
$$6{,}5 - 4{,}58 = 1{,}92 \text{ Fußpfund}.$$

Wie groß ist für jedes der obigen Uebungsbeispiele die Summe der lebendigen Kräfte vor dem Stoß, wie groß ist sie nach demselben?

Betrachten wir die Sache allgemeiner. Die lebendige Kraft des Körpers A ist vor dem Stoß
$$M \frac{c^2}{2g},$$
die des Körpers B ist
$$M_1 \frac{c_1^2}{2g},$$
also die Summe der lebendigen Kräfte vor dem Stoß
$$M \frac{c^2}{2g} + M_1 \frac{c_1^2}{2g} \quad \ldots \ldots \ldots (2)$$

Bewegung fester Körper unter dem Einfluß beschleunigender Kräfte. 77

wo für g der Zahlenwerth 30 zu setzen ist, wenn die Geschwindigkeit in Pariser Fußen, 9,8, wenn sie in Metern ausgedrückt ist.

Nach dem Stoß ist die lebendige Kraft

$$(M + M_1) \frac{v^2}{2g} \qquad \qquad (3)$$

Zieht man den Werth (3) von (2) ab, so erhält man als Verlust an lebendiger Kraft durch den Stoß

$$\alpha = M \frac{c^2 - v^2}{2g} + M_1 \frac{c_1^2 - v^2}{2g}.$$

Dieser Werth läßt sich in folgender Weise umformen

$$\alpha = \frac{M}{2g}(c+v)(c-v) + \frac{M_1}{2g}(c_1+v)(c_1-v)$$

$$\alpha = \frac{M}{2g}(c+v)(c-v) - \frac{M_1}{2g}(v+c_1)(v-c_1) \quad . \quad . \quad (4)$$

Setzen wir in die Differenz $c - v$ für v seinen obigen Werth bei (1), so kommt

$$c - v = \frac{M_1(c - c_1)}{M + M_1}$$

und

$$M(c - v) = \frac{M M_1(c - c_1)}{M + M_1},$$

da aber $M(c - v) = M_1(v - c_1)$, so ist auch

$$M_1(v - c_1) = \frac{M M_1(c - c_1)}{M + M_1},$$

setzt man diese Werthe für $M(c - v)$ und $M_1(v - c_1)$ in Gleichung (4), so kommt

$$\alpha = \frac{M M_1(c - c_1)}{M + M_1} \cdot \frac{(c + v - v - c_1)}{2g}$$

$$\alpha = \frac{M M_1}{M + M_1} \cdot \frac{(c - c_1)^2}{2g} \qquad \qquad (5)$$

Die Größe $\frac{M M_1}{M + M_1}$ bezeichnet man als das harmonische Mittel der Massen M und M_1.

Nach Gleichung (4) ist aber $\frac{(c - c_1)^2}{2g}$ der Fallraum, welcher der Geschwindigkeitsdifferenz $(c - c_1)$ entspricht, d. h. die Höhe, welche ein Körper durchfallen muß, wenn er die Geschwindigkeit $c - c_1$ erlangen soll.

Nach diesen Bemerkungen läßt sich die Gleichung (5) in Worten so ausdrücken:

Wenn zwei unelastische Massen M und M_1, welche mit den Geschwindigkeiten c und c_1 behaftet sind, zusammenstoßen, so ist der auf die Formveränderung beider verwendete Verlust an lebendiger

78   Erstes Buch. Siebentes Capitel.

Kraft das Product, welches man erhält, wenn man das harmonische Mittel der beiden Massen multiplicirt mit der Fallhöhe, welche der Differenz der Geschwindigkeiten entspricht, mit welcher die beiden Massen vor dem Stoß behaftet waren.

Wenn z. B. auf einer Eisenbahn zwei Züge von 120000 Pfund und 160000 Pfund in entgegengesetzter Richtung mit den Geschwindigkeiten $c = 20$ Fuß und $c_1 = -15$ Fuß sich bewegend zusammenstoßen, so entsteht ein auf die Zerstörung der Locomotiven und Wagen verwendeter Arbeitsverlust, welcher bei vollständigem Mangel an Elasticität aller zum Stoß gelangenden Theile sein würde

$$\frac{(20+15)^2}{2g} \cdot \frac{120000 \cdot 160000}{280000} = \frac{35^2}{60} \cdot \frac{1920000}{28} = 1344000 \text{ Fußpfd.}$$

Aus den obigen Betrachtungen und Berechnungen geht hervor, wie nachtheilig Stöße in einer Maschine wirken müssen, welche nicht geradezu zur Ausübung von Stößen bestimmt ist, sondern in welcher dieselben nur in Folge mangelhafter Construction auftreten. Solche Stöße verzehren nicht allein ganz unnöthiger Weise einen großen Theil lebendiger Kraft, sondern sie führen auch die Maschine selbst einem raschen Ruine entgegen.

§. 38.   **Das ballistische Pendel.** Eine interessante Anwendung der Gesetze des Stoßes bietet das ballistische Pendel, welches Fig. 92 dargestellt ist.

Ein mit Eisen beschlagener Holzblock von bedeutendem Gewichte hängt von mehreren Stangen getragen an einer Axe C. Eine Spitze E durchläuft, wenn die ganze Vorrichtung um die Axe C gedreht wird, die kreisförmige Rinne und zeichnet ihre Spur in weiches Wachs. Aus der Länge dieser Spur beurtheilt man die Größe der Ausweichung des Pendels. Das Pendel ist 3 bis 4 Meter lang und sein Totalgewicht beträgt ungefähr 4000 Kilogramm.

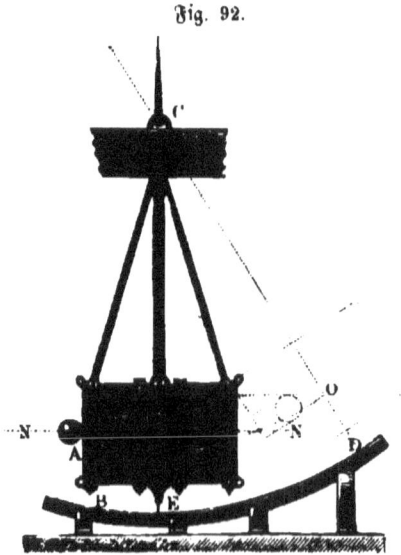

Fig. 92.

Wenn nun gegen diese bedeutende Masse aus einer nahe stehenden Kanone eine Kugel abgeschossen wird, so wird durch deren Stoß das ballistische Pendel in Bewegung gesetzt, und aus der Größe des Ausschlags kann man dann die Geschwindigkeit berechnen, mit welcher das Pendel seine Gleichgewichtslage verließ, woraus sich denn auch ferner

Bewegung fester Körper unter dem Einfluß beschleunigender Kräfte. 79

die Geschwindigkeit ergiebt, mit welcher die Kugel gegen den Holzklotz anschlug.

Um die Rechnung nicht zu complicirt zu machen, wollen wir annehmen, die ganze Masse des Pendels sei in seinem Schwerpunkt vereinigt, gegen welchen dann die Kanonenkugel gerichtet ist.

Bezeichnen wir die Länge des Pendels, d. h. die Entfernung von der Schneide bis zum Schwerpunkte, mit l, den Ausschlagwinkel, bis zu welchem es sich in Folge des von der Kanonenkugel erhaltenen Stoßes erhebt, mit α, so haben wir für den verticalen Höhenunterschied s zwischen der Gleichgewichtslage des Schwerpunktes und der größten Höhe, welche er erreicht,

$$s = l \cdot \sin \text{vers } \alpha \quad \ldots \ldots \ldots \quad (1)$$

Die Geschwindigkeit v aber, welche der Fallhöhe s entspricht, ist

$$v = \sqrt{2gs} \quad \ldots \ldots \ldots \quad (2)$$

wo für g der Werth der beschleunigenden Kraft der Schwere in demjenigen Maße ausgedrückt zu setzen ist, nach welchem die Geschwindigkeit v gemessen werden soll. Die nach Gleichung (2) berechnete Geschwindigkeit v ist aber diejenige, welche dem ballistischen Pendel durch den Stoß der Kanonenkugel ertheilt werden muß, damit es um den Winkel α aus seiner Gleichgewichtslage abgelenkt wird. Für diese Geschwindigkeit v haben wir aber auch nach dem vorigen Paragraphen

$$v = \frac{Mc}{M + M_1} \quad \ldots \ldots \ldots \quad (3)$$

wenn mit M die Masse und mit c die Geschwindigkeit der Kanonenkugel, mit M_1 aber die Masse des ballistischen Pendels bezeichnet wird, dessen Anfangsgeschwindigkeit c_1 gleich Null war.

Setzen wir in Gleichung (3) für v seinen Werth bei (2), so kommt

$$\frac{Mc}{M + M_1} = \sqrt{2gs},$$

oder wenn man für s seinen Werth bei (1) setzt

$$\frac{Mc}{M + M_1} = \sqrt{2g \cdot l \cdot \sin \text{vers } \alpha},$$

also endlich

$$c = \frac{M + M_1}{M} \sqrt{2g \cdot l \cdot \sin \text{vers } \alpha} \quad \ldots \ldots \quad (4)$$

Aufgaben. 1. Eine 12pfündige Kanonenkugel (also $M = 6$ Kilogramm) macht, gegen den Holzklotz anschlagend, das ballistische Pendel bis zu 5^0 (also $\alpha = 5^0$) steigen. Die Masse des Pendels M_1 sei 4000 Kilogramm, seine Länge l aber $= 4$ Meter. In Metern ausgedrückt ist $g = 9,8$. — Wie groß ist die Geschwindigkeit c, mit welcher die Kugel an den Klotz anschlug?

2. Eine 3 Kilogramm schwere Kanonenkugel trieb das in der ersten Aufgabe betrachtete ballistische Pendel um 3^0 aus seiner Gleichgewichtslage, wie groß war die Geschwindigkeit der Kugel vor dem Stoß?

80 Erstes Buch. Siebentes Capitel.

3. Um wie viel Grade würde das eben betrachtete ballistische Pendel aus seiner Gleichgewichtslage getrieben werden, wenn die Geschwindigkeit, mit welcher die 3 Kilogramm schwere Kugel gegen den Klotz anschlägt, nur 200 Meter betragen hätte?

§. 39.   **Stoss elastischer Körper.** Wenn zwei Körper im geraden centralen Stoß zusammentreffen, so ist der erste Effect eine gegenseitige Zusammendrückung, welche so lange fortdauert, bis die Geschwindigkeit der beiden Massen die gleiche geworden ist. Ist bis zu diesem Momente die Verschiebung der Theilchen beider Körper über ihre Elasticitätsgränze hinausgegangen, so daß ihre Formveränderung (wenn nicht Zertrümmerung erfolgt) eine bleibende ist, so erfolgt die fernere Bewegung nach den im vorigen Paragraphen besprochenen Gesetzen. Ist jedoch durch Zusammendrückung der beiden zusammenstoßenden Körper in dem Augenblicke, in welchem ihre Geschwindigkeit die gleiche geworden ist, ihre Elasticitätsgränze noch nicht überschritten, so streben nun beide Körper, ihre ursprüngliche Gestalt wieder anzunehmen, wodurch sie, in dem Berührungspunkt gegen einander drückend, gleichsam einen abermaligen Stoß erleiden. Jede Kugel erhält durch die Wiederherstellung der Form gleichsam den Stoß zurück, welchen sie während der Zusammendrückung auf die andere ausgeübt hat.

Zur Construction der Formel wollen wir wieder wie im vorletzten Paragraphen von dem Fall ausgehen, daß sich beide Körper nach derselben Seite hin (nach der rechten) bewegen. Die links sich befindende Kugel A, deren Masse M ist, habe die größere Geschwindigkeit c; wenn sie gegen die andere Kugel B, deren Masse M_1 und deren Geschwindigkeit c_1 ist, anstößt, so verliert sie beim Anstoß während der Zusammendrückung bis zu dem Moment, in welchem beide Kugeln gleiche Geschwindigkeit haben, die Bewegungsquantität $M(c-v)$, wo v dieselbe Bedeutung hat wie in §. 37. Die Bewegungsquantität der Kugel B hat dabei aber um $M(c-v)$ zugenommen. Während nun beide Kugeln ihre ursprüngliche Gestalt wieder annehmen, erleidet jede Kugel einen Rückstoß, welcher dem Stoß gleich ist, den sie der anderen ertheilt hat; die Kugel A wird also abermals einen Verlust an Bewegungsquantität erleiden, welcher gleich ist $M(c-v)$; der Gesammtverlust an Bewegungsquantität, welchen die Kugel A nach Beendigung des elastischen Stoßes erlitten hat, ist also

$$2M(c-v).$$

In gleicher Weise ergiebt sich für den Gewinn an Bewegungsquantität, welchen die Kugel B bis zu dem Moment erfahren hat, wo beide Kugeln ihre ursprüngliche Gestalt wieder angenommen haben und aus einander zu fahren beginnen, $2M_1(v-c_1)$.

Die Geschwindigkeit von A wird also nach Beendigung des elastischen Stoßes sein

$$V = c - 2(c-v) = 2v - c \quad \ldots \ldots \quad (1)$$

Die Geschwindigkeit von B wird aber geworden sein

$$V_1 = c_1 + 2(v-c_1) = 2v - c_1 \quad \ldots \ldots \quad (2)$$

Bewegung fester Körper unter dem Einfluß beschleunigender Kräfte. 81

Setzen wir in diese Werthe von V und V' für v seinen Werth bei (1) auf Seite 75, so kommt

$$V' = \frac{(M - M_1) c + 2 M_1 c_1}{M + M_1} \quad \ldots \ldots \quad (3)$$

und

$$V_1 = \frac{(M_1 - M) c_1 + 2 M c}{M + M_1} \quad \ldots \ldots \quad (4)$$

Für den in der ersten Aufgabe des §. 37 betrachteten Fall erhält man, wenn beide Kugeln vollkommen elastisch sind,

$$V = \frac{(3 - 10) \, 10 + 2 \cdot 10 \cdot 3}{10 + 3} = \frac{-70 + 60}{13} = -\frac{10}{13}$$

$$V_1 = \frac{(10 - 3) \, 3 + 2 \cdot 3 \cdot 10}{10 + 3} = \frac{21 + 60}{13} = \frac{81}{13}.$$

Da der Werth von V das Vorzeichen $-$ hat, so bewegt sich A nach Beendigung des elastischen Stoßes in einer Richtung, welche derjenigen entgegengesetzt ist, welche er vor dem Stoß hatte.

Aufgaben. Wie groß ist die Geschwindigkeit der Kugeln A und B für die Aufgaben 2 bis 6 des §. 37 nach dem Stoß, wenn man annimmt, daß beide Kugeln vollkommen elastisch sind?

Betrachten wir noch einige specielle Fälle.

Wenn die Massen beider Kugeln gleich sind, so kommt

$$V = c_1$$

und

$$V_1 = c,$$

die beiden Kugeln vertauschen also ihre Geschwindigkeit beim elastischen Stoß.

Wenn z. B. eine elastische Kugel A, mit 6 Meter Geschwindigkeit sich bewegend, gegen eine andere ihr gleiche elastische Kugel B, welche sich nur mit 2 Meter Geschwindigkeit bewegt, anstieß, so wird nach dem Stoß A die Geschwindigkeit von 2 Metern, B aber die von 6 Metern haben.

Diese Vertauschung der Geschwindigkeiten findet auch noch statt, wenn die beiden Kugeln bei gleicher Masse mit entgegengesetzten Geschwindigkeiten behaftet sind.

Es sei z. B. bei gleicher Masse der Kugeln für A $c = 10$, für B $c_1 = -5$, so wird nach dem Stoß A die Geschwindigkeit $V = -5$, B aber die Geschwindigkeit $V_1 = 10$ haben.

Wenn M_1 unendlich und $c_1 = 0$, wenn also die elastische Kugel A gegen ein festes Hinderniß anstößt, so geht der obige Werth (4) von V_1 über in

$$V_1 = 0,$$

dagegen wird, da man M in Vergleich zu M_1 gleich Null setzen kann, der Werth (1) für V

$$V = \frac{- M_1 c}{M_1} = - c,$$

d. h. die elastische Kugel prallt mit derselben Geschwindigkeit zurück, mit welcher sie gegen das feste Hinderniß angestoßen war.

§. 40. **Bewegungsquantität und lebendige Kraft nach dem Stoss.**

Die Bewegungsquantität der beiden Kugeln vor dem Stoß ist

$$Mc + M_1 c_1 \quad\quad\quad\quad\quad (a)$$

Nach dem elastischen Stoß ist sie

$$MV + M_1 V_1 \quad\quad\quad\quad\quad (b)$$

Setzen wir für V und V_1 ihre Werthe (1) und (2) des §. 39, so kommt

$$MV + M_1 V_1 = M(2v - c) + M_1(2v - c_1)$$
$$= 2(M + M_1)v - (Mc + M_1 c_1).$$

Nun aber ist nach §. 37, Gleichung (1)

$$(M + M_1)v = Mc + M_1 c_1.$$

Setzt man nun für $(M + M_1)v$ diesen Werth in obige Gleichung, so kommt

$$MV + M_1 V_1 = 2(Mc + M_1 c_1) - (Mc + M_1 c_1)$$
$$MV + M_1 V_1 = Mc + M_1 c_1 \quad\quad\quad\quad\quad (c)$$

Die Bewegungsquantität ist nach dem elastischen Stoß eben so groß wie vor demselben.

Gehen wir nun zur Bestimmung der lebendigen Kräfte nach dem elastischen Stoß über.

Zieht man Gleichung (2) des vorigen Paragraphen ab von Gleichung (1), so kommt

$$V - V_1 = c_1 - c,$$

und daraus

$$V + c = V_1 + c_1 \quad\quad\quad\quad\quad (d)$$

Aus der obigen Gleichung (c) ergiebt sich aber

$$M(V - c) = M_1(c_1 - V_1) \quad\quad\quad\quad\quad (e)$$

Durch Multiplication der Gleichungen (e) und (d) erhält man aber

$$M(V^2 - c^2) = M_1(c_1^2 - V_1^2),$$

und daraus endlich

$$MV^2 + M_1 V_1^2 = Mc^2 + M_1 c_1^2,$$

d. h. die Summe der lebendigen Kräfte nach dem elastischen Stoß ist eben so groß wie vor demselben, beim elastischen Stoß findet also kein Verlust an lebendiger Kraft statt.

Aus den obigen Uebungsbeispielen läßt sich leicht die Bestätigung dieses Satzes in einzelnen Fällen nachweisen.

Achtes Capitel.

Bewegungsgesetze der Flüssigkeiten.

Ausflussgeschwindigkeit. Nach §. 85 des Grundrisses ist die Geschwindigkeit v, mit welcher eine Flüssigkeit aus einer in der Seitenwand oder in dem Boden eines Gefäßes angebrachten Oeffnung hervorspringt, §. 41. (Zu §. 85 d. Gr.)

$$v = \sqrt{2gS},$$

wenn g die beschleunigende Kraft der Schwere und S die Druckhöhe, d. h. die Höhe des Flüssigkeitsspiegels über der Oeffnung bezeichnet. Diese Formel wird für Metermaß

$$v = 4{,}429 \sqrt{S} \quad \text{oder} \quad S = 0{,}051 \, v^2,$$

und für preußische Fuß

$$v = 7{,}906 \sqrt{S} \quad \text{oder} \quad S = 0{,}016 \, v^2.$$

Aufgaben. 1. Wie groß ist die Ausflußgeschwindigkeit, wenn die Druckhöhe der Reihe nach gleich ist 0,1 Meter, 0,5 Meter, 1,6 Meter u. s. w., oder wenn sie ist 2 Fuß, 7 Fuß, 36 Fuß preuß. Maß?

2. Wie groß muß die Druckhöhe S sein, um eine Ausflußgeschwindigkeit $v = 0{,}3$ Meter, $v = 1{,}2$ Meter, $v = 7{,}6$ Meter, oder um eine Ausflußgeschwindigkeit $v = 3$ Fuß, $v = 8$ Fuß, $v = 17$ Fuß zu erhalten?

Ausflussmenge. Nach §. 87 des Grundrisses ist das Quantum Wasser, welches durch eine in einer dünnen Wand gemachten Oeffnung vom Querschnitt F in einer Secunde ausfließt §. 42. (Zu §. 87 d. Gr.)

$$Q = {}^2/_3 \, F \sqrt{2gS},$$

oder genauer

$$Q = 0{,}64 \cdot F \sqrt{2gS}.$$

Für Metermaß geht diese Formel über in

$$Q = 2{,}835 \, F \sqrt{S}.$$

Für eine kreisförmige Oeffnung vom Durchmesser d ist $F = \dfrac{\pi d^2}{4}$.
Setzt man für π seinen Werth 3,14, so kommt

$$Q = 2{,}225\, d^2 \sqrt{S}.$$

Da in dieser Formel d und S in Metern ausgedrückt sind, so erhält man Q in Kubikmetern; man hat das erhaltene Resultat mit 1000 zu multipliciren, um die Ausflußmenge in Kubikdecimetern (Litern) ausgedrückt zu erhalten.

Es sei $d = 0{,}005$ Meter, $S = 0{,}1$ Meter, so ergiebt sich

$$Q = 2{,}225 \cdot 0{,}000025\, \sqrt{0{,}1} = 0{,}0000176 \text{ Kubikmeter}$$
$$Q = 0{,}0176 \text{ Liter,}$$

in der Minute also

$$60 \cdot 0{,}0176 = 1{,}056 \text{ Liter.}$$

Aufgaben. Wie groß ist die Ausflußmenge Q, wenn
$d = 0{,}02$ und $S = 0{,}3$ Meter
$d = 0{,}02$ „ $S = 1$ „
$d = 0{,}04$ „ $S = 7$ „

Wenn das Wasser nicht durch eine Oeffnung abfließt, welche in die dünne Gefäßwand gemacht ist, sondern durch ein kurzes Rohr von der Gestalt Fig. 93, so findet keine weitere Contraction des ausfließenden Strahles statt, und man hat die Ausflußmenge mit Hinweglassung des Contractionscoefficienten nach der Formel

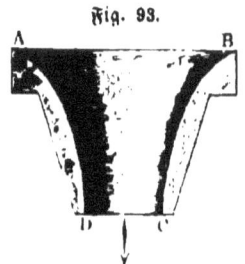

Fig. 93.

$$Q = F \sqrt{2gS} = 4{,}429\, F \sqrt{S}$$
$$Q = 4{,}429 \cdot \frac{3{,}14}{4}\, d^2 \sqrt{S} = 3{,}477\, d^2 \sqrt{S},$$

wo d den Durchmesser DC der Ausflußöffnung bezeichnet.

§. 43. Reibungswiderstand in langen Röhren. In §. 89 des Grundrisses haben wir gesehen, daß ein mehr oder weniger bedeutender Theil der Druckhöhe für die Ausflußgeschwindigkeit verloren geht, wenn das Wasser aus einem Reservoir durch eine lange Röhrenleitung ausfließt. Dieser Verlust rührt von Reibungswiderständen her, welche das Wasser beim Durchströmen der Röhre zu überwinden hat. Wir wollen diesen Widerstand näher betrachten.

Es sei

S die wirkliche Druckhöhe, also die Höhendifferenz zwischen der Mündung der Röhre und dem Wasserspiegel im Behälter,

s der Antheil der Druckhöhe, welcher zur Ueberwindung der Reibungswiderstände in der Röhre verwendet wird,

r der Rest der Druckhöhe, welcher die Beschleunigung für den an der Mündung des Rohres mit der Geschwindigkeit v hervortretenden Wasserstrahl abgiebt, so haben wir zunächst

Bewegungsgesetze der Flüssigkeiten.

$$v = \sqrt{2gs'} \quad \ldots \ldots \ldots \ldots (1)$$

oder
$$s' = \frac{v^2}{2g} \quad \ldots \ldots \ldots \ldots (2)$$

und
$$S = s + s' \quad \ldots \ldots \ldots \ldots (3)$$

Der Reibungswiderstand in der Röhre, also auch die Druckhöhe s, welche ihm das Gleichgewicht hält, ist proportional

1. der Länge l der Röhre,
2. umgekehrt dem Umfange, also auch umgekehrt dem Durchmesser d der Röhre und
3. dem Quadrat der Geschwindigkeit v, mit welcher das Wasser die Röhre durchläuft, es ist also

$$s = a v^2 \frac{l}{d} \quad \ldots \ldots \ldots \ldots (4)$$

wenn a einen constanten Factor bezeichnet. Setzen wir in Gleichung (3) für s' und s ihre Werthe bei (2) und (4), so kommt

$$S = \frac{v^2}{2g} + a v^2 \frac{l}{d},$$

oder, wenn man $a = \frac{b}{2g}$ setzt,

$$S = \frac{v^2}{2g} + \frac{b v^2}{2g} \cdot \frac{l}{d}$$

$$S = \frac{v^2}{2g} \left(1 + b \frac{l}{d}\right) \quad \ldots \ldots \ldots (5)$$

und daraus
$$v = \sqrt{\frac{2gS}{1 + b \frac{l}{d}}} \quad \ldots \ldots (6)$$

oder für Metermaß
$$v = 4{,}429 \sqrt{\frac{S}{1 + b \frac{l}{d}}} \quad \ldots \ldots (7)$$

Der Factor b ist jedoch keineswegs ganz constant; er nimmt ab, wenn die Geschwindigkeit zunimmt. Aus den in dieser Beziehung angestellten Versuchen ergab sich

$$b = 0{,}01439 + \frac{0{,}009471}{\sqrt{v}} \quad \ldots \ldots (8)$$

Danach ergeben sich folgende zusammengehörige Werthe von v und b

v	b
0,1ᵐ	0,0443
0,2	0,0356
0,5	0,0278
1	0,0239
2	0,0211
3	0,0199
4	0,0191
5	0,0186

Die Gleichung (6) gilt jedoch nur für den Fall, daß die Röhrenleitung überall gleich weit und ziemlich gerade sei, daß namentlich kein besonderer Widerstand beim Eintritt aus dem Reservoir in die Röhre zu überwinden ist.

Aufgaben. 1. Gegeben S, l und d, gesucht v. Man berechnet zuerst die Ausflußgeschwindigkeit V, wie sie sein würde, wenn kein Reibungswiderstand zu überwinden wäre, setzt den erhaltenen Werth von V für v in Gleichung (8), den so erhaltenen Werth von b in Gleichung (6) oder (7), so erhält man eine erste Annäherung für b, die wir mit b' bezeichnen wollen. Setzt man diesen Werth von b' für b in Gleichung (6) oder (7), so erhält man einen noch mehr angenäherten Werth von v, den wir mit v' bezeichnen wollen, und welcher dann zur Berechnung eines der Wahrheit noch näher liegenden Werthes von b führt, der dann endlich möglich macht, einen von der Wahrheit nicht merklich abweichenden Werth von v zu berechnen.

Es sei z. B. $S = 4$ Meter, $l = 30$ Meter, $d = 0,04$ Meter. Ohne Reibungswiderstände hätte man die Ausflußgeschwindigkeit
$$V = 4,43 \sqrt{4} = 8,86.$$

Setzt man in Gleichung (8) die Zahl 8,86 an die Stelle von v, so kommt
$$b' = 0,0175.$$

Setzt man diesen Werth von b' an die Stelle von b in Gleichung (7), so erhält man
$$v' = 2,36.$$

Für diesen Werth der Ausflußgeschwindigkeit ergiebt sich
$$b = 0,0205,$$
welcher Werth von b, in Gleichung (7) gesetzt, endlich
$$v = 2,215$$
ergiebt. Diesen Werth von v könnte man zu einer neuen Berechnung von b benutzen und mit Hülfe des neuen Werthes von b den Werth von v nach Gleichung (7) abermals berechnen; man würde aber auf diesem Wege zu einem

Bewegungsgesetze der Flüssigkeiten.

Werthe von v gelangen, welcher von dem obigen nur sehr wenig abweicht, weshalb man bei demselben stehen bleiben kann.

Hat man einmal auf diesem Wege die Ausflußgeschwindigkeit v gefunden, so ist es leicht, den zugehörigen Werth von Q zu berechnen. Wie groß sind v und Q, wenn $S = 3$ Meter, $l = 50$ Meter, $d = 0,06$ Meter?

2. Es ist gegeben die Ausflußmenge Q, der Durchmesser d und die Länge l der Röhre, man soll den entsprechenden Werth der Druckhöhe S berechnen.

Da $Q = Fv = \dfrac{3,14}{4} d^2 \cdot v$, so ist

$$v = \dfrac{4Q}{3,14 \, d^2},$$

hat man nach dieser Gleichung v berechnet, so ergiebt sich b nach Gleichung (8) und alsdann S aus Gleichung (6) oder (7).

Es sei z. B. $Q = 10$ Liter $= 0,01$ Kubikmeter pr. Secunde, $d = 0,05$ Meter und $l = 25$ Meter, wie groß ist S?

3. Gegeben Q, S und l; es soll d berechnet werden.

Zwischen v, Q und d besteht die Relation

$$v = \dfrac{4Q}{\pi d^2} \quad \ldots \ldots \ldots \ldots (9)$$

wo π das Peripherieverhältniß bezeichnet. Nach Gleichung (6) ist aber auch

$$v = \sqrt{\dfrac{2gS}{1 + b\dfrac{l}{d}}}.$$

Setzen wir diese beiden Werthe von v einander gleich, so kommt

$$\left(\dfrac{4}{\pi}\right)^2 \dfrac{Q^2}{d^4} = \dfrac{2gS}{1 + b\dfrac{l}{d}}$$

$$2gS \left(\dfrac{\pi}{4Q}\right)^2 = \dfrac{1 + b\dfrac{l}{d}}{d^4} = \dfrac{d + bl}{d^5}$$

$$2gS \left(\dfrac{\pi}{4Q}\right)^2 d^5 = d + bl$$

$$d = \sqrt[5]{\dfrac{d + bl}{2gS} \left(\dfrac{4Q}{\pi}\right)^2} \quad \ldots \ldots \ldots (10)$$

Auch diese Formel ist nur, wie im ersten Falle, als Näherungsformel zu gebrauchen, weil in ihr nicht allein die Unbekannte d selbst unter dem Wurzelzeichen noch vorkommt, sondern auch der durch v auch von d abhängige Werth von b.

Aufgabe. Wie weit muß man eine 30 Meter lange Röhrenleitung machen, wenn sie bei 2 Meter Druckhöhe in jeder Secunde 12 Liter Wasser geben soll (12 Liter $= 0,012$ Kubikmeter)?

88 Erstes Buch. Achtes Capitel. Bewegungsgesetze der Flüssigkeiten.

Auflösung. Behufs einer ersten Annäherung kann man in Gleichung (10) für b einen Mittelwerth 0,02 setzen und in dem unter dem Wurzelzeichen stehenden Ausdruck d gegen bl vernachlässigen. Der Ausdruck (10) reducirt sich alsdann auf

$$d' = \sqrt[5]{\frac{0{,}02 \cdot 30}{9{,}8 \cdot 2} \cdot \left(\frac{4 \cdot 0{,}012}{3{,}14}\right)^2}$$

$$d' = \sqrt[5]{\frac{0{,}6}{19{,}6} \cdot 0{,}01528^2}$$

$$d' = \sqrt[5]{0{,}03 \cdot 0{,}0002335}$$

$$d' = 0{,}0933.$$

Setzt man diesen Werth von d' an die Stelle von d in die Gleichung (9), so kommt, wenn man auch für Q seinen Werth 0,012 Kubikmeter substituirt,

$$v = \frac{4 \cdot 0{,}012}{3{,}14 \cdot 0{,}0933^2} = \frac{0{,}048}{3{,}14 \cdot 0{,}0087}$$

$$v = 1{,}75 \text{ Meter}.$$

Diesem Werth von v entspricht nach Gleichung (8) der Werth

$$b = 0{,}0216,$$

und endlich finden wir

$$d = \sqrt[5]{\frac{0{,}0933 + 0{,}0216 \cdot 30}{9{,}8 \cdot 2} \cdot 0{,}0002335}$$

$$d = \sqrt[5]{\frac{0{,}7413}{19{,}6} \cdot 0{,}0002335}$$

$$d = 0{,}0971.$$

Wie groß muß d sein, wenn $Q = 3$ Liter, $l = 50$ Meter, $S = 3$ Meter?

Neuntes Capitel.

Bewegung der Gase.

Ausflussgesetze der Gase. Um die Geschwindigkeit v zu berechnen, §. 44. mit welcher Gase aus einem Gasometer durch eine Oeffnung in dünner Wand ausströmen, dient die Formel

$$v = \sqrt{2gS},$$

welche wir schon zur Berechnung der Ausflussgeschwindigkeiten der Flüssigkeiten benutzt haben; hier ist aber S nicht eine unmittelbar gemessene, sondern eine erst zu berechnende Größe.

Die Druckhöhe S ist die Höhe, welche eine Gassäule von der Dichtigkeit des eingeschlossenen Gases haben müßte, um der Expansion des eingeschlossenen Gases das Gleichgewicht halten zu können.

Gewöhnlich ist das Gas in Gasometern durch Wasser abgesperrt und der Druck, welchen es auszuhalten, ist durch eine Wassersäule gemessen. Die Druckhöhe S ist nun die Höhe einer Gassäule von der Dichtigkeit des Gases im Gasometer, welche der absperrenden Wassersäule das Gleichgewicht hält.

Bezeichnen wir mit h die Höhe der absperrenden Wassersäule, mit 1 das specifische Gewicht des Wassers, mit γ' das specifische Gewicht des eingeschlossenen Gases (das specifische Gewicht des Wassers zur Einheit genommen), so haben wir

$$S : h = 1 : \gamma',$$

also

$$S = \frac{h}{\gamma'}.$$

Bezeichnen wir mit b die Höhe einer Wassersäule, welche dem mittleren Atmosphärendruck (einem Barometerstand von 760 Millimeter entsprechend) das Gleichgewicht hält, so ist der Druck, welchem das abgesperrte Gas ausgesetzt ist, $b + h$. Ist nun γ das specifische Gewicht der eingeschlossenen Gasart, wenn sie nur dem mittleren Atmosphärendruck ausgesetzt ist, so haben wir

$$\gamma : \gamma' = b : b + h$$

$$\gamma' = \frac{b + h}{b} \cdot \gamma$$

$$S = \frac{hb}{(b+h)\gamma}$$

$$v = \sqrt{2g\frac{bh}{\gamma(b+h)}} \quad \ldots \ldots \ldots (1)$$

Für atmosphärische Luft ist $\gamma = 0{,}001299$; ferner ist b in Metermaß ausgedrückt gleich 10,4. Setzen wir diese Werthe für b und γ und ferner für g seinen in Metern ausgedrückten Werth, so kommt

$$v = 4{,}429 \sqrt{\frac{10{,}4}{0{,}001299} \cdot \frac{h}{10{,}4 + h}} \quad \ldots \ldots (2)$$

Für kleine Werthe von h kann man im Nenner dieses Ausdruckes h gegen 10,4 vernachlässigen, und erhält so die Näherungsformel

$$v = 4{,}429 \sqrt{\frac{h}{0{,}00129}},$$

oder
$$v = 123 \sqrt{h} \quad \ldots \ldots \ldots \ldots (3)$$

Für ein Gas, welches n mal schwerer ist als atmosphärische Luft, haben wir

$$v = 123 \sqrt{\frac{h}{n}} \quad \ldots \ldots \ldots \ldots (4)$$

Unter sonst gleichen Umständen verhalten sich also die Ausströmungsgeschwindigkeiten verschiedener Gasarten umgekehrt wie die Quadratwurzeln aus ihren specifischen Gewichten.

Aufgaben. 1. Wie groß ist die Ausströmungsgeschwindigkeit für atmosphärische Luft, wenn sie durch eine Wassersäule von 0,2 Metern abgesperrt ist, wenn also $h = 0{,}2$ Meter? (Nach Gleichung 3.)

2. Wie groß ist für den gleichen Werth von h die Ausströmungsgeschwindigkeit der Kohlensäure ($n = 1{,}524$) und des Wasserstoffgases ($n = 0{,}0688$)? (Nach Gleichung 4.)

3. Wie groß ist v, wenn $h = 3$ Meter? (Nach Gleichung 2.)

Beim Ausströmen der Gase findet die Contraction des ausfließenden Gasstrahles in ähnlicher Weise statt, wie beim Ausfluß tropfbarer Flüssigkeiten. Bezeichnen wir also mit F den Querschnitt der Oeffnung, mit μ den Contractionscoefficienten, so ist die Ausflußmenge

Es ist nun $\qquad Q = \mu F v.$

a. für Mündungen in dünner Wand . . . . . $\mu = 0{,}60$
b. für kurze cylindrische Ansätze . . . . $\mu = 0{,}80$
c. für kurze, nach Außen sich verengernde konische Ansatzröhren von 5 bis 15° Seitenconvergenz . . . $\mu = 0{,}90$
d. für gut abgerundete konoidische Mundstücke, ungefähr von der Form Fig. 93 Seite 84 . . . . . . $\mu = 0{,}98$

Bewegung der Gase.

Beim Ausströmen der Gase durch lange Röhren findet ein Reibungswiderstand statt, zu dessen Ueberwindung ein Theil der Druckhöhe verwendet werden muß. Ist v die Geschwindigkeit, mit welcher das Gas sich in der Röhre fortbewegt, so ist die Höhe s' einer Gassäule von derselben Natur und Dichtigkeit, welche dieser Geschwindigkeit entspricht,

$$s' = \frac{v^2}{2g},$$

die Höhe s einer Gassäule aber, welche dem dabei zu überwindenden Leitungswiderstand das Gleichgewicht hält, ist

$$s = b v^2 \frac{l}{d},$$

wenn l die Länge und d den Durchmesser der Röhre bezeichnet. Der mittlere Werth des constanten Factors ist nach den besten Versuchen

$$b = 0{,}024,$$

also

$$s = 0{,}024 \frac{l}{d} \cdot \frac{v^2}{2g}.$$

Es ist aber

$$s' + s = S,$$

wo mit S die Höhe der Gassäule bezeichnet wird, welche einer Wassersäule von der Höhe h das Gleichgewicht hält.

Schaltcapitel.

Elemente der Bewegungslehre mit Anwendung höherer Rechnung.

Differentialgleichungen der Bewegung. Um die fortschreitende §. 45. Bewegung eines materiellen Punktes oder eines Körpers zu verfolgen, welcher unter dem Einfluß irgend einer beschleunigenden Kraft steht, wollen wir annehmen, die beschleunigende Kraft wirke nicht continuirlich, sondern gleichsam stoßweise in unendlich kleinen Intervallen, deren Dauer wir mit dt bezeichnen. Die Geschwindigkeit des Körpers bleibt alsdann während eines solchen Zeittheilchens constant, ändert sich aber von einem Zeitdifferential zum nächsten nach einem Gesetze, welches von der Natur der beschleunigenden Kraft abhängt.

Es sei s der Weg, welchen der Körper in der Zeit t zurückgelegt hat, so ist ds der Weg, welchen er in dem nächsten Zeittheilchen dt zurücklegen wird.

92   Schaltcapitel.

Wenn nun v die Geschwindigkeit ist, welche der Körper am Ende der Zeit t erlangt hat, also die Geschwindigkeit, mit welcher er sich, vom Ende der Zeit t an gezählt, im nächsten dt bewegen wird, so haben wir

$$ds = v\,dt,$$

und daraus

$$v = \frac{ds}{dt} \quad \dots \dots \dots \quad (1)$$

Die Geschwindigkeit eines bewegten Körpers ist der erste Differentialquotient des Weges in Beziehung auf die Zeit.

Die Geschwindigkeit des Körpers, welcher vom Ende der Zeit t an während des nächsten Zeitdifferentials dt den Werth v hatte, wird zu Ende des Zeittheilchens dt einen Zuwachs dv erfahren, also in $v + dv$ übergehen.

Als Maß für die beschleunigende Kraft, welche in einem bestimmten Moment auf einen Körper wirkt, nimmt man die Zunahme φ der Geschwindigkeit, welche er während der nächsten Zeiteinheit (Secunde) erfahren würde, wenn während der ganzen Dauer dieser Zeiteinheit die beschleunigende Kraft unverändert dieselbe bliebe, wie zu Anfang derselben. Wenn aber während der Zeit dt die Geschwindigkeit um dv zunimmt, so ergiebt sich der Werth von φ aus der Proportion

$$dt : dv = 1 : \varphi,$$

woraus

$$\varphi = \frac{dv}{dt} \quad \dots \dots \dots \quad (2)$$

Die beschleunigende Kraft ist also gleich dem ersten Differentialquotienten der Geschwindigkeit in Beziehung auf die Zeit.

Setzen wir in Gleichung (2) für v seinen Werth aus (1), so kommt

$$\varphi = \frac{d^2 s}{dt^2}, \quad \dots \dots \dots \quad (3)$$

d. h. die beschleunigende Kraft ist gleich dem zweiten Differentialquotienten des Weges in Beziehung auf die Zeit.

Durch Combination der Gleichungen (1) und (2) erhält man ferner die Gleichung

$$v\,dv = \varphi\,ds \quad \dots \dots \dots \quad (4)$$

Mit Hülfe dieser Gleichungen kann man nun die Gesetze jeder Art geradliniger Bewegung, d. h. die Beziehungen zwischen t, s und v ermitteln, wenn φ als Function von v oder von s gegeben ist.

Einige Beispiele mögen die Anwendung dieser Formeln erläutern.

§. 46.   **Gleichförmige Bewegung.** Ein materieller Punkt bewege sich in gerader Linie, ohne daß eine beschleunigende Kraft auf ihn wirkt, so ist $\varphi = 0$. Für diesen Fall aber ist nach Gleichung (2)

$$dv = 0,$$

Elemente der Bewegungslehre mit Anwendung höherer Rechnung. 93

woraus sich durch Integration
$$v = a$$
ergiebt, wenn a die Constante der Integration bezeichnet. Ein Körper also, welcher sich bewegt, ohne unter dem Einflusse einer beschleunigenden Kraft zu stehen, hat eine constante Geschwindigkeit.

Gleichförmig beschleunigte Bewegung. Die beschleunigende §. 47. Kraft, welche auf den Körper wirkt, sei eine gleichförmige, d. h. sie habe einen constanten Werth g, so wird Gleichung (3)
$$\frac{d^2 s}{dt^2} = g,$$
oder
$$\frac{d \cdot \frac{ds}{dt}}{dt} = g,$$
also auch
$$d \cdot \frac{ds}{dt} = g\,dt,$$
und daraus durch Integration
$$\frac{ds}{dt} = gt + a \quad \ldots \ldots \ldots \quad (n)$$

Setzt man diesen Werth von $\frac{ds}{dt}$ in Gleichung (1) §. 45, so kommt
$$v = gt + a \quad \ldots \ldots \ldots \quad (o)$$

Aus Gleichung (n) folgt ferner
$$ds = gt\,dt + a\,dt,$$
und daraus durch Integration
$$s = \frac{g}{2} t^2 + at \quad \ldots \ldots \ldots \quad (p)$$

Die Gleichungen (o) und (p) enthalten nun die uns schon bekannten Gesetze der gleichförmig beschleunigten oder verzögerten Bewegung.

Wenn dem unter dem Einfluß der beschleunigenden Kraft sich bewegenden Körper keine Anfangsgeschwindigkeit mitgetheilt worden ist, wenn also $a = 0$, so gehen die Gleichungen (o) und (p) über in
$$v = gt$$
und
$$s = \frac{g}{2} t^2,$$
Gleichungen, welche, wie wir wissen, die Gesetze des freien Falls im luftleeren Raume darstellen.

Ist die Anfangsgeschwindigkeit eines aufrecht geworfenen Körpers gleich a, so haben wir g negativ zu setzen, weil jetzt die Schwere der Anfangsgeschwindigkeit a entgegenwirkend hier als verzögernde Kraft auftritt. Die Gleichungen (o) und (p) werden alsdann

94   Schaltcapitel.

und
$$v = a - gt$$
$$s = at - \frac{g}{2}t^2,$$

Gleichungen, nach welchen man bekanntlich die Geschwindigkeit und die Höhe berechnen kann, welche ein mit der Geschwindigkeit a vertical in die Höhe geworfener Körper nach t Secunden erlangt hat.

§. 48.   Oscillirende Bewegung. Ein materieller Punkt bewege sich auf der geraden Linie AB, Fig. 94, unter dem Einfluß einer beschleunigenden Kraft, welche ihn stets gegen den Punkt c hintreibt und deren Intensität proportional ist dem Abstande des bewegten Körpers von dem Punkte c.

Fig. 94.

Nennen wir x den Abstand des Körpers o vom Punkte c, so ist demnach die beschleunigende Kraft
$$\varphi = mx.$$

Wäre φ als Function von t gegeben, so würde die Integration der Gleichung (2) §. 45 uns zu einer Relation zwischen v und t führen; in unserem Falle ist jedoch φ als Function von s gegeben, man muß deshalb von der Gleichung (4) §. 45 Gebrauch machen, deren Integration zu einer Beziehung zwischen x (welches an der Stelle von s steht) und v führt. Setzt man nämlich obigen Werth von φ in Gleichung (4), so kommt
$$v\, dv = -mx\, dx,$$
da mit wachsendem Abstande von c offenbar die Geschwindigkeit des bewegten Körpers abnehmen muß. Durch Integration dieser Gleichung aber erhält man
$$v^2 = -mx^2 + \mathit{Const} \quad \ldots \quad a$$

Der Werth der Integrationsconstanten ergiebt sich, wenn man bedenkt, daß für einen bestimmten Abstand r des bewegten Körpers von c die Geschwindigkeit v gleich Null werden müsse. Setzen wir in Gleichung (a) $v = 0$ und $x = r$, so kommt
$$\mathit{Const} = mr^2,$$
und demnach ist
$$v^2 = m(r^2 - x^2),$$
oder
$$v = \pm \sqrt{m(r^2 - x^2)}.$$

Jedem speciellen Werth von x entspricht also ein doppelter Werth von v, jeden Punkt seiner Bahn passirt also der bewegte Körper zwar stets mit der gleichgroßen, aber bald positiven, bald negativen Geschwindigkeit, d. h. sich bald vom Punkte c entfernend, bald sich ihm nähernd.

Der Werth von v wird ein Maximum für $x = 0$, er wird alsdann
$$V = \pm r\sqrt{m},$$
während v gleich Null wird, wenn $x = r$.

Elemente der Bewegungslehre mit Anwendung höherer Rechnung. 95

Der Körper bewegt sich also von c aus mit abnehmender Geschwindigkeit gegen B hin, bis seine Geschwindigkeit in einem bestimmten Punkte D (welcher wie E in Fig. 94 nicht bezeichnet ist) erlischt, von welchem aus er sich dann dem Punkte c wieder mit wachsender Geschwindigkeit nähert. Nachdem er aber mit dem Maximum seiner nach A hin gerichteten Geschwindigkeit den Punkt c passirt hat, nimmt seine Geschwindigkeit wieder bis zu dem Punkte E ab, welcher ebenso weit von c entfernt ist wie D; kurz der Körper bewegt sich nun stets mit bald wachsender, bald abnehmender Geschwindigkeit zwischen den Punkten D und E hin und her.

Um die Zeit zu ermitteln, welche der Körper zu einer ganzen Oscillation braucht, d. h. um von dem einen Ende D seiner Bahn bis zum anderen Ende E, und von E wieder zurück nach D zu gelangen, muß man vor allen Dingen eine Gleichung zwischen x und t ableiten. Setzen wir den oben erhaltenen Werth von v in Gleichung (1) §. 45, so kommt

$$\sqrt{m(r^2 - x^2)} = \frac{dx}{dt}$$

oder

$$dt = \frac{dx}{\sqrt{m(r^2 - x^2)}}.$$

und daraus endlich

$$t = \int \frac{dx}{\sqrt{m(r^2 - x^2)}}.$$

Die Ausführung dieser Integration läßt sich durch die Einführung einer geometrischen Betrachtung erleichtern.

Fig. 95.

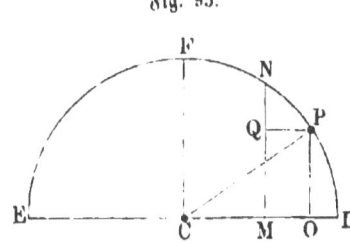

Denken wir uns nämlich über ED (Fig. 95) als Durchmesser einen Halbkreis gezogen, und dann in dem Punkte O, dessen Abstand von C mit x bezeichnet ist, ein Perpendikel errichtet, welches in P den Kreis trifft und die Ordinate OP mit y bezeichnet, so ist

$$y^2 = r^2 - x^2$$

oder

$$y = \sqrt{r^2 - x^2},$$

folglich ist

$$t = \int \frac{dx}{y\sqrt{m}},$$

oder vielmehr

$$t = -\int \frac{dx}{y\sqrt{m}},$$

weil für wachsende t der Werth von x abnimmt, wenn man die Zeit von dem Moment an zählt, in welchem der Körper von D aus seine Bewegung gegen C hin beginnt.

96 Schaltcapitel.

Nimmt nun x um dx (OC um OM) ab, so wird der entsprechende Bogen s um ds (FP um NP) abnehmen. Aus der Aehnlichkeit der Dreiecke PNQ und COP folgt aber

$$PN : PC = QP : OP$$
$$ds : r = dx : y,$$

oder

$$\frac{dx}{y} = \frac{ds}{r},$$

folglich auch

$$t = - \int \frac{ds}{r\sqrt{m}} = - \frac{s}{r\sqrt{m}} + Const.$$

Um den Werth der Integrationsconstanten zu bestimmen, bedenke man, daß für den Punkt D der Bogen s ein Viertelskreis, also $\frac{1}{2}\pi r$ ist; da wir aber die Zeit von dem Augenblicke an zählen, wo der bewegliche Körper den Punkt D verläßt, so sind $t = 0$ und $s = \frac{1}{2}\pi r$ zusammengehörige Werthe von t und s, folglich ist

$$0 = \frac{-\pi r}{2r\sqrt{m}} + Const$$

$$Const = \frac{\pi}{2\sqrt{m}},$$

folglich

$$t = - \frac{s}{r\sqrt{m}} + \frac{\pi}{2\sqrt{m}}.$$

Für den Augenblick, in welchem der Körper den Punkt C erreicht, wird $s = 0$, folglich

$$t = \frac{\pi}{2\sqrt{m}}.$$

Der Weg von C nach E wird in der gleichen Zeit durchlaufen; um also von D nach E zu gelangen, ist die Zeit

$$T = \frac{\pi}{\sqrt{m}} \quad \ldots \ldots \ldots \quad (q)$$

nöthig.

§. 49. Pendelschwingungen. Nach dieser Theorie kann man nun auch die Schwingungsdauer eines einfachen Pendels berechnen, wenn der Ausschlagwinkel klein genug ist, um den Bogen des Ausschlagwinkels statt des Sinus zu setzen, denn in dem flachen Bogen bewegt sich die Pendelkugel genau nach demselben Gesetze, nach welchem die eben betrachtete Oscillationsbewegung vor sich geht, d. h. die Kraft, welche die Pendelkugel gegen ihre Gleichgewichtslage hintreibt, ist stets dem Bogen proportional, um welchen sie von dem Gleichgewichtspunkte C, Fig. 95, absteht. Um das Gesetz der Pendelschwingungen zu erhalten, kommt es nur noch darauf an, den dieser Art von Oscillationsbewegung zukommenden Werth des Factors m zu ermitteln.

Elemente der Bewegungslehre mit Anwendung höherer Rechnung. 97

Die Kraft, welche die in O befindliche Pendelkugel gegen C hintreibt, ist bekanntlich $g.\sin\alpha$, wenn g die beschleunigende Kraft der Schwere und α den Winkel OBC bezeichnet. Nun ist aber, so lange der Bogen OC hinlänglich klein bleibt,

Fig. 96.

$$\sin\alpha = \frac{OC}{OB},$$

oder, wenn wir den Bogen OC mit x, die Pendellänge OB mit l bezeichnen,

$$\sin\alpha = \frac{x}{l},$$

mithin ist die Kraft, welche die Kugel gegen C hintreibt,

$$\varphi = \frac{g}{l}x.$$

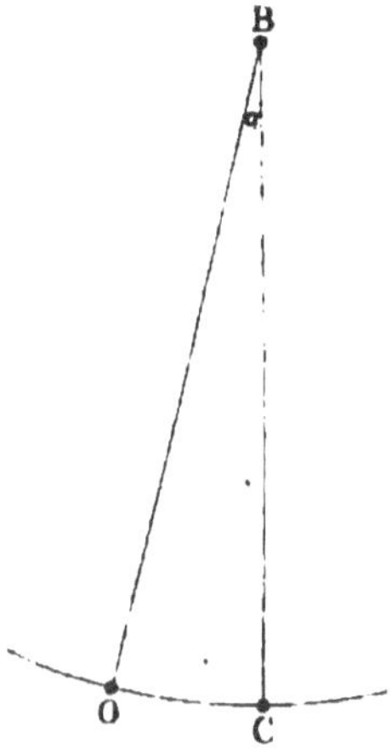

Der Factor m erhält also in diesem Falle den speciellen Werth $\frac{g}{l}$; wir erhalten also die Schwingungsdauer des Pendels, wenn wir in Gleichung (q) diesen Werth für m substituiren. Es ergiebt sich alsdann

$$T = \pi\sqrt{\frac{l}{g}},$$

eine Formel, welche wir bereits kennen lernten.

Grundgleichungen der krummlinigen Bewegung. Wenn ein §. 50. Körper mit einer irgend woher stammenden Geschwindigkeit behaftet ist, deren Richtung nicht zusammenfällt mit der Richtung der beschleunigenden Kraft, welche auf ihn wirkt, so muß er eine krummlinige Bahn beschreiben, indem die beschleunigende Kraft eine stetige Ablenkung vom geraden Wege bewirkt, wie wir dies schon aus den elementaren Betrachtungen des Grundrisses wissen.

Durch die Tangente Af (Fig. 97), welche man sich in irgend einem Punkte A an die krummlinige Bahn des Körpers gezogen denken kann, und die Richtung Ab, nach welcher die beschleunigende Kraft auf den Körper einwirkt, wenn er sich in A befindet, kann man sich eine Ebene gelegt denken; wenn nun die Richtung der beschleunigenden Kraft in dieser Ebene enthalten bleibt, wie es der Fall ist, wenn die beschleunigende Kraft stets gegen einen in dieser Ebene liegenden Punkt C gerichtet ist, wenn also keine Kraft vorhanden ist, welche den Körper aus dieser Ebene herauszubringen sucht, so wird die beschriebene Curve eine ebene sein müssen.

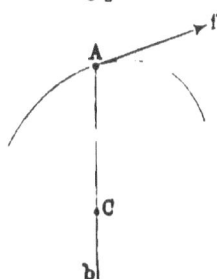

Fig. 97.

Wenn ein Körper sich in einer Ebene bewegt, so kann man seine Bahnelemente, seine Geschwindigkeit und die auf ihn wirkende beschleunigende Kraft stets nach zwei zu einander rechtwinkligen, in dieser Ebene gelegenen Coordinatenaxen zerlegt denken, und wenn die beschleunigende Kraft stets gegen einen festen Punkt C (Fig. 98) gerichtet ist, so ist es zweckmäßig, diesen Punkt zum Anfangspunkt des Coordinatensystems zu wählen.

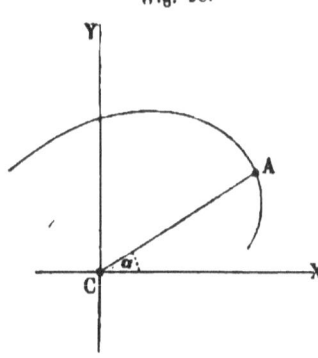

Fig. 98.

Bezeichnen wir mit x und y die Coordinaten des Punktes A, so sind

$$\frac{d^2 x}{d t^2} \text{ und } \frac{d^2 y}{d t^2}$$

die nach der Axe der X und der Axe der Y gerichteten Composanten der beschleunigenden Kraft, welche auf den in A befindlichen Körper wirkt; wir haben also

$$\left. \begin{array}{l} \dfrac{d^2 x}{d t^2} = \varphi \cos \alpha \\ \dfrac{d^2 y}{d t^2} = \varphi \sin \alpha \end{array} \right\} \quad \ldots \ldots \ldots (1)$$

wenn φ die in der Richtung AC wirkende beschleunigende Kraft und α den Winkel bezeichnet, welchen AC mit der Axe der X macht.

Ist φ auf irgend eine Weise gegeben, so kann man durch Integration der Gleichungen (1) und durch Elimination von t eine Gleichung zwischen x und y ableiten, und dies ist die Gleichung der krummen Linie, welche der Körper unter den gegebenen Umständen beschreibt.

Wir wollen diese allgemeine Theorie auf einige specielle Fälle anwenden und dabei mit dem einfachsten beginnen.

I. **Welche Bahn beschreibt ein Körper, wenn gar keine beschleunigende Kraft auf ihn wirkt?**

Für diesen Fall haben wir $\varphi = 0$, also auch

$$\frac{d^2 x}{d t^2} = 0 \text{ und } \frac{d^2 y}{d t^2} = 0,$$

daraus durch Integration

$$\frac{d x}{d t} = a \text{ und } \frac{d y}{d t} = b$$

oder $\qquad dx = a\, dt$ und $dy = b\, dt$,

wenn a und b die Constanten der Integration sind. Aus diesen beiden Gleichungen folgt aber durch abermalige Integration

$$x = a t + n \text{ und } y = b t + q.$$

Elemente der Bewegungslehre mit Anwendung höherer Rechnung. 99

und wenn man t eliminirt,

$$y = \frac{b}{a}(x - n) + q$$

oder
$$y = cx + \varkappa$$

wenn $\frac{b}{a} = c$ und $q - \frac{b}{a}n = \varkappa$ gesetzt wird.

Es ist dies aber (Analytische Geometrie Seite 8) die Gleichung einer geraden Linie, deren Richtung von den Umständen abhängt, durch welche dem Körper die Geschwindigkeit ertheilt wurde, mit der er sich nun ohne alle Richtungsänderung fortbewegt.

II. Welches ist die Curve, welche ein schief aufwärts geworfener Körper beschreibt? Nehmen wir die Verticale zur Axe der y, die horizontale zur Axe der x, so wirkt auf den geworfenen Körper in der Richtung der x keine beschleunigende Kraft, in der Richtung der y aber die Schwere, wir haben also

$$\frac{d^2 x}{dt^2} = 0 \qquad \frac{d^2 y}{dt^2} = -g$$

wenn die nach Oben, also der Richtung der Schwerkraft entgegengesetzt gezählten Werthe von y als positiv betrachtet werden; daraus dann

$$\frac{dx}{dt} = a \qquad \frac{dy}{dt} = -gt + c$$

$$dx = a\,dt \qquad dy = -gt\,dt + c\,dt$$

$$x = at + b \qquad y = -\frac{g}{2}t^2 + ct + f.$$

Soll die Bewegung im Anfangspunkte der Coordinaten beginnen (d. h. soll für $t = 0$ auch $x = 0$ und $y = 0$ sein), so müssen wir $b = 0$ und $f = 0$ setzen, wodurch sich die beiden letzten Gleichungen reduciren auf

$$x = at \qquad y = -\frac{g}{2}t^2 + ct.$$

Aus der ersten dieser Gleichungen folgt $t = \frac{x}{a}$, und wenn man diesen Werth von t in die zweite Gleichung setzt,

$$y = -\frac{g}{2} \cdot \frac{x^2}{a^2} + c\frac{x}{a},$$

die Gleichung einer Parabel, mit deren Discussion wir uns nicht weiter befassen wollen, da sie mit der schon auf Seite 55 besprochenen Gleichung zusammenfällt.

III. Welche Curve beschreibt ein Körper, welchem auf irgend eine Weise eine seitliche Geschwindigkeit mitgetheilt worden ist, wenn auf ihn eine beschleunigende Kraft wirkt, die ihn stets gegen denselben Anziehungsmittelpunkt hintreibt, und deren Intensität sich umgekehrt verhält wie das Quadrat seiner Entfernung von diesem Centralpunkte?

Schaltcapitel.

Bezeichnen wir den Abstand des Körpers vom Centralpunkte für einen bestimmten Moment mit r, mit m die Intensität der beschleunigenden Kraft für den Abstand 1, so ist $\frac{m}{r^2}$ die beschleunigende Kraft, welche den in A, Fig. 98, befindlichen Körper gegen C hintreibt. Diese beschleunigende Kraft können wir aber in zwei Seitenkräfte zerlegen, von denen die eine nach der Axe der x, die andere nach der Axe der y wirkt, und demnach haben wir

$$\left.\begin{array}{r}\frac{d^2 y}{d t^2} = -\frac{m}{r^2} \sin \alpha \\ \frac{d^2 x}{d t^2} = -\frac{m}{r^2} \cos \alpha\end{array}\right\} \quad \ldots \ldots \ldots \quad (1)$$

wenn mit α der Winkel bezeichnet wird, welchen der Leitstrahl AC mit der Axe der x macht, und wenn ferner angenommen wird, daß mit x und y die Coordinaten des Punktes A bezeichnet werden.

Das Vorzeichen des zweiten Theils dieser Gleichungen ist negativ, weil die beschleunigende Kraft von der Art ist, daß sie den Abstand zwischen A und C, folglich auch die Werthe von x und y zu vermindern strebt.

Nun aber ist
$$\sin \alpha = \frac{y}{r} \qquad \cos \alpha = \frac{x}{r},$$

folglich
$$\left.\begin{array}{r}\frac{d^2 y}{d t^2} = -\frac{m y}{r^3} \\ \frac{d^2 x}{d t^2} = -\frac{m x}{r^3}\end{array}\right\} \quad \ldots \ldots \ldots \quad (2)$$

Multiplicirt man die erste dieser Gleichungen mit $2 dy$, die zweite mit $2 dx$, so kommt, wenn man sie addirt,
$$2 \frac{d^2 x}{d t^2} dx + 2 \frac{d^2 y}{d t^2} dy = -\frac{2 m}{r^3} (x dx + y dy).$$

da nun aber
$$x^2 + y^2 = r^2,$$
so ist
$$x dx + y dy = r dr,$$
also
$$2 \frac{d^2 x}{d t^2} dx + 2 \frac{d^2 y}{d t^2} dy = -\frac{2 m}{r^2} dr,$$

und durch Integration
$$\frac{dx^2}{dt^2} + \frac{dy^2}{dt^2} = +\frac{2 m}{r} - b,$$

oder
$$\frac{dx^2 + dy^2}{dt^2} - \frac{2m}{r} + b = 0 \quad . \quad \ldots \quad (3)$$

Elemente der Bewegungslehre mit Anwendung höherer Rechnung. 101

Multiplicirt man die erste der beiden Gleichungen bei (2) mit x, die zweite mit $-y$ und addirt man dann dieselben, so kommt

$$x \frac{d^2 y}{d t^2} - y \frac{d^2 x}{d t^2} = 0,$$

und durch Integration

$$x \frac{dy}{dt} - y \frac{dx}{dt} = c$$

oder

$$x\, dy - y\, dx = c\, dt \quad \ldots \quad \ldots \quad (4)$$

Elliptische und parabolische Bahn der Himmelskörper. §. 51.
Durch Integration der Gleichungen (3) und (4), durch Elimination von t und Substitution von $x^2 + y^2$ für r^2 würde man zu einer Gleichung zwischen x und y gelangen, welche die gesuchte Gleichung der vom Körper beschriebenen Curve ist. Die Rechnung wird aber in unserem Falle dadurch bedeutend erleichtert, daß man Polarcoordinaten statt der rechtwinkligen Coordinaten einführt. Ist r der Leitstrahl (radius vector) und v der Winkel, welchen er mit der Axe der x macht, so ist, wie wir schon oben gesehen haben,

$$x = r \cdot \cos v \qquad y = r \cdot \sin v$$
$$dx = dr \cdot \cos v - r \cdot \sin v\, dv$$
$$dy = dr \cdot \sin v + r \cdot \cos v\, dv,$$

daraus

$$dx^2 + dy^2 = dr^2 + r^2 dv^2,$$

und demnach wird Gleichung (3).

$$\frac{dr^2 + r^2 dv^2}{dt^2} - \frac{2m}{r} + b = 0 \quad \ldots \quad (5)$$

aus Gleichung (4) aber wird

$$r^2 dv = c\, dt \quad \ldots \quad \ldots \quad (6)$$

wenn man in Gleichung (4) die obigen Werthe von x, y, dx und dy substituirt.

Da dv der Winkel ist, um welchen der radius vector im Zeitelement dt sich dreht, so ist $r\, dv$ der Bogen, welchen der bewegte Körper in diesem Zeitelement zurücklegt. Multiplicirt man diesen Bogen mit $\frac{r}{2}$, so erhält man den Inhalt des vom Leitstrahl in der Zeit dt beschriebenen Flächenraumes, und dieser Flächenraum ist der Gleichung (6) zufolge dem Zeitelement dt proportional, woraus der uns schon bekannte Satz folgt, daß bei der Centralbewegung der Leitstrahl in gleichen Zeiten gleiche Flächenräume zurücklegt.

Durch Elimination von dt aus den Gleichungen (5) und (6) ergiebt sich

$$\frac{c^2 (dr^2 + r^2 dv^2)}{r^4 dv^2} = \frac{2m}{r} - b$$

$$\frac{c^2 dr^2}{r^4 dv^2} + \frac{c^2}{r^2} = \frac{2m}{r} - b \quad \ldots \quad \ldots \quad (7)$$

Setzt man $\frac{1}{r} = z$, so ist

$$dz = -\frac{dr}{r^2},$$

also

$$dz^2 = \frac{dr^2}{r^4}.$$

Setzt man diese Werthe von $\frac{1}{r}$ und $\frac{dr^2}{r^4}$ in Gleichung (7), so kommt

$$\frac{c^2 dz^2}{dv^2} = 2mz - c^2 z^2 - b$$

$$dv = \frac{c\,dz}{\sqrt{2mz - b - c^2 z^2}}.$$

Um diese Formel integrabel zu machen, muß man noch einige Umwandlungen mit derselben vornehmen. Multiplicirt man zunächst Zähler und Nenner mit c, so kommt

$$dv = \frac{c^2 dz}{\sqrt{2mc^2 z - bc^2 - c^4 z^2}}.$$

Im Nenner unter dem Wurzelzeichen m^2 addirt und subtrahirt, giebt

$$dv = \frac{c^2 dz}{\sqrt{m^2 - bc^2 - m^2 + 2mc^2 z - c^4 z^2}}$$

$$dv = \frac{c^2 dz}{\sqrt{m^2 - bc^2 - (m - c^2 z)^2}}.$$

Zähler und Nenner durch $\sqrt{m^2 - bc^2}$ dividirt,

$$dv = \frac{\dfrac{c^2}{\sqrt{m^2 - bc^2}} \cdot dz}{\sqrt{1 - \left(\dfrac{m - c^2 z}{\sqrt{m^2 - bc^2}}\right)^2}},$$

und durch Integration dieser Gleichung

$$v = arc\left(cos = \frac{m - c^2 z}{\sqrt{m^2 - bc^2}}\right) \quad \ldots \ldots (8)$$

Wir lassen hier die Constante der Integration weg, weil deren Werth davon abhängt, welche Richtung man zum Ausgangspunkt für die Zählung der Winkel v nimmt, und man diese Richtung stets so wählen kann, daß die Integrationsconstante gleich Null wird. Aus Gleichung (8) folgt

$$cos\, v = \frac{m - c^2 z}{\sqrt{m^2 - bc^2}}$$

oder

$$c^2 z = m - cos\, v\, \sqrt{m^2 - bc^2}$$

Elemente der Bewegungslehre mit Anwendung höherer Rechnung. 103

und wenn man für z wieder seinen ursprünglichen Werth $\dfrac{1}{r}$ substituirt, findet man

$$r = \frac{c^2}{m - \cos v \sqrt{m^2 - bc^2}} \quad \ldots \ldots (9)$$

als Polargleichung der gesuchten Curve. Um besser zu übersehen, welche Curve Gleichung (9) darstellt, wollen wir mit derselben einige Umwandlungen vornehmen. Zunächst folgt aus derselben

$$r = \frac{\dfrac{c^2}{m}}{1 - \cos v \sqrt{1 - \dfrac{bc^2}{m^2}}} \quad \ldots \ldots (10)$$

Setzen wir $\sqrt{1 - \dfrac{bc^2}{m^2}} = e$, so ist

$$e^2 = 1 - \frac{bc^2}{m^2} \quad \ldots \ldots (n)$$

$$1 - e^2 = \frac{bc^2}{m^2}$$

$$\frac{c^2}{m} = \frac{m}{b}(1 - e^2).$$

Setzen wir diese Werthe für $\sqrt{1 - \dfrac{bc^2}{m^2}}$ und $\dfrac{c^2}{m}$ in Gleichung (10), so kommt

$$r = \frac{\dfrac{m}{b}(1 - e^2)}{1 - e \cos v},$$

oder, wenn $\dfrac{m}{b} = A$,

$$r = \frac{A(1 - e^2)}{1 - e \cos v} \quad \ldots \ldots \ldots (11)$$

Die Gleichung (11) ist aber die Polargleichung eines Kegelschnittes, dessen große Axe gleich A und dessen Excentricität gleich e ist, und zwar ist es die Gleichung einer Ellipse, Parabel oder Hyperbel, je nachdem e kleiner, gleich oder größer als 1 ist. (Analytische Geometrie Seite 55.)

Ob aber $e < 1$, oder $e = 1$, oder $e > 1$ ist, hängt lediglich davon ab, ob b positiv, Null oder negativ ist.

Die Größe von b ist aber endlich abhängig von dem Verhältniß der Geschwindigkeit des Körpers in irgend einer Stelle seiner Bahn zu der Intensität der beschleunigenden Kraft, welche ihn an dieser Stelle gegen den Anziehungsmittelpunkt hintreibt, wie dies sogleich gezeigt werden soll.

Bezeichnen wir mit ds ein Bahnelement des bewegten Körpers, so ist die entsprechende Geschwindigkeit bekanntlich

$$V = \frac{ds}{dt}.$$

Nun ist aber $ds^2 = dx^2 + dy^2$, folglich

$$V^2 = \frac{dx^2 + dy^2}{dt^2},$$

also auch

$$V^2 = \frac{dr^2 + r^2 dv^2}{dt^2} \qquad \ldots \ldots \quad (12)$$

und nach Gleichung (5)

$$V^2 = \frac{2m}{r} + b = 0$$

oder

$$b = \frac{2m}{r} - V^2 \qquad \ldots \ldots \quad (13)$$

b ist also positiv, Null oder negativ, je nachdem

$$V^2 < \frac{2m}{r}$$

oder

$$V^2 = \frac{2m}{r}$$

oder

$$V^2 > \frac{2m}{r}.$$

Da nun der Werth von b nur durch die Größen V, m und r, durch b allein aber der Charakter der Curve bedingt ist, so hängt es also nur von dem Verhältniß der Tangentialgeschwindigkeit V zum Abstande r des bewegten Körpers vom Centralpunkt und der Größe m der beschleunigenden Kraft ab, ob die Bahn eine Ellipse, Parabel oder Hyperbel ist; die Richtung der Geschwindigkeit V, der Winkel, welchen diese Richtung mit dem Leitstrahl macht, hat darauf keinen Einfluß.

Ebenso ist der Werth der großen Axe $A = \frac{m}{b}$ nur von V, m und r abhängig.

In der Gleichung (10) kommt aber noch eine weitere Integrationsconstante c vor, deren Beziehung und deren Bedeutung noch ermittelt werden muß.

Bezeichnen wir mit α den Winkel, welchen die Richtung der Tangentialgeschwindigkeit V mit dem Leitstrahl r macht, so ist der Geschwindigkeitsantheil in der Richtung von r offenbar $V.\cos\alpha$. Da aber dieser Geschwindigkeitsantheil auch $\frac{dr}{dt}$ ist, so haben wir

$$\frac{dr}{dt} = V.\cos\alpha.$$

Elemente der Bewegungslehre mit Anwendung höherer Rechnung. 105

Durch Combination dieser Gleichung mit Gleichung (12), die man auch

$$\frac{dr^2}{dt^2} + r^2 \frac{dv^2}{dt^2} = V^2$$

schreiben kann, ergiebt sich

$$V^2 \cdot \cos \alpha^2 + r^2 \frac{dv^2}{dt^2} = V^2$$

$$r^2 \frac{dv^2}{dt^2} = V^2 \cdot \sin \alpha^2$$

$$\frac{dv}{dt} = \frac{V \cdot \sin \alpha}{r}.$$

Nach Gleichung (6) ist aber

$$\frac{dv}{dt} = \frac{c}{r^2},$$

also auch

$$\frac{c}{r^2} = \frac{V \cdot \sin \alpha}{r},$$

und endlich

$$c = r \cdot V \cdot \sin \alpha \quad \ldots \ldots \ldots (14)$$

Von dem Winkel α ist also zunächst die Constante c und durch sie die Größe der Excentricität e abhängig.

Wenden wir nun die gefundenen Resultate auf einige specielle Fälle an.

I. Man soll berechnen, welche Bahn ein 420 Millionen Meter von dem Mittelpunkte der Erde (also ungefähr so weit wie der Mond) entfernter ponderabeler Körper beschreiben wird, wenn er mit einer rechtwinklig zum Leitstrahl gerichteten Geschwindigkeit von 1300 Metern in der Secunde behaftet ist.

Für diesen Fall haben wir

$$\alpha = 90^\circ$$
$$r = 420\,000\,000 \text{ Meter}$$
$$V = 1300 \text{ Meter}.$$

Für m haben wir die beschleunigende Kraft der Schwere zu setzen, wie sie auf einen 1 Meter vom Mittelpunkte der Erde entfernten Körper wirken würde, wenn die ganze anziehende Kraft, welche die Erde in die Ferne ausübt, in ihrem Mittelpunkte vereinigt wäre. Bezeichnen wir mit h den Halbmesser der Erde, mit g die beschleunigende Kraft der Schwere auf der Erdoberfläche, so ist offenbar $m = g h^2$. In Metern ausgedrückt ist aber $g = 9,8$ und h in runder Zahl 7 000 000, und demnach

$$m = 480\,200\,000\,000\,000.$$

Setzt man die eben angegebenen Werthe von m, r und V in Gleichung (13), so ergiebt sich

$$b = 596\,700$$

und

$$A = \frac{m}{b} = 804\,750\,000 \text{ Meter.}$$

Die gesuchte Bahn ist in diesem Falle eine Ellipse, deren halbe große Are 804 750 000 Meter ist. Man könnte nun die Excentricität der Ellipse nach Gleichung (n) S. 103 berechnen, nachdem man mittelst Gleichung (14) den Werth von c gefunden hat. In diesem Falle aber kann man einfacher zum Ziele kommen. Da nämlich die Tangentialgeschwindigkeit von 1300 Meter rechtwinklig zum Leitstrahl steht, so befindet sich der Körper in dem entsprechenden Augenblicke gerade an dem einen Endpunkte der großen Axe. Es sei in Fig. 99 T die Erde, L die Stelle, welche der um die Erde kreisende Körper in dem fraglichen Momente einnimmt, C der Mittelpunkt der Ellipse, so haben wir

Fig. 99.

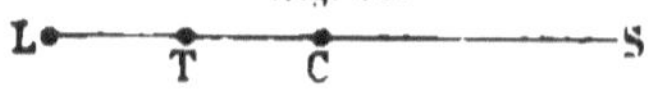

$$TC = LC - LT,$$

in unserem Falle

$$TC = 804\,750\,000 - 420\,000\,000 = 384\,750\,000,$$

daraus ergiebt sich

$$e = 0{,}473,$$

und die halbe kleine Axe der Ellipse

$$B = 706\,830\,000 \text{ Meter.}$$

II. Wäre in L die Geschwindigkeit des Körpers 1500 Meter gewesen, so hätte sich ergeben $A = 13\,084\,000\,000$ Meter

$$e = 0{,}9679$$
$$B = 3\,292\,400\,000 \text{ Meter,}$$

die Ellipse wäre also schon eine sehr lang gestreckte geworden.

III. Damit die Bahn ein Kreis würde, müßte $A = r$ sein, also $\dfrac{m}{b} = r$ oder $b = \dfrac{m}{r}$. Setzt man aber diesen Werth in Gleichung (13), so kommt

$$V^2 = \frac{m}{r}.$$

In unserem Falle würde also die Bahn ein Kreis werden von

$$V^2 = \frac{480\,200\,000\,000\,000}{420\,000\,000}$$

oder

$$V = 1069 \text{ Meter.}$$

Wird V kleiner als 1069, so wird A auch kleiner als 420 000 000 Meter.

IV. Für $V = 1000$ Meter findet man

$$A = 373\,200\,000 \text{ Meter}$$
$$B = 370\,000\,000 \quad \text{„}$$
$$e = 0{,}1251.$$

V. Für $V = 500$ Meter ist

$$A = 235\,780\,000 \text{ Meter}$$
$$B = 145\,020\,000 \quad \text{„}$$
$$e = 0{,}438.$$

In Fig. 100 sind die Ellipsen zusammengestellt, welche den Werthen $V = 1300$ Meter, $V = 1069$ Meter und $V = 500$ Meter entsprechen.

Elemente der Bewegungslehre mit Anwendung höherer Rechnung. 107

Fig. 100.

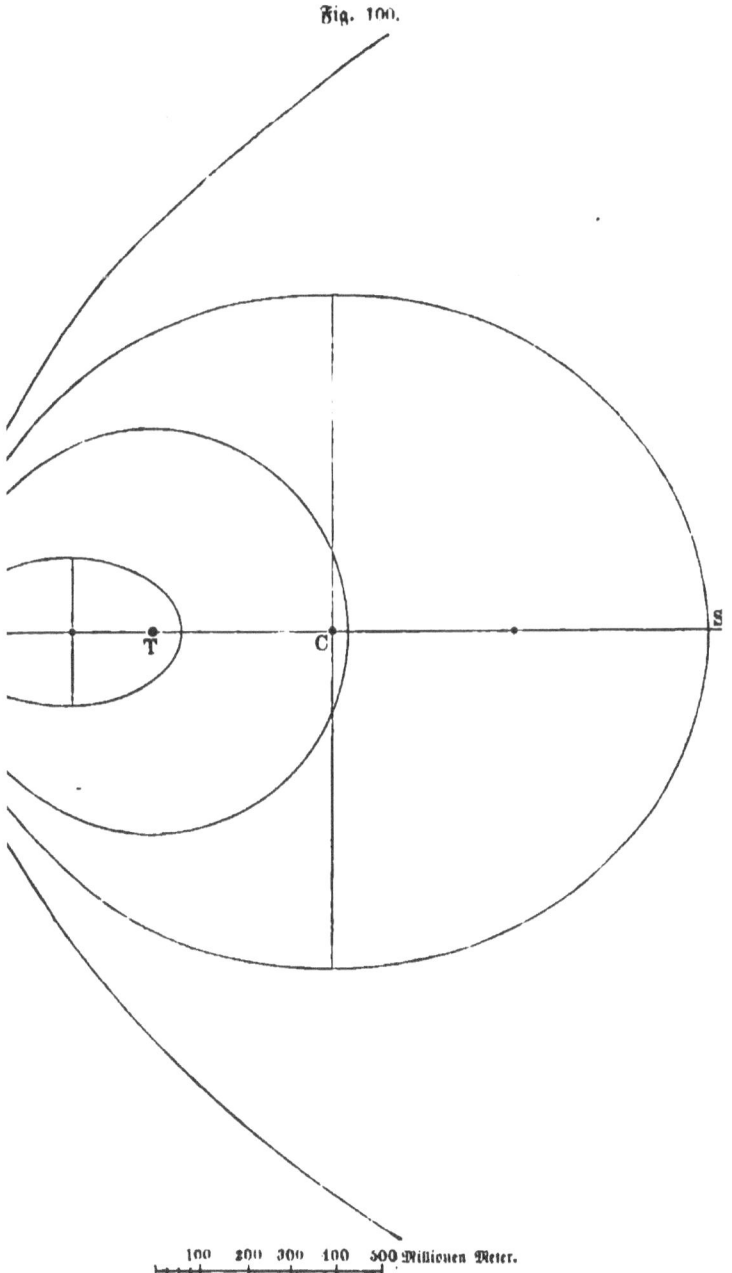

100 200 300 400 500 Millionen Meter.

108 Schaltcapitel.

VI. Es ist gesagt worden, daß für $e = 1$ die Gleichung (1) in die Gleichung einer Parabel übergeht. Da nun aber für $e = 1$ auch b gleich Null wird, so nimmt der Zähler $A(1 - e)$ die Form $\frac{0}{0}$ an.

Die Gleichung (11) wird also für diesen Fall unanwendbar. Gehen wir aber auf eine frühere Form der Polargleichung, nämlich auf Gleichung (10) zurück, so wird dieselbe für $b = 0$

$$r = \frac{\frac{c^2}{m}}{1 - \cos v}$$

oder

$$r = \frac{p}{1 - \cos v},$$

wo $p = \frac{c^2}{m}$ der halbe Parameter der Parabel ist.

Ein 420 000 000 Meter von der Erde entfernter Körper müßte eine Tangentialgeschwindigkeit von 1512,2 Metern haben, wenn seine Bahn eine Parabel sein sollte, deren Scheitelgegend gleichfalls in Fig. 100 nach dem beistehenden Maßstab dargestellt ist. Für noch größere Tangentialgeschwindigkeit würde die Bahn eine Hyperbel werden.

Für den Fall, daß die Geschwindigkeit von 1512,2 Meter rechtwinklig zum Leitstrahl von 420 000 000 stände, würde die Richtung dieses Leitstrahls die Axe der Parabel bilden und der Parameter den Werth 840 000 000 erhalten, wie sich leicht nachweisen läßt.

VII. Es bleibt uns nun noch der Fall näher zu betrachten übrig, daß die gegebene Tangentialgeschwindigkeit V nicht rechtwinklig zu der Richtung der beschleunigenden Kraft steht, daß also α nicht gleich 90° ist.

Es sei wieder wie bisher

$$r = 420\,000\,000$$
$$m = 480\,200\,000\,000\,000.$$

Welches ist die Bahn des Körpers, wenn $V = 1000$ und $\alpha = 60°$ ist.

Wie in dem Falle, wo für $\alpha = 90°$ der Werth von $V = 1000$ war, ist noch jetzt wieder die große Axe der Ellipse

$$A = 373\,200\,000 \text{ Meter},$$

ferner ist aber

$$c = V \cdot r \cdot \sin \alpha,$$

und wenn man für V, r und α ihre obigen Zahlenwerthe setzt,

$$c = 363\,730\,000\,000.$$

Für b ergiebt sich der Werth

$$b = 1\,286\,700,$$

und danach

$$\frac{b\,c^2}{m^2} = 0{,}73823 \text{ und}$$

Elemente der Bewegungslehre mit Anwendung höherer Rechnung. 109

$$e = \sqrt{1 - 0{,}73823} = 0{,}58,$$

wonach die kleine Axe

$$B = 320\,660\,000 \text{ Meter.}$$

In Fig. 101 stelle T die Erde, L den 420 Millionen Meter von ihr entfernten Körper dar, dessen eben in die Richtung LN fallende Tangentialgeschwindigkeit einen Winkel von 60° mit TL macht, so kommt es nur noch darauf an, die Lage der großen Axe der Ellipse zu ermitteln, welche der Körper unter dem Einfluß der von der Erde ausgehenden Anziehung beschreiben wird.

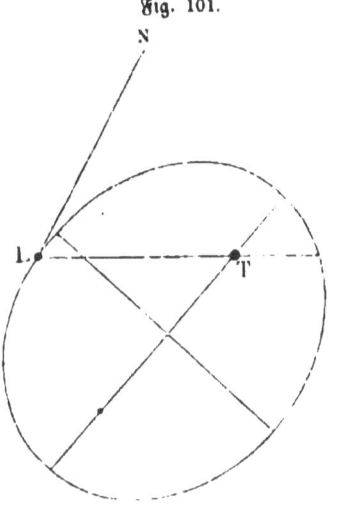

Fig. 101.

In Gleichung (11) bezeichnet v den Winkel, welchen der Leitstrahl r mit der großen Axe der Ellipse macht; setzen wir nun in jene Gleichung für r den Werth 420 000 000; ferner für A und e die eben berechneten Werthe, so findet man

$$\cos v = \frac{0{,}3441}{0{,}58},$$

woraus $v = 47° 45'$.

Die Ellipse hat demnach die in Fig. 101 gezeichnete Gestalt und Lage.

VIII. Bei unveränderten Werthen von r und m sei $V = 1512{,}2$, so wird, wie wir wissen, eine Parabel beschrieben. Es soll der Parameter und die Lage der Parabel für den Fall bestimmt werden, daß $\alpha = 35°$ ist.

Für den Parameter haben wir

$$p = \frac{c^2}{m},$$

für c aber

$$c = r \cdot V \cdot \sin \alpha.$$

Setzen wir nun $r = 420\,000\,000$
$m = 480\,200\,000\,000\,000$
$V = 1512{,}2$
$\alpha = 35°,$

so kommt

$$p = 276\,300\,000.$$

Setzen wir diesen Werth von p und obigen Zahlenwerth von r in die Gleichung

$$r = \frac{p}{1 - \cos v},$$

so ergiebt sich
$$v = 70°.$$
Die Parabel hat also die in Fig. 102 dargestellte Lage.

Fig. 102.

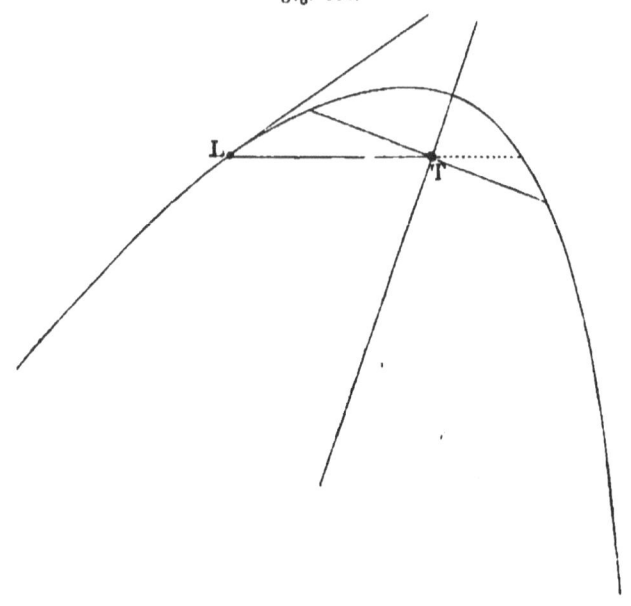

Zweites Buch.

Akustik.

Erstes Capitel.

Die Schallwellen.

Fortpflanzungsgeschwindigkeit des Schalles in der Luft. §. 52.
Aufgaben. 1. Zwischen der Wahrnehmung des Feuers und des Knalles (Zu §. 104 d. Gr.) einer abgefeuerten Kanone vergehen $7\frac{1}{2}$ Secunden; wie weit ist die Kanone entfernt?

2. Zwischen der Wahrnehmung von Blitz und Donner vergehen 25 Secunden; wie weit ist das Gewitter entfernt?

3. Einem Beobachter in A (Fig. 103) erscheint die von einem Blitzstrahl durchlaufene Strecke CB unter einem Winkel von 30°; 10 Secunden nach der Wahrnehmung des Blitzes beginnt das Rollen des Donners, welches 7 Secunden lang anhält; wie groß ist die Länge BC des Blitzes?

4. Man läßt einen Stein in einen 475 Fuß tiefen Brunnen fallen; welche Zeit vergeht zwischen dem Augenblick, in welchem man den Stein losläßt, und dem Moment, in welchem man ihn ins Wasser fallen hört?

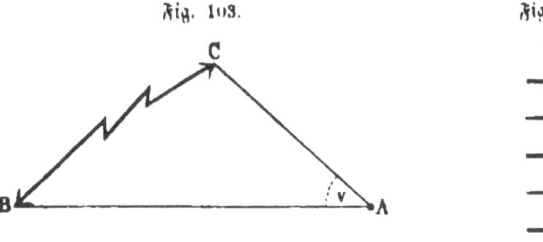

Fig. 103.   Fig. 104.

5. Zwischen dem Augenblick, in welchem man einen Stein losläßt, und demjenigen, in welchem man ihn auf den Boden eines Schachtes aufschlagen hört, vergehen $5\frac{1}{2}$ Secunden; wie tief ist der Schacht?

6. Ein Regiment ist in Colonnen aufgestellt, wie Fig. 104 andeutet. Der Zwischenraum zwischen je zwei

114 Zweites Buch. Erstes Capitel.

auf einander folgenden Colonnen beträgt 15 Fuß. Wenn nun in einem bestimmten Moment die Tambouren bei a zu schlagen beginnen und jede Colonne in demselben Augenblick mit dem linken Fuß antritt, in welchem sie den ersten Trommelschlag hört, so müssen offenbar die hinteren Reihen später antreten, als die vorderen. Es ist nun die Frage, die wievielte Colonne beginnt den ersten Schritt in demselben Moment, in welchem die Mannschaft der ersten Reihe b den ersten Schritt vollendet hat, also den linken Fuß zum ersten Mal wieder aufsetzt, vorausgesetzt, daß die Schrittdauer $1/2$ Secunde beträgt?

§. 53. **Theoretische Bestimmung der Fortpflanzungsgeschwindigkeit des Schalles in der Luft.** Für die Fortpflanzungsgeschwindigkeit des Schalles in der Luft hat Newton die Formel

$$v = \sqrt{g\frac{e}{d}}$$

aufgestellt, in welcher v die Fortpflanzungsgeschwindigkeit des Schalles, g die beschleunigende Kraft der Schwere, e die Spannkraft oder Elasticität der Luft und d ihre Dichtigkeit (specifisches Gewicht) bezeichnet. Diese Formel läßt sich am einfachsten auf folgende Weise entwickeln.

Wie in §. 103 d. Gr., welcher die Art und Weise behandelte, in welcher sich die Schallwellen in der Luft bilden und fortpflanzen, wollen wir auch hier zunächst eine in einer Röhre eingeschlossene Luftsäule ins Auge fassen. Denken wir uns dieselbe wie früher in eine Reihe gleicher Schichten A, B, C u. s. w. Nr. I. in Fig. 105 eingetheilt, so wird eine Compression, welche die erste Schicht A erleidet, sich von Schicht zu Schicht fortpflanzen und dadurch eben die Welle sich verbreiten. Wir wollen die Länge einer jeden der Schichten A, B, C u. s. w., so lange dieselben noch ihre ursprüngliche Dichtigkeit haben, mit s, und ihre Elasticität oder vielmehr den Druck, unter welchem sie stehen, mit e bezeichnen. Wird nun die Schicht A plötzlich so comprimirt, daß ihre Länge von s auf $s - s'$ reducirt wird (Fig. 105 Nr. II.), so geht ihre Dichtigkeit in $e + e'$ über und nach dem Mariotte'schen Gesetze hat man

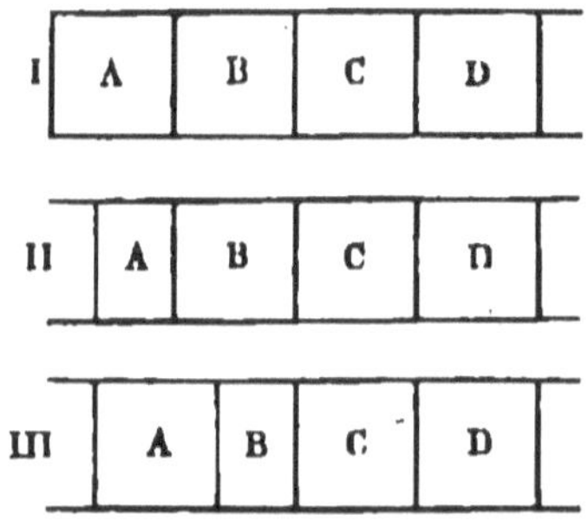

$$(e + e')(s - s') = e \cdot s,$$

und daraus

$$e' = e\frac{s'}{s} \qquad \qquad \qquad (1)$$

wenn man das Product $e' \cdot s'$ als verschwindend klein gegen die übrigen Glieder dieser Gleichung vernachlässigt.

Fig. 105.

Die Schicht B (Fig. 105, Nr. II.) hat nun einerseits von der comprimirten Schicht A den Druck $e + e'$, von der anderen Seite den Druck e auszuhalten, der Ueberschuß des Druckes e' ist also die beschleunigende Kraft, welche die Bewegung fortpflanzt.

Nach einer kurzen Zeit t wird nun die Schicht A wieder in ihren natürlichen Zustand zurückgekehrt und die Compression auf die Schicht B übergegangen sein (Fig. 105, Nr. III.); die Verdichtung ist also in der Zeit t um die Länge s fortgerückt, es ist also die Fortpflanzungsgeschwindigkeit v der Welle

$$v = \frac{s}{t} \quad \ldots \ldots \ldots \ldots (2)$$

Während die Compression von der Schicht A auf die Schicht B übergeht, nimmt die bewegende Kraft, welche auf B wirkt, von e' bis 0 ab, denn für den in Nr. II. dargestellten Moment ist sie e', für den in Nr. III. dargestellten Moment ist sie 0, weil für diesen Augenblick die Dichtigkeit der Schichten A und C zu beiden Seiten von B gleich ist. Der mittlere Werth der beschleunigenden Kraft, welche die Compression der Schicht B bewirkt hat, ist also $\frac{e'}{2}$.

Da aber durch diese Kraft die links liegende Gränze der Schicht B um den Weg s' vorgeschoben wurde, so ist die dabei verrichtete mechanische Arbeit gleich $\frac{1}{2} e' s'$. Für diese mechanische Arbeit läßt sich aber noch ein anderer Ausdruck finden. Durch die Compression der Schicht B (deren Masse $d . s$, wenn man mit d die Dichtigkeit der Luft bezeichnet und den Querschnitt der Röhre, was bisher schon stillschweigend geschehen ist, als 1 annimmt) ist der Schwerpunkt derselben um $\frac{1}{2} s'$ verschoben. Betrachten wir diese in der Zeit t hervorgebrachte Verschiebung als durch eine gleichförmig wirkende Kraft erzeugt, so erlangt er dabei eine Geschwindigkeit $\frac{s'}{t}$, und die lebendige Kraft, welche dadurch der Schicht B ertheilt wird, ist demnach (§. 74)

$$\frac{d . s . s'^2}{2 g t^2},$$

wir haben also

$$\tfrac{1}{2} e' s' = \frac{d . s . s'^2}{2 g t^2} \quad \ldots \ldots (3)$$

Setzen wir für e' seinen Werth bei (1) und für t nach Gleichung (2) seinen Werth $\frac{s}{v}$, so kommt

$$e = \frac{d . v^2}{g}$$

oder

$$v = \sqrt{g \frac{e}{d}} \quad \ldots \ldots \ldots (4)$$

also die zu Anfang dieses Paragraphen aufgeführte Newton'sche Formel.

Setzen wir in (4)

$e = 1033$ b. h. den mittleren Druck der Atmosphäre auf 1 Quadratcentimeter in Grammen ausgedrückt,

$d = 0{,}0013$ b. h. die Dichtigkeit der Luft für 0° Temperatur und 76 Centimeter Barometerstand,

$y = 980$ b. h. die beschleunigende Kraft der Schwere in Centimetern ausgedrückt, weil ja auch bei dem obigen Zahlenwerth von e das Centimeter als Längeneinheit zu Grunde gelegt ist,

so erhält man 27938 Centimeter oder (mit Hinweglassung der Decimalstellen) 279 Meter für die Fortpflanzungsgeschwindigkeit des Schalles in der Luft unter den angegebenen Umständen.

Dies Resultat weicht bedeutend von den durch Beobachtungen gefundenen ab, nach welchen die Fortpflanzungsgeschwindigkeit des Schalles in der Luft bei 0° Temperatur und 0,76 Centimeter Barometerstand 333 Meter beträgt. Die Ursache dieser Differenz hat Laplace aufgefunden; sie liegt in dem Umstande, daß die Luft durch eine rasche Compression erwärmt und dadurch ihre Elasticität erhöht wird, und zwar im Verhältniß von 1 zu 1,42, wie wir später bei der Besprechung der specifischen Wärme der Luft sehen werden. Der Werth von e in der Newton'schen Formel muß deshalb noch mit 1,42 multiplicirt werden, wenn dieselbe mit der Erfahrung in Uebereinstimmung gebracht werden soll; es ist also

$$v = \sqrt{980 \, \frac{e}{d} \cdot 1{,}42} \quad \ldots \ldots \quad (5)$$

wonach sich in der That für 0° Temperatur und 76 Centimeter Barometerstand eine Fortpflanzungsgeschwindigkeit von 333 Meter ergiebt.

Bei wachsender Temperatur nimmt die Fortpflanzungsgeschwindigkeit des Schalles zu, weil bei einer Temperaturerhöhung von $t°$ der Werth von e im Verhältniß von 1 zu $1 + 0{,}00366\,t$ wächst. Für $t°$ ist demnach die Fortpflanzungsgeschwindigkeit des Schalles in der Luft

$$v = 333 \sqrt{1 + 0{,}00366\,t} \quad \ldots \ldots \quad (6)$$

Vom Barometerstand ist dagegen der Werth von v unabhängig, weil bei verändertem Luftdruck e und d in gleichem Verhältniß sich ändern. In der That fanden Bravais und Martins die Fortpflanzungsgeschwindigkeit des Schalles in einer Höhe von 6300 Fuß eben so groß wie in der Ebene.

Aufgaben. Wie groß ist nach Gleichung (6) die Fortpflanzungsgeschwindigkeit des Schalles in der Luft bei $+16°$, bei $+36°$ und bei $-40°$ Celsius.

§. 54. **Fortpflanzungsgeschwindigkeit des Schalles in tropfbarflüssigen und festen Körpern.** Die im vorigen Paragraphen discutirte Formel

$$v = \sqrt{\frac{g\,e}{d}} \quad \ldots \ldots \ldots \quad (1)$$

bedarf nur einer einfachen Umwandlung, um auch die Fortpflanzungsgeschwindigkeit des Schalles in tropfbarflüssigen und in festen Körpern darstellen zu können; wir haben nämlich nur für den Quotienten $\frac{d}{e}$ in obiger Formel seinen Werth l zu setzen, dessen Bedeutung sogleich entwickelt werden soll.

Denken wir uns eine Luftsäule von dem specifischen Gewicht d (das specif. Gewicht des Wassers zur Einheit genommen), dem Querschnitt 1 und der Höhe 1, so ist d das absolute Gewicht dieser Luftsäule. Die Elasticität dieser Luftsäule, also der Druck, welchem sie ausgesetzt ist, wollen wir mit e bezeichnen.

Wird nun dieser Druck um die Größe d vermehrt, so wird dadurch die Höhe der fraglichen Luftsäule (bei unverändertem Querschnitt) um eine Größe l vermindert, welche sich leicht aus der Proportion

$$e + d : e = 1 : 1 - l$$

ergiebt. Statt dieser Proportion kann man auch schreiben

$$\frac{e+d}{e} = \frac{1}{1-l}$$

oder

$$1 + \frac{d}{e} = 1 + l - l^2 + \text{u.,}$$

wenn man den zweiten Theil der letzten Gleichung nach dem Binomi'schen Lehrsatz entwickelt. So lange l eine kleine Größe ist, kann man die höheren Potenzen derselben vernachlässigen und somit ergiebt sich

$$1 + \frac{d}{e} = 1 + l,$$

also

$$\frac{d}{e} = l.$$

Für den Quotienten $\frac{d}{e}$ kann man also die Länge setzen, um welche eine Luftsäule von der Höhe 1 durch ihr eigenes Gewicht comprimirt wird. Durch diese Substitution geht aber die Gleichung (1) über in

$$v = \sqrt{\frac{g}{l}} \quad \ldots \ldots \ldots \quad (2)$$

und in dieser Gestalt ist sie nicht allein für luftförmige, sondern auch für tropfbarflüssige und feste Körper anwendbar. Man hat nur für l die Länge zu setzen, um welche eine Säule des fraglichen Körpers von der Länge 1 durch einen Druck verkürzt wird, welcher ihrem eigenen Gewicht gleich ist.

Wenden wir diese Gleichung zunächst auf die Berechnung der Fortpflanzungsgeschwindigkeit des Schalles im Wasser an.

Nach den Versuchen von Colladon und Sturm wird das Wasser durch den Druck einer Atmosphäre um 0,0000496 oder in runder Zahl um 0,00005 seines Volumens zusammengedrückt; bei unveränderlichem Querschnitt würde also eine Wassersäule von 1 Meter Höhe durch diesen Druck um 0,00005 Meter comprimirt werden. Der Druck einer Atmosphäre ist aber gleich dem Druck einer 10,336 oder in runder Zahl einer 10 Meter hohen Wassersäule. Eine 1 Meter hohe Wassersäule wird also durch den Druck einer gleichfalls 1 Meter hohen Wassersäule (bei unverändertem Querschnitt) um $\frac{0,00005}{10}$, also um 0,000005 Meter comprimirt, für Wasser ist also $l = 0,000005$. Setzen wir diesen Werth von l in Gleichung (2), so kommt, wenn wir für g seinen Werth 9,8 setzen,

$$v = \sqrt{\frac{9,8}{0,000005}} = \sqrt{1960000} = 1400 \text{ Meter.}$$

Durch directe Versuche im Genfer See fand Collabon für die Fortpflanzungsgeschwindigkeit des Schalles im Wasser 1435 Meter.

Aufgaben. Durch den Druck einer Atmosphäre wird
Quecksilber um 0,0000034,
Weingeist » 0,000095
seines Volumens comprimirt. Wie groß ist demnach der Werth von l für Quecksilber und Weingeist? Wie groß ist die Fortpflanzungsgeschwindigkeit des Schalles in diesen Flüssigkeiten?

Für feste Körper muß der Werth von l aus dem Elasticitätsmodulus berechnet werden. Der Elasticitätsmodulus ist bekanntlich das Gewicht, welches man an einen Stab von einem zur Einheit genommenen Querschnitt anhängen müßte, um ihn bis zur doppelten Länge auszuziehen (vorausgesetzt, daß er bis dahin seine Elasticitätsgränze noch nicht überschritten hätte). Bezeichnen wir den Elasticitätsmodulus mit K, so wird also durch das Gewicht K ein Stab von 1 Meter Länge auf 2 Meter ausgezogen, also um 1 Meter verlängert.

Ein Stab von 1 Meter Länge und 1 Quadratcentimeter Querschnitt wiegt $\varkappa$ Gramme; die Zahl $\varkappa$ findet man aber, wenn man das specifische Gewicht der Substanz mit 100 multiplicirt.

Wird nun an einen Stab von 1 Meter Länge und 1 Quadratcentimeter Querschnitt eine seinem eigenen Gewichte $\varkappa$ gleiche Last angehängt, so erfährt er eine Verlängerung l, welche sich aus der Proportion

$$K : 1 = \varkappa : l$$

ergiebt; es ist nämlich

$$l = \frac{\varkappa}{K}.$$

Wenn man den Stab mit einem seinem eigenen Gewichte $\varkappa$ gleichen Gewichte belastet, so erleidet er eine Verkürzung, welche der eben berechneten Verlängerung gleich ist.

Für 1 Quadratcentimeter Querschnitt ist z. B. der Elasticitätsmodulus des Tannenholzes, 150 000 000 Gramm.

Das specifische Gewicht des trockenen Tannenholzes ist 0,45, also $\varkappa = 45$;

Die Schallwellen.

für diese Holzart ist also $l = \dfrac{45}{150\,000\,000}$, mithin die Fortpflanzungsgeschwindigkeit des Schalles im Tannenholz

$$v = \sqrt{\dfrac{9{,}8 \cdot 150\,000\,000}{45}} = 5715 \text{ Meter.}$$

Da die Fortpflanzungsgeschwindigkeit des Schalles in Luft 340 Meter beträgt, so ist sie im Tannenholz $\dfrac{5715}{340} = 16{,}8$ mal größer als in Luft, während sie nach directen Versuchen 18 mal größer sein sollte. Diese kleine Differenz ist leicht erklärlich, wenn man bedenkt, daß die Bestimmungen des Elasticitätsmodulus und des specifischen Gewichtes nicht an demselben Holzstück gemacht wurden, an welchem man die Fortpflanzungsgeschwindigkeit des Schalles ermittelte.

Aufgabe. Nach der Formel (2) ist die Fortpflanzungsgeschwindigkeit des Schalles im Eisen zu berechnen, für welches $K = 2\,000\,000\,000$ Gramm, und das specifische Gewicht 7,82 ist.

Zweites Capitel.

Die Vibrationen musikalischer Töne.

Beziehungen zwischen Schwingungsdauer, Wellenlänge und Fortpflanzungsgeschwindigkeit des Schalles. Bezeichnen wir die Fortpflanzungsgeschwindigkeit des Schalles mit v, die Wellenlänge eines bestimmten Tones mit l und die Schwingungsdauer desselben mit t, so bestehen zwischen diesen Größen folgende Beziehungen

$$v = l \cdot t \quad \ldots \ldots \ldots \ldots \quad (1)$$

$$l = \dfrac{v}{t} \quad \ldots \ldots \ldots \ldots \quad (2)$$

$$t = \dfrac{v}{l} \quad \ldots \ldots \ldots \ldots \quad (3)$$

§. 55. (Zu §. 103 u. 110 d. Gr.)

Aufgaben. 1. Wie groß ist die Wellenlänge des Grundtones einer offenen 18 Pariser Zoll langen Röhre?

2. Wie groß ist die Schwingungsdauer dieses Tones? (v gleich 1050 Pariser Fuß.)

120   Zweites Buch. Zweites Capitel.

3. Welches ist die musikalische Bezeichnung dieses Tones, wenn das Stimmgabel a, also $\overline{a}$ 440 Schwingungen in der Secunde macht?

4. Wie groß ist danach die Schwingungszahl der Töne $\overline{c}$, $\overline{e}$, $\overline{g}$ und $\overline{\overline{c}}$?

5. Wie lang muß eine offene Pfeife sein, wenn ihr Grundton $\overline{a}$ sein soll?

6. Wie lang muß eine gedeckte Pfeife sein, deren Grundton C sein soll?

7. Der höchste noch hörbare Ton wird durch 36 000 Schwingungen in der Secunde erzeugt. Wie groß ist die Wellenlänge dieses Tones?

8. Für den tiefsten aller hörbaren Töne ist nach Savart's Versuchen $t = 1/7$ Secunde. Wie groß ist die Wellenlänge dieses Tones?

§. 56.
(In §. 111 d. Gr.)

Töne gespannter Saiten. Bezeichnet

l die Länge einer Saite,
p das Gewicht derselben,
s die Kraft, welche sie spannt,
g die beschleunigende Kraft der Schwere (also 981, wenn man das Centimeter zur Längeneinheit nimmt, wobei dann das Gramm zur Gewichtseinheit genommen werden muß),
t die Schwingungsdauer der Saite, d. h. die Zeit, welche sie zu einem Hingang braucht, so ist

$$t = \sqrt{\frac{p \cdot l}{g \cdot s}}.$$

Bezeichnet φ das specifische Gewicht der Substanz, aus welcher die Saite verfertigt ist, r aber den Halbmesser derselben, so ist $p = \pi r^2 l \varphi$, also auch

$$t = rl\sqrt{\frac{\pi \cdot \varphi}{g \cdot s}}.$$

Bezeichnet ferner n die Anzahl der Schwingungen, welche die Saite in einer Secunde vollendet, so ist $n \cdot t = 1$ oder $n = \dfrac{1}{t}$, folglich auch

$$n = \frac{1}{rl}\sqrt{\frac{g \cdot s}{\pi \cdot \varphi}}.$$

Unter übrigens gleichen Umständen verhält sich also die Schwingungszahl einer Saite:

1. Umgekehrt wie ihre Länge.
2. Direct wie die Quadratwurzel aus dem spannenden Gewichte.
3. Es verhalten sich unter übrigens gleichen Umständen die Schwingungszahlen zweier aus demselben Stoff verfertigten Saiten umgekehrt wie ihre Durchmesser.
4. Die Schwingungszahlen zweier aus verschiedenen Stoffen verfertigten Saiten verhalten sich umgekehrt wie die Quadratwurzeln aus den specifischen Gewichten dieser Stoffe.

Die Vibrationen musikalischer Töne. 121

Aufgaben. 1. Eine Stahlsaite von 1 Meter Länge ist so gespannt, daß sie den Ton c giebt; wie lang müßte dieselbe Saite bei unveränderter Spannung sein, um die Töne d, e, f, g, a, h und $\overline{c}$ zu geben.

2. Eine Stahlsaite giebt durch eine Kraft von 4 Kilogramm gespannt den Ton c, durch welche Kräfte müßte man diese Saite bei unveränderter Länge spannen, wenn sie die Töne d, e, f, g, a, h und c geben sollte?

3. Eine Stahlsaite von 1,2 Millimeter Durchmesser ist so gespannt, daß sie den Ton c giebt; wie dick müßte die Saite sein, um bei gleicher Länge und gleicher Spannung die große Terz, die Quint und die Octav von c zu geben.

4. Eine Stahlsaite ist so gespannt, daß sie den Ton c giebt; welche Töne werden bei gleicher Länge, gleichem Durchmesser und gleicher Spannung eine Saite von Kupferdraht und eine Darmsaite geben? (Specifisches Gewicht des Stahldrahtes ist 7,8, das des Kupferdrahtes ist 8,8, das der Darmsaite ist 0,9.)

5. Eine Stahlsaite ist 75 Centimeter lang, 0,08 Centimeter dick (also $r = 0,04$ Centimeter) und durch eine Kraft von 3 Kilogramm (3000 Gramm) gespannt; wie viel Schwingungen macht diese Saite in einer Secunde?

6. Durch welches Gewicht müßte man diese Saite spannen, damit sie den Ton c giebt?

7. Wie dick muß eine Stahlsaite von 50 Centimeter Länge sein, wenn sie bei einer Spannung von 10 Kilogramm den Ton c geben soll?

8. Wie lang muß eine Stahlsaite von 0,5 Millimeter Dicke sein, wenn sie bei einer Spannung von 10 Kilogramm den Ton c geben soll?

Transversalschwingungen elastischer Stäbe. Die Beziehungen §. 57. zwischen der Schwingungszahl eines Stabes und seinen Dimensionen sind durch (Zu §. 112 die Formel b. Gr.)

$$n = C \frac{e}{l^2} \sqrt{\frac{gK}{\varphi}} \quad \ldots \ldots \ldots (1)$$

ausgedrückt, in welcher n die Schwingungszahl, l die Länge des Stabes, e dessen Dicke in der Richtung der Schwingungen und C einen constanten Factor bezeichnet, welcher von der Art abhängt, in welcher der Stab unterstützt oder eingeklemmt ist, sowie auch von der Anzahl der Schwingungsknoten, durch welche er sich abtheilt. Es bezeichnet ferner g die beschleunigende Kraft der Schwere, K den Elasticitätsmodulus und φ das specifische Gewicht der Platte, aus welcher der Stab verfertigt ist.

Nach Gleichung (1) ist also die Schwingungszahl eines Stabes
1. direct proportional der Dicke,
2. umgekehrt proportional dem Quadrat der Länge,
3. direct proportional der Quadratwurzel aus dem Elasticitätsmodulus der Substanz und
4. umgekehrt proportional der Quadratwurzel aus dem specifischen Gewichte der Substanz.

122   Zweites Buch. Zweites Capitel. Die Vibrationen ɾc.

Von der Breite des Stabes ist die Schwingungszahl unabhängig.

Aufgaben.   1. Ein Stahlstab von der Fig. 106 dargestellten Form, 15 Centimeter lang und 7 Millimeter dick, giebt den Ton $\overline{\overline{gis}}$; wie groß ist demnach für solche frei auf gespannten Schnüren aufgelegte Stäbe der Factor C? (Für Stahl ist $K = 2\,000\,000\,000$ und $\varphi = 7{,}8$.)

Fig. 106.

$\frac{1}{1}$

2. Wie dick müßte der Stahlstab bei unveränderter Länge sein, um die große Terz, die Quint und die Octav von $\overline{\overline{gis}}$ zu geben?

3. Wie lang müßte man einen 7 Millimeter dicken Stahlstab machen, wenn er die große Terz, die Quint oder die Octav von $\overline{\overline{gis}}$ geben sollte?

4. Eine Glasplatte, 14,9 Centimeter lang, 4,3 Centimeter breit, 6 Millimeter dick und auf Schnüre gelegt, wie Fig. 106 zeigt, giebt mit einem hölzernen Hämmerchen angeschlagen, den Ton $\overline{f}$; welches ist der Elasticitätsmodulus des Glases? (Specifisches Gewicht $= 2{,}4$.)

5. Welchen Ton giebt ein Stab von Glockenmetall, welcher mit dem in der ersten Aufgabe besprochenen Stahlstab gleiche Dimensionen hat? (Für Glockenmetall ist $K = 320\,000\,000$ und $\varphi = 8{,}8$.)

6. Welchen Ton giebt eine Glasplatte von 1 Decimeter Länge, 1,5 Millimeter Dicke und 3 Centimeter Breite, wenn sie wie der Stahlstab Fig. 106 auf gespannte Schnüre gelegt und durch ein Hämmerchen angeschlagen wird?

7. Die Stimmgabel gehört auch in die Kategorie vibrirender Stäbe und annähernd kann man jeden Schenkel betrachten als einen an dem einen Ende festgeklemmten Stab. Welchen Einfluß hat es nun auf die Tonhöhe, wenn man die Schenkel der Stimmgabel verkürzt?

8. Welchen Einfluß hat es auf die Tonhöhe einer Stimmgabel, wenn man ihre Schenkel durch Abfeilen der einander zugekehrten Flächen dünner macht?

Drittes Buch.

Optik, oder die Lehre vom Lichte.

Erstes Capitel.

Verbreitung des Lichtes.

Geschwindigkeit des Lichtes. Vergeblich hatten die Mitglieder der Florentinischen Akademie durch Versuche auf der Erde die Geschwindigkeit des Lichtes zu ermitteln versucht. Erst dem dänischen Astronomen Römer gelang es durch seine fleißigen Beobachtungen der Jupiterstrabanten, die er in den Jahren 1675 und 1676 mit Cassini dem Aelteren auf der Sternwarte zu Paris anstellte, dieselbe zu bestimmen.

§. 58. (.³)u §. 117 v. Gr.)

Ueber die Erscheinungen der Jupiterstrabanten überhaupt, sowie über ihre Verfinsterungen findet man die zum Verständniß des Folgenden nöthigen Angaben in der kosmischen Physik, Seite 168.

Die Geschwindigkeit, mit welcher sich das Licht im Weltraume fortpflanzt, ergiebt sich in folgender Weise aus einer genauen Beobachtung der Momente des Eintrittes oder des Austrittes der Trabanten in oder aus dem Schatten des Jupiter.

In Fig. 107 stelle S die Sonne, der um S gezogene Kreis die Erdbahn und T den Jupiter mit der Bahn eines seiner Trabanten dar. Während die

Fig. 107.

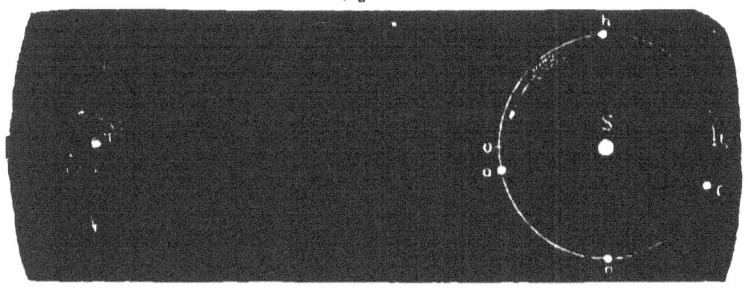

Erde die Hälfte ihrer Bahn, also den Weg von o über g bis k, durchläuft, vollendet der Jupiter nur etwa $1/24$ seiner Bahn; der einfacheren Betrachtung wegen wollen wir jetzt von dieser Bewegung des Jupiter ganz abstrahiren und annehmen, er stände ganz still. Während sich die Erde von o bis k bewegt, also während der Zeit von der Opposition des Jupiter bis zur Conjunction, können wir von der Erde aus sehen, wie die Trabanten auf der Ostseite des Schattens aus demselben austreten; von der Zeit der Conjunction aber bis zur nächsten Opposition können wir nur die Eintritte des Trabanten in den Jupitersschatten beobachten; während dieser Zeit sehen wir den Trabanten westlich vom Jupiter verschwinden.

Ermittelt man die Zeit, welche zwischen zwei auf einander folgenden **Austritten** eines und desselben Trabanten, etwa des ersten, vergeht, während Sonne und Jupiter in Quadratur sind, die Erde sich also ungefähr in g befindet, so findet man diese Zeit größer; ermittelt man dagegen die Zeit, welche zwischen zwei auf einander folgenden **Eintritten** bei der nächsten Quadratur verfließt, wenn die Erde ungefähr in h steht, so findet man sie kleiner, als wenn man dieselbe Bestimmung kurz vor oder nach der Opposition oder Conjunction macht.

Dies ist nun eine Folge davon, daß sich das Licht nicht momentan fortpflanzt, sondern daß es zur Durchlaufung größerer Räume eine namhafte Zeit gebraucht.

Zur Zeit der Opposition oder der Conjunction bewegt sich die Erde in Beziehung auf den Jupiter in einer Weise, daß sie sich demselben nicht merklich nähert oder von demselben entfernt; in diesen Perioden ist also die zwischen zwei auf einander folgenden Ein- oder Austritten vergehende Zeit nahezu die Umlaufszeit des Trabanten um den Jupiter.

In der Nähe der Quadratur bei g entfernt sich die Erde in gerader Linie von dem Jupiter und die zwischen zwei auf einander folgenden beobachteten Austritten vergehende Zeit ist also gleich der Umlaufszeit des Trabanten $+$ der Zeit, welche das Licht zur Durchlaufung des Weges gebraucht, um welchen sich unterdessen die Erde vom Jupiter entfernt hat.

Zur Zeit derjenigen Quadratur, in welcher man die Eintritte der Trabanten in den Jupitersschatten sehen kann, also wenn sich die Erde ungefähr in h befindet, nähert sie sich fast in gerader Linie dem Jupiter, und demnach ist die Zeit, welche zwischen den beiden Momenten vergeht, in welchen man während dieser Periode zwei auf einander folgende Eintritte beobachtet, gleich der Umlaufszeit des Trabanten — der Zeit, welche das Licht zum Durchlaufen des Weges gebraucht, um welchen sich während dieses Umlaufs die Erde dem Jupiter genähert hat.

Ein Beispiel mag dies erläutern.

Im Jahre 1851 wurde alsbald nach der Opposition ein Austritt des ersten Trabanten beobachtet am 11. April um 15^h 6′ 36,3″; der nächste am 13. April um 9^h 35′ 3,0″. Zieht man die erstere Zeit von der letzteren ab, so ergiebt sich für die Umlaufszeit des ersten Trabanten

42 Stunden 28 Minuten 26,7 Secunden.

Zur Zeit der nächsten Quadratur wurde ein Austritt beobachtet am

14. Juli um 10^h 21' 50,3" und ein anderer, und zwar von diesem an gerechnet der neunte, am 30. Juli um 8^h 39' 42". Zieht man die erstere Zeit von der letzteren ab und dividirt man durch 9, so ergiebt sich für die zwischen zwei auf einander folgenden Austritten liegende Zeit

42 Stunden 28 Minuten 39 Secunden.

Zieht man davon die Umlaufszeit ab, wie sie aus den Aprilbeobachtungen abgeleitet wurde, so ergiebt sich 12,3 Secunden als die Zeit, welche das Licht gebrauchte, um den Raum zu durchlaufen, um welchen sich in der Periode der Quadratur die Erde von dem Jupiter entfernt, während der erste Trabant einen Umlauf vollendet.

In einer Secunde geht die Erde in ihrer Bahn um 4 geographische Meilen vorwärts; während $42^1/_2$ Stunden, der Umlaufszeit des ersten Trabanten, durchläuft sie also einen Raum von 612000 Meilen, und diesen Raum durchläuft das Licht in 12,3 Secunden, in 1 Secunde also einen Weg von 49700 Meilen.

Dies Resultat ist jedoch nicht genau, wie sich denn überhaupt in der angegebenen Weise aus einzelnen Beobachtungen deshalb keine genaueren Resultate ziehen lassen, weil die Trabanten nicht immer genau durch die Mitte des Jupitersschatten gehen und deshalb die Aus- und Eintritte bald etwas früher, bald etwas später erfolgen, als wenn die Trabanten stets an derselben Stelle den Jupitersschatten passirten.

Die genaue Umlaufszeit der Trabanten kann nur aus einer größeren Reihe von Beobachtungen mit Genauigkeit ermittelt werden. Sie ist für den ersten Trabanten 42 Stunden 28 Minuten 35 Secunden.

Kennt man einmal die Umlaufszeit des Trabanten, kennt man ferner den Moment, in welchem kurz nach der Opposition, als sich etwa die Erde in a befand, ein Austritt desselben beobachtet wurde, so kann man berechnen, in welchem Momente, von dem erwähnten an gerechnet, der 100ste Austritt desselben Trabanten beobachtet werden müßte, vorausgesetzt, daß sich das Licht momentan fortpflanzte. (Bei dieser Berechnung darf aber natürlich die Fortbewegung des Jupiter und also auch die Veränderung in der Lage seines Schattens nicht unberücksichtigt bleiben.) Während dieser 100 Umläufe hat sich aber die Erde ungefähr bis c fortbewegt, und wenn man nun den Austritt beobachten will, so findet man, daß derselbe später, und zwar ungefähr um 15 Minuten nach dem berechneten Moment, stattfindet. Die Zeit nun, welche zwischen dem berechneten Moment und dem Zeitpunkte vergeht, in welchem der Austritt wirklich beobachtet wird, ist die Zeit, welche das Licht nöthig hat, um die Entfernung zu durchlaufen, um welche die Erde jetzt, da sie sich in c befindet, weiter von dem Jupiter absteht, als da sie noch in a war.

Man findet nun die Geschwindigkeit des Lichtes, wenn man die Differenz der Entfernungen durch beobachtete Verspätung dividirt. Es ergiebt sich auf diese Weise, daß das Licht in einer Secunde ungefähr einen Weg von 42000 Meilen zurücklegt, und daß es, um von der Sonne zur Erde zu gelangen, 8 Minuten 13 Secunden bedarf.

128 Drittes Buch. Erstes Capitel. Verbreitung des Lichtes.

Auf der anderen Hälfte der Erdbahn, zwischen einer Conjunction und der nächsten Opposition, werden die Eintritte vor den Momenten eintreten, welche man in obiger Weise von einem Eintritt unmittelbar nach der Conjunction ausgehend berechnet hat.

Für einige Fixsterne hat man bereits ihre Entfernung von der Erde bestimmt (Kosmische Physik, Seite 220); da wir nun auch die Geschwindigkeit kennen, mit welcher sich das Licht im Weltraume fortpflanzt, so läßt sich leicht berechnen, welche Zeit das Licht gebraucht, um von einem dieser uns zunächst gelegenen Fixsterne auf die Erde zu gelangen. Es ergiebt sich für

α Centauri . . . . 3,5 Jahre
61 cygni . . . . 8,7 »
Sirius . . . . 14,1 »
Wega . . . . 15,3 »
Arcturus . . . . 24,3 »

Wenn also plötzlich das Licht des Arcturus verlöschen würde, so würden wir ihn doch noch 24 Jahre nach diesem Ereigniß am Himmel glänzen sehen.

§. 59. Photometrie. *Aufgaben.* 1. Der Fleck des Bunsen'schen Photometers, Fig. 427 des Grundrisses, verschwindet, wenn eine Stearinkerze auf der einen Seite des Schirmes 1,8 Fuß, eine Argand'sche Lampe aber auf der anderen Seite des Schirmes 7 Fuß von demselben entfernt ist; in welchem Verhältniß stehen die Leuchtkräfte der Stearinkerze und der Argand'schen Lampe?

2. In einem Saale von 20 Fuß Breite und 40 Fuß Länge sind drei Argand'sche Lampen auf der Längsaxe des Saales bei L, L' und L'', Fig. 108, so angebracht, daß der Abstand AL sowohl wie der Abstand EL'' und $L'L$ gleich 10 Fuß ist. Nimmt man nun die Erleuchtung, welche eine Argand'sche Lampe in 10 Fuß Entfernung hervorbringt, zur Einheit, wie groß ist alsdann die durch die drei Lampen in den Punkten $A, B, C, D \ldots H$ hervorgebrachte Erleuchtung?

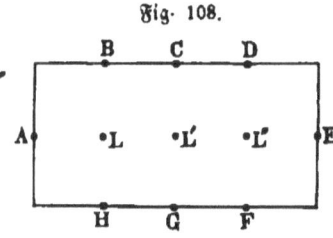
Fig. 108.

3. Wie groß würde die Erleuchtung in den Punkten $A, B, C, D \ldots H$ sein, wenn man die drei Lampen in der Mitte des Saales bei L' vereinigte?

Zweites Capitel.

Die Reflexion oder Spiegelung des Lichtes.

Der Spiegelsextant. Zu den wichtigsten Anwendungen der Reflexions- §. 60.
gesetze ebener Spiegel gehört der Spiegelsextant, ein für den Seefahrer (Zu §. 120
unentbehrliches Winkelmaßinstrument. Das Princip, auf welchem die Construc- v. Gr.)
tion des Spiegelsextanten beruht, ist folgendes: Es sei A, Fig. 109, ein
kleiner Spiegel, an dessen oberer Hälfte
die Belegung abgenommen ist, so daß
ein in O befindliches Auge durch den
freien Theil der Glasplatte hindurch-
sehen kann; in B befinde sich nun ein
zweiter Spiegel, der um eine Axe drehbar ist, welche rechtwinklig auf der
Ebene der Figur steht. Man kann nun
dem Spiegel B eine solche Stellung
geben, daß ein von einem fernen Gegenstande herkommender Strahl EB,
welcher neben dem Spiegel A vorbei-
geht, durch den Spiegel B nach A und
dann vom Spiegel A nach O reflectirt
wird; das Auge in O wird in diesem
Falle durch die unbelegte Hälfte des
Spiegels A in der Richtung OE_1 den
ferneren Gegenstand direct, im belegten
Theile aber das Bild desselben Gegenstandes sehen. Wir wollen diese Stellung des Spiegels B die Anfangsstellung nennen.

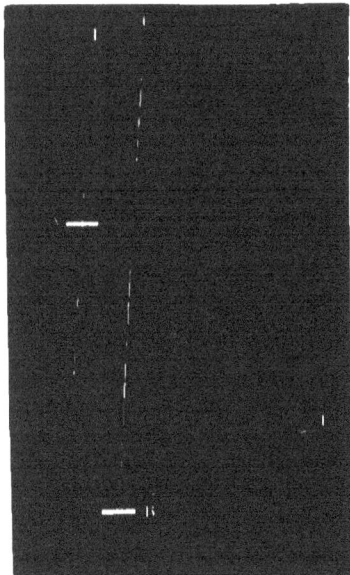

Fig. 109.

Wenn aber nun der Spiegel B um
seine Axe gedreht wird, wenn er etwa in die durch Schraffirung angedeutete
Lage gebracht ist, so kann der Strahl EB nicht mehr nach A reflectirt werden,
man wird also in dem unteren Theile des Spiegels A nicht mehr das Bild
desselben Gegenstandes sehen, den man durch die obere Hälfte erblickt, sondern
das Bild eines anderen Gegenstandes, von welchem der Strahl FB herkommt.

Des kürzeren Ausdruckes wegen wollen wir den Gegenstand, von welchem der Strahl EB herkommt, mit L, den Gegenstand, von welchem der Strahl FB herkommt, mit R bezeichnen.

Die Winkelmessung mit dem Sextanten beruht nun darauf, daß der Winkel, um welchen man den Spiegel B aus seiner Anfangsstellung drehen muß, um im unteren Theile des Spiegels A das Bild des Gegenstandes R zu sehen, während man durch die obere Hälfte immer noch L erblickt, halb so groß ist als der Winkel, welchen die nach L und R gerichteten Visirlinien BE und BF mit einander machen.

Die Richtigkeit dieser Behauptung läßt sich leicht mit Hülfe des schon betrachteten Apparates Fig. 110 darthun. Wenn der Spiegel f so gestellt ist, daß der Zeiger c vor die Spalte a zu stehen kommt, so wird ein durch diese Spalte nach dem Spiegel schauendes Auge das Bild des Zeigers und der

Fig. 110.

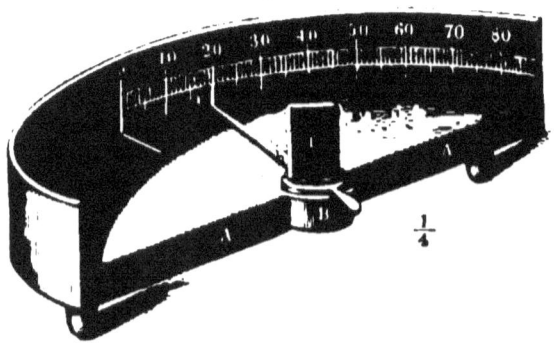

Spalte selbst erblicken; wird aber jetzt der Spiegel um 10°, 20°, 30° u. s. w. gedreht, so sieht das Auge bei a das Bild der Theilstriche 20°, 40°, 60° u. s. w. Kurz, wenn man den Spiegel f um einen Winkel n aus seiner Anfangsstellung gedreht hat, so sendet er nun das Bild eines um den Winkel $2n$ von der Spalte abstehenden Theilstrichs nach a hin. — Ebenso beim Spiegelsextant. Wird der Spiegel B um n Grad nach der Rechten gedreht, so sendet er in der Richtung BA Strahlen nach dem Spiegel A, die von einem Gegenstande R kommen, welcher um $2n$ Grade rechts von L liegt.

In Fig. 111 ist ein Spiegelsextant abgebildet, und zwar ein Sextant von der einfachsten Einrichtung. A ist der feste oben durchsichtige Spiegel. Der Spiegel B, den unsere Figur von der Rückseite zeigt, ist um den Mittelpunkt des getheilten Kreises MN drehbar. Dem Spiegel A gegenüber ist an das Gestell eine Messingplatte angeschraubt, in welcher sich ein kleines Loch o befindet, an welches man das Auge hält, um nach dem Spiegel A zu sehen. Der Spiegel B ist auf einer um ihren Mittelpunkt drehbaren Scheibe befestigt, von welcher wie ein Radius die Schiene DC ausgeht; wenn also der Spiegel B

Die Reflexion oder Spiegelung des Lichtes.

um seine Axe gedreht wird, so durchläuft das Ende C dieser Schiene die Theilung des Kreises; um genauer ablesen zu können, ist bei C an der Schiene
Fig. 111.

CD ein Nonius Ci befestigt. Die Theilung ist so eingerichtet, daß der Nonius auf den Nullpunkt der Theilung zeigt, wenn die beiden Spiegel parallel sind. Jeder halbe Grad der Theilung ist für einen ganzen gezählt, d. h. die Theilstriche, die von dem Nullpunkte der Theilung um 10, 20, 30 u. s. w. Grade abstehen, sind mit 20, 40, 60 bezeichnet, weil man ja doch den Winkel, um welchen der Spiegel B gedreht wird, mit 2 multipliciren muß, um den verlangten Winkel zu erhalten.

Gewöhnlich ist der getheilte Kreisbogen nur etwas mehr als $1/6$ des Kreisumfanges, daher der Name Sextant. Das Instrument bedarf keines Stativs, man nimmt es an dem Handgriffe h in die Hand und hält das Instrument dann so vor das Auge, daß man durch die Oeffnung o und den oberen Theil des Spiegels A denjenigen der beiden einzuvisirenden Gegenstände sieht, welcher links liegt, und dreht dann an der Schiene CD, bis in dem unteren Theile des Spiegels A das Bild des anderen rechts gelegenen Gegenstandes gerade unter dem anderen Bilde erscheint. Ist dies erreicht, so stellt man die drehbare Schiene mit Hülfe einer Schraube bei n fest und liest dann den Nonius ab.

An Spiegelsextanten, welche zu genaueren Messungen dienen sollen, ist statt der kleinen Oeffnung o ein nach dem Spiegel A gerichtetes Fernrohr angebracht. Wenn man durch ein Fernrohr beobachtet, so sieht man nicht mehr, wie bei der Beobachtung mit bloßem Auge, den Spiegel A in zwei Felder getheilt, d. h. man unterscheidet durch das Fernrohr sehend nicht mehr den belegten und den unbelegten Theil des Spiegels A, sondern die beiden Bilder fallen ganz über einander.

Fig. 112 (a. f. S.) stellt einen aufs Vollständigste ausgestatteten Spiegelsextanten dar. Die Figur ist nach den bisherigen Erklärungen wohl leicht zu verstehen. C ist der feste, B der drehbare Spiegel; ED ist das eben besprochene Fernrohr. H ist der Handgriff, welcher hier parallel mit der Ebene des Instrumentes angebracht ist. G ist eine Loupe, welche man über den Nonius stellt, um besser ablesen zu können.

Bei L und bei K sind dunkelfarbige Gläser, sogenannte Blendgläser, angebracht, welche man in den Weg der einfallenden Strahlen bringt, wenn

Fig. 112.

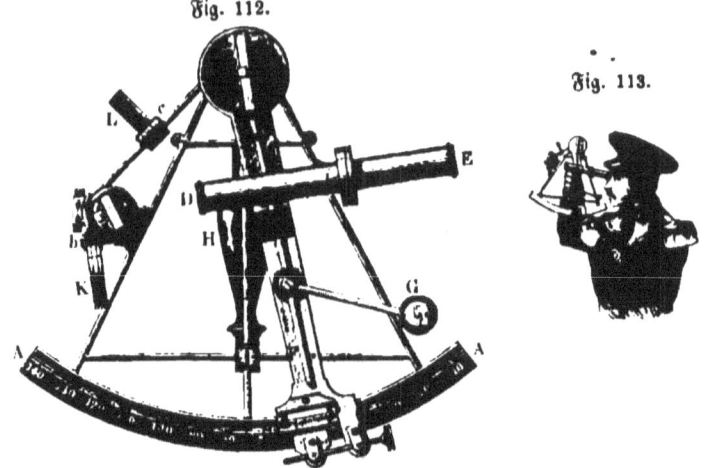

Fig. 113.

man Sonnenhöhen-messen will, weil das Sonnenlicht viel zu hell ist, als daß man ohne ein solches Hülfsmittel die Sonne visiren könnte.

Die Ebene des getheilten Kreises muß immer in die Ebene der Visirlinien fallen, deren Winkel man messen will. Um z. B. die Höhe eines Gestirnes über dem Horizonte zu messen, muß die Ebene des Kreises vertical gehalten werden, wie dies Fig. 113 erläutert.

Eine andere Construction des Spiegelsextanten zeigt Fig. 114.

Fig. 114.

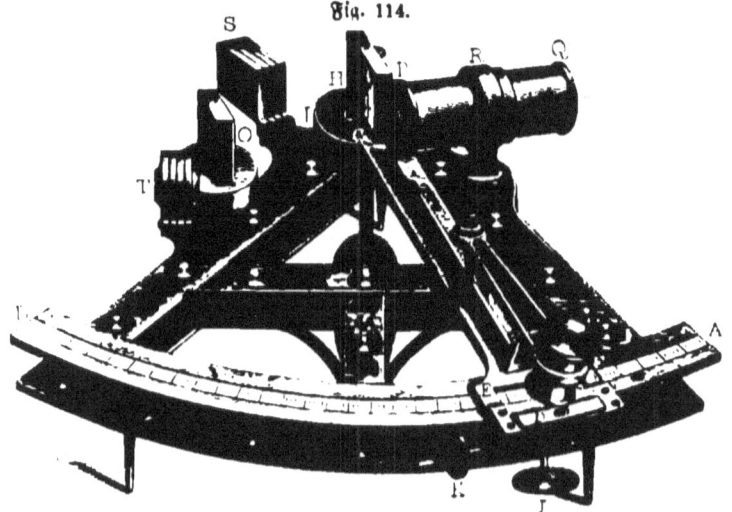

Die Reflexion oder Spiegelung des Lichtes. 133

Hohlspiegel. Der Satz, daß alle parallel mit der Axe auf einen Hohl- §. 61.
spiegel fallenden Strahlen im Brennpunkte vereinigt werden, ist, wie bereits in (zu §. 12)
§. 123 des Grundrisses bemerkt wurde, nur so lange annähernd wahr, als die u. 121 d.Gr.)
Oeffnung des Spiegels klein ist. Wir wollen nun genauer die Stelle bestimmen, in welcher ein parallel mit der Axe einfallender, vom Hohlspiegel reflectir-
ter Strahl die Axe schneidet.

Betrachten wir die bereits aus dem Grundriß bekannte Fig. 115, so haben
wir aus dem Dreieck bFC die Proportion

$$\sin r : \sin r = R : CF,$$

wenn der Winkel bFC mit v bezeichnet wird, und daraus

$$CF = \frac{R \cdot \sin r}{\sin v}.$$

Fig. 115.

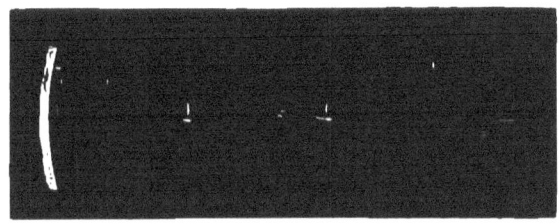

Nun aber ist $r = i$, $v = 180 - r - x = 180 - 2i$, mithin
$\sin v = \sin 2i$; substituirt man diese Werthe, so kommt

$$FC = R \cdot \frac{\sin i}{\sin 2i}.$$

Je kleiner nun i wird, desto mehr nähert sich FC dem Werthe $0{,}5\,R$.
Folgendes sind die Werthe von FC, welche verschiedenen Werthen von i entsprechen:

i	FC
1°	$R \cdot 0{,}50006$
2	$R \cdot 0{,}50031$
5	$R \cdot 0{,}50191$
10	$R \cdot 0{,}50771$
15	$R \cdot 0{,}51764$
20	$R \cdot 0{,}54448$

Man sieht, daß für Werthe von i bis 5° hin FC nur wenig von $R \cdot 0{,}5$
abweicht. Selbst für $i = 10°$ ist diese Abweichung noch nicht bedeutend, über
diesen Werth von i hinaus wird aber der Ueberschuß von FC über $\frac{1}{2}R$
hinaus alsbald sehr merklich.

Wir haben gesehen, daß, wenn ein leuchtender Punkt A, Fig. 116 (a.f.S.),
auf der Axe des Hohlspiegels sich immer mehr demselben nähert, daß alsdann der

Vereinigungspunkt a der vom Hohlspiegel reflectirten Strahlen sich von dem Hohlspiegel entfernt. Wir wollen nun die genaueren Beziehungen zwischen der Vereinigungsweite da und der Gegenstandsweite dA entwickeln.

Fig. 116.

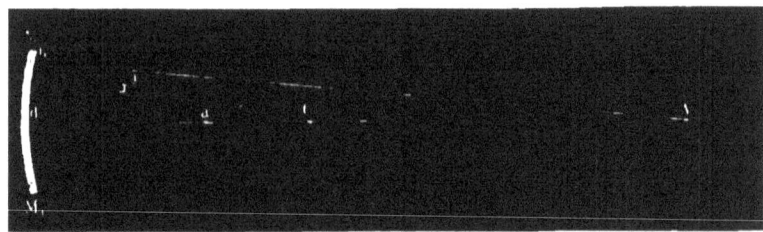

Aus dem Dreieck baC haben wir
$$ba : aC = \sin v : \sin i \qquad \ldots \ldots \ldots (1)$$
wenn wir mit v den Winkel bCa bezeichnen, da ja Winkel r gleich Winkel i ist. Ebenso haben wir für das Dreieck bCA
$$bA : CA = \sin v : \sin i \qquad \ldots \ldots \ldots (2)$$
da ja der Sinus des Winkels bCA gleich ist dem Sinus seines Nebenwinkels bCd. Aus der Combination der Gleichungen (1) und (2) folgt aber
$$ba : aC = bA : CA \qquad \ldots \ldots \ldots (3)$$

Nun aber ist ohne merklichen Fehler ba gleich der Vereinigungsweite da, die wir mit h bezeichnen wollen, und bA gleich der Gegenstandsweite dA, die mit g bezeichnet werden mag, wir haben also
$$h : aC = g : CA \qquad \ldots \ldots \ldots (4)$$

Bezeichnen wir die Brennweite des Spiegels mit f, so ist $Cd = 2f$ und $aC = 2f - h$; CA aber ist gleich $g - 2f$, die Gleichung (4) geht also über in
$$h : 2f - h = g : g - 2f,$$
woraus endlich
$$h = \frac{gf}{g - f} \qquad \ldots \ldots \ldots (5)$$

Nach dieser Formel kann man die Vereinigungsweite h berechnen, wenn die Brennweite f des Hohlspiegels und die Gegenstandsweite g bekannt sind.

Die Gleichung (5) läßt sich in folgende verwandeln
$$h = \frac{f}{1 - \dfrac{f}{g}};$$
in dieser Form übersieht man leicht, daß h um so größer wird, je mehr g abnimmt. Für $g = \infty$ wird $h = f$; für $g = 2f$ wird $h = 2f$. Sobald g kleiner wird als $2f$, wird h größer als $2f$ und für $g = f$ wird h gleich $\dfrac{f}{0}$, also gleich

Die Reflexion oder Spiegelung des Lichtes. 135

unendlich. Wenn g kleiner ist als f, so ist $\frac{f}{g}$ größer als 1, folglich wird der Werth von h negativ, was andeutet, daß in diesem Falle die von dem Spiegel reflectirten Strahlen nicht mehr nach einem Punkte vor dem Spiegel convergiren, sondern daß sie divergiren, als ob sie von einem Punkte hinter dem Spiegel kämen.

Aufgaben. 1. Die Brennweite eines Hohlspiegels sei 8 Decimeter. Wie groß ist der Abstand des Bildes vom Spiegel, wenn ein Gegenstand 60, 15, 12, 9, 7, 5 Decimeter weit vom Spiegel entfernt ist?

2. Für einen Brennspiegel sei $f = 7$ Zoll. Wie weit muß der Gegenstand entfernt sein, wenn das scharfe Bild 8, 11, 14, 18, 36, 60 Zoll vom Spiegel entfernt sein soll?

3. Von einem 10 Fuß entfernten Gegenstande entwirft ein Hohlspiegel ein deutliches Bild in einer Entfernung von 3 Fuß. Wie groß ist die Brennweite des Spiegels?

Drittes Capitel.

Die Brechung des Lichtes.

Das Brechungsgesetz. *Aufgaben.* 1. Wenn ein Lichtstrahl so auf eine ebene Wasseroberfläche fällt, daß er einen Winkel von 60° mit dem Einfallsloth macht, so wird er nach dem Uebergange in Wasser einen Winkel von 40° 14' mit dem Einfallsloth machen. Wie groß ist demnach der Brechungsexponent für den Uebergang eines Lichtstrahles aus Luft in Wasser?

§. 62.
(Zu S. 127 d. Gr.)

2. Für den Uebergang aus Luft in Glas hat man als zusammengehörige Werthe des Einfalls- und Brechungswinkels gefunden $i = 60°$ und $r = 34°28'$. Wie groß ist demnach der Brechungsexponent des Glases?

3. Wie groß müssen beim Uebergang eines Lichtstrahles aus Luft in Wasser die Einfallswinkel sein, wenn die zugehörigen Brechungswinkel 10, 20, 30 und 40° sein sollen?

4. Wie groß sind beim Uebergang aus Luft in Wasser die Brechungswinkel, welche den Einfallswinkeln 10, 20, 30 u. s. w. bis 90° entsprechen?

5. Ein Lichtstrahl fällt so auf eine ebene Glasfläche, daß der Einfallswinkel $i = 42°$ ist; wie groß ist der zugehörige Brechungswinkel?

6. Wie groß ist beim Uebergang aus Luft in Glas der Werth des Brechungswinkels r, welcher den Einfallswinkeln i gleich 5, 15, 25 u. s. w. bis 85° entspricht?

NB. Die Aufgaben 3 bis 6 können sowohl durch Rechnung als auch durch Construction gelöst werden. Im ersteren Falle nehme man für den Brechungsexponenten aus Luft in Wasser $n = 1{,}34$ und für den Brechungsexponenten aus Luft in Glas $n = 1{,}53$. Wenn man aber die Aufgaben durch Construction lösen will, so kann man die angenäherten Brechungsexponenten $n = 1{,}33\ldots = 4/3$ und $n = 1{,}5 = 3/2$ in Anwendung bringen.

7. Für den Uebergang aus Luft ist der Brechungsexponent für

Wasser 1,34
Alkohol 1,37
Benzol 1,50
Crownglas 1,53
Flintglas 1,64
Schwefelkohlenstoff 1,68
Diamant 2,47

Wie groß ist für diese Substanzen der Werth des Gränzwinkels?

Wenn n der Brechungsexponent ist für den Uebergang aus Luft in eine Substanz A, n' der Brechungsexponent für den Uebergang eines Lichtstrahles aus Luft in eine Substanz B, so ist $\dfrac{n'}{n}$ der Brechungsexponent für den Uebergang des Lichtstrahles aus der Substanz A in die Substanz B.

So ist z. B. der Brechungsexponent für Luft und Wasser also $n = 1{,}34$; für Luft und Glas ist er $n' = 1{,}53$; demnach ist der Brechungsexponent für den Uebergang aus Wasser in Glas gleich $\dfrac{1{,}53}{1{,}34} = 1{,}14$. Nach dieser Notiz sind die folgenden Aufgaben leicht zu lösen.

8. Wie groß ist der Brechungsexponent für den Uebergang eines Lichtstrahles aus Wasser in Benzol?

9. Wie groß ist der Brechungsexponent für den Uebergang eines Lichtstrahles aus Wasser in Schwefelkohlenstoff?

10. Wie groß ist der Werth des Gränzwinkels für den Uebergang eines Lichtstrahles aus Wasser in Benzol?

11. Wie groß ist der Gränzwinkel für den Uebergang eines Lichtstrahles aus Wasser in Schwefelkohlenstoff?

§. 63.   **Grösse der Ablenkung.** Die Größe der durch die Brechung hervorgebrachten Ablenkung wird gefunden, wenn man den Brechungswinkel vom

Die Brechung des Lichtes.

Einfallswinkel abzieht. Wir wollen nun untersuchen, in welchem Verhältnisse die Ablenkung wächst, wenn der Brechungswinkel zunimmt; fassen wir bei dieser Betrachtung einen bestimmten Fall ins Auge, etwa den Uebergang der Strahlen aus Luft in Glas: in diesem Falle ist der Brechungsexponent $3/2$ oder 1,5; es ist also

$$\sin i = 1{,}5 \cdot \sin r.$$

Nach dieser Formel kann man nun leicht für jeden beliebigen Brechungswinkel den zugehörigen Einfallswinkel und die Ablenkung finden; die folgende kleine Tabelle enthält für die von 5 zu 5 Grad fortschreitenden Brechungswinkel die entsprechenden Einfallswinkel und Ablenkungen:

r	i	Ablenkung	Zunahme der Ablenkung
5°	7° 30'	2° 30'	2° 30'
10	15 5	5 5	2 35
15	22 50	7 50	2 45
20	30 52	10 52	3 2
25	39 21	14 21	3 29
30	48 35	18 35	4 14
35	59 12	24 12	5 37
40	74 34	34 34	10 22

Aus dieser Tabelle sieht man, daß die Ablenkung nicht dem Brechungswinkel proportional wächst, sondern daß diese Ablenkung für kleine Einfallswinkel gering ist, für größere aber in einem weit rascheren Verhältnisse zunimmt als die Brechungswinkel. Beistehende Figur 117 stellt dieses graphisch dar; die Abscissen sind den Brechungswinkeln, die Ordinaten den entsprechenden Ablenkungen proportional aufgetragen.

Fig. 117.

Dem Brechungswinkel 30° entspricht die Ablenkung 18° 35'; wächst der Brechungswinkel um 5°, so nimmt die Ablenkung um 5° 37' zu; nimmt aber der Brechungswinkel um 5° ab, so wird die Ablenkung nur um 4° 14' abnehmen, oder allgemein, wenn man, von einer bestimmten Richtung des gebrochenen Strahles ausgehend, den Brechungswinkel wachsen läßt. So nimmt die Ablenkung mehr zu, als sie abnehmen würde, wenn der Brechungswinkel eben so viel verkleinert würde.

Aufgaben. 1. Um wie viel muß man den Einfallswinkel von 50^0 vergrößern, damit beim Uebergang aus Luft in Glas der entsprechende Brechungswinkel um 2^0 zunehme? Um wie viel ist dabei die Ablenkung gewachsen?

2. Um wie viel müßte man aber den Einfallswinkel von 50^0 verkleinern, damit beim Uebergang aus Luft in Glas der Brechungswinkel um 2^0 abnehme? Um wie viel ist dabei die Ablenkung kleiner geworden?

3. Was ist größer, die Zunahme der Ablenkung im ersten oder die Abnahme der Ablenkung im zweiten Beispiele?

4. Um wie viel nimmt beim Uebergang aus Glas in Luft die Ablenkung zu, wenn der Brechungswinkel von 38^0 um 1^0 zunimmt, und wie viel nimmt sie ab, wenn der Brechungswinkel um 1^0 abnimmt? Was ist größer, die Zunahme oder die Abnahme?

§. 64.   Ablenkung der Lichtstrahlen durch Prismen. In Fig. 118 (Zu §. 128 d. Gr.) sei abc der Querschnitt eines Prismas; es sei ferner n der Punkt, wo ein Lichtstrahl ln in das Prisma eintritt, n' der Punkt, in welchem er aus dem Prisma austritt. In n sowohl als in n' denke man sich nun die Einfallslothe errichtet, so machen diese Einfallslothe einen Winkel z mit einander, welcher gleich ist $180 - g$, wenn man mit g den brechenden Winkel des Prismas bezeichnet.

Fig. 118.

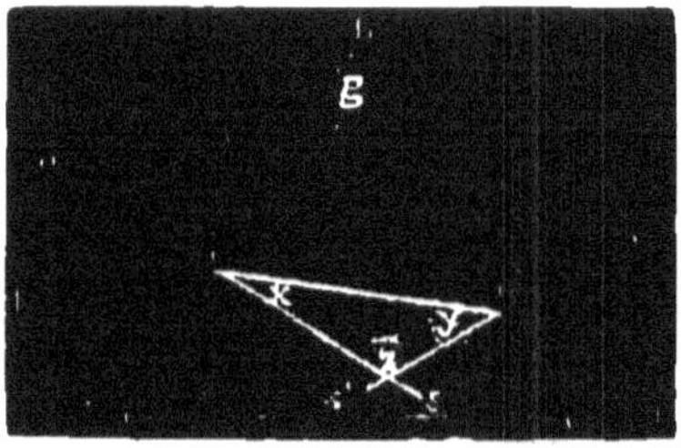

Bezeichnen wir nun ferner mit x und y die Winkel, welche der gebrochene Strahl nn' mit den in n und n' errichteten Einfallslothen macht, so sieht man leicht, daß x, y und z die drei Winkel eines Dreiecks sind, daß also $y = 180^0 - z - x$. Setzt man für z seinen Werth $180 - g$, so kommt

$$y = g - x \quad \ldots \ldots \ldots \ldots (1)$$

oder

$$x + y = g \quad \ldots \ldots \ldots \ldots (2)$$

Nachdem man diese Relation zwischen den Brechungswinkeln x und y an den beiden brechenden Flächen des Prismas gefunden hat, ist es nun auch leicht, die totale Ablenkung zu berechnen, welche das Prisma hervorbringt.

Bezeichnen wir den Einfallswinkel lno mit i, so ist die Ablenkung d, welche der Lichtstrahl bei n erleidet,

$$d = i - x \quad \ldots \ldots \ldots \ldots (3)$$

Die Brechung des Lichtes.

zwischen i und x besteht aber die Relation

$$sin\, i = n . sin\, x \qquad (4)$$

wenn n den Brechungsexponenten der Substanz bezeichnet, aus welchem das Prisma verfertigt ist. Bei n' erleidet der austretende Lichtstrahl eine Ablenkung

$$d' = i' — y \qquad (5)$$

wenn mit i' der Winkel $o'n'l'$ bezeichnet wird, wo dann zwischen i' und y wieder die Relation

$$sin\, i' = n . sin\, y \qquad (6)$$

besteht. Für die Gesammtablenkung haben wir aber endlich

$$D = d + d'$$
$$D = i — x + i' — y \qquad (7)$$

Ist i gegeben, so kann man mit Hülfe der Gleichung (4) den Zahlenwerth von x, nach Gleichung (1) den Werth von y, nach Gleichung (6) den Werth von i' und nach Gleichung (7) endlich den Werth der ganzen durch das Prisma bewirkten Ablenkung berechnen.

Aufgaben. 1. Der brechende Winkel eines Glasprismas (also g) ist 60°. Wie groß ist die durch das Prisma hervorgebrachte Ablenkung, wenn für den eintretenden Strahl der Einfallswinkel i gleich 52° ist?

2. Wie groß ist für dasselbe Prisma die Ablenkung D, wenn i gleich 48° 35' und wenn i gleich 42° ist?

3. Für ein Glasprisma sei $g = 45°$; wie groß wird D für $i = 39°$, für $i = 31°$ und für $i = 28°$?

Das Minimum der durch ein Prisma hervorgebrachten Ablenkung. §. 65. Wenn ein Lichtstrahl so durch ein Prisma geht, daß er mit den beiden Flächen gleiche Winkel macht, so ist die Totalablenkung, welche der Strahl durch das Prisma erleidet, kleiner als bei jeder anderen Lage des gebrochenen Strahles.

Von der Wahrheit dieses wichtigen Satzes kann man sich leicht überzeugen. Der Strahl ln, Fig. 119, sei so gebrochen, daß der gebrochene Strahl nn' gleiche Winkel mit den Flächen ba und bc macht, so ist auch der Brechungswinkel snn' gleich dem Winkel $s'n'n = x$, und die Ablenkung d, die der Strahl bei n erfährt, ist gleich der Ablenkung bei n'; folglich ist die totale Ablenkung, d. h. der Winkel, welchen der einfallende Strahl ln mit dem austretenden $n'p$ macht,

$$D = 2d.$$

Fig. 119.

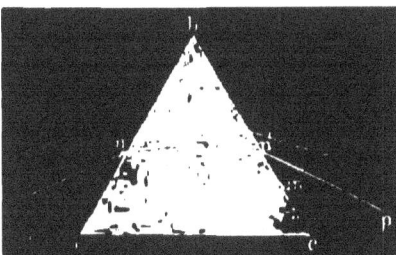

Wenn nun die Richtung des einfallenden Strahles verändert wird, wenn er etwa in der Richtung $l'n$ einfiele, so würde der gebrochene Strahl die Richtung nm haben, der Brechungswinkel snm wäre also jetzt kleiner als x, während der Winkel, den nm mit dem in m errichteten Einfallslothe macht, um eben so viel größer ist als x; die Ablenkung bei n hat also abgenommen, auf der anderen Seite aber hat sie zugenommen. Bezeichnen wir die Abnahme der Ablenkung bei n mit α, so ist jetzt hier die Ablenkung $d - \alpha$. Nach der auf Seite 137 angestellten Betrachtung muß aber die Ablenkung bei m um mehr als α zugenommen haben; wir können also die bei m stattfindende Ablenkung mit $d + \alpha + \beta$ bezeichnen. Die Totalablenkung D' ist aber die Summe der an beiden Flächen stattfindenden Ablenkungen, also

$$D' = d - \alpha + d + \alpha + \beta$$

oder

$$D' = 2d + \beta,$$

sie ist also größer als die Ablenkung D.

Hätte der einfallende Strahl die Richtung $l''n$ gehabt, so wäre die Ablenkung an der ersten Fläche größer als d, an der zweiten kleiner als d geworden; die Zunahme der Ablenkung an der ersten Fläche ist aber bedeutender als die Abnahme an der zweiten, folglich ist auch in diesem Falle die Totalablenkung größer als bei symmetrischem Durchgange des Strahles.

Wenn man durch ein Prisma das Bild eines Gegenstandes betrachtet, so kann man durch Drehung des Prismas leicht die Stellung ausmitteln, für welche die Ablenkung ein Minimum ist; hat man das Prisma so gestellt, so macht auch der gebrochene Strahl im Prisma gleiche Winkel mit den Seitenflächen, oder, mit anderen Worten, er steht rechtwinklig auf der Halbirungslinie des brechenden Winkels.

Kennt man den brechenden Winkel g eines Prismas und das Minimum der Ablenkung, welches durch dasselbe hervorgebracht wird, so reichen diese Data hin, um den Brechungsexponenten des Stoffes zu bestimmen, aus welchem das Prisma gemacht ist.

In Fig. 120 sei $lnn'p$ ein Lichtstrahl, welcher das Prisma symmetrisch durchläuft, so ist der Winkel d, den ln mit ab macht, gleich dem Winkel

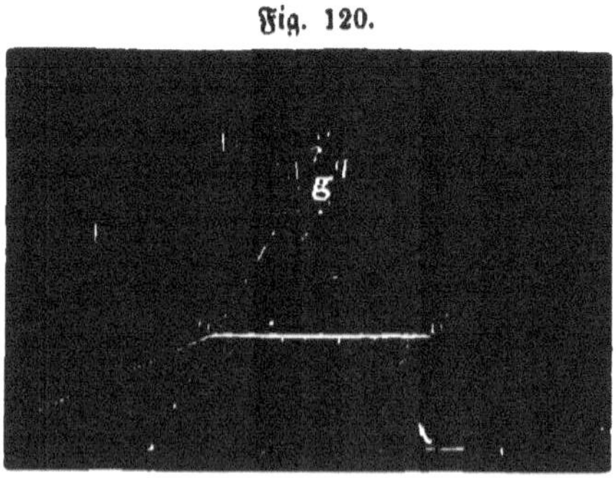

$$cn'p = 90^0 - i,$$

wenn mit i der Einfallswinkel bezeichnet wird. Denken wir uns nun durch die Spitze b des Prismas ro parallel mit dem austretenden und hb parallel mit dem eintretenden Strahle gezogen, so ist hbr der Ablenkungswinkel D. Nun aber ist

Fig. 120.

Die Brechung des Lichtes.

$$D = 180° - d - y - q;$$

ferner ist $d = q = 90° - i$, also
$$D = 2i - g,$$
und daraus
$$i = \frac{D + g}{2}.$$

Der Brechungsexponent n wird bekanntlich gefunden, wenn man den Sinus des Einfallswinkels durch den Sinus des Brechungswinkels dividirt, es ist also

$$n = \frac{\sin i}{\sin x}.$$

Im vorigen Paragraphen haben wir gesehen, daß
$$x + y = g,$$
wenn x und y die Winkel bezeichnen, welche der Strahl im Glase mit den auf der Eintritts- und Austrittsfläche errichteten Einfallslothen macht. In unserem Falle ist aber $x = y$, folglich $x = \frac{g}{2}$, und wenn man für i und x die eben ermittelten Werthe in obigen Werth von n setzt:

$$n = \frac{\sin \frac{D + g}{2}}{\sin \frac{g}{2}}.$$

Nach dieser wichtigen Formel kann man also stets den Brechungsexponenten n für ein Prisma berechnen, wenn man das Minimum der Ablenkung beobachtet hat, welche es hervorbringt, und wenn sein brechender Winkel g gemessen worden ist.

Aufgaben. 1. Welches ist das Minimum der Ablenkung für ein Glasprisma ($n = 1,53$), dessen brechender Winkel 60° ist?

2. Welches ist das Minimum der Ablenkung für ein Prisma derselben Substanz, wenn $g = 45°$ ist?

3. Welches ist die kleinste Ablenkung, welche ein Wasserprisma von 60° hervorbringt?

4. Welches ist das Minimum der Ablenkung für ein Wasserprisma von 45°?

5. Welches sind die kleinsten Ablenkungen, welche zwei Flintglasprismen ($n = 1,63$) hervorbringen, wenn ihre brechenden Winkel 60° und 45° betragen?

Bestimmung des Brechungsexponenten fester und flüssiger §. 66. **Körper.** Um den Brechungsexponenten fester Körper zu finden, muß man ein Prisma aus denselben verfertigen. Den brechenden Winkel dieses Prismas kann man mit Hülfe eines Goniometers, das Minimum der Ablenkung aber, wenn es nicht auf äußerste Genauigkeit ankommt, mit Hülfe des Apparates Fig. 121 finden.

Dieser Apparat besteht aus einem hölzernen Dreieck, an welchem unten ein Griff befestigt ist, so daß man es wie einen Spiegelsextanten bequem horizontal

Fig. 121.

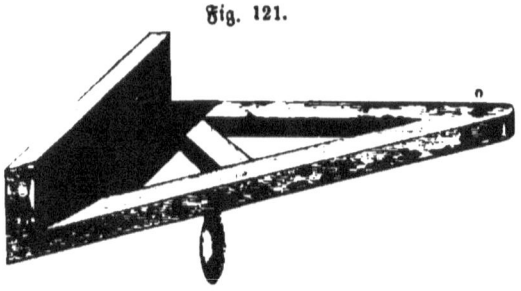

halten kann. An einer Seite des rechten Winkels steht ein Brettchen vertical, und auf diesem befindet sich eine in Millimeter getheilte Scala. Bei o befindet sich ein Loch, und ein von demselben auf das verticale Brettchen gefälltes Perpendikel trifft den Nullpunkt der Theilung. In dieses Loch wird nun das Prisma eingesetzt; für Flüssigkeiten ein kleines Hohlprisma.

Wenn das Hohlprisma bis zur Hälfte mit einer Flüssigkeit gefüllt ist, so erblickt man durch den unteren Theil desselben das gebrochene, nach der linken Seite hin verschobene Bild des Nullpunktes der Scala, während man durch den oberen Theil die Scala direct sieht. Die Stelle, an welcher das gebrochene Bild des Nullpunktes erscheint, ist veränderlich, je nachdem man das Prisma um seine verticale Axe etwas mehr nach der einen oder der anderen Seite dreht; es läßt sich aber durch ein solches Drehen stets leicht eine Stellung des Prismas ausfindig machen, für welche die Ablenkung ein Minimum ist. Wenn z. B. Wasser in das Prisma gefüllt worden ist, so giebt es eine bestimmte Stellung, für welche (vorausgesetzt, daß der brechende Winkel 45° ist und der Abstand des Prismas vom Nullpunkte der Theilung 200 Millimeter beträgt) das Bild des Nullpunktes mit dem durch den oberen Theil des Prismas gesehenen Theilstriche 58 zusammenfällt; für jede andere Stellung des Prismas wird das Bild des Nullpunktes noch weiter abgelenkt erscheinen.

Wenn das Prisma so gestellt ist, daß das Bild des Nullpunktes ein Minimum von Ablenkung erfährt, so läßt sich, wie im vorigen Paragraphen gezeigt wurde, der Brechungsexponent der Flüssigkeit im Prisma leicht aus dem beobachteten Ablenkungswinkel und dem brechenden Winkel des Prismas berechnen.

Der brechende Winkel des Prismas ist für unser Instrument 45°.

Der Ablenkungswinkel ergiebt sich aus der Beobachtung des Theilstriches, mit welchem das Bild des Nullpunktes zusammenfällt; man hat nämlich nur die Zahl dieses Theilstriches durch die Entfernung des Prismas von der Scala zu dividiren, um die Tangente des Ablenkungswinkels zu finden. Die Entfernung des Prismas von der Scala beträgt in unserem Instrumente 200 Milli-

Die Brechung des Lichtes. 143

meter. Wenn nun das Prisma mit Wasser gefüllt ist, so erscheint das Bild des Nullpunktes um 58 Millimeter nach der Linken gerückt, die Tangente des Ablenkungswinkels ist also in diesem Falle

$$\frac{58}{200} = 0{,}29.$$

Der Ablenkungswinkel selbst ist also in diesem Falle 16° 10′ 20″.

Den Brechungsexponenten der zu untersuchenden Flüssigkeit berechnet man nun nach der Formel

$$n = \frac{\sin\frac{D+g}{2}}{\sin\frac{g}{2}},$$

in welcher g den brechenden Winkel des Prismas und D das Minimum des Ablenkungswinkels bezeichnet; für unser Instrument ist $g = 45°$ und bei dem eben besprochenen Beispiele $D = 16° 10′ 20″$.

Um die jedesmalige Berechnung des Brechungsexponenten zu ersparen, sind in der folgenden Tabelle die Brechungsexponenten zusammengestellt, welche den einzelnen Theilstrichen der Scala von 10 zu 10 entsprechen.

Scalentheile.	Entsprechende Brechungsexponenten.	Differenzen des Brechungsexponenten für einen Scalentheil.
50	1,2875	0,00525
60	1,3400	0,00504
70	1,3904	0,00481
80	1,4385	0,00459
90	1,4844	0,00435
100	1,5279	0,00411
110	1,5690	0,00385
120	1,6081	0,00368
130	1,6449	0,00347
140	1,6796	0,00325
150	1,7121	0,00309
160	1,7430	0,00292
170	1,7715	0,00270
180	1,7985	0,00255
190	1,8240	0,00232
200	1,8572	

Erschiene z. B. für eine bestimmte Flüssigkeit beim Minimum der Ablenkung das Bild des Nullpunktes beim Theilstriche 80, so wäre der Brechungsexponent dieser Flüssigkeit 1,4385.

Um auch leicht die Brechungsexponenten für die Zwischenabtheilungen der Scala finden zu können, sind in der letzten Columne der Tabelle die Differenzen der Brechungsexponenten angegeben, welche den einzelnen Theilstrichen entsprechen. Hätte man z. B. den Nullpunkt beim Theilstriche 113 beobachtet, so hätte man zu dem Brechungsexponenten, welcher dem Theilstriche 110 entspricht, also zu 1,5690, noch dreimal die Differenz 0,00385 zu addiren; der Brechungsexponent, welcher dem Theilstriche 113 entspricht, ist also

$$1,5690 + 0,00385 \times 3 = 1,5690 + 0,01155 = 1,58055.$$

Um mit annähernder Genauigkeit den Brechungsexponenten einer Substanz für verschiedene Farben zu bestimmen, hat man nur die angegebene Beobachtung in der Art auszuführen, daß man ein rothes, grünes, blaues u. s. w. Glas vor das Auge hält.

Weiter unten werden wir sehen, wie nach diesem Princip die Brechungsexponenten für verschiedenfarbige Strahlen mit größerer Genauigkeit bestimmt werden können.

Eine für Vorlesungen sehr zweckmäßige Abänderung des Apparates, Fig. 121, besteht darin, daß man ihn in größerem Maßstabe ausführen läßt, etwa so, daß der Abstand vom Prisma zum Nullpunkte 1 Meter beträgt, während die Scala in Centimeter getheilt ist; man kann alsdann mit den in horizontaler Richtung durch ein Heliostat in ein dunkles Zimmer geworfenen Strahlen experimentiren.

Vor der Oeffnung o wird dann ein Blech angebracht, in welchem sich ein 2 bis 3 Millimeter weiter Spalt befindet, und nun das Ganze so aufgestellt, daß die vom Spiegel des Heliostaten kommenden Strahlen durch den fraglichen Spalt gerade auf den Nullpunkt der Theilung fallen. Bringt man darauf das Prisma an seine Stelle, so werden die Strahlen, welche vorher auf den Nullpunkt fielen, nun abgelenkt, und man beobachtet, auf welchen Punkt der Scala sie fallen, wenn das Prisma das Minimum der Ablenkung hervorbringt.

Ein solcher Apparat läßt sich auch zu manchen anderen optischen Demonstrationsversuchen anwenden.

Wenn es auf große Genauigkeit ankommt, so hat es manche Schwierigkeit, das Prisma in die Stellung zu bringen, welche dem Minimum der Ablenkung entspricht. — Meyerstein wendet deshalb zur genauen Bestimmung der Brechungsexponenten eine andere Methode an, bei welcher das Prisma so gestellt wird, daß der Strahl nur bei seinem Eintritte in dasselbe eine Ablenkung erleidet, die zweite Fläche aber ohne weitere Ablenkung passirt, indem er rechtwinklig zu derselben austritt. In Fig. 122 ist dieser Gang des Strahles dargestellt. Es ist klar, daß in diesem Falle der Brechungswinkel r gleich ist dem brechenden Winkel g des Prismas, und daß ferner der Einfallswinkel i gleich ist $r + s$, also auch gleich $g + s$, wenn wir mit s die Ablenkung be-

Die Brechung des Lichtes. 145

zeichnen, welche der Strahl bei seinem Eintritte in das Prisma erleidet. Da nun der Brechungsexponent

Fig. 122.

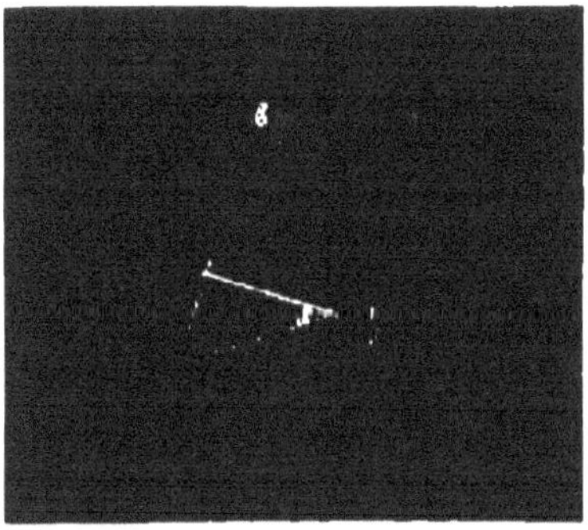

$$n = \frac{\sin i}{\sin r},$$

so haben wir auch

$$n = \frac{\sin(g + s)}{\sin g},$$

wenn für i und r die eben ausgeführten Werthe gesetzt werden. Die Beschreibung des ausgezeichneten Apparates, welchen Meyerstein construirt hat, um nach diesem Princip die Brechungsexponenten zu bestimmen, findet man in Poggendorff's Annalen (Bd. XCVIII).

Aufgaben. 1. Das Minimum der Ablenkung, welches ein Flintglasprisma von 60° hervorbringt, ist 48,5 Grad; welches ist der Brechungsexponent dieser Flintglassorte?

2. Ein Crownglasprisma, dessen brechender Winkel 45° beträgt, bringt als Minimum eine Ablenkung von 26 Grad hervor; wie groß ist der Brechungsexponent dieser Glassorte?

3. Als die untere Hälfte des zu dem Apparate Fig. 121 gehörigen Hohlprismas ($g = 45°$) mit Benzol gefüllt war, beobachtete man, daß für den Fall der geringsten Ablenkung das Bild des Nullpunktes beim Theilstriche 93 erschien; welches ist der Brechungsexponent des Benzols?

4. Als dasselbe Hohlprisma zur Hälfte mit Weingeist (specifisches Gewicht 0,84) gefüllt wurde, beobachtete man, daß für die geringste Ablenkung, welche das Weingeistprisma hervorbrachte, das Bild des Nullpunktes der Scala beim Theilstrich 65 erschien; welches ist der Brechungsexponent dieses Weingeistes?

Austritt der Strahlen aus dem Prisma. Wenn der Strahl, wel- §. 67. cher bei n, Fig. 123, in das Prisma eintritt, bei n' austreten soll, so muß der Winkel y kleiner sein als der Gränzwinkel r der Substanz, oder

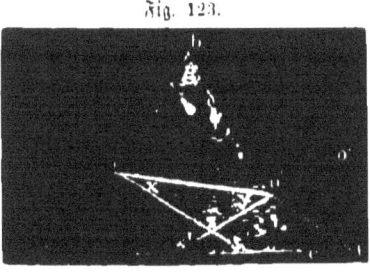

Fig. 123.

$$y < r;$$

da nun aber

$$y = g - x,$$

so hat man auch für die Bedingung des Austrittes

$g - x < r$
$g < v + x$
$g - r < x$.

Es ist kein Austritt des Strahles auf die andere Seite mehr möglich, sobald x gleich oder kleiner ist als $g - v$.

Wenn $g = 2v$, so erhält man für den Gränzwerth von x den Werth $x = r$; da nun aber andererseits der Brechungswinkel x immer kleiner ist als der Gränzwinkel v, so ist bei einem solchen Prisma der Austritt der Strahlen nie möglich; ebenso wenig ist er möglich, wenn der brechende Winkel des Prismas den doppelten Werth des Gränzwinkels v noch übersteigt.

Je mehr der brechende Winkel g des Prismas abnimmt, desto kleiner wird auch der Gränzwerth von x, für welchen noch ein Austritt möglich ist, desto mehr darf auch der einfallende Strahl ln, Fig. 123, sich dem Einfallslothe nähern. Wenn $g = v$, so ist der Gränzwerth für x gleich Null, es können also alle Strahlen austreten, welche in einer Richtung ln einfallen, die innerhalb des Winkels ona liegt. Wenn $g < v$, so können auch noch Strahlen austreten, deren Eintrittsrichtung innerhalb des Winkels onb liegt.

Aufgaben. 1. Welches ist der Gränzwerth für den brechenden Winkel eines Flintglasprismas, welcher nicht überschritten werden darf, wenn für den auf der einen Seite eintretenden Strahl der Austritt an der zweiten Fläche noch möglich sein soll?

2. Welches ist in gleichem Sinne der Gränzwerth von g für ein Crownglasprisma?

3. Welches ist der Gränzwerth von g für ein Wasserprisma?

4. Der brechende Winkel g eines Flintglasprismas beträgt 60°. Bis zu welcher Größe darf der Brechungswinkel x an der Eintrittsfläche ab abnehmen, wenn an der Fläche bc noch ein Austritt des Strahles möglich sein soll?

5. Dieselbe Aufgabe zu lösen für ein Crownglasprisma, dessen brechender Winkel 60° beträgt.

6. Dieselbe Aufgabe zu lösen für ein Wasserprisma von 60°.

7. Dieselbe Aufgabe zu lösen, a. für ein Flintglasprisma, b. für ein Crownglasprisma und c. für ein Wasserprisma, wenn $g = 45°$ ist.

8. Welches ist der größte Werth, welchen der brechende Winkel eines Flintglasprismas haben darf, wenn der auf der Vorderfläche rechtwinklig einfallende Strahl (also $x = 0$) auf der zweiten Fläche des Prismas noch austreten soll?

9. Dieselbe Aufgabe zu lösen, a. für ein Crownglasprisma und b. für ein Wasserprisma?

10. Welches ist für ein Wasserprisma, dessen brechender Winkel 40° beträgt, die äußerste Lage des einfallenden Strahles, für welchen noch ein Austritt an der zweiten Fläche des Prismas möglich sein soll?

Die Brechung des Lichtes. 147

11. Dieselbe Aufgabe zu lösen für ein Crownglasprisma, für welches $g = 34°$ und

12. für ein Flintglasprisma, für welches $g = 25°$ ist.

Es ist sehr zu rathen, den Lauf der Lichtstrahlen für die in diesem Paragraphen enthaltenen Aufgaben auch durch Zeichnung anschaulich zu machen.

Sammellinson. Am Schlusse des §. 130 ist bemerkt worden, daß der Vereinigungspunkt für die Randstrahlen einer Linse näher liege als der Vereinigungspunkt für die centralen Strahlen. Um sich von dieser Abweichung genügend Rechenschaft zu geben, muß man den Weg eines durch die Linse gehenden Strahles verfolgen, ohne dabei (was eben nur für ganz kleine Winkel annähernd wahr ist) das Verhältniß der Sinus mit dem Verhältniß der Winkel selbst zu vertauschen.

§. 68. (Zu §. 130 p. (61.))

Gehen wir wieder von dem in Fig. 124 dargestellten Falle aus. Wie wir bereits in §. 130 gesehen haben, ist

Fig. 124.

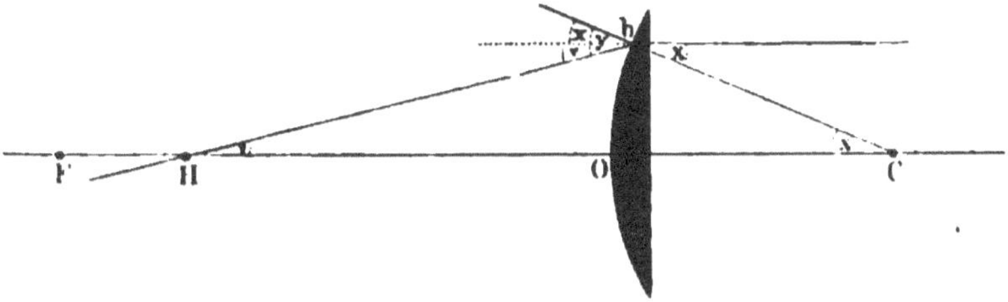

$$\sin y = n \cdot \sin x \quad . \quad . \quad (1)$$

und
$$v = y - x \quad . \quad . \quad . \quad (2)$$

Nun ist aber ferner
$$Hc = \frac{bc}{\tan v},$$

und da
$$bc = bC \cdot \sin x = r \cdot \sin x,$$

wenn man mit r den Krümmungshalbmesser bC bezeichnet, so ist endlich
$$Hc = \frac{r \cdot \sin x}{\tan v} \quad . \quad . \quad . \quad . \quad . \quad . \quad (3)$$

Diese Gleichung giebt also den Werth von Hc, wenn man vorher mit Hülfe der Gleichungen (1) und (2) den einem bestimmten Winkelwerth von x entsprechenden Werth von v berechnet hat.

Setzen wir $n = 1,5$ und $r = 1$, so ergeben sich folgende zusammengehörige Werthe von x und B, wenn wir unter B die Entfernung Hc verstehen:

10*

x	B	D
1°	1,9998	0,0004
5	1,9829	0,0209
10	1,9457	0,0695
15	1,8813	0,1528
20	1,7816	0,2787
30	1,4871	0,6468

Wir sehen also, daß die parallel mit der Axe einfallenden Strahlen durch die Linse keineswegs alle in demselben Hauptbrennpunkte vereinigt werden. Solche Strahlen, welche die Linse näher am Rande passiren, schneiden die Axe in Punkten, welche der Linse näher liegen als der Brennpunkt für die centralen Strahlen, wie dies auch Fig. 125 anschaulich macht.

In Fig. 124 sei F' der Brennpunkt für die centralen Strahlen, H der Punkt, in welchem ein näher am Rande durch die Linse gehender Strahl die Axe schneidet, so ist offenbar

$$FH = FO + Oc - Hc \ \ \ \ \ \ \ (4)$$

Fig. 125.

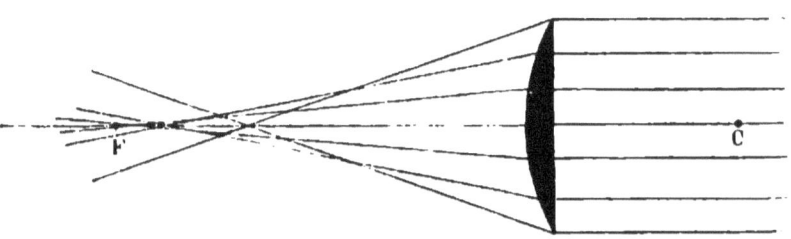

Oc ist offenbar gleich $\sin.\text{vers}\,x$, wenn wir den Halbmesser bC mit 1 bezeichnen, in welchem Fall denn auch $FO = 2$ ist. Setzen wir nun der Reihe nach in Gleichung (4) für Oc den Zahlenwerth des Sinus versus von 1°, 5°, 10°, 20° und 30°, und ferner für Hc die diesen Winkelwerthen von x entsprechenden Werthe dieser Länge, wie sie in obiger kleinen Tabelle unter B stehen, so erhält man die Zahlenwerthe für den Abstand HF, wie sie in jener Tabelle unter D verzeichnet sind.

Diesen Zahlenwerthen entsprechend ist in Fig. 125 der Verlauf der Strahlen verzeichnet, welche eine Planconvexe in Punkten treffen, die 10, 20, 30 Grad von der Mitte der Linse abstehen. Man sieht aus dieser Construction ebenso wie aus obiger Tabelle, wie bedeutend der Vereinigungspunkt der Randstrahlen vom Vereinigungspunkt der centralen Strahlen absteht, wenn die Krümmung der Linse von der Mitte bis zum Rande nur einigermaßen bedeutend ist.

Die Brechung des Lichtes.

Für eine Linse, welche reine Bilder geben soll, darf deshalb die Oeffnung, d. h. der Winkel, unter welchem die Linse von ihrem Brennpunkte aus gesehen erscheint, nicht mehr als 5°, höchstens 10° betragen.

In Fig. 126 sei ab ein Strahl, welcher parallel mit der Axe auf eine gleichgewölbte biconvexe Linse fällt; x der Winkel, welchen er mit dem Einfallslothe CN macht. Der Strahl wird nach bd hin gebrochen, und zwar haben

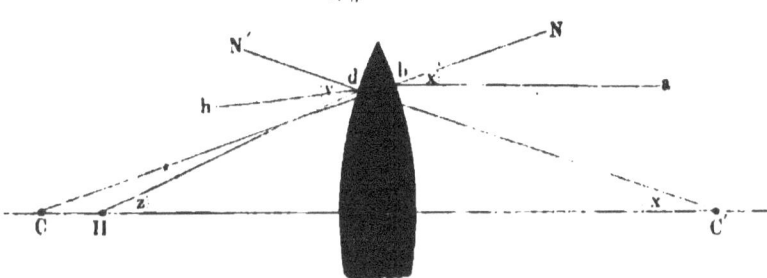

Fig. 126.

wir zur Bestimmung des Winkels hbC, den wir mit y bezeichnen wollen, die Gleichung

$$\sin y = \frac{1}{n} \sin x \quad \ldots \ldots \ldots \quad (5)$$

Bezeichnen wir mit y' den Winkel bdC', welchen bd mit dem Einfallsloth $C'N'$ macht, so haben wir

$$y + y' = 2x,$$

denn Winkel sCC' ist ohne merklichen Fehler gleich Winkel $sC'C$, also gleich x. Nun aber ist Winkel NsC' Außenwinkel an dem Dreieck sCC', folglich ist Winkel $NsC' = 2x$. Derselbe Winkel NsC' ist aber auch Außenwinkel am Dreieck sdb, folglich ist Winkel $NsC' = y + y'$, also endlich

$$y + y' = 2x$$

oder

$$y' = 2x - y \quad \ldots \ldots \ldots \quad (6)$$

Es ist aber ferner

$$\sin v = n \cdot \sin y' \quad \ldots \ldots \ldots \quad (7)$$

wenn wir mit v den Winkel $N'dH$ bezeichnen, welchen der in d aus der Linse austretende Strahl dH mit dem Einfallslothe $N'C'$ macht. Nennen wir ferner z den Winkel, welchen derselbe austretende Strahl dH mit der Axe macht, so haben wir

$$v = z + x,$$

weil v ein Außenwinkel am Dreieck dHC' ist, mithin auch

$$z = v - x \quad \ldots \ldots \ldots \quad (8)$$

150 Drittes Buch. Drittes Capitel.

Bezeichnen wir den Krümmungshalbmesser der Linse mit r, so ist

und
$$dc = r \sin x,$$
$$dc = Hc \cdot \tang z,$$

folglich
$$Hc = \frac{r \sin x}{\tang z} \quad \ldots \ldots \quad (9)$$

wonach man den Abstand Hc berechnen kann, nachdem man vorher mit Hülfe der Gleichungen (1), (2), (3) und (4) den Werth von z für ein bestimmtes x ermittelt hat.

Aufgaben. 1. Der Krümmungshalbmesser r für eine gleichgewölbte doppeltconvexe Linse sei gleich 1 Decimeter. Wie groß ist die Vereinigungsweite Hc für Strahlen, welche, parallel der Axe einfallend, die Linse in Punkten treffen, für welche x die Werthe 1, 5, 10, 15, 20, 30 Grad hat? Die berechneten Werthe der Vereinigungsweite sind mit den entsprechenden Werthen von x tabellarisch zusammenzustellen, wie dies auf Seite 148 für eine planconvexe Linse geschehen ist.

2. Dieselbe Aufgabe zu lösen für eine Linse, für welche $r = 1{,}5$ Zoll ist.

In ähnlicher Weise kann man auch den Gang der Lichtstrahlen durch Linsen verfolgen, deren Flächen nicht gleiche Krümmungshalbmesser haben, nur werden die Formeln etwas complicirter.

§. 69. **Brennpunkt für centrale Strahlen.** Für diejenigen Strahlen, welche als centrale betrachtet werden können, sind die Winkel x, y und z klein genug, um die Sinus und Tangenten dem Winkel selbst proportional setzen zu können. Für diesen Fall aber ergiebt sich aus Gleichung (1) des vorigen Paragraphen

$$y = n \cdot x;$$

Gleichung (3) aber wird

$$Hc = \frac{rx}{v},$$

und wenn man für v seinen Werth bei (2) setzt,

$$Hc = \frac{rx}{y-x}$$

$$Hc = \frac{rx}{nx - x}$$

also endlich
$$Hc = \frac{r}{n-1}.$$

Für centrale Strahlen fällt aber der Durchschnittspunkt H, Fig. 124, mit dem Hauptbrennpunkte F zusammen, wir haben also für den Abstand Fc des Brennpunktes einer planconvexen Linse von dem Glase

$$Fc = f = \frac{r}{n-1} \quad \ldots \ldots \quad (1)$$

wenn wir mit f die Brennweite bezeichnen.

Die Brechung des Lichtes.

Wäre $n = 1,5$, so ergäbe sich
$$f = 2r.$$
Der Brechungsexponent einer bestimmten Sorte von Flintglas sei z. B. für gelbe Strahlen 1,635, so ist für gelbe Strahlen die Brennweite einer aus dieser Glassorte geschliffenen planconvexen Linse
$$f = \frac{r}{0,635};$$
wenn also der Krümmungshalbmesser der gewölbten Seite $r = 12$ Zoll ist, so ergiebt sich
$$f = \frac{12}{0,635} = 18,89 \text{ Zoll}.$$

Um die Lage des Hauptbrennpunktes gleichgewölbter biconvexer Linsen zu finden, verfahren wir auf gleiche Weise. Aus Gleichung (5) ergiebt sich
$$y = \frac{x}{n}.$$
Aus Gleichung (6)
$$y' = 2x - \frac{x}{n}$$
oder
$$y' = \frac{2nx - x}{n}.$$
Aus Gleichung (7)
$$v = ny' = 2nx - x.$$
Aus Gleichung (8)
$$z = v - x = 2nx - 2x$$
oder
$$z = 2x(n-1),$$
und endlich aus Gleichung (9) für die Brennweite der Werth
$$f = \frac{r}{2(n-1)} \quad \ldots \ldots \quad (2)$$
für $n = 1,5$ ergiebt sich danach $f = r$. Für $n = 1,635$ ergiebt sich
$$f = \frac{r}{2 \cdot 0,635} = \frac{r}{1,270} = 0,787\, r.$$

Vergleichen wir die Werthe von f bei (1) und bei (2), so übersieht man leicht, daß ersterer doppelt so groß ist als letzterer. **Die Brennweite einer gleichgewölbten biconvexen Linse ist also halb so groß als die Brennweite einer planconvexen Linse von gleichem Krümmungshalbmesser.**

Berechnung der Bildweite. Ist einmal die Brennweite einer Linse bekannt, so kann man, wie wir schon in §. 130 des Grundrisses gesehen haben, durch Construction die Entfernung des Punktes von der Linse bestimmen, in welchem alle Strahlen durch die Linse wieder vereinigt werden, welche von

152   Drittes Buch. Drittes Capitel.

irgend einem auf der Axe liegenden leuchtenden Punkte ausgehen. Es ist aber in den meisten Fällen wünschenswerth, die Entfernung dieses Vereinigungs-

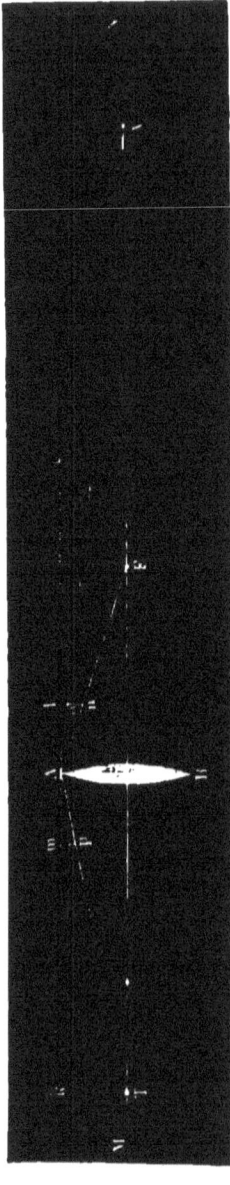

Fig. 127

punktes vom Glase auch durch Rechnung bestimmen zu können; eine Formel zur Berechnung dieser Entfernung läßt sich aber aus denselben Principien ableiten, auf welche wir die Construction gegründet haben.

In Fig. 127 sei AB eine Linse, deren Brennpunkt in F liegt. Ein parallel mit der Axe einfallender Strahl kA wird nach F hin gebrochen; die Richtung, nach welcher ein von T ausgehender Strahl TA gebrochen wird, findet man leicht, wenn man den Winkel $FAV =$ dem Winkel TAk macht. Wird nun $lA = Am = Ar$ gemacht (r ist der Mittelpunkt der Linse) und in l das Perpendikel lon, in m aber das Perpendikel mp errichtet, so wird mp jedenfalls sehr nahe gleich on sein, weil die Winkel TAk und FAV gleich sind und der Winkel gAV so klein ist, daß on sehr nahe rechtwinklig auf AV steht; es ist also

$$ln = lo + on = lo + mp \quad . \quad . \quad (1)$$

Wegen der Aehnlichkeit der Dreiecke FAr und Aln haben wir

$$Fr : rA = Al : ln$$

oder

$$f : 1 = 1 : ln,$$

wenn wir die Brennweite rF mit f und den Halbmesser der Linse $rA = Al$ gleich 1 setzen; es ist demnach

$$ln = \frac{1}{f}.$$

Aus der Aehnlichkeit der Dreiecke VAr und Alo folgt

$$Vr : Ar = Al : lo$$
$$a : 1 = 1 : lo,$$

also

$$lo = \frac{1}{a},$$

wenn wir die Entfernung Vr (also die Vereinigungsweite) mit a bezeichnen.

Ebenso ergiebt sich aus der Aehnlichkeit der Dreiecke Amp und ATr

$$mp = \frac{1}{b},$$

Die Brechung des Lichtes.

wenn man die Entfernung rT', also die Entfernung des leuchtenden Punktes von der Linse, mit b bezeichnet.

Setzt man die eben für ln, lo und mp gefundenen Werthe in die Gleichung (1), so kommt

$$\frac{1}{f} = \frac{1}{a} + \frac{1}{b}$$

oder

$$\frac{1}{a} = \frac{1}{f} - \frac{1}{b} \quad \ldots \ldots (2)$$

Nach dieser Formel kann man jederzeit berechnen, wie groß die Entfernung a des Punktes V von der Linse ist, in welchem die Strahlen vereinigt werden, welche von einem Punkte T vor der Linse ausgehen, dessen Abstand von der Linse gleich b ist.

Es sei z. B. die Brennweite einer Linse, also $f = 1$ Fuß, der Abstand des leuchtenden Punktes $b = 10$ Fuß, so hat man zur Bestimmung der Entfernung a des Vereinigungspunktes vom Glase die Gleichung

$$\frac{1}{a} = \frac{1}{1} - \frac{1}{10},$$

woraus

$$a = 1,111 \ldots$$

Für dieselbe Linse ergeben sich auf diese Weise folgende zusammengehörige Werthe der Entfernung b des Gegenstandes und der Entfernung a des Vereinigungspunktes von der Linse:

b	a
Unendlich	1
100	1,01
10	1,11
5	1,25
3	1,50
2	2,00
1,5	3,00
1,25	5,00
1,00	Unendlich

Aufgaben. 1. Durch eine Linse von 1 Centimeter Brennweite soll auf einem 3 Meter entfernten Schirme das vergrößerte Bild eines kleinen Gegenstandes entworfen werden; wie weit muß der Gegenstand von der Linse abstehen?

2. Dieselbe Aufgabe zu lösen für eine Linse von 3^{mm} Brennweite.

154 Drittes Buch. Drittes Capitel.

3. Wie stark ist in den beiden oben besprochenen Fällen die Vergrößerung?

4. Durch eine Linse von 1 Fuß (preuß.) Brennweite soll das Bild eines 30 Fuß entfernten Gegenstandes entworfen werden; wie weit ist das Bild von der Linse entfernt? in welchem Verhältniß steht die Größe des Bildes zur Größe des Gegenstandes?

5. Dieselbe Aufgabe zu lösen für eine Linse von 2 Zoll Brennweite?

6. Eine Linse von 6 Zoll Brennweite soll das Bild eines 4 Fuß und eines 6 Fuß entfernten Gegenstandes entwerfen. Wie verhält sich in beiden Fällen die Größe des Bildes zur Größe des Gegenstandes?

Die Lösung dieser Aufgabe macht die Ursache der bei Daguerreotyp-portraits so häufig vorkommenden Verzerrungen verständlich.

7. Der Gegenstand ist 3 Meter, das Bild ist 0,8 Meter von der Linse entfernt, wie groß ist ihre Brennweite?

8. Der Gegenstand ist 1 Centimeter, das Bild ist 1,5 Meter von der Linse entfernt, wie groß ist die Brennweite?

Wenn der Gegenstand der Linse näher liegt als der Brennpunkt, wenn also $b < f$, so wird der Werth von a in Gleichung (2) negativ, d. h. es liegt alsdann das virtuelle Bild mit dem Gegenstande auf derselben Seite der Linse.

9. Die Brennweite einer Linse, also f, sei $2''$; ein leuchtender Gegenstand liege 1 Zoll von demselben entfernt, d. h. es sei $b = 1$; wie groß ist a, oder in Worten, wie weit liegt das virtuelle Bild von der Linse entfernt? Wie verhält sich die Größe des Bildes zur Größe des Gegenstandes?

10. Für eine Linse sei $f = 0,8$ Centimeter. Ein kleiner Gegenstand ist innerhalb der Brennweite so angebracht, daß sein virtuelles Bild 30 Centimeter von dem Glase absteht; wie weit ist der Gegenstand von der Linse entfernt? (Siehe Grundriß Fig. 293.)

§. 71. **Hohllinsen.** Die Gleichung (2) des vorigen Paragraphen kommt auch (Zu §. 131 d. Gr.) in Anwendung, wenn die Lage des Punktes A, Fig. 128, bestimmt werden soll, von welcher aus die Strahlen nach ihrem Durchgang durch eine Hohl-

Fig. 128.

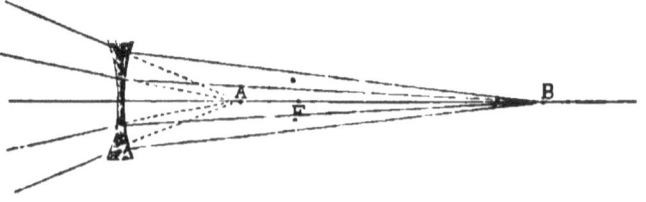

linse divergiren, welche, von irgend einem Punkte B auf der Axe der Hohllinse ausgehend, auf dieselbe fallen, nur muß man f negativ setzen, weil man ja nicht mit einem jenseits des Glases gelegenen Hauptbrennpunkte, sondern mit einem diesseits der Linse gelegenen Hauptzerstreuungspunkte zu thun hat. Es ergiebt sich demnach zur Bestimmung der Zerstreuungsweite a der Werth

$$\frac{1}{a} = -\left(\frac{1}{f} + \frac{1}{b}\right) \quad \ldots \ldots \quad (3)$$

a wird also immer negativ, d. h. der Zerstreuungspunkt liegt mit dem leuchtenden Punkte stets auf derselben Seite des Glases. Je kleiner b wird, desto kleiner wird auch a, je näher also der leuchtende Punkt der Hohllinse rückt, desto mehr nähert sich derselben auch der entsprechende Zerstreuungspunkt.

Aufgaben. 1. Es seien $f = 2,5$ Centimeter, $b = 6$ Centimeter; wie groß ist a?

2. Es seien $f = 5$ Zoll, $b = 20$ Zoll; wie groß ist a?

Bestimmung der Zerstreuungsweite von Hohllinsen. Da die §. 72. Hohllinsen keine Sammelbilder geben, so kann man auch die Zerstreuungsweite derselben nicht nach der Methode ermitteln, welche zur Bestimmung der Brennweite von Sammellinsen angewendet wird.

Wenn ein Bündel paralleler Strahlen auf eine Hohllinse fällt, so divergiren sie nach dem Durchgang durch die Linse; der Durchmesser des aus der Linse austretenden Strahlenkegels wird also um so größer werden, je weiter man sich von der Linse entfernt, und zwar wird, wie sich leicht übersehen läßt, der Durchmesser des Strahlenkegels doppelt so groß sein wie der Durchmesser der Linse an einer Stelle, welche ebenso weit von der Linse entfernt ist als der Hauptzerstreuungspunkt.

Um also die Zerstreuungsweite einer Hohllinse zu ermitteln, läßt man ein Bündel Sonnenstrahlen auf dieselbe fallen (am besten ein Bündel Sonnenstrahlen, welches durch den Spiegel eines Helioftaten in horizontaler Richtung ins dunkle Zimmer tritt) und bringt hinter der Linse einen Schirm von weißem Papier an. Auf diesem wird sich ein Lichtkreis bilden, welcher größer wird, wenn man den Schirm von der Linse entfernt. Man verschiebt nun den Schirm, bis der Durchmesser des Lichtkreises doppelt so groß ist als der Durchmesser der Linse. Der nun gemessene Abstand des Schirmes von der Linse ist gleich der gesuchten Zerstreuungsweite.

Zur Ausführung dieser Versuche ist die Fig. 247 des Grundrisses dargestellte optische Bank sehr geeignet.

Wirkung der Linsen auf convergirende Strahlen. Zum richtigen Verständniß verschiedener optischer Instrumente ist es von Wichtigkeit, zu untersuchen, wie der Lauf eines convergirenden Strahlenbündels durch Linsen modificirt wird.

Da ein Bündel paralleler Strahlen, welches mit der Axe parallel auf eine Convexlinse fällt, nach dem Hauptbrennpunkte gebrochen wird, so muß ein schon convergirendes Strahlenbündel nach einem noch näher beim Glase liegenden Punkte hin gebrochen werden.

Ein nach V, Fig. 129, convergirendes Strahlenbündel wird offenbar durch die Linse in T vereinigt werden, da ein von T divergirendes nach dem Durchgange

Fig. 129.

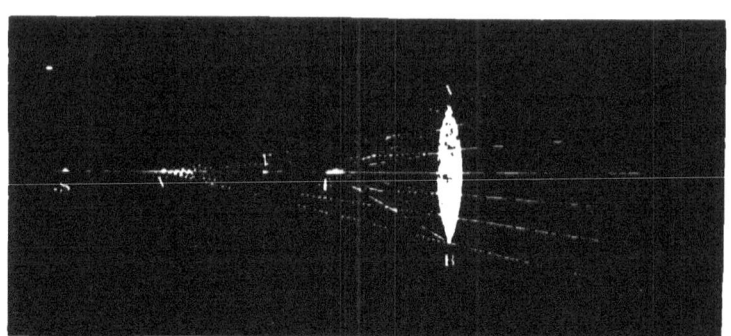

durch die Linse so divergirt, als ob die Strahlen von V ausgegangen wären.

Die Lage des Vereinigungspunktes T läßt sich nach Gleichung (2) S. 153 berechnen, wenn man die Entfernung b des Punktes V von der Linse, nach welcher die Strahlen ursprünglich convergirten, mit negativem Zeichen in die Gleichung einführt.

Ist z. B. die Brennweite des Glases gleich 3 Zoll, die Entfernung des Punktes V von demselben 6 Zoll, so ergiebt sich demnach

$$\frac{1}{a} = \frac{1}{3} + \frac{1}{6} = \frac{1}{2},$$

der Vereinigungspunkt T liegt also in diesem Falle 2 Zoll weit von der Linse.

Wenn ein nach einem Punkte convergirendes Strahlenbündel durch eine Hohllinse aufgefangen wird, deren Mitte um die Länge b von jenem Convergenzpunkte absteht, so erhält man die Entfernung a des Punktes, von welchem das Strahlenbündel nach seinem Durchgange durch die Linse divergirt, wenn man b mit negativem Zeichen in die Gleichung (3) Seite 155 einführt. So lange b größer ist als f, so lange also die Strahlen nach einem Punkte t, Fig. 130, convergiren, welcher um mehr als die Zerstreuungsweite von dem

Fig. 130.

Glase absteht, erhält man für a einen negativen Werth, der größer ist als f, nach dem Durchgange durch die Linse divergiren also die Strahlen so, als ob

Die Brechung des Lichtes.

sie von einem Punkte vor dem Glase kämen, der um mehr als die Zerstreuungsweite von demselben absteht.

Ist $b = f$, so wird $a = \infty$, die austretenden Strahlen sind also alsdann der Axe parallel, und wenn $b < f$, wenn also das Strahlenbündel nach einem Punkte convergirt, welcher innerhalb der Zerstreuungsweite liegt, so wird a positiv, das Strahlenbündel wird also nicht mehr divergent austreten, sondern auch nach dem Durchgange durch die Linse noch convergiren, wenn auch weniger als vorher.

Ein nach dem Punkte A, Fig. 131 (welcher der Hohllinse näher liegt als der Hauptzerstreuungspunkt F') convergirendes Strahlenbündel wird z. B. nach dem Durchgange durch die Linse nach B convergiren.

Fig. 131.

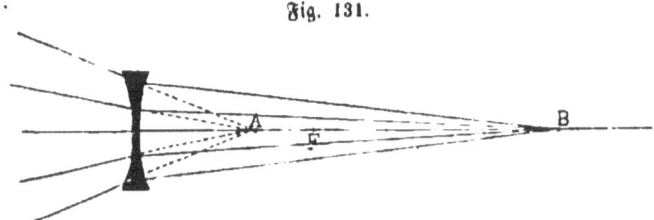

Aufgaben. 1. Für eine Sammellinse von 3,5 Centimeter Brennweite liege der Convergenzpunkt 100, 50, 20, 7, 2 Centimeter von der Linse (von dem Mittelpunkt der Linse) entfernt; wo liegt der Vereinigungspunkt?

2. Die Zerstreuungsweite einer Hohllinse sei 6 Centimeter; wenn nun ein Strahlenkegel die Linse trifft, welcher nach einem auf der Axe liegenden Punkte convergirt, dessen Abstand b von der Linse 60, 25, 8, 6, 5 oder 3 Centimeter beträgt, wie groß ist a?

(So weit es die Größe des Papiers zuläßt, sind die Auflösungen auch durch Zeichnung zu erläutern.)

Combinirte Linsen. Nach den gegebenen Formeln kann man auch §. 74. die Lage des Vereinigungspunktes berechnen, wenn statt einer Linse eine Combination von mehreren in Anwendung kommt, welche eine gemeinschaftliche Axe haben, wie durch folgendes Beispiel klar werden wird. Es sei f die Brennweite der Linse A, Fig. 132, f' die in der Linse B und n die Entfer-

Fig. 132.

nung derselben, so ist klar, daß ein mit der Axe paralleles Strahlenbündel nach seinem Durchgange durch die Linse A nach dem Brennpunkte N derselben

Fig. 132.

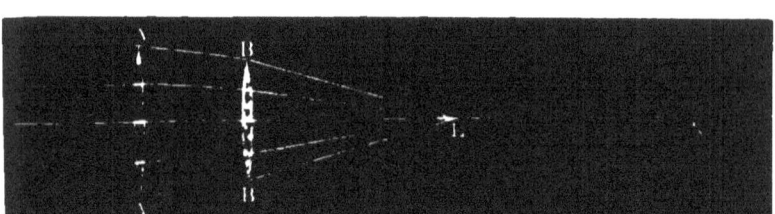

convergirt, welcher um die Länge $f — n$ von der zweiten Linse absteht; nach §. 73 ist also die Entfernung a der Linse B vom Punkte L, in welchem die Strahlen durch die zweite Linse vereinigt werden, nach der Gleichung

$$\frac{1}{a} = \frac{1}{f'} + \frac{1}{f — n} \qquad \ldots \ldots \ldots (1)$$

zu bestimmen. Für $f = 8$ Centimeter, $f' = 5,5$ und $n = 1,5$ ergiebt sich $a = 2,98$, also nahezu 3 Centimeter.

Wenn beide Linsen nahe auf einander liegen, wenn also $n = o$, so ergiebt sich

$$\frac{1}{a} = \frac{1}{f} + \frac{1}{f'} \qquad \ldots \ldots \ldots (2)$$

Sind die Brennweiten f und f' gleich, so ist also, wenn die Linsen unmittelbar auf einander liegen und man von ihrer Dicke abstrahiren kann, die Brennweite der Combination halb so groß, als die Brennweite jeder einzelnen Linse.

Fig. 133.

Wenn die zweite Linse eine Hohllinse von der Zerstreuungsweite f' ist, so geht die Gleichung (1) über in

$$\frac{1}{a} = \frac{1}{f — n} — \frac{1}{f'} \qquad \ldots \ldots \ldots (3)$$

und wenn beide Linsen unmittelbar auf einander liegen, wie bei Fig. 133, wenn also $n = o$, so geht sie über in

$$\frac{1}{a} = \frac{1}{f} — \frac{1}{f'} \qquad \ldots \ldots \ldots (4)$$

Aufgaben. 1. Die Linse A, Fig. 132 habe 6, die Linse B habe 4 Zoll Brennweite. Wie weit liegt der Punkt a von der Linse B entfernt, wenn der Abstand der beiden Linsen 3 Zoll beträgt?

Wie weit, wenn der Abstand der beiden Linsen 5 Zoll ist?

2. In einer Röhre, Fig. 134, sind drei Linsen, deren jede 5 Centimeter Brennweite hat, so gefaßt, daß jede von der folgenden um 1 Centimeter entfernt ist. Der Durchmesser jeder Linse sei 2,4 Centimeter. Wo liegt der

Die Brechung des Lichtes.

Vereinigungspunkt L für ein parallel mit der Axe auf die erste Linse fallendes Strahlenbündel? Welches ist der Durchmesser des aus der ersten Linse

Fig. 134.

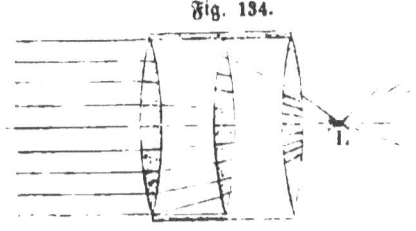

austretenden Strahlenkegels an der Stelle, wo er die zweite Linse trifft? Welches ist der Durchmesser des Strahlenkegels, welcher aus der zweiten Linse austritt, an der Stelle, wo er die dritte Linse trifft?

Unter welchem Winkel schneiden sich in L zwei diametral gegenüberstehende Randstrahlen des Kegels?

Fraunhofer'sche Linien. Um das Spectrum möglichst schön zu erhalten, verfährt man in der Regel auf folgende Weise: Vor dem Laden, welcher das Fenster des dunklen Zimmers verschließt, in dem man experimentiren will, ist ein Spiegel angebracht, welcher so gerichtet werden kann, daß er die Sonnenstrahlen in horizontaler Richtung durch eine Oeffnung des Ladens ins Zimmer wirft. Als Oeffnung dient eine verticale Spalte von ungefähr $\frac{1}{2}$ bis 1 Zoll Höhe und 1 bis 2 Millimeter Breite. Das durch diesen Spalt eingedrungene Lichtbündel wird in einer Entfernung von 4 bis 6 Schritten durch ein Prisma von Flintglas oder Schwefelkohlenstoff aufgefangen und in dem Wege des durch das Prisma abgelenkten Strahlenbündels in geeigneter Entfernung ein Schirm von weißem Papier aufgestellt.

§. 75.

Das auf diese Weise erzeugte Spectrum zeigt jedoch die einzelnen Farben noch keineswegs vollkommen rein, denn die Sonne hat einen namhaften Durchmesser, und jeder Verticalstreifen im Spiegelbilde der Sonne erzeugt sein eigenes Spectrum, und alle die den verschiedenen Partien der Sonne entsprechenden Farbenspectra fallen in unserem Farbenbilde theilweise übereinander.

Ein ganz reines Spectrum kann man dadurch erhalten, daß man unmittelbar vor das Prisma einen zweiten, mit dem ersten parallelen Spalt setzt, wie dies Fig. 135 (a. f. S.) angedeutet ist.

In einem so erzeugten Spectrum erscheint nun eine Reihe von schwarzen Streifen, welche zur Längenrichtung des Spectrums rechtwinklig sind, wie man Fig. 137 sieht. Stellt man den Versuch auf die beschriebene Weise an, so erhält man immer nur ein lichtschwaches Spectrum, auf welchem die Streifen keineswegs scharf hervortreten.

Um das Spectrum auf dem Schirme lichtstärker und die Streifen schärfer zu erhalten, kann man verfahren wie Fig. 136 angedeutet ist. Der Schirm

Fig. 137.

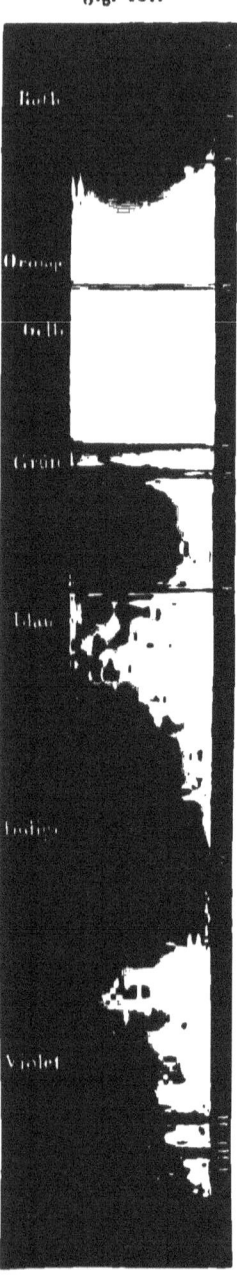

mit dem zweiten Spalte, der in Fig. 135 vor dem Prisma stand, wird entfernt und dicht hinter dem Prisma eine Linse von 3 bis 10 Fuß Brennweite aufgestellt, welche das von

Fig. 135.

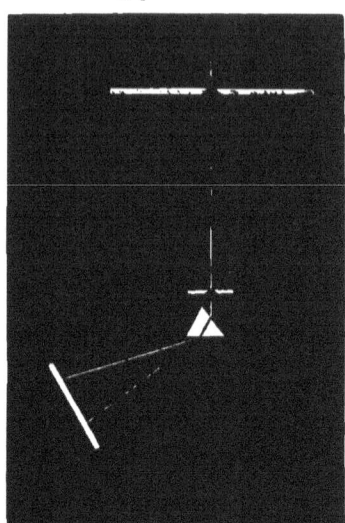

Fig. 136.

Die Brechung des Lichtes. 161

dem Prisma divergirende Strahlenbündel auffängt. Stellt man nun den Schirm ab in solcher Entfernung von der Linse auf, daß ein scharfes Bild des Spaltes entstehen würde, wenn nur vollkommen homogenes Licht durch denselben eindränge, so erhält man ein brillantes Spectrum mit scharfen Linien.

Um die Erscheinung möglichst rein zu zeigen, müßte der Spiegel vor dem Laden ein Metallspiegel und die Linse l eine achromatische Linse sein.

Die dunklen Streifen im Spectrum wurden zuerst von Wollaston beobachtet und in den Philos. Transactions von 1802 beschrieben, später aber von Fraunhofer, dem jene Beobachtung unbekannt geblieben war, genauer untersucht; nach Letzterem werden die dunklen Linien im Spectrum gewöhnlich die Fraunhofer'schen Linien genannt.

Fraunhofer beobachtete die dunklen Linien auf folgende Weise: In möglichster Entfernung von der Spalte wurde ein Theodolith aufgestellt und das Fernrohr soweit ausgezogen, daß man den Spalt deutlich durch dasselbe sehen konnte. Nun wurde vor dem Fernrohre ein Prisma angebracht, wie Fig. 138 zeigt, und das Ganze in eine solche Stellung gebracht, daß ein

Fig. 138.

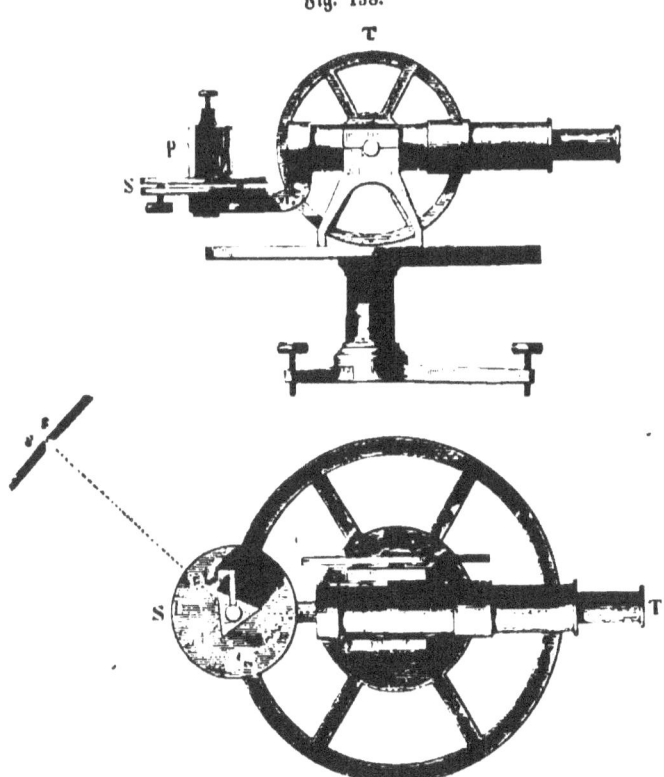

Müller's Grundriß d. Physik. Supplement. 11

Theil des aus dem Prisma austretenden Strahlenbündels auf das Objectiv des Fernrohrs fiel; man sieht nun durch dasselbe einen Theil des Farbenspectrums mit einer Menge von Verticalstreifen durchschnitten. Man muß, um zu einem anderen Theile des Spectrums überzugehen, das Fernrohr etwas um die verticale Axe des Theodolithen drehen.

Wie bemerkt, übersieht man bei dieser Beobachtungsweise freilich nicht das ganze Spectrum, die dunklen Linien erscheinen aber in bedeutend größerer Zahl und bei Weitem deutlicher, als man sie bei der objectiven Darstellung auf dem Papierschirme beobachtet.

Die dunklen Linien sind unregelmäßig über das ganze Spectrum verbreitet. Einige dieser Streifen sind sehr fein und erscheinen als isolirte, kaum sichtbare schwarze Linien, andere hingegen liegen einander sehr nahe und gleichen eher einem Schatten als getrennten Linien; endlich giebt es einige, welche bei etwas bedeutenderer Ausdehnung sehr scharf und bestimmt erscheinen. Um mitten in dieser Verwirrung einige feste Punkte zu haben, hat Fraunhofer acht Streifen ausgewählt, die er mit A, B, C, D, E, F, G und H bezeichnete, welche den doppelten Vortheil bieten, daß sie leicht zu erkennen und das die durch sie im Spectrum gemachten Abtheilungen nicht gar zu ungleich sind. Zwischen B und C liegen 9 feine scharfe Linien, von C bis D zählt man ungefähr 30, von D bis E 84, von E bis F mehr als 76, unter denen sich drei der stärksten im ganzen Spectrum befinden, von F bis G 185, von G bis H 190, zusammen also von B bis H 574. A, B und C liegen im Roth, D im Orange, E am Uebergange von Gelb in Grün, F am Uebergange zwischen Grün und Blau, G im Indigo, H im Violett.

Mit Prismen von Flintglas oder Schwefelkohlenstoff, die einen großen brechenden Winkel haben, kann man die stärkeren Streifen schon mit bloßen Augen sehen.

Das Licht der Venus giebt dieselben Streifen wie das Sonnenlicht, nur sind sie weniger leicht zu unterscheiden; das Licht des Sirius endlich giebt ebenfalls dunkle Streifen, die aber von denen der Sonne und der Planeten ganz verschieden sind; besonders bemerklich sind deren drei, einer im Grün und zwei im Blau.

Andere Sterne erster Größe scheinen Streifen zu geben, die von denen der Sonne und des Sirius verschieden sind.

§. 76. **Brechungsexponenten der verschiedenen Strahlen des Spectrums.** Die Bestimmung des Brechungsexponenten der verschiedenfarbigen Strahlen ist für die Theorie der Optik sowohl, wie für die Construction der optischen Instrumente von der höchsten Wichtigkeit. Die Unveränderlichkeit der Streifen im Spectrum macht nun diese Bestimmung ungleich genauer, als es bis dahin möglich war, da man nur auf die nicht scharf begränzten Nüancen einstellen konnte. Statt nun den Brechungsexponenten der rothen, der gelben, der grünen u. s. w. Strahlen zu ermitteln, bestimmt man

Die Brechung des Lichtes.

jetzt die Brechungsexponenten der mit B, C, D, E, F, G und H bezeichneten Streifen nach den oben erläuterten Methoden.

Die folgende Tabelle enthält die Resultate einiger sehr genauen Versuche von Fraunhofer.

Brechende Substanzen.	B	C	D	E	F	G	H
Flintglas Nr. 13	1,627749	1,629681	1,635036	1,642024	1,648260	1,660285	1,671062
Crownglas Nr. 9	1,525832	1,526849	1,529587	1,533005	1,536052	1,541657	1,546566
Wasser	1,330935	1,331712	1,333577	1,336851	1,337818	1,341293	1,344177
Kali	1,399629	1,400515	1,402805	1,405632	1,408082	1,412579	1,416368
Terpentinöl	1,470496	1,471530	1,474414	1,478353	1,481736	1,488198	1,493474
Flintglas Nr. 3	1,602042	1,603800	1,608494	1,614532	1,620042	1,630772	1,640373
Flintglas Nr. 30	1,623570	1,625477	1,630585	1,637356	1,643166	1,655406	1,666072
Crownglas Nr. 13	1,524312	1,525299	1,527982	1,531372	1,534337	1,539908	1,544684
Crownglas Lit. M.	1,554774	1,555933	1,559075	1,563150	1,566741	1,573535	1,579470
Flintglas Nr. 23	1,626596	1,628469	1,633667	1,640945	1,646756	1,658848	1,669686

Eine Reihe sehr genauer Messungen über die Brechungsverhältnisse der wichtigsten Fraunhofer'schen Linien in verschiedenen Körpern hat Baden-Powell gemacht (Pogg. Ann. LXIX, 110). Die folgende Tabelle enthält einige der von ihm gewonnenen Resultate.

	B	C	D	E	F	G	H
Safflöl	1,5945	1,5979	1,6073	1,6207	1,6358	1,6671	1,7025
Schwefelkohlenstoff	1,6182	1,6219	1,6308	1,6439	1,6555	1,6799	1,7020
Anisöl	1,5486	1,5508	1,5572	1,5659	1,5743	1,5912	1,6084
Kreosot	1,5320	1,5335	1,5383	1,5452	1,5515	1,5639	1,5744
Alkohol, specif. Gewicht 0,815 bei 18,6° C.	1,3628	1,3633	1,3654	1,3675	1,3696	1,3733	1,3761
Steinsalz	1,5403	1,5415	1,5448	1,5498	1,5541	1,5622	1,5691

Die Brechungsexponenten von Salzlösungen weichen nicht bedeutend von denen des reinen Wassers ab, wie man aus der folgenden, ebenfalls den Resultaten von Baden-Powell entnommenen Tabelle sieht.

Drittes Buch. Drittes Capitel.

	B	C	D	E	F	G	H
Waſſer	1,3310	1,3320	1,3336	1,3357	1,3380	1,3412	1,3448
Löſung von Salmiak	1,3499	1,3508	1,3529	1,3552	1,3575	1,3617	1,3650
„ „ Salpeter	1,3457	1,3468	1,3487	1,3510	1,3533	1,3586	1,3608
„ „ Bitterſalz	1,3434	1,3442	1,3462	1,3486	1,3504	1,3540	1,3570
„ „ Glauberſalz	1,3392	1,3398	1,3419	1,3442	1,3462	1,3499	1,3528
„ „ ſalpeterſaurem Bleioxyd	1,3455	1,3461	1,3482	1,3506	1,3528	1,3568	1,3600

Die obigen Brechungsexponenten von Waſſer gelten für eine Temperatur von 18,75° C. Die übrigen Brechungsexponenten dieſer Tabelle beziehen ſich auf (wahrſcheinlich geſättigte) Löſungen bei einer Temperatur von 22° C.

Mit ſteigender Temperatur nimmt die Dichtigkeit und der Brechungs-exponent der verſchiedenen Subſtanzen ab. So iſt z. B. für Caſſiaöl

	B	F	H
bei 10° C.	1,5963	1,6389	1,7093
bei 22,5° C	1,5895	1,6314	1,6985

§. 77. **Verhältniss der Dispersion in verschiedenen Mitteln.** Wenn man mit Aufmerkſamkeit die Spectra unterſucht, welche durch Prismen ver-ſchiedener Subſtanzen erzeugt werden, ſo ſieht man bald, daß die Farben, ob-gleich in derſelben Ordnung auf einander folgend, doch nicht proportionale Längen einnehmen. Ein Flintglasprisma z. B. giebt verhältnißmäßig weni-ger Roth und mehr Violett, als ein Prisma von Crownglas.

Die Trennung der verſchiedenfarbigen Strahlen durch die Brechung wird mit dem Namen der Disperſion, der Zerſtreuung des Lichtes, bezeichnet; ein Stoff iſt um ſo mehr zerſtreuend, je größer die Differenz zwiſchen dem Brechungsexponenten der rothen und der violetten Strahlen iſt. So iſt z. B. nach der vorhergehenden Tabelle Folgendes die Differenz zwiſchen den Bre-chungsexponenten der Streifen B und H:

Die Brechung des Lichtes.

Flintglas Nr. 13	0,043313
Crownglas Nr. 9	0,020734
Wasser	0,013242
Kali	0,016739
Terpentinöl	0,023378
Flintglas Nr. 3	0,038331
Flintglas Nr. 30	0,042502
Crownglas Nr. 13	0,020372
Crownglas Lit. M.	0,024696
Flintglas Nr. 23	0,043090

Das Wasser besitzt also unter allen diesen Substanzen die schwächste Dispersion, das Flintglas die größte. Man kann dies dem Auge leicht sichtbar machen, wenn man ein Prisma von Wasser und eins von Flintglas so aufstellt, daß die rothen Strahlen durch beide gleiche Ablenkung erleiden; das Spectrum des Flintglases wird alsdann noch bedeutend länger sein als das des Wasserprismas.

Die folgende Tabelle enthält noch die Differenzen der Brechungsexponenten der rothen und violetten Strahlen für einige andere interessante Substanzen:

Alkohol	0,011
Aether	0,012
Anisöl	0,044
Tolubalsam	0,065
Peruvianischer Balsam	0,058
Cassiaöl	0,089
Diamant	0,056
Olivenöl	0,018
Phosphor	0,156
Realgar, geschmolzen	0,394
Steinsalz	0,029
Schwefelkohlenstoff	0,031

Diese Resultate sind nach Brewster's Messungen von Young berechnet.

Eine für Vorlesungsversuche sehr geeignete Flüssigkeit von stark zerstreuender Kraft ist auch das Benzol; sein Brechungsexponent ist ungefähr 1,48 für die äußersten rothen und 1,52 für die äußersten violetten Strahlen.

Wenn man die totale Dispersion, d. h. den Unterschied zwischen den Brechungsexponenten der äußersten Strahlen oder der Streifen B und H, für irgend eine Substanz kennt, so sind damit die übrigen Verhältnisse des Spectrums noch nicht gegeben; um diese zu kennen, muß man noch wissen, welches der Unterschied zwischen den Brechungsexponenten der Streifen B und C, C und D u. s. w. ist. So sind z. B. die Unterschiede zwischen dem Brechungsexponenten von B und C für Flintglas 0,001932, für Crownglas 0,001017, für Wasser 0,000777.

Wenn man die partielle oder totale Dispersion einer Substanz durch die entsprechende Dispersion einer anderen Substanz dividirt, so erhält man das Verhältniß der Dispersion für diese beiden Substanzen. Auf diese Weise ist aus der Tabelle Seite 163 die folgende berechnet.

Tabelle des Verhältnisses der partiellen Dispersion für mehrere Substanzen.

Brechende Substanzen.	$\frac{C-B}{C'-B'}$	$\frac{D-C}{D'-C'}$	$\frac{E-D}{E'-D'}$	$\frac{F-E}{F'-E'}$	$\frac{G-F}{G'-F'}$	$\frac{H-}{H'-}$
Flintglas Nr. 13 und Wasser . . .	2,562	2,871	3,073	3,193	3,040	3,
Flintglas Nr. 13 und Crownglas Nr. 9	1,900	1,956	2,044	2,047	2,145	2,
Crownglas Nr. 9 und Wasser . . .	1,349	1,468	1,503	1,560	1,613	1,697
Terpentinöl und Wasser	1,371	1,557	1,723	1,732	1,860	1,963
Flintglas Nr. 13 und Terpentinöl .	1,868	1,844	1,883	1,843	1,861	1,899
Flintglas Nr. 13 und Kali	2,181	2,388	2,472	2,545	2,674	3,844
Kali und Wasser	1,175	1,228	1,243	1,254	1,294	1,810
Terpentinöl und Kali	1,167	1,268	1,386	1,381	1,437	1,498
Flintglas Nr. 3 und Crownglas Nr. 9 .	1,729	1,714	1,767	1,808	1,914	1,957
Crownglas Nr. 13 und Wasser . . .	1,309	1,436	1,492	1,518	1,604	1,651
Crownglas Lit. M und Wasser . . .	1,537	1,682	1,794	1,839	1,956	2,052
Crownglas Lit. M u. Crownglas Nr. 13	1,174	1,171	1,202	1,211	1,220	1,243
Flintglas Nr. 13 u. Crownglas Lit. M	1,667	1,704	1,715	1,737	1,770	1,810
Flintglas Nr. 3 und Crownglas Lit. M	1,517	1,494	1,482	1,534	1,579	1,618
Flintglas Nr. 30 u. Crownglas Nr. 13	1,932	1,904	1,997	2,061	2,143	2,233
Flintglas Nr. 23 u. Crownglas Nr. 13	1,904	1,940	2,022	2,107	2,168	2,268

Aus dieser Tabelle ersieht man, daß nicht allein die zerstreuenden Kräfte verschiedener Körper sehr ungleich sind, sondern auch, daß die entsprechenden partiellen Dispersionen verschiedener Substanzen nicht für alle Theile des Spectrums in gleichem Verhältniß stehen. So ist z. B. die Differenz der Brechungsexponenten von B und C im Flintglas 2,562mal, die Differenz der Brechungsexponenten von G und H aber 3,726mal so groß als die entsprechende Differenz für Wasser.

Um von der Verschiedenheit der zerstreuenden Kräfte eine recht klare Vorstellung zu erhalten, müssen wir die Spectra verschiedener Substanzen mit einander vergleichen. In Fig. 139 mag der unterste Streifen das Spectrum eines Wasserprismas vorstellen. Um die Vertheilung der Farben in diesem

Die Brechung des Lichtes. 167

Spectrum anzudeuten, ist die Lage der Fraunhofer'schen Hauptlinien angegeben, von F bis B ist hier so weit, als von F bis H. Ein Prisma aus Fig. 139.

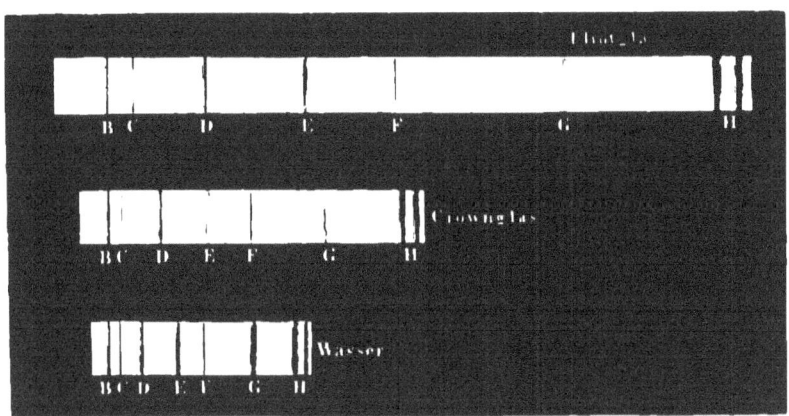

Crownglas verfertigt, würde nun bei gleicher Ablenkung der Linie B ein breiteres, durch den mittleren Streifen der Figur 139 dargestelltes Spectrum geben; aber nicht alle einzelnen Abtheilungen dieses Spectrums stehen in gleichem Verhältnisse zu den entsprechenden Abtheilungen des Wasserspectrums. Während beim Wasserspectrum $FB = FH$, ist beim Crownglasprisma FB etwas kleiner als FH; bei dem Crownglasprisma ist also das rothe und gelbe Ende des Spectrums im Vergleich gegen das blaue und violette weniger ausgebreitet als beim Wasserprisma. In der That ist die Entfernung von C bis D, also ungefähr die Breite des Orange, beim Glasprisma 1,349mal so groß als beim Wasserprisma, während die Entfernung von G bis H für Glas 1,697mal so groß ist als für Wasser.

Noch auffallender sind die Unterschiede zwischen dem Spectrum eines Wasser- und Flintglasprismas bei gleicher Ablenkung der Linie B. In unserer Figur stellt der oberste Streifen das Spectrum des Flintglasprismas dar; man sieht, daß es bedeutend länger ist als das Spectrum des Wasserprismas, daß aber auch hier, wie bei Crownglas, die Entfernung von F bis zum rothen Ende im Vergleiche zu der Entfernung von F bis zum violetten Ende kleiner ist als beim Wasser. Die Entfernung BC ist für Flintglas 2,562mal, GH aber 3,726mal so groß als die entsprechende Entfernung für das Wasserprisma.

Die zerstreuende Kraft einer Substanz ist der Quotient, welchen man erhält, wenn man seine Dispersion durch den um 1 verminderten Brechungsexponenten der mittleren Strahlen dividirt. Man nimmt für den mittleren Brechungsexponenten gewöhnlich den des Streifens E.

§. 78. **Chromatische Aberration.** Die ungleiche Brechbarkeit verschiedenfarbiger Strahlen hat zur Folge, daß dieselbe Linse verschiedene Brennweiten hat für rothe, gelbe, grüne, blaue und violette Strahlen. Dieses Auseinanderfallen der Brennpunkte verschiedenfarbiger Strahlen wird mit dem Namen der **chromatischen Aberration** bezeichnet.

Für eine planconvexe Linse vom Krümmungshalbmesser r ist die Brennweite

$$F = \frac{r}{n-1} \quad \ldots \ldots \ldots \ldots (1)$$

(Nach §. 69). Setzt man nun für n den Brechungsexponenten der Fraunhofer'schen Linie B für Crownglas, nämlich $n = 1{,}5258$, so kommt

$$F_b = 1{,}9018 \, r.$$

Setzt man dagegen $n = 1{,}5465$, nämlich den Brechungsexponenten der Fraunhofer'schen Linie H für dieselbe Crownglassorte, so erhält man für die Brennweite der violetten Strahlen

$$F_h = 1{,}8280 \, r.$$

Aufgaben. 1. Welches sind die Brennweiten der Strahlen B, C, D, E, F, G und H für eine planconvexe Linse, welche aus dem Crownglas Nr. 13 geschliffen ist (siehe die Tabelle auf Seite 163), wenn r den Radius der gewölbten Seite bezeichnet?

2. Dieselbe Aufgabe zu lösen für eine planconvexe Linse von Flintglas Nr. 13 (siehe Tabelle auf S. 163).

3. Dieselbe Aufgabe zu lösen für eine gleichgewölbte Linse von Crownglas Nr. 9, wenn r der Krümmungshalbmesser jedes der beiden Kugelsegmente ist (siehe §. 69).

4. Dieselbe Aufgabe zu lösen für eine gleichgewölbte Linse von Flintglas Nr. 13.

§. 79. **Achromatische Linsen.** Für den Fall, daß, was in der That nahezu stattfindet, das Dispersionsvermögen des Flintglases genau doppelt so groß wäre als das des Crownglases, ließe sich der Nachweis, daß durch die Combination einer Sammellinse von Crownglas und einer Hohllinse von Flintglas ein System gebildet werden kann, welches gleiche Brennweite für rothe und für violette Strahlen hat, leicht auf folgende Weise führen.

Die Brennweite einer Sammellinse A von Crownglas für violette Strahlen sei f; diese Sammellinse sei mit einer Hohllinse B combinirt, deren Zerstreuungsweite für violette Strahlen $2f$ ist, so ist für violette Strahlen die Brennweite F der Combination nach §. 74 durch die Gleichung

$$\frac{1}{F} = \frac{1}{f} - \frac{1}{2f} = \frac{1}{2f},$$

bestimmt, also

$$F = 2f.$$

Wenn nun die Brennweite der Crownglaslinse für rothe Strahlen $f + \varepsilon$

Die Brechung des Lichtes.

ist, so würde die Zerstreuungsweite der Linse $B\ 2f + 2x$ sein, wenn das Dispersionsvermögen des Flintglases dem des Crownglases gleich wäre; da nun aber das Dispersionsvermögen des Flintglases ungefähr doppelt so groß ist als das des Crownglases, so ist $2f + 4x$ die Zerstreuungsweite der Flintglashohllinse B für rothe Strahlen. Die Brennweite F' des ganzen Systems für rothe Strahlen ergiebt sich demnach aus der Gleichung

$$\frac{1}{F'} = \frac{1}{f+x} - \frac{1}{2f + 4x}.$$

Nach dem binomischen Lehrsatz ist nun

$$\frac{1}{f+x} = \frac{1}{f} - \frac{1}{f^2} x + \frac{1}{f^3} x^2 + \ldots$$

$$\frac{1}{2f+4x} = \frac{1}{2f} - \frac{1}{4f^2} 4x + \frac{1}{8f^3} 16 x^2 + \ldots$$

Vernachlässigt man, was wegen der Kleinheit von x ohne merklichen Fehler geschehen kann, alle Glieder, welche mit höheren Potenzen von x multiplicirt sind, so bleibt

$$\frac{1}{f+x} = \frac{1}{f} - \frac{1}{f^2} x$$

$$\frac{1}{2f+4x} = \frac{1}{2f} - \frac{1}{f^2} x$$

und demnach

$$\frac{1}{F'} = \frac{1}{f} - \frac{1}{2f} = \frac{1}{2f}$$

oder

$$F' = 2f$$

folglich auch

$$F' = F;$$

für das besprochene Linsensystem ist also die Brennweite der rothen Strahlen eben so groß wie die der violetten, die Linse ist achromatisch.

Genauere Betrachtung achromatischer Linsen. Nach §. 69 §. 80. ist die Brennweite f einer planconvexen Linse

$$f = \frac{r}{n-1},$$

wenn r der Halbmesser der gewölbten Seite und n der Brechungsexponent der Substanz ist. Ebenso haben wir für die Zerstreuungsweite f' einer planconcaven Linse

$$f' = \frac{R}{n'-1},$$

wenn R der Radius der hohlen Seite und n' der Brechungsexponent der Substanz ist.

170 Drittes Buch. Drittes Capitel.

Bezeichnen wir mit F die Brennweite einer solchen Linsencombination wie sie in Fig. 140 dargestellt ist, so haben wir nach §. 74

Fig. 140.

$$\frac{1}{F} = \frac{1}{f} - \frac{1}{f'}$$

oder wenn wir für f und f' ihre obigen Werthe setzen:

$$\frac{1}{F} = \frac{n-1}{r} - \frac{n'-1}{R}.$$

Nehmen wir nun an, die Sammellinse A sei aus dem von Fraunhofer als Nr. 9 bezeichneten Crownglase, die Hohllinse B aber aus dem Flintglase Nr. 13 verfertigt. Für die Fraunhofer'sche Linie B ist alsdann $n = 1,52583$ und $n' = 1,62775$, also

$$\frac{1}{F_b} = \frac{0,52583}{r} - \frac{0,62775}{R}.$$

Für dieselben Glassorten sind aber die Werthe der Brechungsexponenten der Fraunhofer'schen Linie H: $n = 1,54657$ und $n' = 1,67106$, wir haben also zur Bestimmung der Brennweite F_h unsers Systems für violette Strahlen

$$\frac{1}{F_h} = \frac{0,54657}{r} - \frac{0,67106}{R}.$$

Für einen jeden Werth von r läßt sich nun ein Werth von R auffinden, für welchen $F = F'$, also auch $\frac{1}{F_b} = \frac{1}{F_h}$. Setzen wir die obigen Werthe für $\frac{1}{F_b}$ und $\frac{1}{F_h}$ einander gleich, so kommt

$$\frac{0,52583}{r} - \frac{0,62775}{R} = \frac{0,54657}{r} - \frac{0,67106}{R}$$

$$\frac{1}{r}(0,54657 - 0,52583) = \frac{1}{R}(0,67106 - 0,62775)$$

$$\frac{r}{0,02075} = \frac{R}{0,04331}$$

$$R = 2,09\ r.$$

Wenn man also eine planconvexe Crownglaslinse vom Krümmungshalbmesser r und eine planconcave Flintglaslinse vom Krümmungshalbmesser $2,09\ r$ so combinirt, wie Fig. 140 zeigt, so hat diese Combination gleiche Brennweite für rothe und für violette Strahlen (für B und H).

Setzen wir $2,09\ r$ an die Stelle von R in den Werth von $\frac{1}{F}$, so kommt

$$\frac{1}{F_b} = \frac{0,52583}{r} - \frac{0,62775}{2,09\ r}$$

woraus sich ergiebt
$$\frac{1}{F_b} = \frac{1}{r} \; 0{,}2255$$

$$F_b = \frac{r}{0{,}2255} = r \cdot 4{,}435$$

als Brennweite unserer Linsencombination für rothe und violette Strahlen.

Die eben besprochene Linsencombination würde nun vollkommen achromatisch sein, wenn die Farbenvertheilung im Crownglasspectrum der im Flintglasspectrum vollkommen gleich, wenn also die durch die Fraunhofer'schen Linien gebildeten Abtheilungen der beiden Spectra einander proportional wären, was nach §. 77 nicht der Fall ist.

Setzen wir in die Gleichung
$$\frac{1}{F} = \frac{n-1}{r} - \frac{n'-1}{2{,}09\,r}$$

für n und n' die dem Fraunhofer'schen Streifen D entsprechenden Brechungsexponenten 1,5296 und 1,6350 für Crownglas und Flintglas, so kommt
$$\frac{1}{F_d} = \frac{0{,}5296}{r} - \frac{0{,}6350}{2{,}09\,r}$$

und daraus
$$F_d = r \cdot 4{,}428;$$

die Brennweite unsers Linsensystems für die Strahlen, welche an der Grenze zwischen Orange und Gelb liegen, ist also kleiner als die Brennweite für die rothen und violetten Strahlen.

Dasselbe ist der Fall für die dem Streifen G benachbarten Strahlen, für welche $n = 1{,}5416$ und $n' = 1{,}6603$, woraus sich ergiebt:
$$F_g = r \cdot 4{,}430.$$

Für den Fraunhofer'schen Streifen F ist $n = 1{,}53605$ und $n' = 1{,}64826$, wonach sich die Brennweite F_f des besprochenen Linsensystems für die hellblauen gegen Grün hinliegenden Strahlen des Spectrums
$$F_f = r \cdot 4{,}427$$
ergiebt.

Für die Fraunhofer'sche Linie C findet man
$$F_c = r \cdot 4{,}432.$$

Die eben berechnete Linsencombination wollen wir als Objectiv Nr. 1 bezeichnen.

Da nun, wie wir eben gesehen haben, ein absoluter Achromatismus mit diesen beiden Glassorten nicht erreicht werden kann, so muß man bei der Berechnung des Krümmungshalbmessers R vorzugsweise dahin streben, daß das Objectiv für die leuchtenderen Strahlen des Spectrums möglichst gleiche Brennweite habe. Die leuchtendste Partie des Spectrums ist nun das Gelb und zwar die Partie zwischen den Streifen D und E. Das Maximum der Lichtstärke befindet sich an einer Stelle, welche ungefähr um $1/4$ des Abstandes DE

von D gegen E hin entfernt liegt. — Das äußerste Roth sowie Violett und ein Theil des Indigo sind verhältnißmäßig wenig leuchtend, so daß man sie bei der Berechnung achromatischer Objective, wenn nur ihre optische Wirkung in Betracht kommt, unberücksichtigt lassen kann.

Berechnet man von diesem Gesichtspunkte ausgehend ein achromatisches Objectiv, für welches die Brennweite der Fraunhofer'schen Linien F und C vollkommen gleich sein soll, ganz nach der Methode, nach welcher R für das Objectiv Nr. 1 berechnet worden ist, so findet man

$$R = 2{,}02\ r$$

und für dieses Objectiv ergiebt sich alsdann die Brennweite der Fraunhofer'schen Linien B, C, D, F, G und H wie folgt:

$$F_b = 4{,}649\ r$$
$$F_c = 4{,}648\ r$$
$$F_d = 4{,}646\ r$$
$$F_f = 4{,}648\ r$$
$$F_g = 4{,}655\ r$$
$$F_h = 4{,}667\ r$$

Dieses Objectiv Nr. 2 ist für die leuchtenderen Strahlen des Spectrums von F bis C und B ziemlich gut achromatisirt, wenn auch nicht merklich besser als das Objectiv Nr. 1; es wird also dieses Objectiv ein optisch reines Bild geben, obgleich die Brennweite desselben für die dunkelblauen (G) und violetten Strahlen bedeutend größer ist als für die hellblauen grünen, gelben, orangefarbenen und rothen.

Bei solchen Objectiven, welche zur Herstellung photographischer Bilder dienen sollen, genügt es aber keineswegs, daß sie ein optisch reines Bild geben; wenn das photographirte Bild scharf ausfallen soll, so muß der Brennpunkt der chemisch wirksamsten Strahlen mit dem Brennpunkt der leuchtendsten möglichst nahe zusammenfallen.

Die chemisch wirksamsten Strahlen sind aber, wie uns die Photographie des Spectrums lehrt, diejenigen, welche zwischen die Fraunhofer'schen Linien G und H fallen.

Weder bei dem Objectiv Nr. 1 noch bei dem Objectiv Nr. 2 fällt nun der Brennpunkt der chemischen Strahlen mit dem der leuchtendsten zusammen; beide haben, wie man sich auszudrücken pflegt, einen chemischen Focus. Als Maß für den Abstand des chemischen und des optischen Brennpunktes können wir die Differenz der Brennweiten $F_h - F_d$ nehmen. Für das Objectiv Nr. 1 ist

$$F_h - F_d = 4{,}435\ r - 4{,}428\ r = 0{,}007\ r,$$

für das Objectiv Nr. 2

$$F_h - F_d = 4{,}667\ r - 4{,}646\ r = 0{,}021\ r;$$

für das Objectiv Nr. 2 liegt also der Brennpunkt der chemisch wirksamsten Strahlen viel weiter von dem Brennpunkt der leuchtendsten entfernt als beim Objectiv Nr. 1. Die Entfernung des chemischen Focus vom optischen ist für das Objectiv Nr. 2 dreimal so groß als für das Objectiv Nr. 1.

Die Brechung des Lichtes. 173

Ein Objectiv, welches für photographische Apparate verwendet werden soll, muß die Bedingung erfüllen, daß der chemische Focus mit dem optischen möglichst nahe zusammenfällt, was man wohl am besten dadurch erreicht, daß man die Streifen H und D als diejenigen wählt, für welche das System vollkommen gleiche Brennweite haben soll. Das vollkommene Zusammenfallen der Brennpunkte für H und D wird, vorausgesetzt, daß man die bisher besprochenen Glassorten anwendet, erreicht von

$$R = 2{,}12\ r,$$

(die Ausführung der Rechnung nach der oben durchgeführten Methode müssen wir dem Leser überlassen). Es ergeben sich für dieses Linsensystem, welches wir als Objectiv Nr. 3 bezeichnen wollen, folgende Brennweiten für die verschiedenen Partien des Spectrums:

$$F_b = 4{,}353$$
$$F_c = 4{,}351$$
$$F_d = 4{,}347$$
$$F_f = 4{,}342$$
$$F_g = 4{,}343$$
$$F_h = 4{,}347$$

Vergleichen wir diese Zahlen, so sehen wir, daß sowohl die Brennpunkte der leuchtendsten Strahlen wie die der chemisch wirksamsten zwischen die Grenzen $4{,}343\ r$ und $4{,}347\ r$ fallen, daß also der optische und der chemische Focus für das Objectiv Nr. 3 wirklich zusammenfallen, daß es also zur Construction photographischer Apparate sehr geeignet ist, während der chemische Focus des Objectivs Nr. 2, obgleich dasselbe ein gutes optisches Bild giebt, um eine namhafte Größe vom optischen Focus desselben entfernt ist. Für das Objectiv Nr. 2 beträgt der Abstand des chemischen Focus vom optischen ungefähr $0{,}02\ r$. Für ein achromatisches Linsensystem, für welches r gleich 1 Decimeter, beträgt also dieser Fehler schon 2 Millimeter und derselbe wird noch um so merklicher, je näher der zu photographirende Gegenstand dem Objectiv gerückt wird.

Wir haben der einfacheren Rechnung wegen nur achromatische Linsen betrachtet, welche aus einer planconvexen Crownglaslinse und aus einer planconcaven Flintglaslinse zusammengesetzt sind. Die für ein solches System

Fig. 141.

erhaltenen Resultate lassen sich aber im Wesentlichen auch auf eine Linsencombination von der Form Fig. 141 übertragen, wenn die (Crownglas-) Sammellinse A gleiche Brennweite und die (Flintglas-) Zerstreuungslinse B gleiche Zerstreuungsweite mit den oben besprochenen hat.

Für eine einfache Linse ist die Brennweite der rothen Strahlen stets größer als die der blauen; wenn nun bei einer achromatischen Linse noch ein kleiner Ueberschuß der Brennweite der rothen Strahlen übrig bleibt, so nennt man sie untercorrigirt; während sie übercorrigirt ist, wenn die Brennweite der blauen und violetten Strahlen größer ist als die der rothen. Nach dieser Definition ist das oben besprochene Objectiv Nr. 2 übercorrigirt, während das Objectiv Nr. 3 untercorrigirt ist.

§. 81. **Das Optometer.** Das Optometer ist ein auf den Scheiner'schen Versuch gegründetes Instrument, um bei verschiedenen Personen die Weite des deutlichen Sehens zu ermitteln und die Brenn- oder Zerstreuungsweite der Gläser zu bestimmen, durch welche der Fehler der Fern- oder Kurzsichtigkeit zu heben ist.

Das Stampfer'sche Optometer besteht aus zwei Röhren, von denen sich eine in der anderen bequem aus- und einschieben läßt; das eine Ende der äußeren ist durch eine dünne Metallplatte geschlossen, in welcher zwei ganz nahe neben einander stehende Spalten angebracht sind; das entsprechende Ende der inneren Röhre ist ebenfalls durch ein solches Blättchen geschlossen, in welchem nur ein feiner Spalt eingeschnitten ist. Die beiden Spalten am Ende der äußeren Röhre entsprechen den bei den Löchern im Kartenblatt des Scheiner'schen Versuchs; die Spalte am inneren Ende der verschiebbaren inneren Röhren bildet das Object, welches durch jene beiden Spalten betrachtet wird. Wenn man durch die beiden Spalten hindurchsieht, so wird man die Spalte der inneren Röhre einfach sehen, wenn sie um die Weite des deutlichen Sehens ausgezogen wird.

Bei den Stampfer'schen Optometern sind die Röhren von Messing; die innere wird mit Hülfe einer gezahnten Stange, in welche ein Trieb eingreift, in ähnlicher Weise aus- und eingeschoben, wie dies bei der Ocularröhre an besseren Fernrohren der Fall ist. Dadurch wird auch der Parallelismus der Spalte an der inneren Röhre mit den beiden Spalten der äußeren Röhre erhalten.

Mit geringen Mitteln läßt sich ein Optometer von Holz construiren, welches im Wesentlichen dasselbe leistet, wie ein ziemlich kostspieliges von Messing; ich lasse hier die vollständige Beschreibung eines ganz einfachen Instrumentes der Art folgen, an welchem sich auch die Theorie des Optometers leichter verfolgen läßt, als an dem mit Linsen versehenen Stampfer'schen. Fig. 142 stelle zwei in einander geschobene vierseitige Röhren dar. Die äußere ist im

Fig. 142.

Lichten 3,5 Centimeter breit, 5 Centimeter hoch und 75 Centimeter lang, die innere paßt genau in die erstere und ist etwa um 3 Centimeter länger. Die Wanddicke jeder der beiden Röhren kann 4 bis 5 Millimeter betragen.

An dem einen (in unserer Figur dem rechten) Ende der äußeren Röhre ist eine Platte von (nicht zu dickem) Spiegelglas eingesetzt, dessen Außenseite mit Stanniol beklebt ist; in dieses Stanniolblättchen sind nun neben einander zwei verticale Spalten eingeschnitten, welche 1 Millimeter von einander abstehen und $^1/_2$ bis $^3/_4$ Millimeter breit sind; ihre Höhe kann etwa 1 bis 1,5 Centimeter betragen.

Die innere Röhre ist an derselben Seite ebenfalls mit einer Glasplatte verschlossen, die auch mit einem Stanniolblättchen beklebt ist, in dessen Mitte eine ganz schmale, $^1/_2$ bis $^3/_4$ Millimeter breite, ebenfalls verticale Spalte ausgeschnitten ist. Diese Spalte muß möglichst genau auf die Mitte der beiden zuerst besprochenen passen.

Wenn die innere Röhre möglichst weit eingeschoben ist, so sind die Glasplatten beider Röhren in Berührung; zieht man sie aus, so entfernt sich die feine Spalte der inneren Röhre mehr und mehr von den beiden vorderen, sie bleibt ihnen jedoch stets parallel. Dieser Parallelismus ist hier durch die viereckige Form der Röhren gesichert.

Das andere (in unserer Figur das linke) Ende der inneren Röhre ist mit einer matten Glastafel oder einem durchscheinenden Papier verschlossen.

Wenn man die Röhre gegen den hellen Himmel richtet und durch die beiden Spalten hineinsieht, so erblickt man im Allgemeinen den feinen Spalt der inneren Röhre doppelt; nur wenn er um die Weite des deutlichen Sehens von den beiden Spalten der äußeren Röhre entfernt ist, sieht man ihn einfach.

Nehmen wir an, ein Auge, dessen Sehweite 10 Zoll beträgt, schaue durch die beiden Spalten in die Röhre, während die innere Röhre 5 Zoll weit ausgezogen ist, so sieht es den feinen Spalt doppelt, die beiden Bilder sind durch einen schwarzen Zwischenraum getrennt. Wird nun die innere Röhre weiter und weiter ausgezogen, so nähern sich die beiden Bilder immer mehr, um ganz zusammenzufallen, wenn die innere Röhre 10 Zoll weit ausgezogen ist.

Um jederzeit gleich ablesen zu können, wie weit die feine Spalte von den beiden vorderen entfernt ist, befindet sich auf der inneren Röhre eine Theilung. Der Punkt, von welchem an die innere Röhre noch hervorragt, wenn sie möglichst weit eingeschoben ist, wenn also die feine Spalte gerade mit dem Glase in Berührung ist, auf welchem sich die beiden Ocularspalten befinden, ist der Nullpunkt dieser Theilung; von da aus geht die Theilung nach Innen hin in Zollen und Linien fort, so daß man auf derselben unmittelbar ablesen kann, wie weit die feine Spalte von den Ocularspalten entfernt ist.

In unserer Figur sieht man einen Theil der auf der inneren verschiebbaren Röhre angebrachten Scala. Die unteren Zahlen sind es, welche dem Abstande der Ocularspalten von der Objectspalte entsprechen, und zwar ist der Theilstrich abzulesen, welcher gerade an der Mündung des äußeren Rohres steht. Bei der in unserer Figur dargestellten Lage der beiden Röhren ist die Objectspalte $4^3/_4$ Zoll von den Objectivspalten entfernt. Die Bedeutung der oberen Zahlenreihe der Scale wird weiter unten erläutert werden.

Belm Gebrauch dieses Instrumentes wird man finden, daß sich die Sehweite keineswegs mit mathematischer Genauigkeit bestimmen läßt, daß man

176   Drittes Buch. Drittes Capitel.

vielmehr, wenn man ein einfaches Bild des Objectspaltes sieht, die innere Röhre innerhalb gewisser Gränzen verschieben kann, ehe das Bild wieder doppelt wird.

Nehmen wir an, die innere Röhre sei so weit eingeschoben, daß man zwei Bilder der Objectspalte sieht; nun werde sie allmälig so weit ausgezogen, bis beide Bilder zusammenfallen, so muß man meist noch einige Zoll weiter ausziehen, ehe sie wieder auseinandertreten. In diesem Falle kann man die Mitte der ganzen Strecke, innerhalb welcher man das Bild der inneren Spalte einfach sieht, als der Weite des deutlichen Sehens entsprechend annehmen. Jedenfalls hat man das Brillenglas so zu wählen, daß man durch dasselbe die Objectspalte einfach sieht, wenn das innere Rohr 10 Zoll ausgezogen ist.

Die Ermittelung der Sehweite ist nicht der letzte Zweck des Optometers, sondern die Bestimmung der Brenn- oder Zerstreuungsweite der Linse, welche den Fehler der Fern- oder Kurzsichtigkeit eines Auges heben soll; man kann aber für jede Sehweite leicht berechnen, welches die Brennweite einer Linse sein müsse, damit durch dieselbe die erwähnten Fehler gehoben werden.

Durch eine Loupe, deren Brennweite f ist, sieht ein Auge, dessen Sehweite d ist, einen Gegenstand deutlich, welcher sich in der Entfernung x befindet, wenn zwischen den Größen f, d und x die Beziehung

$$\frac{1}{f} = \frac{1}{x} - \frac{1}{d} \quad \ldots \quad \ldots \quad (1)$$

besteht. Für ein normales Auge ist die Weite des deutlichen Sehens 10 Zoll, für ein fern- oder kurzsichtiges Auge soll man nun die Linse so wählen, daß durch dieselbe die Weite des deutlichen Sehens ebenfalls 10 Zoll wird, d. h. daß man durch das Glas einen in der Entfernung von 10 Zoll gehaltenen Gegenstand deutlich sieht; in obiger Gleichung ist also für unseren Zweck beständig für x der Werth 10 zu setzen. Ist nun die Sehweite d eines Auges bekannt, so läßt sich nach obiger Gleichung leicht der Werth von f, d. h. die Brennweite des Glases, welches für das Auge paßt, berechnen; es ist nämlich

$$f = \frac{d \cdot x}{d - x} \quad \ldots \quad \ldots \quad (2)$$

wo für x immer der Werth 10 zu setzen ist.

Es sei z. B. für ein fernsichtiges Auge die Weite des deutlichen Sehens 20 Zoll, so giebt jene Formel

$$f = \frac{20 \cdot 10}{20 - 10} = \frac{200}{10} = 20,$$

d. h. dieses Auge bedarf einer Linse von 20 Zoll Brennweite, um auf die Entfernung von 10 Zoll deutlich zu sehen.

Ebenso finden wir für ein Auge, dessen Sehweite 15 Zoll ist,

$$f = \frac{15 \cdot 10}{15 - 10} = \frac{150}{5} = 30,$$

d. h. eine für dieses Auge passende Linse muß 30 Zoll Brennweite haben.

Die Brechung des Lichtes.

Für $d = 10$ wird $f =$ unendlich, d. h. für ein Auge, dessen Sehweite ohnehin schon 10 Zoll ist, müßte man ein ebenes Glas anwenden, welches gerade so wirkt wie gar kein Glas, um auf 10 Zoll deutlich zu sehen.

Für kurzsichtige Augen wird d kleiner als 10 Zoll; in diesem Falle wird aber der Nenner des Bruches (2), und folglich auch der Werth von f negativ, d. h. man hat hier keine Sammellinsen, sondern Zerstreuungslinsen anzuwenden.

Für ein kurzsichtiges Auge, dessen Sehweite 5 Zoll beträgt, ist

$$f = \frac{5 \cdot 10}{5 - 10} = \frac{50}{5} = -10,$$

d. h. ein solches Auge bedarf eines Hohlglases, dessen Zerstreuungsweite 10 Zoll beträgt.

Man kann also nach Gleichung (2) für jede beliebige Sehweite leicht die entsprechende Brenn- oder Zerstreuungsweite des Brillenglases berechnen.

Um nicht immer die Rechnung erst vornehmen zu müssen, kann man ein- für allemal eine Tabelle zusammengehöriger Werthe von f und d berechnen. Die folgende Tabelle giebt die Werthe von f an, welche den von Zoll zu Zoll fortschreitenden Werthen von d entsprechen.

Für Kurzsichtige		Für Weitsichtige	
d	f	d	f
1	− 1,1	11	+ 110
2	2,5	12	60
3	4,3	13	43,3
4	6,6	14	35
5	10	15	30
6	15	16	26,6
7	23	17	24,3
8	40	18	22,5
9	90	19	21
10	∞	20	20
		25	16,6
		30	15
		40	13,3
		50	12,5

Man kann diese Werthe von f den einzelnen Zollstrichen der Scala gleich beischreiben, wie dies auch bei der Scala in Fig. 142 geschehen ist, und alsdann auf der Scala gleich ablesen, welches die Brennweite, welches also die Nummer des zu wählenden Glases sei, denn die Nummern der Gläser geben die Brenn-

oder Zerstreuungsweite der Gläser an. Ein Hohlglas Nr. 10 ist ein solches, dessen Zerstreuungsweite 10 Zoll beträgt, ein Sammelglas Nr. 20 ist ein solches, dessen Brennweite 20 Zoll ist.

Gewöhnlich sind die Scalen der Optometer nicht in Zoll und Linien getheilt, sondern es sind die Punkte bezeichnet, welche den verschiedenen Nummern der Gläser entsprechen; diese Punkte sind aber auch leicht durch Rechnung zu finden, d. h. man kann leicht nach der Formel (1) den Werth von d berechnen, welcher zu jedem Werth von f gehört, denn es ist

$$d = \frac{f \cdot x}{f - x}.$$

Setzt man nun für x den Werth 10, so erhält man folgende zusammengehörige Werthe von f und d:

Für Kurzsichtige		Für Weitsichtige	
f	d	f	d
— 50	8,33	50	12,5
25	7,14	40	13,3
20	6,66	30	15,0
15	6,00	25	16,6
14	5,83	20	20,0
13	5,65	18	22,5
12	5,45	16	26,6
11	5,24	15	30,0
10	5,00	12	60,0
9	4,74		
8	4,44		
7	4,12		
6	3,75		

Ein Hohlglas Nr. 15 paßt also für ein Auge, dessen Sehweite 6 Zoll, ein Hohlglas Nr. 9 für ein Auge, dessen Sehweite 4³/₄ Zoll beträgt. Statt der in Zolle und Linien getheilten Scala könnte man also auch eine solche machen, auf welche bloß die Punkte markirt sind, welche den in der vorigen Tabelle angeführten Werthen von d entsprechen und diese Punkte mit den correspondirenden Werthen von f bezeichnen.

Ein Optometer der angegebenen Art ist für sehr fernsichtige Personen nicht mehr brauchbar, wenn man das Instrument nicht gar zu lang macht; durch Einsetzung einer Ocularlinse läßt sich aber seine Länge bedeutend verkürzen, wie dies bei den gewöhnlichen Optometern der Fall ist.

Es sei in dem Apparate dicht hinter die Ocularspalten eine Linse von

Die Brechung des Lichtes. 179

5 Zoll Brennweite eingesetzt, so würde durch dieselbe einem normalen Auge die feine Spalte der verschiebbaren Röhre in einer Enfernung von 3,33 Zollen einfach erscheinen, denn ein normales Auge sieht, wie sich aus Gleichung (1) ergiebt, wenn man $d = 10$, $f = 5$ setzt, durch eine Linse von 5 Zoll Brennweite einen Gegenstand deutlich, welcher sich in einer Entfernung von 3,33 Zollen vom Auge befindet. Aus Gleichung (1) ergiebt sich

$$x = \frac{df}{f+d};$$

setzt man nun in dieser Gleichung $f = 5$ und für d der Reihe nach 3, 4 u. s. w. bis 30, 40 ..., so findet man, in welcher Entfernung vom Auge der Spalt der verschiebbaren Röhre gebracht werden muß, wenn er durch die beiden Ocularspalten und die Linse von 5 Zoll Brennweite einem Auge einfach erscheinen soll, dessen Sehweite 3, 4, 5 ... 30 Zoll ist; man findet auf diese Weise

für $d =$ 3 1,87
4 2,22
5 2,50
6 2,73
7 2,97
8 3,08
9 3,21
10 3,33
12 3,53
15 3,75
20 4
25 4,16
30 4,28
40 4,44
50 4,54

Wenn man auf der Auszugröhre diejenigen Punkte bezeichnet haben will, welche den Nummern der Gläser entsprechen, so hat man in der Gleichung

$$x = \frac{df}{f+d}$$

für f den Werth 5, für d aber der Reihe nach die Werthe 8,33 — 7,14 u. s. w. bis 60 zu setzen, welche, wie man aus der Tabelle auf Seite 178 ersieht, diejenigen Sehweiten sind, welche den Gläsern Nr. — 50, — 25 u. s. w. bis Nr. 12 entsprechen; es ergiebt sich durch diese Rechnung, daß Folgendes die zusammengehörigen Nummern der Gläser und der Auszichweiten sind, wenn gleich hinter den Ocularspalten eine Loupe von 5 Zoll Brennweite angesetzt ist.

180 Drittes Buch. Drittes Capitel. Die Brechung des Lichtes.

Nummer des Glases.	Ausziehweite.
— 6	2,14
8	2,35
10	2,50
12	2,60
15	2,73
20	2,85
25	2,94
50	3,12
∞	3,33
+ 50	3,57
40	3,63
30	3,75
25	3,84
20	4,00
15	4,28
12	4,62

Ein solcher Apparat, in welchem eine Linse von 5 Zoll Brennweite angebracht ist, kann also für alle Kurzsichtigen und für Fernsichtige bis zu einer Sehweite von 60 Zoll gebraucht werden, wenn seine Länge nicht ganz 5 Zoll beträgt, während man ohne Linse schon eine Röhre von 60 Zoll für so fernsichtige Personen in Anwendung bringen müßte.

Aufgabe. Man berechne die zusammengehörigen Werthe der Linsennummern und der Ausziehweiten für den Fall, daß dicht bei den Ocularspalten eine Ocularlinse von 6 Zoll Brennweite eingesetzt ist.

Viertes Buch.

Die elektrischen Erscheinungen.

Erstes Capitel.

Vom Magnetismus.

Tragkraft der Stahlmagnete. Nach Häcker's Versuchen besteht §. 82. zwischen Masse und Tragkraft stählerner Hufeisenmagnete die Relation

$$M = a \sqrt{P^2} \quad \ldots \ldots \ldots \ldots (1)$$

wenn M die Tragkraft, P das Gewicht des Magneten und a einen constanten Factor bezeichnet, dessen Werth mit der Stahlsorte und ihrer Bearbeitungsart sich ändert. Für Häcker's ausgezeichnete Stahlmagnete ergab sich für a der Werth 12,6, wenn P und M in Pfunden ausgedrückt sind.

Aufgaben. 1. Wie groß wird demnach die Tragkraft Häcker'scher Stahlmagnete sein, welche ³/₄, 1, 2, 5, 10, 25 und 50 Pfund wiegen?

2. Welches müßte das Gewicht eines Häcker'schen Stahlmagneten sein, dessen Tragkraft 60 Pfund betragen sollte?

3. Ein aus einer schlechteren Stahlsorte verfertigter 3 Pfund schwerer Hufeisenmagnet, der durch Anlassen zu viel von seiner Härte verloren hat, trägt 10 Pfund. Wie groß ist für diese Stahlsorte der Factor a?

4. Wie schwer müßte ein aus dieser Stahlsorte verfertigter Magnet sein, wenn seine Tragkraft seinem Gewichte gleich sein sollte?

5. Die kräftigsten aller bis jetzt bekannten Magnete sind die von Logemann und Wetteren in Harlem, für welche $a = 25$ ist. Was würde ein dreipfündiger Hufeisenmagnet dieser Sorte zu tragen im Stande sein?

Messung magnetischer Kräfte. Das erste Mittel, welches sich dar- §. 83. bietet, die Stärke natürlicher und künstlicher Magnete zu vergleichen, besteht darin, sie mit einem Stück Eisen in Verbindung zu bringen, welches man mehr und mehr mit Gewichten belastet, bis es endlich abreißt, und auf diese Weise also die Tragkraft des Magneten ermittelt. Dieses Mittel kann nur eine rohe Annäherung geben, es war jedoch das einzige, welches man bis 1780 anwandte.

184 Viertes Buch. Erstes Capitel.

In dieser Zeit brach Coulomb durch seine schönen Entdeckungen eine neue Bahn in der Wissenschaft. Er gab Methoden an, um die magnetischen Kräfte mit äußerster Genauigkeit zu messen.

Coulomb wandte zwei verschiedene Mittel an, um die Stärke der Magnete zu messen. 1. Die Oscillationen einer an einem Seiden- oder Platinfaden aufgehängten Nadel; 2. die Drehung von Kupfer- oder Silberfäden in der Torsionswage, welche man nach ihm die Coulomb'sche Drehwage nennt.

I. **Methode der Oscillationen.** Eine Magnetnadel, welche unter dem Einflusse des Erdmagnetismus oscillirt, kann als ein zusammengesetztes Pendel betrachtet werden, und die absolute Größe und Kraft, welche sie in Bewegung setzt, läßt sich ausmitteln, wenn man das Trägheitsmoment der Nadel in Beziehung auf die Anhängungsaxe und die Zahl der Schwingungen kennt, welche sie in einer gegebenen Zeit macht. Wir werden auf diesen Punkt weiter unten zurückkommen, wo von der Bestimmung der Intensität des Erdmagnetismus die Rede sein wird. Die absolute Kraft aber, unter deren Einfluß die Nadel oscillirt, ist ein zusammengesetztes Element, welches zugleich von der Intensität des Erdmagnetismus und dem magnetischen Zustande der Nadel abhängt.

Auf eine oscillirende Magnetnadel lassen sich alle Gesetze der Pendelbewegungen anwenden, woraus sich ergiebt, daß die magnetischen Kräfte, welche auf eine Magnetnadel einwirken, sich umgekehrt verhalten wie die Quadrate der Schwingungszeiten.

Nehmen wir zwei ganz gleiche, aber ungleich stark magnetisirte Nadeln, so werden diese unter dem Einflusse des Erdmagnetismus nicht gleich schnell oscilliren. Bezeichnen wir mit f die Kraft, welche auf die eine Nadel wirkt, mit t die Anzahl der Secunden, während welcher eine Oscillation vollendet wird, ferner mit f' und t' die entsprechenden Größen für die andere Nadel, so verhalten sich die Kräfte f und f' umgekehrt wie die Quadrate von t und t', es ist also

$$\frac{f}{f'} = \frac{t'^2}{t^2}.$$

Hätte z. B. die eine Nadel 6 Secunden, die andere aber nur 4 Secunden zu einer Oscillation gebraucht, so könnte man nach diesem Gesetze schließen, daß die magnetische Kraft, welche die letztere beschleunigt, sich zu der ersteren verhält wie 36 zu 16.

Die Schwingungszeit verhält sich offenbar umgekehrt wie die Zahl der Schwingungen, die in einer gegebenen Zeit, etwa in einer Minute, gemacht werden. Bezeichnet man mit n die Anzahl der Schwingungen, welche die erste der beiden Nadeln in einer Secunde macht, mit n' die entsprechende Zahl für die zweite Nadel, so hat man

$$\frac{f}{f'} = \frac{n^2}{n'^2}.$$

Wenn außer dem Erdmagnetismus noch ein anderer Magnet auf eine oscillirende Nadel einwirkt, so können dadurch, je nach den Umständen, die Oscillationen schneller oder langsamer werden, als es unter dem alleinigen Einflusse des Erdmagnetismus der Fall gewesen wäre, immer aber läßt sich aus der beobachteten Schwingungsdauer auf das Verhältniß der beschleunigenden Kräfte schließen.

Nehmen wir an, man habe eine an einem ungedrehten Seidenfaden aufgehängte Nadel nur unter dem Einflusse des Erdmagnetismus schwingen lassen, ihre Schwingungsdauer t beobachtet, und nähere dann der Nadel einen Magneten in der Art, daß dem Nordpol der Nadel der Südpol des Magneten zugekehrt ist, so werden offenbar die Oscillationen schneller werden, die jetzt beobachtete Schwingungsdauer t' ist kleiner als t. Wenn f die Kraft bezeichnet, welche die Nadel beschleunigt, wenn nur der Erdmagnetismus wirkt, f' aber die durch die Annäherung des zweiten Magneten modificirte Kraft, so haben wir wieder

$$\frac{f}{f'} = \frac{t'^2}{t^2}.$$

II. **Die Drehwage.** Wenn ein Metallfaden durch ein angehängtes Gewicht in verticaler Richtung gespannt ist, so nimmt er eine bestimmte Gleichgewichtslage an. Wenn man das Gewicht durch Drehung aus seiner Gleichgewichtslage herausbringt, so erleidet der Faden seiner ganzen Länge nach eine Torsion, eine Windung, in Folge welcher er ein Bestreben hat, das Gewicht wieder in seine Gleichgewichtslage zurückzuführen.

Coulomb hat zuerst die Torsionskraft studirt und gefunden, daß die Kraft, mit welcher der Draht in die Gleichgewichtslage zurückzukehren strebt, der Größe der Torsion proportional sei.

Die Coulomb'sche Drehwage ist Fig. 143 (a. f. S.) dargestellt. Fig. 144 zeigt den oberen Theil in einem größeren Maßstabe. Der verticale Cylinder, in welchem der Faden herabhängt, ist oben mit einer Messingfassung versehen, welche mit einem Ringe $s\,s'$ endet. Darauf paßt eine in der Mitte durchbrochene Messingplatte $m\,m'$, welche sich mit sanfter Reibung um die verticale Axe des Cylinders drehen läßt. Der Ring $s\,s'$ ist an seinem äußeren Umfange in Grade getheilt, und die Scheibe $m\,m'$ hat einen Index, mittelst dessen man die Größe der vorgenommenen Drehungen ablesen kann.

Am unteren Ende des Fadens hängt eine Art Bügel von Messing oder eine Hülse, in welche man die Magnetstäbe hineinlegt. Am Umfange des Kastens ist ein Papierstreifen aufgeklebt, welcher mit einer Theilung versehen ist. Der Faden muß genau im Mittelpunkte dieser Theilung hängen.

Wenn das Instrument gehörig justirt ist, bestimmt man die Gleichgewichtslage des Fadens, indem man einen nicht magnetischen Stab in die Hülse steckt und den Kopf des Apparates so lange dreht, bis dieser Stab genau in dem magnetischen Meridian liegt; wenn man nun eine magnetisirte Nadel in den Bügel legt, so wird sie durch zwei Kräfte in dieser Lage zurückgehalten, durch

Viertes Buch. Erstes Capitel.

die richtende Kraft des Erdmagnetismus und durch den Faden, welcher bei dieser Lage ohne Torsion ist.

Wenn nun der Kopf des Apparates aus dieser Lage herausgedreht wird, so würde auch der Stab dieser Drehung folgen, wenn er nicht magnetisch wäre.

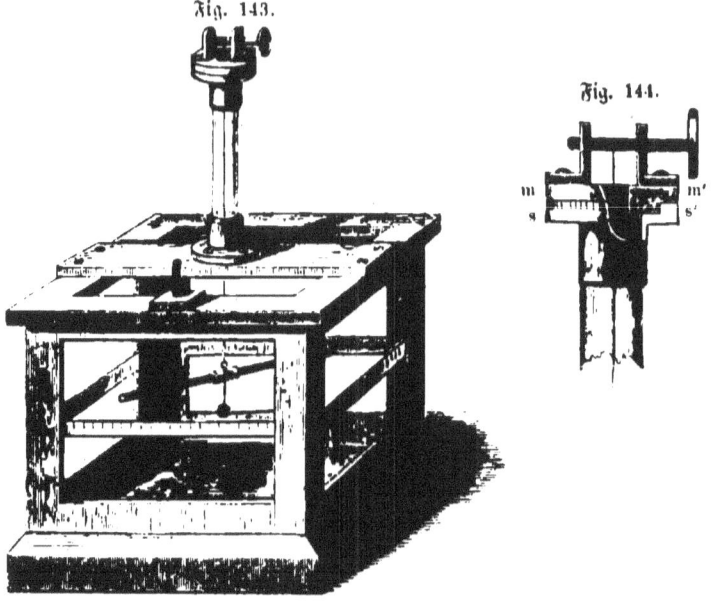

Fig. 143.

Fig. 144.

Fig. 145. Der Faden strebt den Stab in diejenige Lage zu bringen, bei welcher er ohne Torsion sein würde, der Erdmagnetismus aber zieht ihn in den magnetischen Meridian zurück; unter dem Einflusse dieser beiden Kräfte nun muß der Stab irgend eine Zwischenlage annehmen, welche von dem Verhältnisse der beiden Kräfte abhängt.

Das Mikrometer, d. h. die Platte mm', sei um $180°$ gedreht und dadurch die Nadel um $20°$ vom magnetischen Meridian abgelenkt worden, so beträgt die Torsion des Fadens $180 - 20 = 160°$. Wenn V die Drehung des Mikrometers, v die Ablenkung der Nadel ist, so ist die Torsion des Fadens $V - v$.

In Fig. 145 sei ab die Richtung des magnetischen Meridians, cd die Lage der aus dem magnetischen Meridian abgelenkten Nadel, so ist leicht zu ermitteln, mit welcher Kraft der Erdmagnetismus die Nadel in die Lage des magnetischen Meridians zurückzuführen strebt. Denken wir uns die ganze auf die Nadel wirkende magnetische Kraft in d

Vom Magnetismus.

applicirt. Die Richtung dieser Kraft ist die des magnetischen Meridians, wir können also die Kraft der Größe und Richtung nach durch eine Linie dn darstellen. Diese Kraft läßt sich aber in zwei andere zerlegen, deren eine dg, in der Richtung der Nadel wirkend, keinen Effect hervorbringen kann, während die andere Componente dh, welche rechtwinklig auf die Richtung der Nadel angreift, dieselbe zu drehen strebt.

Bezeichnet m die Kraft dn und v den Winkel, welchen sie mit der Axe der Nadel macht, so ist die Componente dh gleich $m \sin v$, und dieser Kraft muß die Torsionskraft des Fadens, welche die Nadel nach der anderen Seite zu drehen strebt, das Gleichgewicht halten.

Wenn v klein, d. h. wenn es unter 20^0 ist, so kann man ohne merklichen Fehler den Bogen für den Sinus setzen.

Dividirt man den Torsionswinkel des Fadens $V - v$ durch den Ablenkungswinkel v, so erhält man einen Quotienten $\dfrac{V-v}{v}$, dessen Werth angiebt, wie viel Grade die Torsion des Fadens betragen müsse, um den Stab um 1^0 abzulenken. Für den vorhin betrachteten Fall ist $V - v = 160$ und $v = 20$, mithin jener Quotient $\dfrac{160}{20} = 8$, d. h. bei dem magnetischen Zustande des Stabes ist die Torsionskraft des Fadens für eine Drehung von 8^0 gerade hinreichend, um der Kraft das Gleichgewicht zu halten, mit welcher der Erdmagnetismus den Stab in den magnetischen Meridian zurückzuführen strebt, wenn er einen Winkel von 1^0 mit diesem Meridian macht.

Nehmen wir an, derselbe Stab, mit welchem der vorige Versuch angestellt worden war, sei stärker magnetisirt worden, man hätte das Mikrometer um 495^0 drehen müssen, damit der Stab um 15^0 abgelenkt wird, so wäre die Torsion des Fadens $495 - 15 = 480^0$. Für diesen Fall ist die Torsion des Fadens, welche einer Ablenkung von 1^0 entspricht, $\dfrac{480}{15} = 32^0$. In dem letzteren Falle war also die magnetische Kraft des Stabes viermal so groß als im ersteren.

Aufgaben. 1. Ein Magnetstab, welcher, wie der Fig. 146 dargestellte, in einer Papierhülse liegend, an einem ungedrehten Seidenfaden aufgehängt ist, macht fünf Schwingungen in der Minute; nachdem man ihn frisch magnetisirt hat, macht er aber in jeder Minute sieben Schwingungen. In welchem Verhältniß ist die magnetische Kraft des Magnetstabes gesteigert worden?

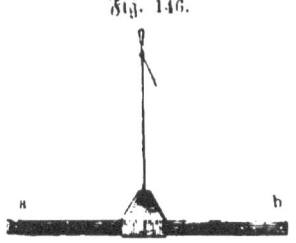

Fig. 146.

2. Von zwei sonst ganz gleichen Magnetnadeln, welche aber ungleich stark magnetisirt sind, macht die eine 12, die andere 17 Schwingungen in der Minute. In welchem Verhältnisse stehen die magnetischen Kräfte der beiden Nadeln?

188 Viertes Buch. Erstes Capitel.

3. Ein Magnetstab, welcher ähnlich wie der in Fig. 146 dargestellte zu Wien 4 Schwingungen in der Minute macht, macht bei unveränderter Stärke seines Magnetismus zu Panama 9 Schwingungen in der Secunde. In welchem Verhältniß steht die horizontale Intensität des Erdmagnetismus zu Wien und zu Panama?

4. Wie viel Schwingungen wird derselbe Stab zu Christiania in einer Minute machen, da die horizontale Intensität des Erdmagnetismus zu Wien sich zu der zu Christiania verhält wie 1,995 zu 1,547?

5. Bezeichnen wir mit f die Kraft, mit welcher der Erdmagnetismus einen horizontalen Magnetstab zurückzudrehen strebt, wenn er um 90° aus dem magnetischen Meridian entfernt worden ist, wie groß wird alsdann die Kraft sein, welche den Magnetstab zurückdreht, wenn er 20, 40, 60 und 80 Grad aus dem magnetischen Meridian entfernt ist?

§. 84. **Die magnetischen Anziehungen und Abstossungen stehen im umgekehrten Verhältnisse des Quadrates der Entfernungen.** Für alle von einem Punkte ausgehenden Fernewirkungen läßt sich wohl a priori annehmen, daß ihre Intensität im umgekehrten Verhältnisse des Quadrates der Entfernungen steht, man konnte dieses Gesetz also auch von vornherein für den Magnetismus postuliren; eine experimentelle Bestätigung desselben hat aber erst Coulomb, und zwar mit Hülfe der im vorigen Paragraphen erläuterten Methoden, gegeben.

1. Durch Oscillationen. Eine kleine Magnetnadel wird an einem Coconfaden so aufgehängt, daß sie in horizontaler Ebene frei osciliren kann, aber vor störenden Luftströmungen hinlänglich geschützt ist. Diese Nadel läßt man zuerst unter dem alleinigen Einflusse des Erdmagnetismus osciliren. Es sei n die beobachtete Zahl der Schwingungen in einer Minute, m der horizontale Theil der magnetischen Erdkraft, welche auf sie wirkt.

Nun läßt man den einen Pol eines möglichst stark magnetisirten Stahlstabes auf die Nadel wirken. Dieser Stahlstab wird in den magnetischen Meridian der Nadel ns, Fig. 147 ,gebracht, und zwar in verticaler Stellung, so daß dem Pol s der Nadel derjenige Pol N des Stabes zugekehrt ist, auf welchen er anziehend wirkt.

Der Stab NS muß so groß sein, daß die Entfernung sN sehr klein ist im Vergleich zur Entfernung sS, daß man also die Wirkung des Pols S auf s ohne merklichen Fehler vernachlässigen kann.

Bezeichnen wir mit n' die Zahl der Schwingungen der Nadel für den Fall, daß der Pol N des Stabes NS aus einer bestimmten Entfernung auf die Nadel wirkt, und mit f' die Kraft, welche nun die oscilirende Nadel beschleunigt, so hat man im Vergleich mit dem vorigen Versuche

$$\frac{f'}{f} = \frac{n'^2}{n^2}.$$

Hätte die Nadel unter dem alleinigen Einflusse des Erdmagnetismus

Vom Magnetismus. 189

15 Schwingungen in einer Minute gemacht, hingegen 41, wenn der Pol N des Stabes sich 4 Zoll weit von der Nadel befindet, so hätte man

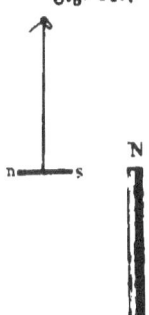
Fig. 147.

$$\frac{f'}{f} = \frac{41^2}{15^2}.$$

Man bringt nun den Stab in die doppelte Entfernung, so daß N 8 Zoll weit von der Nadel ist, und beobachtet alsdann die Zahl der Oscillationen; gesetzt, man fände ihre Anzahl in einer Minute $n'' = 24$, so ist, wenn man mit f'' die in diesem Falle auf die Nadel wirkende Kraft bezeichnet,

$$\frac{f''}{f} = \frac{24^2}{15^2}.$$

Die Größe f' ist offenbar die Summe der erdmagnetischen Kraft und der anziehenden Kraft, welche der Pol N aus einer Entfernung von 4 Zoll auf die Nadel ausübt; letztere ist also offenbar $f' - f$. Ebenso ist die anziehende Kraft, welche der Stab aus einer Entfernung von 8 Zoll auf die Nadel ausübt, $f'' - f$. Durch die Combination der beiden letzten Gleichungen ergiebt sich aber ganz leicht

$$\frac{f' - f}{f'' - f} = \frac{41^2 - 15^2}{24^2 - 15^2} = \frac{1456}{351} = 4{,}1.$$

Dieser Versuch zeigt also, daß die anziehende Kraft eines magnetischen Pols in doppelter Entfernung wirklich nahe viermal schwächer wird.

2. Mit der Drehwage. Auch für diese Versuche muß man lange magnetische Stahlstäbe oder Drähte anwenden, damit die Wirkung des einen Pols gegen die des anderen verschwindend werden könne. Coulomb's Stäbe waren 24 Zoll lang, hatten ½ bis 1 Linie Durchmesser und waren möglichst stark magnetisch. Ein solcher Stab wurde in den Bügel der Drehwage Fig. 148 gebracht, also horizontal aufgehängt; ein vorläufig angestellter Versuch ergab, daß eine Torsion von 35° nöthig war, um den Stab um 1° von dem Meridian abzulenken. Nun wurde ein zweiter Stab von oben in verticaler Richtung in den Kasten hineingesteckt, und zwar so, daß der nach unten gekehrte Pol den zunächst liegenden des horizontalen Stabes abstieß. Der horizontale Magnetstab kam nun in einer Lage zur Ruhe, welche einen Winkel von 24° mit dem magnetischen Meridian machte.

Bei dieser Lage des hängenden Stabes sind es zwei Kräfte, welche ihn in den magnetischen Meridian zurückzuführen streben, die Erdkraft und eine Torsion des Fadens von 24°. Da aber für jeden Grad Ablenkung die Kraft, welche den Stab in den Meridian zurückzuführen strebt, einer Torsionskraft von 35° gleich ist, so ist die Componente der Erdkraft, welche bei einer Ablenkung von 24° die Nadel zurückzuführen strebt, einer Torsionskraft von 24.35

oder 840° gleich, wozu noch die 24°, d. h. die Torsion, welche der Faden wirklich hat, addirt werden müssen. Die Totalkraft ist also 864°.

Nun wurde das Mikrometer so gedreht, daß durch die Torsion des Fadens die horizontale Nadel dem Stabe näher kam. Die Drehung betrug 3mal 360, also 1080°, und dadurch wurde die Nadel auf 17° dem magnetischen Meridian genähert. Dann wurde das Mikrometer noch um 5mal 360° gedreht, so daß also jetzt die Totalumdrehung 2880° betrug. Dadurch wurde der horizontale Stab dem verticalen auf 12° genähert.

Für die zweite Stellung war das Aequivalent der Erdkraft eine Torsion von 17 . 35 = 595 Graden. Addirt man dazu die wirkliche Torsion des Fadens 1080 + 17 = 1097°, so erhält man eine Torsionskraft von 1698° als Maß für die abstoßende Kraft, welche der untere Pol des eingeschobenen Magneten ausübt.

Auf dieselbe Weise findet man für die dritte Lage die abstoßende Kraft gleich der Torsionskraft von 3312°.

Die Entfernungen in diesen Versuchen verhalten sich also wie 24 : 17 : 12, die entsprechenden abstoßenden Kräfte aber wie 864 : 1698 : 3312, welche letztere Zahlen sich zu einander sehr nahe umgekehrt verhalten wie die Quadrate der ersteren.

§. 85. **Totalwirkung eines Magnetstabes in die Ferne.** Das eben bewiesene Gesetz bezieht sich streng genommen nur auf die Anziehung und Abstoßung der magnetischen Elemente. Die Gesammtwirkung eines magnetischen Körpers verhält sich aber ganz anders. Die eben angeführten Versuche stellten auch nur deshalb das Gesetz wenigstens annäherungsweise heraus, weil die Anordnung so getroffen war, daß der eine Pol des zu prüfenden Magnets in so großer Entfernung war, daß er die Wirkung des anderen nicht wesentlich modificiren konnte. Ist jedoch diese Bedingung nicht erfüllt, so stellen sich ganz andere Resultate heraus, und wenn die Entfernungen groß genug sind gegen die Dimensionen des Magnets, so verhalten sich die Totalwirkungen desselben sehr nahe umgekehrt wie die dritten Potenzen der Entfernungen.

Dieses Gesetz der Totalwirkung eines Magnets ergiebt sich als nothwendige Folge daraus, daß die Wirkung der magnetischen Elemente auf einander im Verhältniß des Quadrates der Entfernung abnimmt. Gauß hat diesen Gegenstand ganz allgemein entwickelt und Formeln gegeben, nach welchen sich die gegenseitige Einwirkung zweier Magnete für jede beliebige gegenseitige Lage berechnen läßt. Für uns sind jedoch nur zwei specielle Lagen von besonderer Wichtigkeit, und wir wollen deshalb auch nur diese betrachten.

Ein Magnetstab und eine nur um eine verticale Axe drehbare Magnetnadel sollen sich in derselben Horizontalebene befinden, und zwar liege

1. der Drehpunkt der Nadel auf derjenigen Linie, welche durch die Mitte des Magnetstabes gehend, rechtwinklig auf seiner Längenaxe steht, wie dies Fig. 148 dargestellt ist. In diesem Falle wird der Stab NS die Nadel parallel mit seiner Richtung zu stellen streben; oder

Vom Magnetismus. 191

2. es liege der Mittelpunkt der drehbaren Nadel in der Verlängerung

Fig. 148.   Fig. 149.

des Stabes, wie Fig. 149; in diesem Falle geht die Wirkung des Stabes dahin, die Nadel so zu stellen, daß ihre Längenaxe in die Verlängerung des Stabes fällt.

In Fig. 148 sowohl als in Fig. 149 sind die Nadeln rechtwinklig zu der durch den Magnetstab bedingten Gleichgewichtslage dargestellt. Wir wollen für beide Fälle die Kraft berechnen, mit welcher der Magnetstab die Nadel zu drehen strebt, wenn diese rechtwinklig zu der durch den Magnetstab bedingten Gleichgewichtslage steht.

Erster Fall. Der Pol S, Fig. 150, stößt den Pol s ab, und zwar in der Richtung sa. Bezeichnen wir mit q die abstoßende Kraft, welche diese beiden Pole in der Entfernung 1 auf einander ausüben, so

Fig. 150.

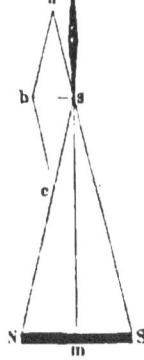

ist $\frac{q}{r^2}$ die abstoßende Kraft, welche sie wirklich auf einander ausüben, wenn ihre Entfernung mit r bezeichnet wird.

Die Kraft $\frac{q}{r^2}$, mit welcher der Pol S den Pol s abstößt, kann durch die Linie sa dargestellt werden.

Der Pol N wirkt anziehend auf s, und zwar zieht er ebenso stark an, wie S abstößt, weil S und N gleich weit von s entfernt sind; die anziehende Kraft kann also durch die Linie sc dargestellt werden. Nach dem Gesetze des Parallelogramms der Kräfte ergiebt sich sb als Resultirende der beiden Kräfte sa und sc. Aus der Aehnlichkeit der Dreiecke NSs und bsa aber ergiebt sich die Proportion

$$Ss : SN = as : bs.$$

Da nun $Ss = r$, $sa = \frac{q}{r^2}$ ist, so geht jene Proportion über in

$$r : 2l = \frac{q}{r^2} : f,$$

wenn wir mit f den Werth der Resultirenden bs, d. h. die Totalwirkung des Magneten SN auf den Pol s, und mit l die halbe Länge des Magneten bezeichnen; daraus ergiebt sich

$$f = \frac{2lq}{r^3} \quad . \quad . \quad . \quad . \quad . \quad . \quad (1)$$

Der Werth f, d. h. die Totalwirkung des Magnets NS auf den anderen steht also im umgekehrten Verhältnisse der dritten Potenz von r.

Ist l sehr klein im Vergleich zu r, so ist sm nicht wesentlich von sS verschieden, und in diesem Falle läßt sich der Satz so aussprechen: die Totalwirkung eines Magnets in die Ferne muß der dritten Potenz der Entfernung umgekehrt proportional sein, wenn die Wirkung der einzelnen Pole im umgekehrten Verhältniß des Quadrates der Entfernung abnimmt.

Zweiter Fall. Wenn q die Kraft ist, mit welcher der Pol N den Pol s aus der Entfernung 1 anzieht, so ist

Fig. 151.

seine anziehende Kraft für die Entfernung Ns gleich $\dfrac{q}{(r+l)^2}$, wenn mit r die Entfernung ms und mit l die halbe Länge des Magnets NS bezeichnet wird; die abstoßende Kraft aber, mit welcher S auf s wirkt, ist demnach gleich $\dfrac{q}{(r-l)^2}$. Wenn ns klein ist im Vergleich zu der Entfernung des Magnetstabes NS, so kann man ohne merklichen Fehler die Richtung der beiden auf s wirkenden Kräfte als gleich und rechtwinklig auf ns annehmen. Demnach ist die Totalkraft, mit welcher der Magnet NS auf s wirkt,

$$F = \frac{q}{(r-l)^2} - \frac{q}{(r+l)^2} = q\,[(r-l)^{-2} - (r+l)^{-2}].$$

Wenn man $(r-l)^{-2}$ nach dem binomischen Lehrsatze in einer Reihe entwickelt, so kommt

$$r^{-2} + 2\,r^{-3}l + 3\,r^{-4}l^2 + 4\,r^{-5}l^3 + \text{ɾc.}$$

Der Ausdruck $(r+l)^{-2}$ giebt eine ganz ähnliche Reihe, welche sich von dieser nur dadurch unterscheidet, daß alle Glieder, welche mit ungeraden Potenzen von l behaftet sind, das entgegengesetzte Zeichen haben, wenn man also die Reihe für $(r+l)^{-2}$ abzieht von der Reihe für $(r-l)^{-2}$, so fällt r^{-2} weg, und ebenso alle Glieder, welche mit geraden Potenzen von l behaftet sind, während sich die anderen summiren; man erhält auf diese Weise

$$F = 4\,l\,q\,r^{-3} + 8\,l^3\,q\,r^{-5} + \text{ɾc.} = \frac{4\,l\,q}{r^3} + \frac{8\,l^3\,q}{r^5} = \text{ɾc.}$$

Wenn man alle folgenden Glieder der Reihe gegen das erste vernachlässigt, was um so mehr erlaubt ist, als r im Vergleich zu l wächst, so hat man also

$$F = \frac{4\,l\,q}{r^3}.$$

Vergleichen wir diesen Werth F mit dem für die erste Lage gefundenen Werthe von f, so ergiebt sich

$$F = 2f.$$

Alle vernachlässigten Glieder haben zum Nenner eine Potenz von r, welche höher ist als die dritte.

Vom Magnetismus. 193

Die Richtigkeit dieser Schlußfolgerungen, nach welchen sich die Totalwirkung eines Magneten in die Ferne wirklich umgekehrt wie die dritte Potenz
seiner Entfernung verhält, hat Gauß mit Hülfe des Magnetometers nachgewiesen. Die Versuche über die Totalwirkung der Magnete in die Ferne
lassen sich aber auch ohne Magnetometer nach W. Weber's Angaben mit einer

Fig. 152.

gewöhnlichen Bussole, die nur in ganze Grade getheilt
ist, anstellen, da man noch 10tel Grade schätzen kann.
Die Bussole wird auf die Mitte eines etwas breiten Maßstabes gesetzt, der nur in Decimeter getheilt zu sein braucht.
Der Maßstab ist 1 Meter lang. Bei einer Versuchsreihe
wird der Maßstab rechtwinklig auf den magnetischen Meridian gelegt, wie Fig. 152 zeigt. Der ablenkende Magnetstab ns ist 1 Decimeter lang. In der Stellung Fig. 152
ist die Entfernung seiner Mitte vom Mittelpunkte der
Nadel 450 Millimeter; außerdem beobachtete Weber noch
die Ablenkung für die Entfernungen 350 Millimeter und
300 Millimeter. Für die gleiche Entfernung kann man
vier Ablenkungsversuche machen. Hat man z. B. die Ablenkung für die in Fig. 152 dargestellte Lage beobachtet, so
wird einfach der Magnetstab umgekehrt, so daß s dahin
kommt, wo n war und umgekehrt. Man erhält dann nahezu
die gleiche Ablenkung wie vorher, nur nach entgegengesetzter
Richtung. Nun bringt man den Magnetstab, der bei diesen
beiden Versuchen auf der Ostseite der Bussole lag, in gleicher
Entfernung auf die Westseite und macht hier wieder zwei
Beobachtungen. Aus den so gemachten vier Beobachtungen
wird das Mittel genommen.

Für die zweite Versuchsreihe, Fig. 153, legt man den
Maßstab in die Richtung des magnetischen Meridians und
den ablenkenden Magneten rechtwinklig auf denselben. Wiederholt man nun die Versuche, so wird man finden, daß
die Ablenkungen jetzt sehr nahe halb so groß sind, als man
in der ersten Versuchsreihe für dieselbe Entfernung gefunden hatte.

Fig. 153.

Zum Behufe magnetischer Intensitätsbestimmungen hat Weber die Ablenkungen für die in Fig. 152 dargestellte Anordnung und die Entfernungen
450, 350 und 300 Millimeter bestimmt. Die Versuche gaben die in folgender
Tabelle zusammengestellten Resultate:

194　　　　Viertes Buch. Erstes Capitel.

r	v	$tang\, v$
0,45m	11° 24' 0''	0,29163
0,35	23 28 50	0,43440
0,30	35 17 25	0,70779

Die unter v stehenden Ablenkungen sind das Mittel aus vier Versuchen.

Es versteht sich von selbst, daß die Größe der Ablenkung von der Individualität des Ablenkungsmagnets abhängt. Wäre der Magnet $n\,s$ schwächer magnetisirt gewesen, so wären die Ablenkungen geringer ausgefallen.

Diese Resultate bestätigen nun vollkommen unsere oben gemachten Schlüsse über die Totalwirkung von Magneten. Nach den auf S. 192 gemachten Entwickelungen hat der Werth für die Totalwirkung eines Magnets die Form

$$F = \frac{x}{r^3} + \frac{y}{r^5} + \text{ɔc.}$$

Bei den Gauß'schen Versuchen war die Ablenkung so klein, daß man ohne merklichen Fehler den Ablenkungswinkel für das Maß der ablenkenden Kraft nehmen kann, bei diesen Versuchen aber ist der Ablenkungswinkel so groß, daß man diese Annahme nicht mehr machen darf. Wie wir früher gesehen haben, ist die Kraft, womit der Erdmagnetismus die Nadel in den magnetischen Meridian zurückzudrehen strebt, $c.\sin v$; durch ein ganz ähnliches Raisonnement ergiebt sich aber auch, daß, wenn F das Drehungsmoment ist, mit welchem der Ablenkungsstab auf die Nadel wirkt, wenn sie im magnetischen Meridian steht, daß alsdann $F.\cos v$ das vom Stabe her auf die Nadel wirkende Drehungsmoment sei, wenn die Nadel einen Winkel v mit dem magnetischen Meridian macht. Für den Fall des Gleichgewichtes aber ist

$$c.\sin v = F.\cos v,$$

und daraus

$$\frac{F}{c} = tang\, v$$

$$F = c.tang\, v,$$

woraus man ersieht, daß die ablenkende Kraft des Magnets nicht dem Ablenkungswinkel, sondern der Tangente des Ablenkungswinkels proportional ist: wir können also die Tangente des Ablenkungswinkels als Maß für die Kraft des ablenkenden Magnets ansehen; für die Tangente des Ablenkungswinkels gilt also auch Alles, was von der ablenkenden Kraft selbst gesagt wurde, und wir haben also

$$tang\, v = \frac{x}{r^3} + \frac{y}{r^5} + \text{ɔc.}$$

Je mehr nun r wächst, desto mehr nähert sich der Werth von $tang\, v$ dem

Vom Magnetismus.

Werthe $\frac{x}{r^3}$. Multiplicirt man auf beiden Seiten mit r^3, so kommt

$$r^3 \, tang \, v = x + \frac{y}{r^2} + \text{ɾc.}$$

Aus dieser Gleichung sieht man, daß, wenn man die Tangente des Ablenkungswinkels mit der dritten Potenz der Entfernung multiplicirt, ein Product herauskommen müsse, welches sich um so mehr einem Gränzwerthe x nähert, je größer r wird, d. h. für sehr große Werthe von r ist das Product $r^3 \, tang \, v$ stets gleich, wie sich der Werth von r auch ändern mag. Je kleiner aber r wird, desto mehr Einfluß bekommt das Glied $\frac{y}{r^2}$; für kleinere Werthe von r wird also auch der Werth des Productes $r^3 \, tang \, v$ den Gränzwerth x um so mehr übertreffen, je kleiner r ist.

Bei den eben angeführten Weber'schen Versuchen ist nun r so klein, daß es noch einen sehr merklichen Einfluß auf das Product $r^3 \, tang \, v$ ausübt. Aus den angeführten Weber'schen Versuchen berechnet man folgende Werthe von $r^3 \, tang \, v$:

  0,018374000 für die Entfernung 0,45 Meter
  0,018625000 „ „ „ 0,35 „
  0,019110000 „ „ „ 0,30 „

Wir sehen also, daß für kleinere r jenes Product immer größer wird.

Für die folgenden Bestimmungen der Intensität des Erdmagnetismus ist es von der größten Wichtigkeit, den Gränzwerth zu ermitteln, dem sich das Product $r^3 \, tang \, v$ immer mehr nähert, je größer r wird.

Für die Entfernung 450 Millimeter ist der Werth von $tang \, v$ gleich 0,20163; wenn wir nur die beiden ersten Glieder im Werthe von $tang \, v$ berücksichtigen, so hat man die Gleichung

$$0,20163 = \frac{x}{0,45^3} + \frac{y}{0,45^5} \quad \ldots \ldots \quad (1)$$

Für die Entfernung 300 Millimeter ist der Werth von $tang \, v$ gleich 0,70779, es ist also

$$0,70779 = \frac{x}{0,3^3} + \frac{y}{0,3^5} \quad \ldots \ldots \quad (2)$$

Aus diesen beiden Gleichungen läßt sich nun der Werth von x bestimmen; man findet

$$x = 0,017784.$$

Dies würde genau der Gränzwerth sein, dem sich das Product $r^3 \, tang \, v$ um so mehr nähert, je größer r wird, wenn die Versuche ganz frei von Beobachtungsfehlern wären. In diesem Falle müßte man auch genau denselben Werth von x finden, wenn man den ersten und zweiten Versuch in der Weise verbindet, wie wir es eben für den ersten und dritten gethan haben. Für die Entfernung 0,35 Meter ist der Werth von $tang \, v$ gleich 0,4344; dies giebt die Gleichung

13*

$$0{,}4344 = \frac{x}{0{,}35^3} + \frac{y}{0{,}35^5}.$$

Combinirt man diese Gleichung mit der Gleichung (1), so kommt
$$x = 0{,}01799.$$
Combinirt man auf dieselbe Weise den zweiten und dritten Versuch, so kommt
$$x = 0{,}01731.$$
Den wahrscheinlichsten Werth von x erhält man, wenn man aus jenen drei Werthen das Mittel nimmt; man findet auf diese Weise
$$x = 0{,}017667.$$
Weber hat nach der Methode der kleinsten Quadrate auf eine genauere Weise diesen Werth berechnet und 0,01753 gefunden, was mit unserem Resultate nahe zusammenfällt.

Der Gränzwerth von $r^3\, tang\, v$, den wir das reducirte Drehungsmoment nennen wollen, ist die Tangente des Ablenkungswinkels, um welchen die bewegliche Nadel durch den festen Stab abgelenkt wird, wenn die Mitte der Nadel von der Mitte des Stabes um die Längeneinheit, für welche wir hier das Meter nehmen, von einander entfernt sind, vorausgesetzt, daß die Dimensionen der beiden Magnete im Vergleich zu dieser Entfernung klein genug sind.

Bei der Fig. 152 dargestellten gegenseitigen Lage ist das reducirte Drehungsmoment, also die Tangente des Winkels, um welchen die Nadel durch den um 1 Meter entfernten Stab abgelenkt wird, 0,01753; bei der Fig. 153 dargestellten gegenseitigen Lage aber nur 0,00876; im ersten Falle ist der entsprechende Ablenkungswinkel 1° 0′ 43″, im letzteren 30′ 21″.

§. 86. **Bestimmung der Intensität des Erdmagnetismus nach absolutem Maass.** Nachdem wir die Gesetze, welchen die Wirkung der Magnete in die Ferne folgt, kennen gelernt haben, können wir uns auch zu den Untersuchungen über die Bestimmung der Intensität des Erdmagnetismus wenden.

Die Gesammtkraft, welche auf eine in horizontaler Ebene schwingende Magnetnadel wirkt, läßt sich aus den beobachteten Schwingungszeiten nach den Gesetzen der Pendelbewegung berechnen. Wie wir oben Seite 59 gesehen haben, ist für ein einfaches Pendel

$$t = \pi \sqrt{\frac{l}{g}},$$

wo die Buchstaben t, π, l und g die dort angegebene Bedeutung haben.

Wenn man mit einem physischen, also zusammengesetzten Pendel zu thun hat, so muß für l die Länge des einfachen Pendels gesetzt werden, welches mit dem fraglichen physischen gleiche Schwingungsdauer hat. Wie Seite 72 gezeigt wurde, findet man aber diese Länge, d. h. die Entfernung des Aufhängepunktes vom Schwingungspunkte des physischen Pendels, wenn man die

Summe der Trägheitsmomente aller materiellen Punkte durch die Summe der statischen Momente der Kräfte dividirt, welche auf die einzelnen Punkte wirken. Bezeichnen wir die Summe der Trägheitsmomente mit K, die jener statischen Momente mit C, so ist

$$t = \pi \sqrt{\frac{K}{Cg}} \quad . \quad . \quad . \quad . \quad (\text{a})$$

Um die Sache recht anschaulich zu machen, wollen wir die Bedeutung der Buchstaben K und C noch von einer anderen Seite betrachten. Die Summe K der Trägheitsmomente der einzelnen materiellen Theilchen, das Trägheitsmoment des Körpers, ist in der That nichts anders als die träge Masse, die in der Entfernung 1 vom Drehpunkte concentrirt sein müßte, um der Gesammtheit der beschleunigenden Kräfte, welche die Oscillationen bewirken, denselben Widerstand entgegenzusetzen, wie es die träge Masse des Körpers wirklich thut. Die Summe C der statischen Momente ist aber ebenso die Kraft, die in der Entfernung 1 vom Drehpunkte angreifen müßte, um denselben Effect hervorzubringen, wie die Gesammtheit aller Kräfte, die in verschiedenen Entfernungen angreifen.

Wenden wir nun unsere Formel auf einen Magnetstab an, welcher in horizontaler Ebene um eine verticale Axe unter dem Einflusse des Erdmagnetismus oscillirt, so ergiebt sich t aus der Beobachtung und K läßt sich nach Principien der Mechanik berechnen, wenn der Stab eine einfache reguläre Gestalt hat. Aus Gleichung (a) ergiebt sich für C der Werth

$$C = \frac{\pi^2 K}{g \cdot t^2}.$$

Gauß wandte zu den Schwingungsversuchen, die er zur Bestimmung der erdmagnetischen Kraft anstellte, ein Magnetometer an, bei welchem der Magnetstab in einem messingenen Schiffchen liegt, welches mitschwingt. Dadurch ist nun eine genaue Berechnung des Trägheitsmomentes K unmöglich, und es ist deshalb nöthig, diese Größe durch den Versuch auszumitteln, was nach den in §. 35, Seite 72 entwickelten Grundsätzen leicht auszuführen ist.

W. Weber hat einen ganz einfachen Apparat angegeben, um nach der Gauß'schen Methode die Intensität der erdmagnetischen Kraft zu bestimmen, der besonders Reisenden und solchen zu empfehlen ist, die ein Magnetometer mit allem Zubehör nicht anschaffen und aufstellen können. Der Magnetstab, den Weber anwendet, ist ein möglichst genau gearbeitetes Parallelepiped von quadratischem oder fast quadratischem Querschnitt. In dem Mittelpunkte der oberen Fläche befindet sich ein Loch, welches mit einem Schraubengewinde versehen ist, damit man ein Messingöhr einschrauben kann, wie Fig. 154 (a. f. S.) zeigt.

Das Trägheitsmoment dieses Messingöhrs ist so gering, daß es ohne Weiteres gegen das Trägheitsmoment des Magnetstabes selbst, welches aus dessen Dimensionen und seinem Gewichte leicht berechnet werden kann (§. 33, S. 68), vernachläſſigt werden darf. Um ſtörende Luftſtrömungen abzuhalten, wird der Magnetſtab an einem Bündel ungedrehter Seidenfäden in einem mit Glaswänden verſehenen Käſtchen aufgehängt, wie unſere Figur zeigt. Der hölzerne Deckel mit dem hölzernen Rohre, in welchem der Faden herabhängt, kann abgehoben werden.

Fig. 154.

Der Magnetſtab, wie ihn Weber anwandte, war 10,1 Centimeter lang, 1,75 Centimeter breit und wog 142 Gramm (es iſt bequem, wenn er genau 10 Centimeter lang iſt). Wie uns die Mechanik lehrt, findet man das Trägheitsmoment eines vierſeitigen Prismas in Beziehung auf eine feſte Axe, welche durch den Schwerpunkt des Prismas geht und der einen Kante parallel iſt, nach der Formel $K = \frac{a^2 + b^2}{12} p$, wo a und b die Längen derjenigen Kanten bezeichnen, welche nicht mit der Umdrehungsaxe parallel ſind; p iſt das Gewicht des Stabes. Für Weber's Magnet war $a = 10,1$ Centimeter, $b = 1,75$ Centimeter, $p = 142$ Gramm, es iſt demnach

$$K = \frac{10,1^2 + 1,75^2}{12} 142 = 1243,36,$$

wenn man das Gramm zur Gewichtseinheit nimmt. Der fragliche Magnetſtab ſetzt alſo einer jeden beſchleunigenden Kraft, die ihn um ſeine verticale Axe zu drehen ſtrebt, einen eben ſo großen Widerſtand entgegen, wie eine träge Maſſe von 1243,36 Grammen, die von der Drehungsaxe um 1 Centimeter entfernt iſt.

Die Dauer einer Oſcillation, alſo t, war für den Stab 6,67 Secunden, es ergiebt ſich demnach

$$C = \frac{1243,36 \cdot \pi^2}{g \cdot 6,67^2} = 0,2812,$$

wenn man für π^2 ſeinen Werth 9,8696 und für g ſeinen Werth 980,88 (Centimeter) ſetzt.

Vom Magnetismus. 199

Die Zahl 0,2812 drückt die Menge der Gramme aus, deren Druck unter der Wirkung der Schwere auf einen 1 Centimeter langen Hebel gleich ist der Kraft, mit welcher der Erdmagnetismus den Stab um seine verticale Axe zu drehen strebt, wenn er rechtwinklig auf dem magnetischen Meridian steht.

Auf diese Weise ist schon die magnetische Kraft, welche den Stab beschleunigt, auf ein bekanntes Maß zurückgeführt. Damit ist aber der Zweck noch nicht erreicht, man hat noch keinen Werth für die magnetische Erdkraft, denn das Drehungsmoment $C = 0{,}2812$ ist noch von der Natur des Stabes abhängig. Wäre der Magnetismus des Stabes stärker oder schwächer entwickelt gewesen, so würde der Werth von C größer oder kleiner geworden sein; außerdem ist aber auch C der magnetischen Erdkraft proportional, es ist also

$$C = T \cdot M,$$

wenn T die magnetische Erdkraft und M den Stabmagnetismus bezeichnet; es ist also für unser Beispiel

$$T \cdot M = 0{,}2812;$$

allgemein ausgedrückt

$$T \cdot M = \frac{\pi^2 K}{g\, t^2} \quad \ldots \ldots \ldots \ldots \quad (1)$$

Wenn es nun gelingt, noch eine andere Relation zwischen den Größen T und M zu finden, wonach man eine zweite Gleichung zwischen T und M bilden kann, so läßt sich M, also gewissermaßen die magnetische Individualität des Stabes, eliminiren und ein absoluter Werth für T finden.

Eine solche weitere Beziehung zwischen M und T ergiebt sich aber, wenn wir die Wirkung des Erdmagnetismus auf eine bewegliche Nadel mit derjenigen vergleichen, welche der horizontale Magnetstab auf dieselbe hervorzubringen im Stande ist.

Den horizontalen Theil der Wirkung, welchen der Erdmagnetismus auf eine horizontale Magnetnadel ns, Fig. 155, ausübt, können wir uns ersetzt denken durch die Wirkung eines Magnetstabes NS, der parallel dem magnetischen Meridian mit der Nadel in gleicher Horizontalebene liegt und zwar so, daß die Verbindungslinie der Mittelpunkte des Stabes und der Nadel rechtwinklig auf dem magnetischen Meridian steht und daß der Abstand dieser Mittelpunkte 1 Meter beträgt.

Fig. 155.

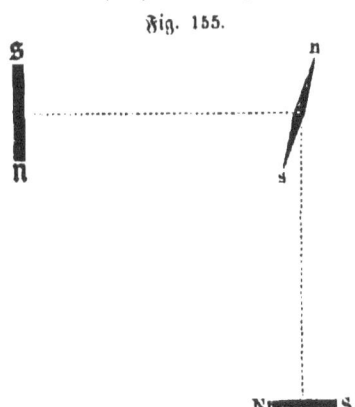

Die Wirkung dieses idealen Magnetstabes auf die Nadel können wir nun vergleichen mit der Wirkung, welche derjenige Magnetstab auf dieselbe hervorbringt, dessen Drehungsmoment wir soeben kennen gelernt haben, vorausgesetzt, daß dieser Magnetstab unter gleichen Verhältnissen auf die Nadel wirkt wie der ideale Magnet, was der Fall ist, wenn sein gleichfalls 1 Meter von der Mitte der Nadel ns abstehender Mittelpunkt in dem magnetischen Meridian derselben liegt und seine Axe rechtwinklig zum magnetischen Meridian ist, denn jetzt strebt jeder der beiden Magnete ns und NS die Nadel mit seiner Richtung parallel zu stellen; NS strebt sie rechtwinklig auf den magnetischen Meridian zu stellen, ns strebt sie in denselben zurückzuführen, und die trigonometrische Tangente des Ablenkungswinkels giebt uns das Verhältniß der Kräfte an, mit welchen beide Stäbe auf die Nadel wirken.

Der horizontale Theil des Erdmagnetismus oder der denselben vertretende Magnetstab ns dreht die Nadel mit der Kraft mT, der Stab NS wirkt auf dieselbe, nach entgegengesetzter Richtung drehend, mit der Kraft mM, wenn m das magnetische Moment der Nadel ns bezeichnet, M und T aber die soeben besprochene Bedeutung haben. Nun aber ist

$$\frac{mM}{mT} = \frac{M}{T} = r^3 \, tang \, v \quad . \quad . \quad . \quad (2)$$

denn das reducirte Drehungsmoment $r^3 \, tang \, v$ ist ja die Tangente des Ablenkungswinkels, welche der Stab in der bezeichneten Lage bei 1 Meter Entfernung von der Nadel bewirkt. Aus der Combination der Gleichungen

$$TM = \frac{\pi^2 K}{g\,t^2}$$

und

$$\frac{M}{T} = r^3 \, tang \, v$$

ergiebt sich aber

$$T = \frac{\pi}{t} \sqrt{\frac{K}{g\,r^3\, tang\, v}}.$$

Suchen wir nun für T einen Zahlenwerth zu erhalten. Für den Magnetstab, mit welchem Weber die schon besprochenen Ablenkungs- und Schwingungsversuche gemacht hat, ergab sich, wie wir wissen,

$$T \cdot M = 0{,}2812 \, . \, . \, . \quad\quad\quad (a)$$

und das reducirte Drehungsmoment

$$r^3 \, tang \, v = 0{,}00876,$$

folglich auch

$$\frac{M}{T} = 0{,}00876 \quad . \quad . \quad . \quad . \quad . \quad (b)$$

Aus der Combination der beiden Gleichungen (a) und (b) ergiebt sich aber

$$T = 5{,}65.$$

Wir haben jetzt für T einen numerischen Werth gefunden, und nun kommt es darauf an, die Einheit genauer zu definiren, auf welche sich dieser Zahlenwerth bezieht.

Vom Magnetismus.

Wenn in einem Magnetstabe ab, Fig. 156, die Einheit des freien Magnetismus entwickelt ist, so wird er einen gleich stark magnetischen Stab cd, welcher sich auf dem in der Mitte von ab errichteten Perpendikel befindet und dessen Mittelpunkt 1 Meter weit vom Mittelpunkte des Stabes ab entfernt ist, aus der in der Figur 156 angedeuteten Stellung mit einer Kraft zu drehen streben, welche gleich ist dem statischen Moment von 1 Gramm, welches an einen Hebelarm von 1 Centimeter angreift.

Wenn die Intensität des horizontalen Theils des Erdmagnetismus $T = 5,65$ ist, so heißt das, der Erdmagnetismus wird einen Magnetstab, welcher rechtwinklig zum magnetischen Meridian steht, und in welchem die Einheit des freien Magnetismus entwickelt ist, mit einer Kraft drehen, welche gleich ist dem statischen Momente von 5,65 Gramm, den Hebelarm 1 Centimeter angreifend.

Wir haben oben gesehen, daß für den Weber'schen Versuchsstab $MT = 0,2812$ ist. Da nun $T = 5,65$, so ist für diesen Stab $M = 0,0495$; der in demselben entwickelte freie Magnetismus beträgt also $495/10000$ von demjenigen, welchen wir zur Einheit der magnetischen Kraft genommen haben.

Die eben gemachte Bestimmung der horizontalen Intensität des Erdmagnetismus bezieht sich auf Göttingen. Für andere Orte wird man andere Werthe von T erhalten, und zwar wächst die Stärke des horizontalen Theils des Erdmagnetismus um so mehr, je mehr man sich dem magnetischen Aequator nähert.

Gauß und Weber legten bei der numerischen Bestimmung der horizontalen Intensität des Erdmagnetismus nach absolutem Maße andere Einheiten zu Grunde, als es eben, des leichteren Verständnisses wegen, geschehen ist. Zunächst nehmen sie das Milligramm zur Gewichtseinheit und nehmen den Angriffspunkt 1 Millimeter weit von der Drehungsaxe; ferner beziehen sie das reducirte Drehungsmoment $r^3 \, tang \, v$ nicht auf die Entfernung von 1 Meter, sondern auf die von 1 Millimeter. Dadurch wird der Werth von T $1000\sqrt{10}$mal kleiner, es ergiebt sich alsdann für Göttingen nach der Formel

$$T = \frac{\pi}{t}\sqrt{\frac{K}{g \, r^3 \, tang \, v}} \quad \ldots \ldots \quad (3)$$

der Werth
$$T = 0,0179.$$

Nun aber ist die Intensität der Schwerkraft nicht für alle Orte der Erde dieselbe, oder, mit anderen Worten, der in obiger Gleichung vorkommende Werth von g ist selbst eine variable Größe. Um nun T auf ein durchaus absolutes Maß zurückzuführen, muß man statt der Schwere eine andere Krafteinheit substituiren, und zwar nehmen jene Physiker als eine Einheit der Kraft diejenige an, unter deren Einfluß der Fallraum der ersten Secunde nicht g, sondern 1 Millimeter wäre. Um den Werth von T auf diese Krafteinheit zu reduciren, hat man nur die Gleichung (3) noch mit $\sqrt{g}$ zu multipliciren; es ergiebt sich alsdann

$$T = \frac{\pi}{t}\sqrt{\frac{K}{r^3\,tang\,v}}.$$

Multiplicirt man den Werth $T = 0{,}0179$ mit $\sqrt{g}$ ($g = 9808$ Millimeter für Göttingen), so ergiebt sich nach absolutem Maß für Göttingen
$T = 1{,}774$.

Nach derselben Einheit war die horizontale Intensität des Erdmagnetismus im Jahre 1845 für

München . . . 1,94
Genf . . . . 1,98.

Die bisher besprochene von Weber vereinfachte Beobachtungsmethode zur Bestimmung der horizontalen Intensität des Erdmagnetismus giebt Resultate, welche bis auf die Größe der täglichen Variationen genau sind.

Der oben ermittelte Werth von T ist nicht der Werth der totalen Intensität der magnetischen Erdkraft, sondern nur der ihrer horizontalen Componente. Die Intensität der totalen magnetischen Erdkraft ist

$$J = \frac{T}{\cos i},$$

wo für i der Inclinationswinkel zu setzen ist.

Aufgaben. 1. Wie groß ist in Grammen ausgedrückt der Werth von C für den in der dritten Aufgabe Seite 74 besprochenen Magnetstab?

Die Bedeutung der gefundenen Zahl ist mit Worten auszudrücken.

2. Ein Magnetstab von der Fig. 154, Seite 198 dargestellten Form und Einrichtung, 10 Centimeter lang, 1,5 Centimeter breit und hoch, 168,5 Grammen schwer, machte im Juni 1852 zu Freiburg 30,5 Schwingungen in 5 Minuten. Wie groß ist in diesem Falle der Werth von C in Grammen ausgedrückt?

3. Als mit demselben Magnetstabe die Ablenkungsversuche in der Fig. 153 auf Seite 193 angedeuteten Weise angestellt wurden, ergaben sich folgende zusammengehörige Werthe von r und v:

r	v
0,45^m	5°0
0,85	10,6
0,30	16,4

Was ist für diesen Fall das reducirte Drehungsmoment f des Stabes? Welche Ablenkung würde der Magnetstab hervorbringen, wenn sein Mittelpunkt, sein Abstand vom Mittelpunkte der Nadel gleich 1 Meter wäre?

4. Welche Ablenkung würde derselbe Magnetstab hervorbringen, wenn für die Fig. 152, S. 193 dargestellte Lage $r = 0{,}4$ Meter oder $r = 0{,}5$ Meter oder endlich $r = 1$ Meter wäre?

Welches ist für diese gegenseitige Stellung des Stabes und der Nadel das reducirte Drehungsmoment F des Stabes?

Vom Magnetismus.

5. In welchem Verhältniß steht die Kraft, mit welcher unser Magnetstab die Magnetnadel aus dem magnetischen Meridian herauszudrehen strebt, wenn bei der Fig. 153, Seite 193 angedeuteten gegenseitigen Lage der Mittelpunkt des Stabes 1 Meter weit von dem Mittelpunkt der Nadel entfernt ist, zu der Kraft, mit welcher der Erdmagnetismus die Nadel drehen würde, wenn sie rechtwinklig zum magnetischen Meridian stände?

6. Wie groß ergiebt sich nach diesen Versuchen (in Grammen ausgedrückt) die horizontale Intensität T des Erdmagnetismus für Freiburg, wie groß ist das magnetische Moment M des Magnetstabes?

7. Welches ist, in Worten ausgedrückt, die Bedeutung der Zahlenwerthe von T und M, welche man als Auflösung der sechsten Aufgabe erhalten hat?

8. Wie groß ist die horizontale Intensität des Erdmagnetismus für Freiburg nach absolutem Maß?

9. Wie groß ist die ganze Intensität des Erdmagnetismus für Freiburg, da die Inclination daselbst 65° 30' beträgt? (Siehe Grundriß §. 176.)

Sättigungspunkt. Je stärker die magnetisirenden Kräfte sind, welche §. 87. man zur Magnetisirung eines Stahlstabes anwendet, desto stärker wird auch im Allgemeinen der erzeugte Magnetismus sein. Bei sehr starker Magnetisirung findet man aber, daß der anfangs sehr starke Magnetismus des Stabes nach und nach wieder bis zu einer gewissen Gränze abnimmt. — Die Gränze nun, über welche hinaus ein Stahlstab nicht bleibend magnetisirt werden kann, nennt man den Sättigungspunkt.

Ein Maß für die Stärke des Magnetismus in einem Stahlstabe liefert uns die Ablenkung, welche er an einer Magnetnadel aus gegebener Entfernung hervorzubringen vermag, oder auch die Schwingungsdauer desselben. Häcker in Nürnberg, welchem es gelungen ist, äußerst kräftige Magnetstäbe herzustellen, hat zahlreiche Versuche über die Schwingungsdauer von Stäben angestellt, welche bis zu ihrem Sättigungspunkte magnetisirt sind, und gefunden, daß sie sich nach der empirischen Formel

$$T = c \sqrt[4]{P} \sqrt[6]{L}$$

berechnen läßt, in welcher T die Schwingungsdauer in Secunden, P das Gewicht in Lothen, und L die Länge der Magnetstäbe in Zollen, c aber einen constanten Factor bezeichnet, welcher von der Stärke des Magnetismus abhängt. Für die von ihm gemachten Magnetstäbe fand er $c = 2{,}67$. Liegt der Sättigungspunkt tiefer, so wird der Factor c größer. Bei später gemachten Magnetstäben brachte Häcker den Factor c bis auf $2{,}35$ herunter.

Diese Formel giebt uns einen Anhaltspunkt, um die Stärke des Magnetismus in einem Stahlstabe zu beurtheilen. Für einen 12 Zoll langen, 11 Loth schweren Magnetstab berechnet man aus obiger Formel für den Factor $c = 2{,}67$ den Werth $T = 8{,}95$ Secunden. Gesetzt nun, man habe für einen Stab der angegebenen Dimensionen die Schwingungsdauer gleich 12 Secunden gefunden, so folgt daraus, daß sein Magnetismus noch ziemlich weit von dem von Häcker erreichten Sättigungspunkte entfernt ist.

Man sieht aus obiger Formel, daß die Schwingungsdauer von Magnetstäben, welche bis zum Sättigungspunkte magnetisirt sind, bei gleichen Längen noch von der Masse, also vom Durchmesser, abhängt. Je dicker sie sind, desto langsamer schwingen sie. — Wäre in einem dicken Stabe in jedem Punkte der Magnetismus eben so stark entwickelt, als in einem dünnen, so müßte die Schwingungsdauer von den Dimensionen des Querschnittes des Stabes unabhängig sein. Da nun aber die dicken Stäbe langsamer schwingen, so folgt, daß in einem dünnen Stahlstabe eine verhältnißmäßig weit stärkere Entwickelung des freien Magnetismus möglich ist, als in einem dickeren.

Damit steht nun auch folgende Erscheinung in Zusammenhang. Ein Magnetstab sn, Fig. 152, bringt eine bestimmte Ablenkung der Bussolennadel hervor. Wird nun noch ein zweiter, dem ersteren ganz gleicher und gleich magnetischer Stahlstab aus andere Ende des Maßstabes gelegt, so wird die Ablenkung nahezu verdoppelt (die Tangente des Ablenkungswinkels ist jetzt doppelt so groß als vorher). Die Wirkung der beiden Magnetstäbe ist hier die zweifache von der eines einzigen.

Legt man aber den zweiten Magnetstab auf den ersten, so daß die gleichnamigen Pole auf einander fallen, daß man also gewissermaßen einen Magnetstab von doppeltem Querschnitt hat, so ist nun die Wirkung der beiden Stäbe zusammen bei weitem nicht doppelt so groß als die eines einzigen.

Der Grund davon ist sehr leicht zu übersehen. Jeder Stab hat, wenn beide mit gleichnamigen Polen auf einander gelegt werden, ein Bestreben, die Polarität des anderen umzukehren. Eine solche Umkehrung findet nun freilich nicht statt, jeder der beiden Stäbe schwächt aber wenigstens den Magnetismus des anderen.

Wie sich aber hier die beiden Magnetstäbchen gegen einander verhalten, so verhalten sich in einem Magnetstabe zwei neben einander liegende Längestreifen, es ist also klar, daß man einen Stahlstab von größerem Querschnitte nicht bis zu derselben Gränze magnetisiren kann, wie einen dünneren.

Aufgaben. 1. Wie groß ergiebt sich der Factor c für den in der 2ten Aufgabe S. 202 besprochenen Magnetstab? Welches würde die Schwingungsdauer dieses Stahlstabes sein, wenn er aus Häcker'schen Stahl verfertigt und bis zum Sättigungspunkte magnetisirt wäre?

2. Welches würde die Schwingungsdauer eines bis zum Sättigungspunkte magnetisirten Häcker'schen Magneten sein, wenn seine Dimensionen dieselben wären, wie die des in der 3ten Aufgabe Seite 74 besprochenen Magnetstabes?

3. Wie groß ist der Factor c für den in der 3ten Aufgabe Seite 74 besprochenen Magnetstab?

Zweites Capitel.
Reibungselektricität.

Die Maassflasche. Eine für quantitative Untersuchungen vortreffliche §. 88. Vorrichtung hat Lane angegeben. Auf demselben Fuße, Fig. 157, auf welchem die Leydener Flasche steht, ist ein verticaler Stab a befestigt, durch dessen oberes Ende ein horizontales, an einem Ende mit einer Kugel c endigendes Messingstäbchen hindurchgeht. Man kann dieses Stäbchen beliebig vor- und rückwärts schieben und die Kugel c in beliebige Entfernung von der Kugel d der Flasche bringen. Das Stäbchen ist mit einer Theilung versehen, welche es möglich macht, die Entfernung der beiden Kugeln genau zu messen. Das Stäbchen wird durch einen Messingdraht mit der äußeren Belegung der Flasche metallisch verbunden.

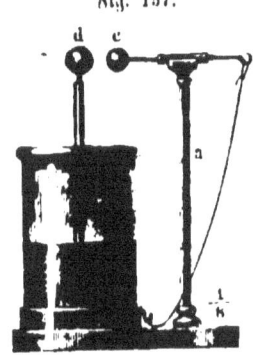

Fig. 157.

Wenn man die Kugel des Drahtes c in einer bestimmten Lage festgestellt hat, so wird der Funken überspringen, wenn die Ladung der Flasche eine gewisse Größe erreicht hat; so oft nun bei unveränderter Entfernung der Kugeln eine Entladung der Flasche stattfindet, kann man überzeugt sein, daß sie bis zu derselben Gränze geladen war.

Die Entfernung, auf welche der Entladungsfunken überspringt, die Schlagweite, ist ein Maß für die Ladung der Flasche. Lane fand, daß bei gleichmäßigem Drehen der Elektrisirmaschine, welche die Flasche ladet, die Entladungen noch einmal so häufig sind, wenn die Kugel c nur $1/2'''$ weit von der Kugel d entfernt ist, als wenn diese Entfernung $1'''$ beträgt. Harris und Rieß bestätigten dies und fanden ferner, daß die Schlagweite einer Flasche oder einer Batterie überhaupt der Dichtigkeit der angehäuften Elektricität proportional sei, daß also für eine Batterie von 2, 3, 4 u. s. w. ganz gleichen Flaschen eine 2-, 3-, 4mal so große Elektricitätsmenge zugeführt werden muß, als einer einzigen dieser Flaschen, wenn die Schlagweite unverändert bleiben soll.

Rieß wendet die Lane'sche Flasche an, um die Quantität der Elektricität zu messen, mit welcher eine Batterie geladen wird. Zu diesem Zwecke stellte er die Batterie auf ein durch Glasfüße isolirtes Gestell und setzte die äußere Belegung der Batterie mit der inneren der Lane'schen Flasche, die äußere Belegung der Lane'schen Flasche aber mit einer großen nicht isolirten

Metalloberfläche, den Gasleitungsröhren des Hauses, in leitende Verbindung. Dieses Arrangement ist durch Fig. 158 anschaulich gemacht, wo a den Conductor der Maschine, b die zu ladende Flasche oder Batterie, c die Maß-

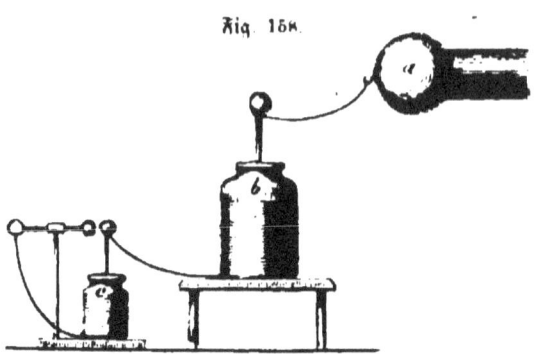

Fig. 158.

flasche darstellt. Wird nun der Batterie von dem Conductor der Elektrisirmaschine Elektricität zugeführt, so wird die abgestoßene positive Elektricität von der äußeren Belegung der Batterie zur inneren Belegung der Lane'schen Flasche wandern und dadurch eine Ladung derselben bewirkt werden; hat aber diese Ladung eine gewisse Gränze erreicht, so folgt eine Entladung der Lane'schen Flasche. So oft nun bei fortgesetztem Drehen der Maschine eine Entladung der Lane'schen Flasche erfolgt, so oft ist von der äußeren Belegung der Batterie dieselbe Menge positiver Elektricität zu der Maßflasche übergegangen, so oft ist also auch die Ladung der Batterie um eine gleiche Elektricitätsmenge vermehrt worden, die Ladung der Batterie ist also der Anzahl der Selbstentladungen der Maßflasche proportional.

Nachdem sich Rieß auf diese Weise ein genaues Maß für die Ladung der Batterie verschafft hatte, konnte er auch über die Wirkungen des Entladungsschlages genauere Versuche anstellen.

§. 89. **Gesetze der Wärmeentwickelung durch den Entladungsschlag der Batterie.** Um die Gesetze der Erwärmung dünner Drähte durch den Entladungsschlag zu ermitteln, wandte Rieß, wie schon früher Harris, ein Luftthermometer an, durch dessen Kugel ein dünner Platindraht hindurchging, welcher in den Weg des Entladungsschlages eingeschaltet wurde.

Fig. 159 stellt ein Rieß'sches elektrisches Luftthermometer in $1/4$ der natürlichen Größe dar. Die Glaskugel, welche ungefähr 3 Zoll im Durchmesser hat, ist an drei Stellen durchbohrt. Die Oeffnungen bei a und b stehen einander diametral gegenüber und sind mit durchbohrten Metallfassungen versehen, zwischen welchen der Platindraht ausgespannt wird; die dritte Oeffnung c ist ebenfalls mit einer Metallfassung versehen, deren Oeffnung durch einen Messingstöpsel verschlossen ist. Durch Oeffnen dieses Stöpsels unmittel-

Reibungselektricität.

bar vor dem Versuch kann man die Luft im Inneren der Kugel mit der äußeren ins Gleichgewicht setzen, worauf dann der Stöpsel wieder eingesetzt wird.

Der in der Kugel befindliche spiralförmig gewundene Platindraht hatte

Fig. 159.

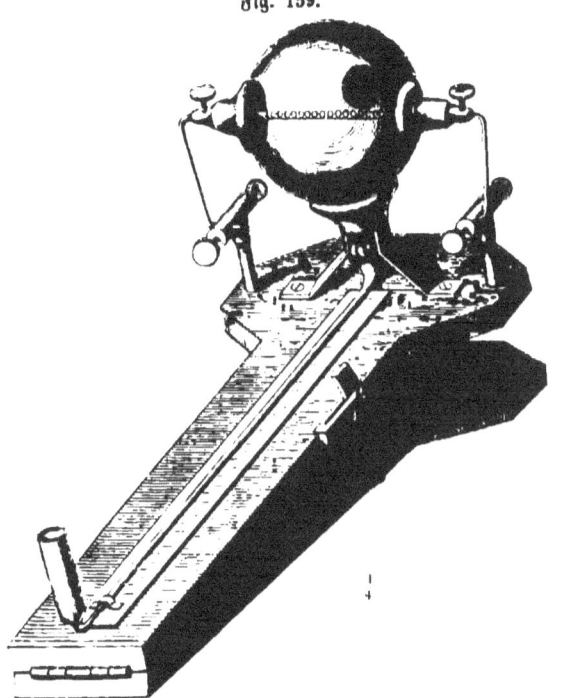

bei den meisten Rieß'schen Versuchen eine Länge von 60''' und einen Durchmesser von nahe 0,04 Linien.

An die Kugel ist eine Glasröhre von ungefähr $1/2$ Linie Weite im Lichten angeschmolzen, welche auf einem mit einer Theilung versehenen Brette befestigt ist und mit einem trichterförmigen Gefäße endigt. Man kann die Röhre nach Belieben mehr oder weniger stark gegen die Horizontale neigen.

Gießt man in das trichterförmige Gefäßchen eine gefärbte Flüssigkeit, etwa gefärbtes Wasser, so wird es bis zu einer gewissen Stelle in der Röhre aufsteigen. Wenn nun, nachdem alles im Gleichgewicht ist, die Oeffnung bei c wieder geschlossen wird, so ist die Luft in der Kugel vollständig abgesperrt. Geht ein Entladungsschlag durch den Platindraht, so wird er erwärmt, er theilt diese Wärme der Luft in der Kugel mit, sie wird ausgedehnt und treibt die Flüssigkeit in der Röhre um so weiter herab, je stärker die Erwärmung war. Diese Depression ist also ein Maß für die Erwärmung, welche durch den Entladungsschlag im Platindrahte bewirkt wird.

Der Apparat ist so eingerichtet, daß man ihn bequem in den Schließungsbogen der Batterie einschalten kann. In dieser Beziehung bedarf jedoch die Figur keiner weiteren Erläuterung.

Eine Versuchsreihe mit diesem Apparate gab unter anderen die in folgender Tabelle zusammengestellten Resultate:

s	2	4	6
q	h	h	h
2	1,5	—	—
4	6,7	3,2	2,6
6	13,4	7,3	5,5
8		14,1	9,3

In der obersten Horizontalreihe steht die Anzahl s der angewandten Flaschen, in der ersten Verticalreihe die angewandten Electricitätsmengen q, gemessen durch die Zahl der Entladungsfunken der Maßflasche. Die entsprechenden Depressionen h des Thermometers sind in Linien ausgedrückt. Als z. B. die Electricitätsmenge 4 auf 2 Flaschen vertheilt war, erhielt man die Depression 6,7 Linien. Dieselbe Electricitätsmenge auf 4 und 6 Flaschen vertheilt, gab nur die Depressionen 3,2 und 2,6. Bei gleicher Ladung verhält sich also die entwickelte Wärmemenge nahezu umgekehrt wie die Größe der Oberfläche, auf welche sie vertheilt wird.

Verfolgen wir nun eine Verticalreihe der Tabelle. Bei Anwendung von 2 Flaschen giebt die Electricitätsmenge 2, die Depression 1,5. Die doppelte Electricitätsmenge 4 giebt die Depression 6,7, also ungefähr die 4fache, die 3fache Electricitätsmenge 6 giebt die Depression 13,4, also die 9fache Wirkung. Bei unveränderter Oberfläche der Batterie verhält sich also die Erwärmung im Platindraht wie das Quadrat der Electricitätsmenge oder es ist

$$h = n \frac{q^2}{s} \quad \ldots \ldots \ldots \quad (1)$$

wenn h die Depression der Flüssigkeitssäule, q die durch Funken der Maßflasche gemessene Ladung der Batterie und s die Anzahl der (unter sich gleichen) Flaschen bezeichnet, welche zur Batterie vereinigt sind. n ist ein constanter Factor, für welchen sich aus der obigen Versuchsreihe der Mittelwerth 0,88 ergiebt.

Rieß fand ferner, daß die Temperaturerhöhungen verschiedener gleich langer Drähte desselben Metalls sich umgekehrt verhalten wie die Biquadrate ihrer Halbmesser oder, daß die in den Drähten frei gewordenen Wärmemengen den Quadraten der Querschnitte umgekehrt proportional sind. In einem 2mal, 3mal u. s. w. dickeren Drahte wird also derselbe Entladungsschlag eine 16mal, 81mal u. s. w. geringere Temperaturerhöhung hervorbringen; da aber die Massen dieser Drähte 4mal, 9mal größer sind, so ist klar, daß die in denselben frei werdende Wärmemenge 4mal, 9mal u. f. w. geringer ist als in einem Drahte von einfacher Dicke.

Wenn der Draht in der Thermometerkugel unverändert bleibt, so wird bei Entladung derselben Elektricitätsmenge die Erwärmung des Drahtes in der Kugel um so geringer, je länger man den Schließungsbogen macht und je dünnere Drähte man in denselben einschaltet.

Um den Einfluß der Verlängerung des Schließungsbogens zu untersuchen, schaltete Rieß mittelst des Henley'schen Ausladers der Reihe nach verschieden lange Stücke desselben Kupferdrahtes in den Schließungsbogen ein, während im Thermometer stets derselbe Platindraht blieb. Mit jeder Einschaltung wurde nun eine Versuchsreihe in der Art gemacht, wie die auf voriger Seite angeführte. Wir wollen die Länge des eingeschalteten Kupferdrahtes (welcher 0,29''' dick war) mit λ bezeichnen.

Für $\lambda =$ 0 ergab sich $h = 0{,}78 \dfrac{q^2}{s}$

„ $\lambda =$ 9,6' „ „ $h = 0{,}69 \dfrac{q^2}{s}$

„ $\lambda =$ 49,0 „ „ $h = 0{,}48 \dfrac{q^2}{s}$

„ $\lambda =$ 98,4 „ „ $h = 0{,}34 \dfrac{q^2}{s}$

„ $\lambda =$ 147,7 „ „ $h = 0{,}27 \dfrac{q^2}{s}$

„ $\lambda =$ 246,4 „ „ $h = 0{,}21 \dfrac{q^2}{s}$.

Wir sehen aus dieser Zusammenstellung, daß die Erwärmung mit zunehmender Länge des Einschaltungsdrahtes für gleiche Werthe von $\dfrac{q^2}{s}$ fortwährend abnimmt.

Die Werthe von h sind offenbar den Factoren von $\dfrac{q^2}{s}$ proportional. Für $\dfrac{q^2}{s} = 1$ besteht zwischen h und λ folgende Beziehung:

$$h = \frac{0{,}78}{1 + 0{,}013\,\lambda} \quad \ldots \ldots \ldots \quad (2)$$

Für $\lambda = 0$ giebt diese Gleichung $h = 0{,}78$; für $\lambda = 49$ giebt sie $h = 0{,}476$; für $\lambda = 147{,}7$ giebt sie $0{,}267$ u. s. w., also lauter Werthe, die mit den oben mitgetheilten Beobachtungsresultaten sehr gut stimmen, so daß wir diese Gleichung wirklich für den Ausdruck der Beziehung zwischen h und λ nehmen können.

Die Gleichung (2) auf allgemeine Form gebracht, heißt

$$h = \frac{a}{1 + b\,\lambda},$$

woran Rieß folgende Betrachtung anschließt.

Durch Verlängerung des Schließungsbogens wird die Erwärmung vermindert. Schaltet man aber nun statt eines Metalldrahtes ein Stück feuchten Holzes, oder eine mit Wasser gefüllte Glasröhre als Zwischenleitung ein, so sind die stärksten Ladungen der Batterie nicht mehr im Stande, auch nur eine Senkung von 0,1''' zu bewirken. Hier aber ist die Entladung der Batterie nicht mehr momentan, wie bei der Einschaltung des längsten Kupferdrahtes, sie erfordert eine wahrnehmbare Zeit. Daraus läßt sich schließen, daß wir auch einen Unterschied in der Entladungszeit beobachten würden, je nachdem ein kurzer oder ein langer Kupferdraht eingeschaltet ist, wenn wir mit schärferen Sinnen begabt wären. Die Erwärmung des Platindrahtes im Thermometer scheint mit der Zeit, welche die Entladung dauert, im einfachen umgekehrten Verhältniß zu stehen. Ist eine Erwärmung a beobachtet worden, indem eine gewisse Elektricitätsmenge von gewisser Dichtigkeit in der Zeit 1 entladen wurde, so wird die Entladungszeit um $b\lambda$ vergrößert, wenn ein Draht von der Länge λ eingeschaltet wird, und die Erwärmung ist nun

$$h = \frac{a}{1 + b\lambda}$$

oder die Erwärmung eines Drahtes durch die Entladung der elektrischen Batterie ist der Dauer der Entladung umgekehrt proportional; die Dauer der Entladung wird durch Verlängerung des Schließungsdrahtes um eine Zeit verzögert, welche der zugesetzten Drahtlänge proportional ist.

Wenn in den Schließungsbogen der Reihe nach mittelst eines Henley'schen Ausladers gleich lange und gleich dicke Drähte verschiedener Metalle eingeschaltet werden, so wird durch Entladung gleicher Ladungen der Batterie der Draht in der Thermometerkugel sehr ungleiche Erwärmungen erfahren, die eingeschalteten Drahtstücke verzögern also die Entladung nicht gleich stark. Hat man einmal einen Kupferdraht, dann einen Platindraht von gleicher Länge und Dicke eingeschaltet, so wird für den Kupferdraht eine stärkere Erwärmung in der Thermometerkugel wahrgenommen werden; wenn man aber bei gleicher Dicke den Platindraht im Auslader 6,44mal kürzer macht als den Kupferdraht, so beobachtet man unter sonst gleichen Umständen für beide eine gleiche Temperaturerhöhung des Platindrahtes in der Thermometerkugel; ein Platindraht verzögert also die elektrische Entladung gerade eben so stark, wie ein gleich dicker, 6,44mal längerer Kupferdraht, das Platin hat also eine 6,44mal stärkere Verzögerungskraft als das Kupfer, oder auch die Leitungsfähigkeit des Platins ist 6,44mal geringer als die des Kupfers.

Rieß hat den specifischen Leitungswiderstand verschiedener Metalle durch zahlreiche Versuche ermittelt, welche sich auf das eben angedeutete Princip stützen.

Als im Thermometer sich ein Platindraht von 59''' Länge und 0,041''' Radius, im Auslader aber ein Kupferdraht von 142''' Länge und 0,042''' Halbmesser befand, gab eine den obigen ähnliche Beobachtungsreihe

$$h = 1{,}51 \frac{q^2}{s}.$$

Wurden nun die Drähte vertauscht, so daß der Kupferdraht im Thermometer, der Platindraht aber im Auslader war, so kam

$$h = 0{,}46 \frac{q^2}{s}.$$

Derselbe Entladungsschlag bringt also in beiden Drähten sehr ungleiche Erwärmungen hervor. Aus diesen und ähnlichen mit anderen Metallen angestellten Versuchen gelangte Rieß, alle hier influirenden Umstände in Rechnung ziehend, zu dem Resultat, daß die durch den elektrischen Entladungsschlag caeteris paribus in den Drähten frei werdende Wärmemenge der verzögernden Kraft dieser Metalle proportional ist.

Es sind schon in §. 192 des Grundrisses im Allgemeinen die Wirkungen angeführt worden, welche ein starker Entladungsschlag hervorbringt, wenn er durch einen dünnen Metalldraht hindurchgeführt wird. Auch diese Effecte hat Rieß einer genaueren Prüfung unterworfen und hat gezeigt, daß die Schmelzung nicht eine directe Wirkung der Erwärmung durch den Entladungsschlag sein kann. Von seinen Beobachtungen der Temperaturerhöhung etwas dickerer Drähte für schwächere Ladungen ausgehend, konnte Rieß die Temperaturerhöhung eines dünnen Drahtes bei stärkerer Ladung berechnen, es ergab sich durch diese Rechnung 211° C. für die Temperaturerhöhung eines Platindrahtes bei einem Entladungsschlage, welcher den Draht schmolz. Eine solche Temperatur ist aber nicht zum Glühen, viel weniger zum Schmelzen des Platins hinreichend; das Metall schmilzt also schon, ehe es durch Steigerung seiner Temperatur schmelzen würde, in der Schmelzung erkennt deshalb Rieß eine elektrische Wirkung, die von der Erwärmung durch Elektricität getrennt ist.

Bei fortgesetzter Steigerung der Ladung treten noch vor dem Eintreten des Glühens eine Reihe von Erscheinungen am Drahte auf, welche auf ein gewaltsames Eindringen, auf eine mechanische Wirkung der Elektricität hindeuten. Der Draht wird sichtbar erschüttert, es treten kleine Funken an seinen Enden auf, es werden von seiner Oberfläche Theilchen losgerissen, die sich in Gestalt eines dichten Dampfes von ihm erheben, der Draht erhält scharfe Einbiegungen, die mit der Stärke der Ladung an Zahl und Stärke zunehmen, endlich bei immer mehr gesteigerter Ladung wird er rothglühend, weißglühend, er wird zerrissen und zersplittert. Bei Platindrähten zeigen die Stücke oft noch gar keine Schmelzung, die erst bei noch stärkeren Ladungen auftritt; die Zerreißung geht also der Schmelzung voran. Bei leicht oxydirbaren Metallen steigert sich die Temperatur noch durch Aufnahme von Sauerstoff, und diese erhöhte Temperatur erleichtert dann auch die Schmelzung. Ueberall, wo die elektrische Schmelzung eintritt, ist eine mechanische Trennung der geschmolzenen Masse sichtbar, die Schmelzung kann daher nur als Wirkung der Hitze auf sehr fein zertheiltes Metall betrachtet werden. Die Elektricität schmilzt die Metalle durch gleichzeitige Zersplitterung und Erhitzung.

212 Viertes Buch. Zweites Capitel. Reibungselektricität.

Aufgaben. 1. Wie groß ist nach Gleichung (1), Seite 208 die durch die Depression h gemessene Erwärmung für eine auf sechs Flaschen ($s = 6$) vertheilte Ladung von 25 Funken der Maßflasche ($q = 25$), wenn, wie es bei dem Rieß'schen Apparat der Fall war, $n = 0{,}88$ ist?

2. Wie groß müßte die Ladung q sein, welche auf drei Flaschen ($s = 3$) vertheilt durch das elektrische Luftthermometer entladen, dieselbe Depression h hervorbringen sollte, wie die, welche als Resultat der ersten Aufgabe gefunden wurde?

3. Bezeichnen wir mit Q die Gränze der Ladung, welche eine Flasche aufnehmen kann, so wird man auf 2, 3, 4 .... 10 u. s. w. Flaschen die Ladung $2Q$, $3Q$, $4Q$ ... $10Q$ u. s. w. anhäufen können. Wenn nun H_1 die im elektrischen Luftthermometer beobachtete Depression ist, welche durch die Entladung der auf einer Flasche angehäuften Elektricitätsmenge Q hervorgebracht wurde, wie groß wird dann die Depression H_2, H_3, H_4 ... H_{10} u. s. w. sein, welche durch die Entladung der auf 2 Flaschen vertheilten Elektricitätsmenge $2Q$ oder durch die auf 3 Flaschen vertheilte Elektricitätsmenge $3Q$ u. s. w. hervorgebracht wird?

4. Zu welchem allgemeinen Gesetz führen die durch Lösung der vorigen Aufgabe erhaltenen Resultate?

5. Außer dem elektrischen Luftthermometer wurde noch ein 200 Linien langer Kupferdraht in den Schließungsbogen der Batterie eingeschaltet, und bei Entladung einer bestimmten Elektricitätsmenge eine Depression h im Thermometer beobachtet. Man fand nun, daß man dieselbe Depression h erhielt, wenn man bei unveränderter Batterie und völlig gleicher Ladung den 200 Linien langen Kupferdraht mit einem gleich dicken aber nur 35 Linien langen Eisendraht vertauschte. In welchem Verhältniß steht der specifische Leitungswiderstand des Kupfers zu dem des Eisens?

Drittes Capitel.
Vom Galvanismus.

Die Tangentenbussole. Der am Schlusse des §. 219 erwähnte Zusammenhang zwischen der Stärke des Stromes, welcher den Ring der Tangentenbussole durchläuft und der Ablenkung der in ihrem Mittelpunkt angebrachten Magnetnadel ergiebt sich aus folgender Betrachtung.

§. 90.
(Zu §. 219 d. Gr.)

In Fig. 160 stelle der schattirte Streifen den Ring von oben gesehen, um die durch den Strom abgelenkte Nadel dar, welche hier freilich etwas zu groß gezeichnet ist, um die Figur nicht undeutlich zu machen. Wenn die Nadel klein ist gegen den Durchmesser des Kreises, so ist die Spitze der abgelenkten Nadel nicht merklich weiter vom Kupferringe entfernt, als wenn sie gar nicht abgelenkt wäre, man kann also diese Zunahme dieser Entfernung ganz unberücksichtigt lassen.

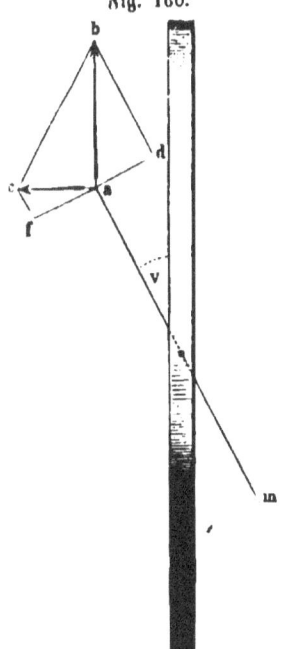
Fig. 160.

Es greifen nun aber an der Spitze der Nadel zwei Kräfte an; die magnetische Erdkraft ab, in der Richtung des Meridians wirkend, strebt die Nadel in die Ebene des Ringes zurückzuführen, der Strom aber hat ein Bestreben, die Nadel rechtwinklig auf den magnetischen Meridian zu stellen, er wirkt in der Richtung $a'c$ auf die Spitze der Nadel. Die rechtwinklig auf die Richtung der Nadel wirkenden Seitenkräfte von ab und ac sind nun ad und af, die Nadel wird in Ruhe sein, wenn $ad = af$. Nun ist Winkel $caf =$ dem Ablenkungswinkel v der Nadel, weil ca auf dem magnetischen Meridian, af auf der Nadel rechtwinklig steht, folglich ist $af = ac.cos\,v$. Ferner ist auch der Winkel $abd = v$, weil ab mit dem magnetischen Meridian und bd mit der Nadel parallel ist, und demnach ist $ad = ab.sin\,v$; da aber für den Fall des Gleichgewichtes $ad = af$, so ist $ac.cos\,v = ab.sin\,v$ oder $ac = ab.tang\,v$, oder endlich
$$S = R.tang\,v,$$

wenn man mit S die Stromkraft ac, mit R die magnetische Erdkraft ab bezeichnet. Es ist also bei diesem Instrumente in der That die Stromkraft der Tangente des Ablenkungswinkels proportional.

Die Magnetnadel kann etwa 1 bis 1½ Zoll lang sein und der Durchmesser des Ringes 8 bis 16 Zoll betragen.

Die Länge der Nadel darf höchstens ¼ oder ⅕ des Ringdurchmessers betragen; je kleiner sie im Vergleich zu diesem ist, desto genauer ist die Stromkraft der Tangente des Ablenkungswinkels proportional. Je kleiner aber die Nadel wird, desto kleiner wird auch die Theilung, auf welcher man die Ablenkung abliest, wenn der Radius des getheilten Kreises der halben Länge der Nadel gleich ist. Um aber, wenn große Genauigkeit gefordert wird, eine kleine Nadel mit einem großen Theilkreise zu verbinden, befestigt man an die Nadel feine Glasfäden, wo möglich von dunkelfarbigem Glase, so daß sie in der Verlängerung der magnetischen Axe der Nadel liegen und bis zu der Theilung hinreichen.

Was die Richtung betrifft, nach welcher die Magnetnadel in der Tangentenbussole abgelenkt wird, so ist sie stets durch das folgende einfache Gesetz bestimmt: **Das Südende der Nadel tritt stets nach der Seite der Ebene des stromleitenden Ringes hervor, von welcher aus gesehen der Strom in gleicher Richtung kreist, wie der Zeiger einer Uhr.**

Ist durch einen Strom im Ringe der Tangentenbussole die Nadel nach einer Seite hin abgelenkt worden, so wird mit dem Umkehren der Stromesrichtung im Ringe der Tangentenbussole auch die Nadel nach einer der ersteren entgegengesetzten Seite abgelenkt werden.

Aufgaben. 1. Nehmen wir als Einheit der Stromstärke diejenige, welche an der Tangentenbussole eine Ablenkung von 45° hervorbringt, wie groß ist alsdann die Stromstärke, welche den Ablenkungswinkeln 10°, 20°, 30°, 40°, 50°, 60°, 70°, 80° und 85° entspricht?

2. Welche Ablenkung wird bei Zugrundelegung der in der vorigen Aufgabe definirten Stromeinheit ein Strom hervorbringen, dessen Stromstärke ½, 2, 5, 10, 20 ist?

§. 91. Vergleichung der Tangentenbussole mit dem Voltameter.

Der Leitungswiderstand der Tangentenbussole ist so gering, daß sie fast immer ohne merkliche Schwächung des Stromes in den Schließungsbogen eingeschaltet werden kann. Dagegen sind die Angaben verschiedener Instrumente der Art nicht direct mit einander vergleichbar. Die Ablenkung, welche ein durch den Ring einer Tangentenbussole geleiteter Strom hervorbringt, ändert sich mit dem Durchmesser dieses Ringes, sie variirt also von einem Instrumente zum anderen, wenn die Ringe derselben ungleiche Durchmesser haben. Ja, ein und dasselbe Instrument wird an verschiedenen Orten bei gleicher Stromstärke nicht gleiche Ablenkung geben, weil von einem Orte der Erdoberfläche zum anderen die Kraft sich ändert, mit welcher der Erdmagnetismus die Nadel in den magnetischen Meridian zurückzuziehen strebt, wenn sie aus demselben entfernt worden ist. Diesem Uebelstande kann aber auf eine höchst einfache Weise abgeholfen werden, indem man die Angaben der Bussole direct mit denen eines Voltameters vergleicht, wenn man die Bussole gleichsam auf Wasserzersetzung richt.

Um die Ablenkungen einer Tangentenbussole mit der chemischen Wirkung des Stromes zu vergleichen, muß man in den Schließungsbogen einer Säule gleichzeitig die Tangentenbussole und das Voltameter einschalten und die durch den Strom in beiden Instrumenten hervorgebrachten Wirkungen mit einander vergleichen. Eine solche Versuchsreihe, bei welcher als Rheomotor eine aus Bunsen'schen Bechern gebildete Säule angewendet wurde, gab folgende Resultate:

Zahl der Erregungszellen.	Ablenkung.	Entwickelte Gasmengen in 3 Minuten.
12	28,5	125 Kub.-Cent.
8	24,8	106 "
6	22,0	92,5 "
4	18,75	78 "
3	13,75	56 "
2	5,9	23.7 "

Während eines jeden Versuches, d. h. während der drei Minuten, innerhalb welcher das Gas aufgefangen wurde, schwankte die Nadel nur sehr wenig; sie ging regelmäßig zurück, doch war der Rückgang in 3' höchstens $1/2$ Grad; die Gradzahlen der obigen Tabelle sind stets das Mittel aus den zu Anfang und zu Ende der drei Minuten abgelesenen Winkeln.

Der Quotient, welchen man erhält, wenn man die Tangente des Ablenkungswinkels in die entsprechende Gasmenge einer Minute dividirt, sollte eigentlich eine constante Größe sein, welche angiebt, wie viel Gas in der Minute durch einen Strom entwickelt wird, der an der Tangentenbussole eine Ablenkung von 45° hervorbringt (weil $tang\ 45° = 1$). Aus den verschiedenen der oben mitgetheilten Versuche ergiebt sich nun folgender Werth dieses Quotienten:

Nummer der Beobachtung.	Quotient.
1	76,7
2	76,5
3	76,2
4	76,6
5	76,3
6	76,6
Mittel	76,5

Während dieser Versuche war die Temperatur im Zimmer 15°C. und der Barometerstand betrug 744 Millimeter. Als das Volumen des Gases an der graduirten Röhre abgelesen wurde, stand der Wasserspiegel in der Röhre ungefähr 10 Centimeter höher als außen, was einer Druckhöhe von 7 Millimeter Quecksilber entspricht. Das Gas stand also unter einem Drucke von 737 Millimeter. Auf die Temperatur von 0° und einen Druck von 760 Millimeter reducirt, beträgt demnach die einer Ablenkung von 45° entsprechende Gasmenge gleich 70 Kubikcentimeter.

Nach chemischem Maß ist also die Stärke eines Stromes, welcher an jener Tangentenbussole eine Ablenkung von $v°$ hervorbringt,
$$S = 70 \cdot tang\, v.$$
Gesetzt also z. B. ein Strom brächte an unserer Tangentenbussole eine Ablenkung von 54° hervor, so würde dieser Strom, wenn er in gleicher Stärke durch ein Voltameter ginge, in einer Minute $70 \cdot tang\, 54° = 70 \times 1,376 = 96,32$ Kubikcentimeter Knallgas von 0° und einem Druck von 760 Millimeter geliefert haben.

Hat man einmal nach der eben erwähnten Methode den Reductionsfactor einer Tangentenbussole ermittelt, so kann man mittelst desselben jede an derselben gemachte Beobachtung leicht in chemischen Effect umsetzen oder, mit anderen Worten, nach dem an der Tangentenbussole abgelesenen Winkel die Stromstärke in chemischem Maße ausgedrückt angeben.

Es versteht sich von selbst, daß dieser Reductionsfactor immer nur für ein specielles Exemplar einer Tangentenbussole gelten kann, und daß er selbst für dieses specielle Instrument nur so lange gilt, als man die Versuche an demselben Orte anstellt. Brächte man z. B. die Bussole von Freiburg nach Marburg, so würde der Reductionsfactor einen geringeren Werth erhalten, weil die horizontale Intensität des Erdmagnetismus in Marburg geringer ist als in Freiburg.

In gleicher Weise, wie dies eben für die Tangentenbussole geschehen ist,

Vom Galvanismus.

kann man auch jedes andere elektromagnetische Rheometer, z. B. eine Sinus-
bussole, mit den Angaben des Voltameters vergleichen.

Die oben angeführten Zahlen machen keinen Anspruch auf große Genauigkeit, sie sollen nur als Erläuterungsbeispiele dienen. Da das Wasser mehr
oder weniger von den im Voltameter entwickelten Gasen absorbirt, so ist nur
dann ein vollkommen genaues Resultat zu erwarten, wenn das gesäuerte Wasser
ungefähr bis 100° C. erwärmt ist und man die entwickelten Gase über Quecksilber auffängt.

Das Ohm'sche Gesetz. *Aufgaben.* 1. Sechs Zinkkohlenbecher §. 92.
sind zur Säule verbunden. Nach den in §. 224 des Grundrisses definirten Einheiten sei die elektromotorische Kraft eines einzelnen Bechers 840, der
wesentliche Leitungswiderstand für jeden Becher sei gleich 12 und der Leitungswiderstand des gesammten Schließungsbogens sei 40. Wie groß ist die
Stromstärke, welche der Apparat unter diesen Umständen liefert?

2. Ein einzelner Becher von der in der Aufgabe 1 besprochenen Art ist
durch einen Schließungsbogen geschlossen, dessen Leitungswiderstand gleich 6
ist; wie groß ist die Stromstärke?

3. Eine Säule von 10 solchen Bechern und eine Säule von 50 Bechern wird durch denselben Schließungsbogen geschlossen, dessen Leitungswiderstand gleich 6 ist; wie groß ist in diesen beiden Fällen die Stromstärke?

4. Welche Stromstärke wird eine Säule von 1, von 10, von 50 Zinkkohlenbechern erzeugen, wenn der Leitungswiderstand im Schließungsbogen
gleich 400 ist?

5. Dieselben Aufgaben 1 bis 4 unter der Voraussetzung zu lösen, daß
Daniell'sche Becher an die Stelle der Zinkkohlenbecher gesetzt werden und
die elektromotorische Kraft e eines solchen Bechers gleich 470, sein wesentlicher Leitungswiderstand aber gleich 20 ist?

Leitungswiderstand der Metalle. Auf Seite 404 der 6ten Auflage §. 93.
des Grundrisses ist der Leitungswiderstand des Platins durch einen Druck-
fehler falsch angegeben. Nach Pouillet ist er 4,54, nach Rieß aber 6,66.
Nehmen wir den elektrischen Leitungswiderstand eines Kupferdrahtes
von 1 Meter Länge und 1 Millimeter Durchmesser zur Einheit, so hat man
für den Leitungswiderstand W irgend eines andern Metalldrahtes von der
Länge l (in Metern ausgedrückt) und dem Durchmesser d (in Millimetern ausgedrückt)

$$W = n \frac{l}{d^2},$$

wenn n den specifischen Leitungswiderstand des Metalls bezeichnet, aus welchem der Draht gefertigt ist.

Aufgaben. 1. Wie groß ist der Leitungswiderstand eines 50 Meter
langen und 3 Millimeter dicken Eisendrahtes?

2. Wie groß ist der Leitungswiderstand eines 20 000 Meter langen Kupferdrahtes von 2,5 Millimeter Durchmesser?

3. Wie dick müßte man einen Eisendraht machen, wenn er bei gleicher Länge den gleichen Leitungswiderstand haben soll, wie der in der zweiten Aufgabe besprochene Kupferdraht?

4. Wie lang müßte ein Neusilberdraht von 0,75 Millimeter Durchmesser sein, wenn sein elektrischer Leitungswiderstand gleich dem des in der zweiten Aufgabe besprochenen Kupferdrahts sein sollte?

5. Um den Leitungswiderstand s einer Magnetisirungsspirale durch den Versuch zu bestimmen, wurde in folgender Weise verfahren:

a. Sechs große Zinkkohlenbecher wurden zu einem einzigen Plattenpaare verbunden und durch eine etwas lange Leitung von dickem Kupferdraht mit der Tangentenbussole (deren Reductionsfactor = 70) verbunden. Der Ausschlag der Tangentenbussole war 53°.

b. Als nun in den Schließungsbogen ein Draht eingeschaltet wurde, dessen Leitungswiderstand gleich 50 war, sank die Ablenkung auf 11,5°.

c. Nach Entfernung des Leitungswiderstandes 50 wurde die Magnetisirungsspirale eingeschaltet und nun stellte sich die Nadel der Tangentenbussole auf 20°.

Es sind nun folgende Fragen zu beantworten:

α. Wie groß ist der Leitungswiderstand L des Elektromotors sammt der Kupferdrahtleitung, welche ihn mit der Tangentenbussole verbindet?

β. Wie groß ist der Leitungswiderstand s der Magnetisirungsspirale?

6. Ein zweiter Versuch zur Bestimmung des Leitungswiderstandes derselben Magnetisirungsspirale wurde in der Weise angestellt, daß die erwähnten sechs Zinkkohlenbecher zur Säule combinirt wurden. Als die Säule nur durch die Kupferdrahtleitung mit der Tangentenbussole verbunden wurde, war der Ausschlag 63°; durch Einschaltung des Leitungswiderstandes 50 sank er auf 39°; als aber statt des Leitungswiderstandes 50 die Magnetisirungsspirale eingeschaltet wurde, ergab sich die Ablenkung 48°. Es ist nun die Frage

α. Wie groß ist der Leitungswiderstand L' der Säule sammt der Kupferdrahtleitung, welche sie mit der Bussole verbindet?

β. Wie groß ist der Leitungswiderstand s der Magnetisirungsspirale?

Der Werth von s, wie er sich als Resultat der Aufgabe 6. herausstellt, wird mit dem aus 5. erhaltenen nicht ganz übereinstimmen. Der wahrscheinlichere Werth des fraglichen Leitungswiderstandes ist das Mittel aus den beiden für s erhaltenen Werthen.

7. Bezeichnen wir mit l den Leitungswiderstand der Drahtleitung, welche den Elektromotor mit der Tangentenbussole verbindet, mit r den Leitungswiderstand eines Bechers, so haben wir für den in der Aufgabe 5. betrachteten Leitungswiderstand L.

$$L = l + \frac{r}{6}.$$

Vom Galvanismus.

für den in der Aufgabe 6. vorkommenden Widerstand L' aber haben wir
$$L' = l + 6r.$$
Wie groß ergeben sich l und r, wenn man für L und L die oben berechneten Zahlenwerthe einführt?

Der specifische Leitungswiderstand eines Metalldrahtes ist keineswegs eine unveränderliche Größe, sondern er ist von der Temperatur abhängig.

Bei steigender Temperatur wächst der Leitungswiderstand der Metalle.

Bei einer Temperaturerhöhung von 100° C. wächst der Leitungswiderstand eines Platindrahtes im Verhältniß von 1:1,3, der Leitungswiderstand eines Eisendrahtes aber im Verhältniß von 1:1,6. Durch eine Temperaturerhöhung von 1000° C. wird demnach der Leitungswiderstand des Platins ungefähr auf das 13fache, der des Eisens auf das 16fache des specifischen Leitungswiderstandes bei gewöhnlicher Temperatur gesteigert. Der Leitungswiderstand eines glühenden Drahtes ist also namhaft größer als der Leitungswiderstand desselben Drahtes bei niederer Temperatur.

Zur Bestimmung des Leitungswiderstandes eines glühenden Eisendrahtes wurde folgender Versuch angestellt:

Sechs Stöhrer'sche Zinkkohlenbecher zur Säule verbunden gaben an der Tangentenbussole 67° Ausschlag. Die elektromotorische Kraft eines Bechers gleich 800 gesetzt haben wir also
$$\frac{4800}{r} = 70 \cdot tang\, 67 = 165,$$
wenn mit r der Leitungswiderstand der Säule und des Schließungsbogens bezeichnet wird. Aus dieser Gleichung ergiebt sich
$$r = 29.$$
Nun wurde ein Eisendraht von 0,1 Meter Länge und 0,63 Millimeter Durchmesser in den Schließungsbogen eingeschaltet und dabei ging die Nadel der Bussole auf 56,5° zurück. Danach ergiebt sich
$$\frac{4800}{29 + x} = 70 \cdot tang\, 56,5 = 106,$$
und daraus der Widerstand x des nun stark rothglühend gewordenen Drahtes
$$x = 16.$$
Der Leitungswiderstand desselben Drahtes für gewöhnliche Temperatur ist
$$x' = 6 \cdot \frac{0,1}{0,63^2} = 1,5,$$
der Leitungswiderstand des glühenden Eisendrahtes ist also $\frac{16}{1,5} = 10,7$ mal so groß als der Widerstand desselben Drahtes bei gewöhnlicher Temperatur.

Zweckmässigste Combination rheomotorischer Becher. Ein Maximum der Stromstärke erhält man von einer gegebenen Anzahl galvanischer Becher, wenn man sie so ordnet, daß der wesentliche Widerstand im Rheomotor dem Widerstande im Schließungsbogen gleich ist.

§. 94.

220 Viertes Buch. Drittes Capitel.

Dieser Satz soll erst erläutert, dann bewiesen werden.

Wir haben bereits gesehen, daß man eine bestimmte Anzahl galvanischer Becher in verschiedener Weise combiniren kann, so daß sie bald eine Säule von vielen, aber kleineren, bald eine solche von wenigen, aber größeren Plattenpaaren darstellt. Für jede dieser Combinationen ist natürlich auch der Gesammtwiderstand ein anderer. Bezeichnen wir den Leitungswiderstand eines einzelnen Bechers mit 1, so ist der Gesammtwiderstand der Combination, Fig. 161, gleich 8; der Widerstand der Combinationen Fig. 162 bis 164 ist

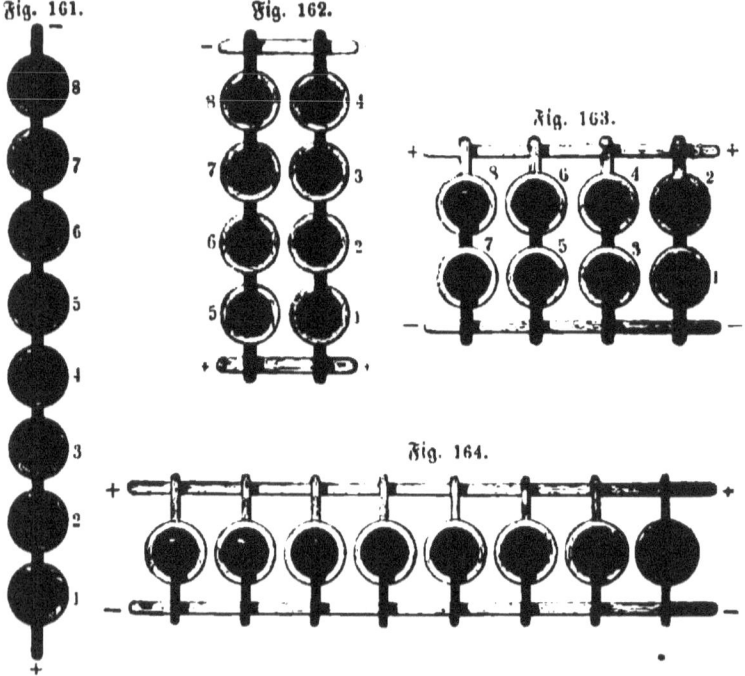

Fig. 161. Fig. 162. Fig. 163. Fig. 164.

dann der Reihe nach 2, ½ und ⅛. Eine Anzahl von 24 Bechern kann man auf acht verschiedene Arten combiniren, nämlich:

1. Zu einer Säule von 24 einzelnen Bechern,
2. „   „   „   „   12 doppelten   „
3. „   „   „   „   8 dreifachen   „
4. „   „   „   „   6 vierfachen   „
5. „   „   „   „   4 sechsfachen „
6. „   „   „   „   3 achtfachen   „
7. „   „   „   „   2 zwölffachen „
8. „   „   „   „   1 vierundzwanzigfachen Becher.

Welche von diesen Combinationen in einem bestimmten Fall zu wählen sei, hängt vom Leitungswiderstande des Schließungsbogens ab. Man hat

Vom Galvanismus.

diejenige Combination zu nehmen, deren Widerstand dem des gegebenen Schließungsbogens am nächsten steht. Bezeichnen wir mit 1 den Widerstand eines Bechers, so ist der Widerstand

für die 1. Combination 24
" " 2. " 6
" " 3. " 2,666
" " 4. " 1,5
" " 5. " 0,666
" " 6. " 0,375
" " 7. " 0,166
" " 8. " 0,0416

Ist der Widerstand des gegebenen Schließungsbogens kleiner als $1/10$ von dem Widerstande eines Bechers, so hat man die letzte Combination zu wählen, die erste aber, wenn der Leitungswiderstand des Schließungsbogens größer ist als der von 15 Bechern. Liegt der zu überwindende Widerstand zwischen 15 und 4,3 — zwischen 4,3 und 2 — zwischen 2 und 1,08 u.s.w., so hat man die zweite, dritte, vierte u. s. w. Combination zu wählen.

Der eben erläuterte Satz muß nun noch bewiesen werden.

Betrachten wir die verschiedenen Combinationen von 8 Bechern, wie sie in den Figuren 161 bis 164 dargestellt sind, so übersieht man leicht, daß, wenn man die Säule verkürzt, sie in demselben Verhältniß breiter wird, d. h. wenn man weniger Becher hinter einander setzt, so kann man bei Anwendung der gleichen Becherzahl in demselben Verhältniß mehr Becher neben einander setzen.

Gehen wir von der ersten Combination aus. Wir haben hier eine Säule von 8 einfachen Bechern. Reduciren wir die Länge der Säule auf die Hälfte, also auf 4, so können wir die Breite jedes Plattenpaares verdoppeln, wir haben jetzt 4 doppelte Becher, Fig. 162.

Macht man die Säule 4mal kürzer, so kann man 4mal soviel einzelne Becher zu einem Plattenpaare vereinigen: aus 8 einfachen Bechern erhält man 2 vierfache, Fig. 163. Kurz, wenn man die Säule $a$mal kürzer macht, so kann man $a$mal soviel Becher zu einem Plattenpaare vereinigen.

Wenn die Zahl der hinter einander zur Säule vereinigten Becher $a$mal kleiner wird, so wird die elektromotorische Kraft auch $a$mal kleiner; hätte man nun die Säule bloß $a$mal kürzer gemacht, ohne ihre Breite zunehmen zu lassen, so würde auch der Leitungswiderstand $a$mal kleiner geworden sein; wenn aber jedes Element der einen Säule aus $a$mal so vielen Einzelelementen besteht als früher, so wird nun der Widerstand in der That a^2mal kleiner als vorher.

So ist der Leitungswiderstand für die Combinationen Fig. 162 bis 164 4mal, 16mal und 64mal geringer als der Leitungswiderstand der Säule Fig. 161.

Nach dieser Auseinandersetzung ist nun der fragliche Beweis leicht zu führen. Es sei für irgend eine Combination mehrerer Becher die elektromotorische Kraft E, der wesentliche Leitungswiderstand l. Wird diese Säule durch einen Schließungsbogen geschlossen, dessen Widerstand ebenfalls l ist, so ist nach dem Ohm'schen Gesetze die Stromstärke

$$S = \frac{E}{l+l} = \frac{E}{2l} \quad \ldots \ldots \quad (1)$$

Wird nun die Säule $a$mal kürzer, die einzelnen Plattenpaare $a$mal breiter gemacht, so wird die elektromotorische Kraft $a$mal kleiner, sie wird $\frac{E}{a}$; der Leitungswiderstand der Kette wird aber $\frac{l}{a^2}$, die Stromstärke wird also jetzt bei gleichem Schließungsbogen

$$S' = \frac{\frac{E}{a}}{\frac{l}{a^2}+l} = \frac{E}{l\left(a+\frac{1}{a}\right)} \quad \ldots \ldots \quad (2)$$

Die Summe $a + \frac{1}{a}$ ist nun aber unter allen Umständen größer als 2, was für einen ganzen oder gebrochenen Zahlenwerth man auch für a setzen mag; es ist also auch der Werth des Bruches (2) unter allen Umständen kleiner als der des Bruches (1). Da nun (1) den Werth der Stromstärke für den Fall bezeichnet, daß der Widerstand im Elektromotor dem Widerstande des Schließungsbogens gleich ist, der Bruch (2) aber den Werth der Stromstärke für den Fall, daß dieselbe Anzahl von Einzelelementen auf irgend eine andere Weise combinirt ist, so ist hiermit der fragliche Satz bewiesen.

Nach diesem Satze kann man nun leicht berechnen, welche Combination in einem gegebenen Falle gewählt werden müsse.

Es seien die n disponibeln Becher so combinirt, daß sie eine Säule von s Plattenpaaren bilden, deren jedes aus t Bechern gebildet ist, so ist $n = s.t$. Bezeichnen wir den Widerstand eines Bechers mit r, so ist der Widerstand unserer Combination gleich $r \cdot \frac{s}{t}$. Die Becher sollen aber so combinirt sein, daß dieser Widerstand gleich ist dem Widerstande l des gegebenen Schließungsbogens, wir haben also

$$r \cdot \frac{s}{t} = l.$$

Da aber $t = \frac{n}{s}$, so ist auch

$$\frac{r \cdot s^2}{n} = l,$$

oder

$$s = \sqrt{\frac{l \cdot n}{r}}.$$

Zur Erzeugung des Stromes habe man z. B. 24 Zinkkohlenbecher, deren jeder einen Leitungswiderstand 15 ausübt. Der Schließungsbogen sei

Vom Galvanismus.

durch einen spiralförmig gewundenen dicken Kupferdraht gebildet, dessen Widerstand 14 ist, so haben wir

$$s = \sqrt{\frac{14 \cdot 24}{15}} = 4{,}7.$$

Es wird hier also eine Säule von 4 sechsfachen Elementen, die Combination 5 auf Seite 220, die größte Wirkung geben. In der That ist für diesen Fall die Stromstärke

$$S = \frac{4 \cdot 800}{4 \cdot \frac{15}{6} + 14} = 133..$$

Hätte man bei demselben Schließungsbogen dieselben Becher zu einer Säule von 24 Plattenpaaren verbunden (die Combination 1 auf Seite 220), so wäre die Stromstärke nur

$$S = \frac{24 \cdot 800}{24 \cdot 15 + 14} = 51,$$

und für die Combination 8 wäre sie nur

$$S = \frac{800}{\frac{15}{24} + 14} = 54.$$

Hätte man 24 Daniell'sche Becher von gleichem Widerstande gehabt, so wäre für die zweckmäßigste Combination die Stromstärke

$$S = \frac{4 \cdot 470}{4 \cdot \frac{15}{46} + 14} = 78$$

gewesen. Eine Säule von 4 Wollaston'schen Plattenpaaren, deren jedes einen Leitungswiderstand gleich $\frac{15}{6}$ ausübt, würde in diesem Schließungsdraht eine Stromstärke

$$S = \frac{4 \cdot 208}{4 \cdot \frac{15}{6} + 14} = 34$$

gegeben haben.

Hat man einmal eine gegebene Anzahl von Bechern so combinirt, daß sie in einem gegebenen Schließungsbogen ein Maximum von Stromstärke geben, so wird eine Vermehrung der Becher die Stromstärke im günstigsten Falle nur im Verhältniß der Quadratwurzel aus der Becherzahl vergrößern; man muß also 4mal, 9mal, 16mal so viel Becher anwenden, um die 2fache, 3fache, 4fache Wirkung zu erhalten.

Suchen wir dies erst an einem speciellen Fall nachzuweisen. Es sei der Widerstand des Schließungsbogens gleich r, gleich dem Widerstande eines Bechers, dessen elektromotorische Kraft mit E bezeichnet werden soll, so ist die Stromstärke

$$S = \frac{E}{r + r} = \frac{E}{2r}.$$

Die Stromstärke soll nun durch Vermehrung der Becherzahl verdoppelt werden. Soll die neue Combination ein Maximum von Effect geben, so muß der Widerstand in der Kette so groß bleiben als der Widerstand des Schließungsbogens, der Widerstand der neuen Combination darf also nicht größer werden als der eines einzigen Bechers; wir werden also die doppelte Stromstärke erhalten, wenn wir bei unverändertem Widerstande die elektromotorische Kraft verdoppeln. Die elektromotorische Kraft wird verdoppelt dadurch, daß zwei Plattenpaare hinter einander gesetzt werden; wir müssen aber zwei Doppelelemente nehmen, wenn ihr Widerstand eben so groß sein soll wie der eines einzelnen Elementes; die Combination Fig. 165 wird also eine 2 mal, die Combination Fig. 166 wird eine 3 mal so große Stromstärke geben als ein einzelner Becher.

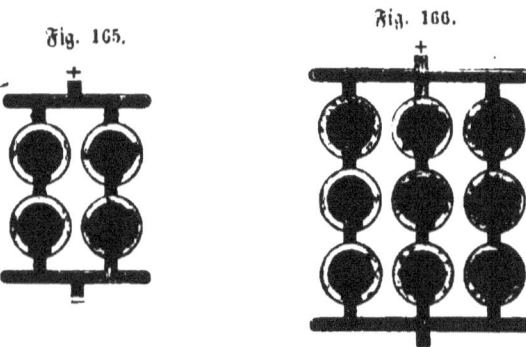

Fig. 165.   Fig. 166.

Aufgaben. 1. Die Umwindungen eines Elektromagneten sind durch einen 240 Meter langen Kupferdraht von 3 Millimeter Durchmesser gebildet. Um diesen Elektromagnet in Wirksamkeit zu setzen, sollen 12 Stöhrer'sche Zinkkohlenbecher angewendet werden. Die elektromotorische Kraft eines Bechers sei 800 und sein Leitungswiderstand gleich 6,2. Welche Combination der 12 Becher wird den größten Effect geben, und welches ist die durch die zweckmäßigste Combination erzielte Stromstärke?

2. Welches würde die zweckmäßigste Combination der 12 Becher sein, wenn der Umwindungsdraht des Elektromagneten bei unverändertem Durchmesser nur 95 Meter lang wäre?

3. Welches wäre für den in der Aufgabe Nr. 1 besprochenen Kupferdraht die zweckmäßigste Combination von 12 Deleul'schen Zinkkohlenbechern, für welche $E = 800$ und $R = 18$?

4. Wie muß man 6 Stöhrer'sche Zinkkohlenbecher combiniren, um in der Magnetisirungsspirale, welche in den Aufgaben 5. und 6. des §. 93 besprochen wurde, eine möglichst große Stromstärke zu erzeugen?

Vom Galvanismus.

Wärmeentwickelung durch den galvanischen Strom. Nach §. 95. den Versuchen von Joule und Lenz ist die Wärmemenge c, welche in einer (Zu §. 209 d. Gr.) gegebenen Zeit in einem Draht entwickelt wird, den ein elektrischer Strom von der Stärke s durchströmt,

$$c = uw \cdot s^2 \quad \ldots \ldots \ldots \ldots (1)$$

wenn w den elektrischen Leitungswiderstand des Drahtes und a einen constanten Factor bezeichnet. In Worten ausgedrückt, heißt das durch diese Formel ausgesprochene Gesetz: Die durch einen galvanischen Strom in einem Metalldrahte entwickelte Wärme ist

1. dem Leitungswiderstand des Drahtes und
2. dem Quadrat der Stromstärke

proportional.

Nehmen wir, wie es gewöhnlich geschieht, als Wärmeeinheit diejenige Wärmemenge an, welche die Temperatur von 1 Gramm Wasser um 1°C. erhöht, so ergiebt sich aus den Versuchen von Lenz, daß die Einheit der Stromstärke, einen Draht von der Einheit des Leitungswiderstandes durchlaufend, in demselben in 1 Minute 0,0176 Wärmeeinheiten erzeugt.

Der Werth des constanten Factors a in Gleichung (1) ist also gleich 0,0176.

Setzen wir in Gleichung (1) für den Leitungswiderstand w seinen Werth $n\dfrac{l}{d^2}$, so kommt

$$c = 0,0176 \, n \cdot \frac{l \cdot s^2}{d^2} \quad \ldots \ldots \ldots (2)$$

wo n wie früher den specifischen Leitungswiderstand des Drahtes, l seine Länge in Metern und d seinen Durchmesser in Millimetern, s aber die Stärke des Stromes nach chemischem Maß bezeichnet, welcher ihn durchläuft.

Aufgaben. 1. Ein 0,5 Meter langer Kupferdraht von 0,5 Millimeter Durchmesser wird von einem Strom durchlaufen, für welchen $s = 10$. Wie viel Wärmeeinheiten werden in diesem Drahte in 1 Minute entwickelt?

2. Wie viel Wärmeeinheiten würden in 1 Minute entwickelt werden, wenn dieselbe Stromstärke einen Eisendraht durchströmte, welcher eben so lang und eben so dick ist, wie der unter 1 betrachtete Kupferdraht? (Für Eisen ist $n = 5,88$.)

3. Welche Stromstärke müßte man durch diesen Eisendraht hindurchsenden, wenn in demselben in 1 Minute 50 Wärmeeinheiten entwickelt werden sollten?

Galvanisches Glühen. Den Versuchen zu Folge, welche ich über §. 96. das Erglühen von Metalldrähten durch den galvanischen Strom angestellt (Zu §. 208 d. Gr.) habe (Lehrbuch II, 231) ist die Stromstärke, welche erforderlich ist, um einen Draht erglühen zu machen, dem Durchmesser desselben proportional, d. h. es ist

$$s = ad \quad \ldots \ldots \ldots \ldots (1)$$

wenn s die Stromstärke, d den Durchmesser des Drahtes und a einen constanten Factor bezeichnet, dessen Größe von der Natur des Drahtes und dem Grade des Erglühens abhängig ist.

Um einen Eisendraht rothglühend zu machen, muß
$$a = 135 \text{ sein.}$$

Für einen Platindraht ist
$$a = 172, \text{ wenn er rothglühend,}$$
$$a = 220, \text{ wenn er anfangend weißglühend gemacht werden soll.}$$

Für Kupferdraht ist
$$a = 430,$$
wenn er rothglühend gemacht werden soll, wobei vorausgesetzt ist, daß d in Millimetern ausgedrückt ist.

Aufgaben. 1. Welche Stromstärke ist erforderlich, um einen Platindraht von 0,5 Millimeter Dicke rothglühend zu machen?

2. Welche Stromstärke ist erforderlich, um einen Eisendraht von 1,2 Millimeter Durchmesser rothglühend zu machen?

3. Wie viel Stöhrer'sche Becher ($E = 800$, $R = 5$) hat man nöthig, um die zum Erglühen dieses Eisendrahts nöthige Stromstärke zu erhalten, wenn er 0,2, wenn er 0,5 oder wenn er 1 Meter lang ist, und welches wird die zweckmäßigste Combination der Becher sein?

4. Dieselbe Aufgabe zu lösen für den Fall, daß der Eisendraht nur 0,5 Millimeter dick ist.

5. Die Aufgabe 3 zu lösen, einmal für den Fall, daß man als stromerregenden Apparat Deleul'sche Zinkkohlenbecher ($E = 800$, $R = 10$) oder Daniell'sche Becher zur Disposition hat, für welche $E = 470$ und $R = 12$.

6. Welche Stromstärke ist erforderlich, um einen $0,5^{mm}$ dicken Kupferdraht rothglühend zu machen, welche Anzahl und welche Combination Stöhrer'scher Becher ist dazu nöthig, wenn der Draht 0,3 Meter lang ist?

7. Wird ein Eisendraht von 1 Decimeter Länge und 1 Millimeter Durchmesser glühend, wenn man ihn zum Schließungsbogen einer Säule von sechs Zinkkohlenbechern macht? (Für jeden Becher sei $E = 800$, $R = 5$.)

8. Dieselbe Frage zu beantworten für einen eben so langen aber 3 Millimeter dicken Eisendraht.

9. Dieselben sechs Becher, von welchen in der siebenten Aufgabe die Rede war, sollen zu einem einzigen Plattenpaare verbunden werden. Kann diese Combination den Draht der Aufgabe 7 glühend machen?

10. Wird ein Eisendraht von 1 Decimeter Länge und 3 Millimeter Durchmesser glühend, wenn er den Schließungsbogen eines Plattenpaares bildet, welches aus sechs der in der siebenten Aufgabe erwähnten Becher gebildet ist?

NB. Bei Auflösung der Aufgaben 3 bis 10 muß man für den Leitungswiderstand des glühend zu machenden Drahtes aus den in §. 93 besprochenen

Gründen mindestens den 12fachen Werth desjenigen Leitungswiderstandes in Rechnung bringen, welcher dem fraglichen Drahtstück bei gewöhnlicher Temperatur zukommt.

Das elektrolytische Gesetz. Es ist wahrscheinlich, daß kein elektrischer Strom durch eine chemisch zusammengesetzte Flüssigkeit hindurchgehen kann, ohne daß dieser Durchgang von einer chemischen Zersetzung begleitet ist, oder mit anderen Worten, die chemische Zersetzung vermittelt den Durchgang des Stromes durch einen Elektrolyten. — Absoluter Alkohol, Oel u. s. w. werden nicht elektrolysirt, sie leiten aber auch den Strom nicht. §. 97.

So kann denn auch der Strom einer galvanischen Säule nicht circuliren, ohne daß in jeder Zelle, in jedem Becher eine entsprechende Zersetzung stattfindet. In jeder Zelle geht der positive Strom vom Zink aus durch die Flüssigkeit zum Kupfer, in derselben Richtung wandern aber auch die Wasserstoffpartikelchen fort, sie sind die Träger der positiven Elektricität, welche durch sie zu der Kupferplatte übergeführt wird.

Es ist demnach klar, daß mit wachsender Stromstärke die Consumtion an Zink und Säure in jeder Zelle zunehmen müsse, und wenn außer der zur Stromleitung erforderlichen Zinkconsumtion keine weitere Auflösung dieses Metalles stattfände, so müßte die Zinkconsumtion der Stromstärke proportional sein.

Das gewöhnliche käufliche Zink wird aber schon aufgelöst, wenn es einfach in verdünnte Schwefelsäure eingetaucht wird. Wenn man solches Zink zur Construction einer Säule verwendet, so findet also schon eine Zinkconsumtion statt, ehe nur eine Schließung der Säule erfolgt ist. Diese Zinkauflösung, welche mit der Strombildung in gar keiner Verbindung steht, hat Faraday als locale Wirkung bezeichnet.

Die locale Wirkung kann dadurch bedeutend vermindert, ja für stark verdünnte Säure ganz aufgehoben werden, daß man die Oberfläche des Zinks amalgamirt, was dadurch geschieht, daß man das mit etwas verdünnter Schwefelsäure befeuchtete Zink mit Quecksilber einreibt.

Nehmen wir an, man hätte eine Säule construirt, in welcher gar keine locale Wirkung stattfindet, so findet in den Zellen einer solchen gar keine Wasserzersetzung statt, so lange sie nicht geschlossen ist. Wird aber die Kette geschlossen, so beginnt augenblicklich die Wasserzersetzung in jeder Zelle, es wird jedoch nur gerade so viel Wasser zersetzt und Zink aufgelöst, als zur Leitung des circulirenden Stromes nöthig ist; die Menge des aufgelösten Zinks muß also in einem ganz bestimmten Verhältnisse zu diesem Strome stehen. Faraday wandte den Strom einer solchen Kette zur Wasserzersetzung an und bestimmte genau die in einer gegebenen Zeit entwickelte Menge von Knallgas. Es fand sich nun, daß für jedes Gewichtstheil Wasserstoffgas, welches zwischen den Poldrähten oder vielmehr den Polplatten frei wurde, in jeder Zelle 32,3 Gewichtstheile Zink aufgelöst worden waren. Nun aber verhalten sich die

228   Viertes Buch. Drittes Capitel.

Gewichte der chemischen Aequivalente von Wasserstoff und Zink zu einander wie 12,48 zu 406,5 oder wie 1 zu 32,5. Für jedes Aequivalent Wasserstoff also, welches in der Zerlegungszelle entwickelt wird, muß in jeder Zelle der Kette 1 Aeq. Zink aufgelöst werden.

Folgender von Bunsen in Marburg angestellter Versuch mag dies erläutern. Die Thonzelle eines Zinkkohlenbechers wurde mit Kochsalzlösung gefüllt, damit gar kein directer Angriff des amalgamirten Zinkcylinders stattfände. Der Zinkcylinder wurde vor dem Versuche gewogen. Nach Einsetzung desselben in die Kochsalzlösung wurde die Kette mittelst einer Tangentenbussole geschlossen. Die Ablenkung betrug 40° 12′. Nach 5 Minuten wurde der Strom unterbrochen, und durch eine zweite Wägung des Zinkcylinders ergab sich, daß während dieser 5 Minuten 505 Milligramme Zink aufgelöst worden waren.

Der Reductionsfactor jener Tangentenbussole ist für Marburg 63, woraus sich die Stromstärke während jener 5 Minuten gleich 53,2 ergiebt.

Nun aber wiegt 1 Kubikcentimeter Knallgas unter den oben näher bezeichneten Bedingungen 0,52 Milligramm; wäre also jener Strom in unveränderter Stärke 5 Minuten lang durch ein Voltameter gegangen, so würde er $53{,}2 \times 5 \cdot 0{,}52 = 138{,}3$ Milligramm Wasser zersetzt haben. Da sich aber das chemische Aequivalent des Wassers zu dem des Zinks verhält wie 112,5 zu 406, so entspricht der Zerlegung von 138,3 Milligrammen Wasser die Auflösung von $\dfrac{138{,}3 \cdot 406}{112{,}5} = 499$ Milligrammen Zink, was mit der beobachteten Auflösung von 505 Milligrammen in der That sehr nahe übereinstimmt.

Nach diesen Bemerkungen ist man nun auch im Stande, die Kosten zu vergleichen, welche bei Säulen von verschiedener Construction nöthig sind, um einen Strom von bestimmter Stärke hervorzubringen. Ist bei einem gegebenen Schließungsbogen z. B. eine Säule von sechs Bunsen'schen Bechern nöthig, so wird für jedes Aequivalent Wasser, welches einen Strom von dieser Stärke in einem Voltameter zu zersetzen vermag, in jedem Becher 1 Aequivalent Zink, 1 Aequivalent Schwefelsäure und 1 Aequivalent Salpetersäure, zusammen also in der ganzen Säule 6 Aequivalente Zink, 6 Aequivalente Schwefel- und 6 Aequivalente Salpetersäure verzehrt. Wollte man nun dieselbe Stromstärke in demselben Schließungsbogen mit Daniell'schen Bechern hervorbringen, so müßte man die Zahl der zur Säule verbundenen Becher im Verhältniß von 470 zu 800 vermehren, weil sich die elektromotorische Kraft eines Daniell'schen Bechers zu der eines Bunsen'schen verhält wie 470 zu 800, man müßte also eine Säule von 10 Daniell'schen Bechern anwenden und die Consumtion betrüge dann für die gleiche Stromstärke, wie sie die Bunsen'sche Kette lieferte, 10 Aequivalente Zink, 10 Aequivalente Schwefelsäure und 10 Aequivalente Kupfervitriol. Um denselben Strom mit einer Wollaston'schen Säule hervorzubringen, müßte man 24 Plattenpaare anwenden, deren

Gesammtwiderstand gleich ist dem Gesammtwiderstande der sechs Bunsen'schen Becher; in diesem Falle beträgt also die Consumtion 24 Aequivalente Zink + 24 Aequivalente Schwefelsäure.

Hier ist nur die Consumtion in Anschlag gebracht, welche zur Hervorbringung des Stromes erforderlich ist; außer dieser findet aber stets noch eine bedeutende locale Wirkung an den Zinkplatten statt, welche der Stromstärke nicht zu Gute kommt. Diese läßt sich natürlich nicht berechnen, sie ist um so größer, je stärker die Schwefelsäure ist. Der Nachtheil der localen Wirkung wächst natürlich mit der Zahl der Zellen, er wird also unter sonst gleichen Umständen bedeutender sein bei Anwendung einer Wollaston'schen Säule als bei einer Daniell'schen, und bei einer Daniell'schen bedeutender als bei einer Bunsen'schen.

Wenn derselbe Strom durch vier Zersetzungszellen geleitet wird, von denen die erste Wasser, die zweite Chlorsilber, die dritte Chlorblei, die vierte Chlorzinn, alle aber im flüssigen Zustande, enthält, so verhalten sich die Quantitäten Wasserstoffgas, Silber, Blei und Zinn, welche an den vier negativen Polen ausgeschieden werden, wie 1 : 108 : 103,6 : 57,9, während an den positiven Polen Sauerstoffgas und Chlor, und zwar im Verhältnisse von 8 : 35,4, ausgeschieden werden. Aehnliche Thatsachen sind für viele andere zusammengesetzte Körper dargethan worden.

Faraday hat den Satz ausgesprochen, daß binäre Verbindungen, d. h. solche, welche aus zwei Elementen zusammengesetzt sind, nur dann Elektrolyte seien, wenn 1 Aequivalent des einen Elementes immer nur mit 1 Aequivalent des anderen verbunden ist. Dies hat sich jedoch nicht bestätigt: Becquerel z. B. hat gezeigt, daß nicht allein Kupferchlorid ($CuCl$), sondern auch Kupferchlorür (Cu_2Cl) elektrolysirt werde. Dem elektrolytischen Gesetze zufolge zerlegt derselbe Strom, welcher 1 Aequivalent Kupferchlorid elektrolysirt, auch 1 Aequivalent Kupferchlorür. Wird derselbe Strom durch eine concentrirte Lösung des Chlorürs und eine concentrirte Lösung des Chlorids geleitet, so wird an den positiven Polplatten beider Zersetzungszellen gleichviel Chlor entwickelt, an den negativen Polplatten scheidet sich aber aus dem Chlorür doppelt so viel Kupfer ab, als aus dem Chlorid.

Aufgaben. 1. Eine Säule von 40 Zinkkohlenbechern bleibt eine Stunde lang geschlossen und liefert während dieser Zeit einen Strom, dessen Stärke gleich 30. Wie viel Zink wird während dieser Stunde, abgesehen von localer Wirkung, consumirt?

2. In einem galvanoplastischen Apparat wurden während 24 Stunden 16 Gramm Kupfer an der negativen Form niedergeschlagen; wie groß war die Stromstärke?

3. In einem galvanischen Versilberungsapparat sollen in 1 Stunde 10 Gramm Silber niedergeschlagen werden; wie groß muß die Stromstärke sein?

§. 98. **Gesetze des Elektromagnetismus.** Aus einer Versuchsreihe über
(Zu §. 225 den Zusammenhang zwischen der Stärke M des in einem Eisenstabe erzielten
d. Gr.) Magnetismus und der magnetisirenden Kraft P der Spirale, in welche derselbe
eingeschoben ist, habe ich folgende empirische Formel abgeleitet

$$P = 229 \; d^{3/4} \; tang \; \frac{M}{8139 \; d^2} \quad \ldots \ldots \ldots \ldots \quad (1)$$

in welcher P die magnetisirende Kraft der Spirale, d. h. die nach chemischem
Maß gemessene, mit der Windungszahl der Spirale multiplicirte Stromstärke,
d den in Millimetern ausgedrückten Durchmesser des Stabes und M das auf
absolutes Maß reducirte magnetische Moment des Stabes (siehe S. 201) bezeichnet.

Die Versuchsreihe, deren Resultate durch die Gleichung 1 ausgedrückt
sind, wurde mit Eisenstäben von 56 Centimeter Länge umgestellt, welche in
eine um 3 Centimeter kürzere Spirale von 780 Windungen eingeschoben
waren.

Aus Gleichung (1) folgt:

1. Für $P = \infty$ ist $\frac{M}{8139 \; d^2} = 90^0$, also $M = 90 \cdot 8139 \; d^2$.

Für eine unendliche Stromstärke würde demnach der Stabmagnetismus doch
nur einen endlichen Werth erhalten; es giebt also für jeden Eisenstab
ein **absolutes Maximum des Magnetismus**, und dieses magnetische Maximum ist dem Quadrate des Durchmessers, also dem
Querschnitt des Stabes proportional.

2. Wenn der Magnetismus verschieden dicker (aber doch gleich langer)
Stäbe denselben aliquoten Theil ihres absoluten magnetischen Maximums erreichen soll, so muß man für alle den Werth von $\frac{M}{8139 \; d^2}$ gleich setzen.
Soll z. B. der Stab auf $1/2$ des absoluten Maximums magnetisirt werden,
so muß $\frac{M}{8139 \; d^2} = 90/2 = 45^0$, soll $1/3$ des absoluten Maximums erhalten werden, so muß $\frac{M}{8139 \; d^2} = 90/3 = 30^0$ gesetzt werden. Für gleiche Werthe
von $\frac{M}{8139 \; d^2}$ ist aber P stets $d^{3/4}$ proportional; d. h. um in verschieden
dicken, gleich langen Stäben denselben aliquoten Theil ihres
magnetischen Maximums zu erzeugen, muß man Ströme anwenden, welche sich verhalten wie die Quadratwurzel aus der dritten
Potenz der Durchmesser. Wenn also z. B. eine bestimmte Stromstärke
in einem Eisenstab einen Magnetismus erzeugt, welcher $1/3$ seines magnetischen Maximums beträgt, so wird man, um in einem doppelt so dicken Stab
gleichfalls $1/3$ des magnetischen Maximums zu erreichen, caeteris paribus
einen $\sqrt{2^3}$, also einen 2,83mal stärkeren Strom nöthig haben.

Vom Galvanismus.

3. So lange $\dfrac{M}{8139\, d^2}$ nur einem kleinen Winkelwerthe entspricht, sind P und M ziemlich nahe proportional, und man kann ohne merklichen Fehler

$$P = 229\, d^{3/2} \cdot \frac{3{,}14}{180} \cdot \frac{M}{8139\, d^2}$$

setzen, woraus sich ergiebt

$$M = 35{,}5 \cdot \frac{180}{3{,}14}\, P \sqrt{d} \quad \ldots \ldots \ldots \quad (2)$$

so weit man also den Stabmagnetismus der Stromstärke proportional setzen kann, ist der durch gleiche Ströme und dieselbe Spirale in verschiedenen Eisenstäben erzeugte Magnetismus der **Quadratwurzel aus dem Stabdurchmesser proportional**.

Um die Bedeutung dieser Formeln recht anschaulich zu machen, folgen hier einige *Aufgaben*, welche sich sämmtlich auf Eisenstäbe von 56 Centimeter Länge und die erwähnte Spirale von 780 Windungen beziehen.

1. Welches ist das absolute magnetische Maximum für einen Eisenstab von 3, 6, 10, 15, 20, 30 oder 50 Millimeter Durchmesser?

2. Welche Stromstärke S, $\left(P = 780\, S,\text{ also } S = \dfrac{P}{780}\right)$ ist erforderlich, um Stäbe von den unter Nr. 1 genannten Durchmessern auf $^9/_{10}$, $^7/_{10}$, $^5/_{10}$, $^3/_{10}$, $^2/_{10}$ und $^1/_{10}$ des absoluten Maximums zu magnetisiren? Die erhaltenen Resultate sind in einer Tabelle zusammenzustellen.

3. Welches ist für die unter Nr. 1 bezeichneten Eisenstäbe der Werth von M, wenn die Stärke S des durch die 780 Windungen der Spirale circulirenden Stromes die Werthe 3, 6, 10, 15, 20, 30, 50 hat? Die erhaltenen Resultate sind zunächst in eine Tabelle zusammenzustellen, alsdann aber nach einem beliebigen Maßstab in der Weise graphisch aufzutragen, daß man die Stromstärken zu Abscissen, die entsprechenden Werthe von M als Ordinaten (Analytische Geometrie Seite 3) aufträgt. Ueber die so bestimmten Punkte ist dann für jeden Stab die Curve zu ziehen, welche das Gesetz ausdrückt, nach welchem sein Magnetismus mit der Stromstärke wächst.

Einfluss der Stablänge. Die Versuche, aus welchen die im vorigen §. 99. Paragraphen besprochenen Formeln abgeleitet wurden, sind sämmtlich in Stäben von gleicher Länge (56 Centimeter) angestellt worden. Eine ähnliche Versuchsreihe mit Stäben von 33 Centimeter Länge, welche in eine Spirale von 30 Centimeter Länge eingeschoben waren, führten zu der Gleichung

$$P = 425\, d^{3/2} \, tang\, \frac{M}{5860\, d^2} \quad \ldots \ldots \quad (3)$$

Die allgemeine Form dieser Gleichung ist

$$P = a\, d^{3/2} \, tang\, \frac{M}{b \cdot d^2} \quad \ldots \ldots \quad (4)$$

Die Factoren a und b ändern sich nun allerdings mit der Stablänge, eine einfache Beziehung zwischen denselben ist aber aus den Gleichungen (1) und (3)

232 Viertes Buch. Drittes Capitel. Vom Galvanismus.

noch nicht zu entnehmen. Annähernd ist der Factor a aber der Stablänge umgekehrt, der Factor b aber der Stablänge direct proportional. Von dieser Voraussetzung ausgehend würde der Factor a nach Gleichung (1) den Werth $\frac{12824}{l}$ (wenn l die in Centimetern ausgedrückte Stablänge bezeichnet), nach Gleichung (3) aber den Werth $\frac{13925}{l}$ haben, im Mittel können wir also setzen

$$a = \frac{13374}{l}.$$

Nach Gleichung (1) ergiebt sich unter der Voraussetzung, daß b der Stablänge direct proportional ist, $b = 144\,l$, nach der Gleichung (3) aber $b = 177\,l$, im Mittel also

$$b = 160\,l.$$

Es wäre also allgemein

$$P = \frac{13374}{l}\, d^{2/3}\, tang\, \frac{M}{160\,l\,d^2} \quad \ldots \ldots \ldots \quad (4)$$

eine Gleichung, die man freilich nur als erste rohe Annäherung so lange in Anwendung bringen kann, bis neue Versuche den Einfluß der Stablänge besser ermittelt und die Aufstellung genauerer Formeln möglich gemacht haben.

Aufgaben. 1. Wie groß ist nach Gleichung (4) das magnetische Maximum eines Eisenstabes von 2 Decimeter Länge, wenn sein Durchmesser 2, 5, 10, 20 Millimeter ist?

2. Die Spirale, in welche diese Stäbe eingeschoben werden, habe 200 Windungen; welche Stromstärke ist nöthig, um die Stäbe auf $1/2$, $1/3$, $1/4$ ihres magnetischen Maximums zu magnetisiren?

3. Wie groß ist für die genannten Stäbe der Werth von M, welcher der Stromstärke 4, 8, 16, 32 entspricht?

4. Die Aufgaben 1 bis 3 für Eisenstäbe zu lösen, welche nur 10 Centimeter lang und in eine Spirale von 150 Windungen eingeschoben sind.

Fünftes Buch.

Von der Wärme.

Erstes Capitel.

Ausdehnung.

Vergleichung der Thermometerscalen. Nach den in §. 241 des §. 100.
Grundrisses mitgetheilten Formeln kann man leicht die Angaben jeder der drei (Zu §. 241
Thermometerscalen auf eine der beiden anderen reduciren. Zur Uebung dienen d. Gr.)
folgende

Aufgaben. 1. Welcher Grad der Reaumur'schen Scale entspricht dem 23. Grade der Celsius'schen?

2. Welches ist die Temperatur von 78° C. nach dem Fahrenheit'schen Thermometer?

3. Wie viel Grad Celsius sind 61° R.?

4. Die Temperatur von 93° Fahrenheit nach der Celsius'schen Scale auszudrücken.

5. In §. 241 des Grundrisses sind zwei Gleichungen entwickelt worden, welche die Beziehungen zwischen der Celsius'schen und Fahrenheit'schen Scale angeben. In gleicher Weise soll nun eine Formel entwickelt werden, nach welcher man die Temperaturangaben der Reaumur'schen Scale auf die Fahrenheit'sche, und eine zweite, nach welcher man die Temperaturangaben der Fahrenheit'schen Scale auf die Reaumur'sche reduciren kann.

6. Welcher Grad der Reaumur'schen Scale entspricht der Temperatur von 105° Fahrenheit?

7. Welcher Grad der Fahrenheit'schen Scale entspricht der Temperatur — 12° R.?

Lineare Ausdehnung fester Körper. Mit dem Namen des Aus- §. 101.
dehnungs-Coëfficienten bezeichnet man die Zahl, welche angiebt, um den (Zu §. 242
wievielten Theil seiner Länge bei 0° sich ein Körper ausdehnt, wenn er sich d. Gr.)
von 0 bis 100° C. oder auch wenn er sich von 0 bis 1° C. ausdehnt. Nimmt
man den Ausdehnungs-Coëfficienten im letzteren Sinne, so ist er nur $1/100$

236 Fünftes Buch. Erstes Capitel.

von dem in der ersten Bedeutung genommenen. Wir nehmen im Folgenden den Ausdehnungs-Coëfficienten in der letzteren Bedeutung, also als die einer Temperaturerhöhung von 1° entsprechende Längenausdehnung.

Demnach wäre der Längenausdehnungs-Coëfficient

    des Platins 0,0000086
    des Eisens 0,0000122
    des Zinks 0,0000294

u. s. w. Es sei nun die Länge eines Körpers bei 0° gleich L_0, sein Ausdehnungs-Coëfficient gleich a, so ist seine Länge bei einer Temperatur von $t°$ Celsius

$$L_t = L_0 (1 + a t)$$

vorausgesetzt, daß die Ausdehnung der fraglichen Substanz von 0 bis t Grad der Temperaturerhöhung proportional bleibt.

Aufgaben. 1. Eine eiserne Gitterbrücke hat bei 0° eine Länge von 200 Fuß; wie lang wird sie sein, wenn sie im Sommer durch den Einfluß der Sonnenstrahlen auf + 40°C. erwärmt wird?

2. Wie lang ist dieselbe Brücke bei einer Temperatur von — 20° C.

3. Ein Messingstab hat sich bei einer Temperaturerhöhung von 0 bis 90° C. um 2 Millimeter ausgedehnt; wie groß war seine Länge bei 0°?

4. Ein Kupferstab, welcher bei 0° 1,5 Meter lang war, hat sich bei einer Temperaturerhöhung von 100° C. um 2,6 Millimeter ausgedehnt; wie groß ist demnach der Ausdehnungs-Coëfficient des Kupfers?

5. Bezeichnen wir die Länge, welche ein Körper bei 0° einnimmt, mit L_0, seine Länge bei $t°$ mit L_t; wie groß ist dann sein Ausdehnungs-Coëfficient?

6. Ein Messingstab hat bei 15° C. eine Länge von 1,8 Meter; wie lang wird er bei 75° C. sein?

7. Ein Eisenstab hat bei — 20° C. eine Länge von 15 Fuß; wie lang wird er bei + 36° C. sein?

8. Es sei L_t die Länge eines Stabes bei $t°$, a der Ausdehnungs-Coëfficient der Substanz; wie groß ist seine Länge L bei einer Temperatur von $\tau°$?

§. 102. Kubische Ausdehnung. *Aufgaben.* 1. Wie groß ist der kubische Ausdehnungs-Coëfficient für die in der Tabelle auf Seite 444 des Grundrisses aufgeführten Körper? Die erhaltenen Resultate sind gleichfalls tabellarisch zusammenzustellen.

2. Ein Hohlwürfel von Zinkblech hat bei 0° einen Kubikinhalt von 1 badischen Kubikfuß oder 27 Kubikdecimetern; wie groß wird der Rauminhalt dieses Würfels bei 32° C. sein?

3. Ein Glasgefäß mit engem Halse faßt bei 0° bis zu einer Marke am Halse genau 1000 Kubikdecimeter; welches ist der Rauminhalt dieses Gefäßes bei 100° C.?

Ausdehnung.   237

4. Bei 0° ist das specifische Gewicht des Bleies 11,352; wie groß wird das specifische Gewicht des Bleies bei 100° C. sein?

5. Durch einen directen Versuch (f. Lehrbuch II, Seite 489, 5. Aufl.) fand Kopp den kubischen Ausdehnungs-Coëfficienten für weiches Natronglas gleich 0,000026, für hartes Kaliglas aber gleich 0,000021; wie groß wäre demnach der Längenausdehnungs-Coëfficient dieser Glassorten?

6. Nach Kopp's Versuchen ist der kubische Ausdehnungs-Coëfficient des Quarzes gleich 0,000042; wie groß ist der Längenausdehnungs-Coëfficient dieses Minerals?

Scheinbare Ausdehnung der Flüssigkeiten. *Aufgaben.* §. 103.

Fig. 167.

1. Das Quecksilber, welches ein Glasgefäß von der Form Fig. 167 bei 0° vollständig bis zur Spitze ausfüllt, wiegt 264 Gramm. Bis auf 100° C. erwärmt, tritt etwas Quecksilber tropfenweise aus der Spitze aus. Nachdem der Apparat so lange der Temperatur von 100° C. ausgesetzt war, daß das Ausfließen von Quecksilber aufgehört hat, daß man also überzeugt sein konnte, alles im Gefäße eingeschlossene Quecksilber sei auf 100° C. erwärmt, wurde abermals gewogen und nun findet man, daß das Gewicht des eingeschlossenen Quecksilbers nur noch 260 Gramm beträgt. Welches ist der Coëfficient der scheinbaren Ausdehnung des Quecksilbers? Wie groß ist die absolute Ausdehnung des Quecksilbers? (Das Gefäß bestand aus weichem Natronglas.)

2. Das Quantum Benzol, welches ein Glasgefäß von der Form Fig. 168 bei 0° bis zur Marke *a* füllt, wiegt 19,76 Gramm. Das Gefäß wird sammt seinem Inhalt auf 60,5 erwärmt, alle

Fig. 168.

Flüssigkeit entfernt, welche über *a* steht, und nun ergiebt eine abermalige Wägung, daß die noch im Gefäß enthaltene Flüssigkeit 18,47 Gramm wiegt. Welches ist der Ausdehnungs-Coëfficient für die scheinbare und welches für die absolute Ausdehnung des Benzols?

3. Welchen Raum nimmt bei 92° C. das Oelquantum ein, welches bei 0° C. genau 1 Liter füllt? (Ausdehnungs-Coëfficient 0,001.)

4. Man kauft bei — 10° C. 1 Liter Weingeist. Welchen Raum nimmt derselbe bei + 32° C. ein? (Ausdehnungs-Coëfficient 0,001.)

5. Bei 0° ist das specifische Gewicht des absoluten Alkohols gleich 0,793; wie groß ist es bei 20° C.?

6. Bei einer Temperatur von 25° C. hat man die Barometerhöhe gleich 752 Millimeter gefunden. Diese Barometerhöhe ist auf 0° zu reduciren

238   Fünftes Buch. Erstes Capitel.

d. h. es ist zu berechnen, wie hoch die Barometersäule bei gleichem Luftdruck sein würde, wenn sie auf 0° erkaltet würde?

§. 104.   **Ungleichförmigkeit der Ausdehnung der Flüssigkeiten.** Genauere Untersuchungen haben gezeigt, daß die meisten Flüssigkeiten sich nicht der Temperatur proportional ausdehnen, sondern daß im Allgemeinen für gleiche Temperaturdifferenzen die Ausdehnung bei höheren Temperaturen bedeutender ist.

Bezeichnen wir das Volumen einer Flüssigkeit bei 0° mit 1, so würde das Volumen bei t^0

$$V = 1 + at$$

sein, wenn die Ausdehnung der Temperatur proportional bliebe. Da aber diese Proportionalität nicht stattfindet, so genügt diese Formel nicht mehr und man muß Formeln von der Gestalt

$$V = 1 + at + bt^2 + ct^3$$

in Anwendung bringen. Die Zahlenwerthe der constanten Factoren a, b und c müssen natürlich für jede Substanz besonders aus zuverlässigen Versuchen berechnet werden.

Nach Kopp's Versuchen hat man für Alkohol (specif. Gewicht 0,8095):
$$V = 1 + 0,00104139\,t + 0,0000007836\,t^2 + 0,000000017618\,t^3.$$
Diese Formel ist jedoch nur bis 80° C. brauchbar.

Für Olivenöl:
$$V = 1 + 0,000789\,t + 0,0000007726\,t^2 - 0,000000008274\,t^3.$$

Für Terpentinöl:
$$V = 1 + 0,0009003\,t + 0,0000019595\,t^2 - 0,0000000045\,t^3.$$

Aufgaben. 1. Bezeichnen wir mit 1 das Volumen einer gegebenen Alkoholmasse bei 0°; wie groß wird ihr Volumen sein bei 10°, 20° u. s. w. von 10 zu 10 Grad bis 80° C.?

2. Die gleiche Aufgabe zu lösen für Olivenöl und zwar bis 100° C.

3. Desgleichen für Terpentinöl.

4. Das Volumen einer gegebenen Weingeistmenge sei bei 0° gleich 1, so ist es bei 80° C. gleich 1,097935. Welches wäre der Ausdehnungs-Coefficient des Weingeistes, wenn die Ausdehnung desselben zwischen den angegebenen Grenzen eine gleichförmige wäre? Welches würde bei dieser gleichförmigen Ausdehnung das Volumen des Weingeistes bei 10°, 20°, 30° .. 70° C. sein? Die berechneten Resultate sind mit den unter 1 erhaltenen graphisch zusammenzustellen.

5. Nach den unter 2 erhaltenen Resultaten stelle man graphisch den Gang der Ausdehnung für Olivenöl dar. Verbindet man, nachdem dies geschehen ist, die Punkte, welche den Temperaturen 0° und 100° C. entsprechen, durch eine gerade Linie, so stellt diese den Gang der Ausdehnung des Olivenöls dar, wie er sein würde, wenn sie bei gleicher Totalausdehnung zwischen 0° und 100° C. gleichförmig wäre.

6. Die gleiche Construction für Terpentinöl auszuführen.

Ausdehnung. 239

Dichtigkeitsmaximum des Wassers. Um das Dichtigkeitsmaximum des Wassers zu beobachten und den Gang der Ausdehnung dieser Flüssigkeit zwischen 0° und 20° C. verfolgen zu können, dient unter andern der Fig. 169 abgebildete Apparat.

§. 105.
(Ju §. 244 d. Gh.)

Fig. 169.   Fig. 170.

Ein Glasballon, welcher ungefähr 1 Liter enthält, ist mit einer messingenen Fassung versehen, in welche eine in Messing gefaßte Glasröhre aufgeschraubt werden kann, wie Fig. 170 deutlicher zeigt. Zwischen der oberen Fläche der Fassung des Ballons und der Fassung der Röhre ist eine mit Talg getränkte Lederscheibe eingelegt, so daß man überzeugt sein kann, daß bei gehörigem Anziehen der Schraube hier kein Wasser entweicht. Am unteren Ende der Schraube ist ein Häkchen angebracht, an welches man ein Thermometer hängen kann. Dieses Thermometer, ganz von dem Wasser des Ballons umgeben, zeigt die Temperatur desselben. An der Glasröhre ist ein getheilter Stab angebracht, um darauf die Variationen der Wassersäule im Rohre abzulesen. Zum Nullpunkte der Theilung kann man den untersten Punkt des getheilten Stabes nehmen.

Mit einem Apparate dieser Art wurden folgende Beobachtungen gemacht:

Temperatur des Wassers.	Stand des Wassers in der Röhre.
0° C.	48,76 cm
1,56	39,25
3,5	31,25
4	30,8
5,25	29,17
5,75	29,12
8	32,25
9	36,25
12	56,25
16,25	89,25

240 Fünftes Buch. Erstes Capitel.

Während also bei einer Temperatur von 0° das Wasser in der Röhre 48³/₄ Centimeter über dem Nullpunkte stand, sank es bis auf 29,12 Centimeter, also um 19,63 Centimeter, während die Temperatur um 5,75° C. stieg; bei noch mehr wachsender Temperatur stieg aber das Wasser in der Röhre wieder.

Der Inhalt des Ballons betrug für jenen Apparat 1016 Kubikcentimeter bei 0°; ein Röhrenstück von 10 Centimeter Länge hatte eine Capacität von 0,118 Kubikcentimetern. Nach diesen Angaben läßt sich der Einfluß der Glasausdehnung auf den Gang der scheinbaren Ausdehnung des Wassers berechnen.

Aufgaben. 1. Nach den in obiger Tabelle enthaltenen Daten stelle man den Gang der scheinbaren Ausdehnung des Wassers im Glasgefäß graphisch dar und zwar die Abscissen der Temperatur die Ordinaten der Höhe der Wassersäule in der Röhre proportional auftragend, sowie der Raumersparniß wegen die Höhen der Säule nur von 20 Centimetern an zählend.

Die so aufgetragenen Punkte verbinde man durch eine Curve, welche den Gang der scheinbaren Ausdehnung des Wassers darstellt.

2. Nach den oben angegebenen Daten berechne man, welches der Inhalt des Ballons bei 2, 4, 6, 8, 12 und 16 Graden ist. Danach läßt sich nun auch berechnen, um wie viel Centimeter das Wasser bei 2, 4, 6, 8, 12 und 16 Graden in der Röhre höher stehen würde, wenn keine Glasausdehnung stattfände und also der Ballon unverändert das Volumen behielte, welches er bei 0° hat.

3. Nach den in der vorigen Aufgabe enthaltenen Resultaten ist nun an die Curve der scheinbaren Ausdehnung anlehnend die Curve zu construiren, welche den wahren Gang der Ausdehnung des Wassers darstellt. Wo liegt nach dieser Curve das Dichtigkeitsmaximum des Wassers?

4. Die folgende Tabelle enthält die Volumina des Wassers, welche einer Reihe von Temperaturen zwischen 0° und 100° C. entsprechen.

t	V	t	V
0° C.	1,000000	50° C.	1,011766
5	0,999883	60	1,016590
10	1,000124	70	1,022246
20	1,001567	80	1,028581
30	1,004064	90	1,035397
40	1,007531	100	1,042986

Nach dieser Tabelle ist der Gang der Ausdehnung des Wassers zwischen 0° und 100° C. graphisch darzustellen (wobei jedoch die drei letzten Decimalstellen unberücksichtigt bleiben können).

Ausdehnung.

Ausdehnungs-Coëfficient der Luft. Folgendes sind die Data §. 106. eines nach der in §. 245 des Grundrisses angedeuteten Methode von Rud- (Zu §. 245 berg angestellten Versuches, nach welchem man den Ausdehnungs-Coëfficien- d. Gr.) ten der Luft bestimmen kann.

a. Beim Zuschmelzen der Spitze, wodurch die auf 100°C. erwärmte Luft in der Kugel abgesperrt wurde, war der Barometerstand 763 Millimeter.

b. Nach dem Erkalten der Kugel auf 0° und dem Abbrechen der Spitze unter Quecksilber stieg dasselbe durch die Röhre in die Kugel so hoch, daß der Spiegel des eingedrungenen Quecksilbers 38,1 Millimeter über dem äußeren Quecksilberspiegel stand; der in diesem Augenblick herrschende Barometerstand betrug 775,8 Millimeter.

c. Das Gewicht des in die auf 0° erkaltete Kugel eingedrungenen Quecksilbers betrug 41,722 Gramm.

d. Das Gewicht des Quecksilbers, welches bei 0° das ganze Gefäß (Kugel sammt Röhre) füllt, ist 173,443 Gramm.

Aufgaben. 1. Nach den eben mitgetheilten Daten ist der Ausdehnungs-Coëfficient der Luft zu berechnen, wobei jedoch auch die Ausdehnung des Glasgefäßes nicht unberücksichtigt bleiben darf.

2. Es sei allgemein

b der Barometerstand in dem Augenblick, in welchem die Spitze zugeschmolzen wird,

b' der Barometerstand, bei welchem nach Abbrechen der Spitze das Quecksilber in die auf 0° erkaltete Kugel eindringt,

h die Höhe des inneren Quecksilberspiegels über dem äußeren,

p das Gewicht des eingedrungenen Quecksilbers,

P das Gewicht des Quecksilbers, welches das ganze Gefäß bei 0° aufnimmt,

so ist nun eine Gleichung zu entwickeln, nach welcher aus diesen Daten der Coëfficient der scheinbaren Ausdehnung der Luft berechnet werden kann, zu welchem dann noch der kubische Ausdehnungs-Coëfficient des Glases addirt werden muß, um den wahren Ausdehnungs-Coëfficienten der Luft zu erhalten.

Bestimmung des specifischen Gewichts der Luft. *Aufgaben.* §. 107.

1. Ein mit trockener Luft gefüllter Ballon von 10 Liter Inhalt wiegt bei einer Temperatur von 18° C. und bei einem Barometerstande von 754 Millimeter um 12,01 Gramm mehr als wenn er so weit leer gepumpt ist, daß die Barometerprobe noch 5 Millimeter zeigt. Nach diesen Daten soll berechnet werden, wie groß das specifische Gewicht der Luft bei 0° Temperatur und 760 Millimeter Barometerstand ist, das specifische Gewicht des Wassers gleich 1 genommen.

2. Wie viel wiegt 1 Kubikdecimeter trockene Luft bei 0° C. und 760 Millimeter Barometerstand?

3. Wie groß ist das Gewicht von 1 Kubikdecimeter trockener Luft bei einem Barometerstand von 760 Millimeter, wenn die Temperatur 20°, 40°,

60°, 100°, 150°, 200° C. beträgt? Die erhaltenen Resultate sind in einer kleinen Tabelle zusammenzustellen.

4. Ein Ballon, dessen Volumen v' ist, wiegt bei $t°$ C. und einem Barometerstand b von Millimetern um n Gramm mehr, als wenn er soweit leer gepumpt ist, daß die Barometerprobe einen inneren Druck von h Millimeter anzeigt. Der Ausdehnungs-Coëfficient der Luft soll mit a bezeichnet werden. Wie groß ist das specifische Gewicht der Luft bei 0° Temperatur und 760 Millimeter Barometerstand, das specifische Gewicht des Wassers zur Einheit genommen?

§. 108. **Dichtigkeit der Gase.** Wenn man die Dichtigkeit irgend eines Gases bei der Temperatur von 0° und einem Drucke von 760 Millimeter mit d bezeichnet, mit d' aber die Dichtigkeit desselben Gases bei einer Temperatur von $t°$ C. und einem Drucke h, so ist es leicht, die Beziehung zu finden, welche zwischen den beiden Tensionen, den beiden Temperaturen und den beiden Dichtigkeiten stattfindet. Wenn bei unverändertem Drucke die Temperatur von 0° auf $t°$ C. steigt, wird 1 Kubikcentimeter Gas sich bis zu $1 + 0{,}00366\, t$ ausdehnen; wenn außerdem noch der Druck von 760 Millimeter in h übergeht, so wird das Volumen jener Gasmenge

$$\frac{(1 + 0{,}00366\, t)\, 760}{h}.$$

Die Dichtigkeit des Gases in beiden Fällen verhält sich aber umgekehrt wie die Volumina, also

$$\frac{d'}{d} = \frac{h}{760\, (1 + 0{,}00366\, t)}.$$

Es folgt daraus, daß die Dichtigkeiten zweier verschiedener Gase stets in demselben Verhältnisse zu einander stehen, so lange beide gleiche Temperaturen haben und gleichem Drucke ausgesetzt sind. Bei der Temperatur der Rothglühhitze also, wie bei 0°, bei einem Drucke von 10 Atmosphären wie bei dem einer einzigen, wird die Dichtigkeit des Wasserstoffgases immer 0,0688, also ungefähr $1/{15}$ von der Dichtigkeit der in gleichen Verhältnissen sich befindenden Luft sein. Es bleibt dies so lange wahr, als die Gase dem Mariotte'schen Gesetze folgen.

Dies giebt nun auch ein Mittel an die Hand, um die Dichtigkeit von Gasen zu bestimmen; man vergleicht nur ihr Gewicht mit dem Gewichte eines gleichen Volumens Luft von derselben Tension und derselben Temperatur.

Es sei z. B. das Gewicht eines Ballons mit trockener Luft = 192 Gramme
Gewicht des ausgepumpten Ballons . . . . . . = 181 „
Gewicht der ausgepumpten Luft . . . . . . = 11 Gramme.

Es sei ferner das Gewicht des mit kohlensaurem Gase
gefüllten Ballons . . . . = 197,77 Gr.
Davon abgezogen das Gewicht des leeren Ballons . = 181 „

Bleibt für das Gewicht des kohlensauren Gases, welches der Ballon faßt . . . . = 16,77 Gr.

Ausdehnung. 243

Die Dichtigkeit des kohlensauren Gases ist demnach $\frac{16{,}77}{11}$ oder 1,524, wenn die der Luft $=$ 1 ist. Dies Resultat bedarf durchaus keiner Correction wegen der Wärme und des Drucks, vorausgesetzt, daß die Luft und das kohlensaure Gas den Ballon bei gleichem Barometerstande füllten und vollkommen gleiche Temperatur hatten.

Zweites Capitel.

Veränderung des Aggregatzustandes.

Bestimmung der gebundenen Wärme des Wassers. Um die §. 109. Schmelzungswärme des Eises zu bestimmen, verfuhr Regnault so, daß er (Zu §. 247 in eine gewogene Quantität Wasser, deren Temperatur genau bestimmt worden war, Eisstücke oder Schnee brachte, und dann die Temperaturerniedrigung beobachtete, welche durch die Schmelzung des Schnees oder des Eises in dem Wasser erzeugt wurde. Die Quantität des geschmolzenen Schnees oder Eises ergab sich dadurch, daß man das Gefäß mit Wasser, welches man vor dem Einbringen des Eises gewogen hatte, nach beendigter Schmelzung und nach der zweiten Thermometerablesung abermals wog. Die Differenz der beiden Wägungen giebt dann das Gewicht der eingebrachten Eis- oder Schneemasse.

Folgendes sind die Beobachtungsresultate einiger nach dieser Methode angestellten Versuche, bei welchen Eisstücke von 0° C. in Anwendung gebracht wurden:

| | Gewicht | | Anfangs- | End- |
	des geschmolzenen Eises.	des Wassers im Gefäß.	temperatur.	temperatur.
1	88,75 Gr.	918,85 Gr.	23,8° C.	14,7° C.
2	110,00	927,75	20,3	9,9
3	130,90	934,35	20,1	8,0
4	120,25	935,70	20,6	9,3

16*

244   Fünftes Buch. Zweites Capitel.

Bei einer ähnlichen Versuchsreihe, bei welcher statt des Eises Schnee angewendet wurde, war die Temperatur des Schnees vor dem Eintauchen in das Wasser etwas unter dem Gefrierpunkt. Folgendes sind die Beobachtungsresultate einer solchen mit Schnee angestellten Versuchsreihe:

	Gewicht		Temperatur		
	des Schnees.	des Wassers.	des Schnees.	des Wassers vor der Schmelzung.	des Wassers nach der Schmelzung.
1	46,81 Gr.	461,94 Gr.	— 0,61° C.	15,81° C.	7,00° C.
2	43,77	461,33	— 0,06	16,86	8,53
3	49,90	462,05	— 0,51	15,76	6,50
4	50,45	462,20	— 0,32	16,112	6,78

Aufgaben. 1. Es soll berechnet werden, wie groß nach jedem der vier in der ersten Tabelle dieses Paragraphen aufgeführten Versuche die Schmelzungswärme des Eises ist, d. h. wie viel Wärmeeinheiten (Calorien) erforderlich sind, um 1 Gramm Eis zu schmelzen, d. h. um 1 Gramm Eis von 0° in Wasser von 0° zu verwandeln.

NB. Eine Wärmeeinheit ist die Menge Wärme, welche erforderlich ist, um die Temperatur von 1 Gramm Wasser um 1° C. zu erhöhen. (Siehe §. 95.)

2. Dieselbe Aufgabe zu lösen für die vier mit Schnee angestellten Versuche, deren Beobachtungsresultate in der zweiten Tabelle dieses Paragraphen aufgeführt sind.

3. Welches ist das Mittel aus den vier unter 1., aus den vier unter 2. erhaltenen Werthen für die latente Wärme des Wassers (Schmelzungswärme des Eises)?

NB. Die nach den Aufgaben 1. und 2. berechneten Werthe der Schmelzungswärme des Eises sind nicht ganz genau; sie bedürfen noch mehrerer Correctionen, von denen hier nicht weiter die Rede sein kann. Der genaue Werth der latenten Wärme des Wassers ist, wie bereits in §. 247 des Grundrisses angeführt wurde, gleich 79.

4. Es sei
m das Gewicht eines Eisstücks von 0°,
M das Gewicht $\}$ einer Wassermasse, in welche das Eisstück geworfen wird,
T die Temperatur
t die Temperatur des Wassers nach der Schmelzung des Eisstückes.

Wie groß ist dann die latente Wärme l des Wassers?

5. In eine Wassermasse von 1200 Gramm, welche eine Temperatur von 22° C. hat, wird ein 92 Gramm schweres Stück Eis von 0° geworfen.

Veränderung des Aggregatzustandes. 245

Wie hoch wird die Temperatur des Wassers noch sein, wenn die Schmelzung des Eisstücks vollendet ist?

(Vorausgesetzt, daß das Wasser nach außen weder Wärme abgiebt noch solche von außen empfängt.)

6. In eine Wassermasse von 2000 Gramm, welche eine Temperatur von 25° C. hat, werden 1000 Gramm Eisstücke von 0° geworfen. Wie viel Eis wird geschmolzen sein, bis das Wasser auf 0° erkaltet ist?

(Vorausgesetzt, daß das Wasser nach außen weder Wärme abgiebt noch solche von außen empfängt.)

Beziehungen zwischen der Temperatur, der Spannkraft und der Dichtigkeit des gesättigten Wasserdampfes. §. 110. Auf Seite 41(3u §. 202 b. Gr.) haben wir gesehen, daß

$$V_{no} = V_{pt} \frac{p}{760\,(1 + \alpha t)} \quad \ldots \ldots (1)$$

wenn V_{no} das Volumen einer gegebenen Gas- oder Dampfmenge bei 0°C. und einem Druck von 760 Millimeter, V_{pt} aber das Volumen derselben Gas- oder Dampfmenge bei einer Temperatur von t Graden und unter einem Drucke p bezeichnet.

Da nun die Dichtigkeit eines Gases seinem Volumen umgekehrt proportional ist, so haben wir auch

$$d_{pt} = d_{no} \frac{p}{760\,(1 + \alpha t)}.$$

Der Quotient $\frac{760}{d_{no}}$ hat für jedes Gas oder jeden Dampf einen bestimmten constanten Werth, welchen wir mit $\varkappa$ bezeichnen wollen; danach geht die vorige Gleichung über in

$$d_{pt} = \frac{p}{\varkappa\,(1 + \alpha t)}$$

oder auch

$$D = \frac{p}{\varkappa\,(1 + \alpha t)} \quad \ldots \ldots (2)$$

wenn wir mit D die Dichtigkeit eines Gases oder Dampfes bei t° C. und einem Druck p bezeichnen. Danach ergiebt sich für den constanten Factor $\varkappa$ der Werth

$$\varkappa = \frac{p}{D\,(1 + \alpha t)} \quad \ldots \ldots (3)$$

Nach den Versuchen von Gay-Lussac ist die Dichtigkeit des Wasserdampfes 0,6225 von der Dichtigkeit der atmosphärischen Luft bei gleicher Temperatur und Spannkraft.

Das specifische Gewicht der Luft bei 0° und unter einem Druck von 760 Millimeter ist

0,001293,

wenn man das specifische Gewicht des Wassers zur Einheit nimmt. Demnach ist bei unverändertem Druck und einer Temperatur von 100° C. die Dichtigkeit der atmosphärischen Luft

$$\frac{0{,}001293}{1 + 0{,}00365 \cdot 100} = \frac{0{,}001293}{1{,}365} = 0{,}000946,$$

und die Dichtigkeit D des Wasserdampfes bei 100° C. und einem Druck von 760 Millimeter

$$D = 0{,}000946 \cdot 0{,}6225 = 0{,}0005896$$

oder
$$D = 0{,}0005892,$$

wenn man für α den genaueren Werth $0{,}003665$ in Rechnung bringt.

Setzen wir nun in Gleichung (3) die zusammengehörigen Zahlenwerthe
$$t = 100$$
$$D = 0{,}0005892$$
$$p = 760,$$
so kommt
$$\varkappa = 943940$$
oder, wenn die Spannkraft p in Atmosphären ausgedrückt ist,
$$\varkappa = \frac{943940}{760} = 1242.$$

Setzen wir den ersteren dieser Werthe von $\varkappa$ in Gleichung (2), so kommt

$$D = \frac{p}{943940\,(1 + 0{,}00365\,t)} \quad \ldots \ldots \ldots \quad (4)$$

und wenn man für $\varkappa$ den zweiten der obigen Zahlenwerthe setzt

$$D = \frac{p}{1242\,(1 + 0{,}00365\,t)} \quad \ldots \ldots \ldots \quad (5)$$

Nach Gleichung (4) kann man die Dichtigkeit des gesättigten Wasserdampfes für eine gegebene Temperatur berechnen, wenn die entsprechende Spannkraft p in Millimetern, nach Gleichung (5) aber, wenn sie in Atmosphären ausgedrückt ist.

Nach Gleichung (4) auf Seite 3 findet man das Volumen eines Körpers, wenn man sein absolutes Gewicht durch sein specifisches Gewicht oder durch seine Dichtigkeit dividirt. Demnach ist das Volumen V, welches 1 Gramm Wasserdampf einnimmt,

$$V = \frac{1}{D} \text{ Kubikcentimeter,}$$

und wenn man für D seinen Werth aus Gleichung (5) setzt

$$V = \frac{1242\,(1 + 0{,}00365\,t)}{p} \quad \ldots \ldots \ldots \quad (6)$$

Der nach Gleichung (6) berechnete Zahlenwerth von V giebt an, wie viel Kubikcentimeter 1 Gramm oder wie viel Kubikdecimeter 1 Kilogramm Wasserdampf von der Temperatur t und der Spannkraft p einnimmt.

Aufgaben. 1. Man berechne nach Gleichung (4) die Dichtigkeiten des gesättigten Wasserdampfes, welche den in der ersten Tabelle auf Seite 460 des Grundrisses angegebenen zusammengehörigen Temperaturen und der Spannkraft entsprechen und stelle sie tabellarisch zusammen.

Veränderung des Aggregatzustandes. 247

2. Dieselbe Aufgabe ist mit Hülfe der Gleichung (5) für die in der zweiten Tabelle auf Seite 460 des Grundrisses aufgeführten zusammengehörigen Werthe der Spannkraft und der Temperatur auszuführen.

3. Welches Volumen V nimmt 1 Kilogramm gesättigten Wasserdampfes bei dem in den beiden Tabellen der Seite 460 des Grundrisses angeführten Temperaturen und Spannkräften ein? Die berechneten Werthe von V sind mit den entsprechenden Werthen der Spannkraft p in einer Tabelle zusammenzustellen.

4. Wie viel Gramm gesättigten Wasserdampfes kann ein Raum von 1 Kubikmeter bei den in den oben angeführten Tabellen genannten Temperaturen aufnehmen?

5. Ein Quantum gesättigten Wasserdampfes von 100° C. wird, abgesperrt von allem Wasser, welches weitere Dämpfe liefern könnte, bis auf 130° C. erwärmt. Wie hoch wird die Spannkraft des nun überhitzten Wasserdampfes steigen, wenn eine Ausdehnung desselben nicht stattfinden kann?

Bestimmung des specifischen Gewichtes der Dämpfe. Zur §. 111. Bestimmung des specifischen Gewichtes der Dämpfe beliebiger Flüssigkeiten wendet man nach Dumas folgendes Verfahren an. In einen Glasballon B, Fig. 171, von 5 bis 8 Centimeter Durchmesser bringt man eine hinreichende Menge der zu untersuchenden Flüssigkeit.

Fig. 171.

Der Ballon wird nun, je nachdem der Siedepunkt der Flüssigkeit höher oder tiefer liegt, in einem Bade von Wasser, Oel oder Chlorzink erhitzt. Der Ballon wird an einem Halter befestigt und durch diesen im Bade festgehalten. Durch Erhitzung des Bades bringt man die Flüssigkeit bald ins Kochen, die Dämpfe strömen mit Gewalt aus der feinen Spitze hervor. Man erhält das Bad unterdessen auf einer Temperatur, welche die des Siedepunktes der Flüssigkeit im Ballon ungefähr um 30° C. übersteigt. Die Temperatur des Bades wird an einem Thermometer abgelesen, welches auf die dargestellte Weise befestigt ist. Sobald alle Flüssigkeit verdampft ist, was man daran sieht, daß das Ausströmen des Dampfes aus der feinen Spitze aufhört, schmilzt man diese vor dem Löthrohre zu. In dem Augenblicke des Zuschmelzens notirt man sich den Stand des Thermometers im Bade und den Barometerstand.

Der nun mit Dampf gefüllte Ballon wird gewogen, nachdem man früher schon denselben, mit trockener Luft gefüllt, gewogen hatte. Die Differenz dieser beiden Wägungen, die wir mit P bezeichnen wollen, giebt an, wie viel der

248 Fünftes Buch. Zweites Capitel.

im Ballon enthaltene Dampf mehr wiegt als die trockene Luft, die ihn vorher füllte. Das Gewicht dieser Luftmenge aber kann man berechnen, wenn man das Volumen V des Ballons kennt. Es ist nämlich Vn, wenn n das Gewicht von 1 Cubikcentimeter trockener Luft für die Temperatur und den Barometerstand bezeichnet, bei welchem die erste Wägung vorgenommen wurde, V aber in Cubikcentimetern ausgedrückt ist. Das Gewicht des Dampfes im Ballon ist demnach $P + Vn$.

Um aber die Dichtigkeit des Dampfes zu erhalten, muß man sein absolutes Gewicht durch das Gewicht eines gleichen Volumens Luft von gleicher Temperatur und gleicher Tension dividiren. Bezeichnen wir mit n' das Gewicht von 1 Cubikcentimeter trockener Luft für die Temperatur und den Barometerstand, welche man im Augenblicke des Zuschmelzens der Spitze ablas, so ist Vn' das Gewicht einer Luftmenge von dem Volumen, der Temperatur und der Tension, welche der Dampf im Ballon in dem Augenblicke hatte, in welchem die Spitze zugeschmolzen wurde. Das specifische Gewicht des Dampfes ist demnach

$$s = \frac{P + Vn}{Vn'},$$

wenn das der Luft gleich 1 gesetzt wird.

Um das Volumen des Ballons zu bestimmen, taucht man die zugeschmolzene Spitze des Ballons in Wasser oder Quecksilber und bricht sie dann ab. Da sich die Dämpfe während des Erkaltens verdichtet haben, so ist im Ballon ein Vacuum entstanden, er wird sich also mit Wasser oder Quecksilber füllen. Die Menge der Flüssigkeit, welche der Ballon faßt, kann man durch Wägung oder durch Messung in graduirten Röhren bestimmen, und somit auch das Volumen des Ballons ermitteln.

Aufgabe. Ein Versuch zur Bestimmung des specifischen Gewichtes des Aetherdampfes lieferte folgende Beobachtungsresultate:

a. Das Gewicht des Ballons voll atmosphärischer Luft bei einer Temperatur von 10° C. und einem Barometerstande von 752,3 Millimeter betrug 19,515 Gramm.

b. Das Gewicht des Ballons mit Aetherdampf gefüllt und bei einer Temperatur von 60° C. und einem Barometerstande von 753,4 Millimeter zugeschmolzen betrug 19,745 Gramm.

c. Das Volumen des Ballons wurde gleich 60 Kubikcentimetern gefunden.

Wie groß ist nach diesen Daten das specifische Gewicht des Aetherdampfes?

§. 112. **Berechnung des Effectes der Dampfmaschinen.** Die älteste (Zu §. 267 d. Gr.) und einfachste Theorie zur Berechnung der Kraft einer Dampfmaschine ist die von Poncelet und Morin aufgestellte.

Für Maschinen, welche ohne Expansion arbeiten, bei welchen also der Cylinder während des ganzen Kolbenlaufes mit dem Kessel in Verbindung bleibt, berechnet man den Effect auf folgende Weise:

Veränderung des Aggregatzustandes.

Bezeichnet
p die Spannung des Dampfes im Kessel, welcher nach dieser Theorie auch die Spannung des Dampfes im Cylinder gleich ist in Atmosphären,
Q den Querschnitt des Kolbens in Quadratdecimetern,
L die Länge des Kolbenhubes in Decimetern, so ist
der wirksame Druck des Dampfes im Cylinder gegen 1 Quadratdecimeter . . . 103,3 p Kilogramm
der wirksame Druck gegen den ganzen Kolben . . . . 103,3 $p\,Q$ Kilogramm
die Kraftquantität, welche bei einem Kolbenschlage entwickelt wird . . . . . 10,33 $p\,.\,Q\,.\,L$ Kilogrammometer.

Demnach ergiebt sich für die Kraftquantität E, welche bei n Kolbenschlägen entwickelt wird,

$$E = 10{,}33\, p\,.\,n\,.\,Q\,L \text{ Kilogrammometer} \quad\quad\quad (1)$$

Das vom Kolben beschriebene Volumen ist für 1 Kolbenschlag gleich $Q\,L$, für n Kolbenschläge ist es also gleich $n\,Q\,L$ Kubikdecimeter.

Macht nun der Kolben n Kolbenschläge, während 1 Kilogramm Dampf verbraucht wird, so ist der vom Kolben unterdessen beschriebene Raum $n\,Q\,L$ gleich dem Volumen V, welches 1 Kilogramm gesättigten Wasserdampfes von der Spannkraft p einnimmt, d. h. es ist

$$V = n\,Q\,L.$$

Setzen wir V für das Product $n\,Q\,L$ in Gleichung (1), so kommt

$$E = 10{,}33\, p\,.\,V \text{ Kilogrammometer} \quad\quad\quad (2)$$

Dieser Werth von E ist die volle mechanische Arbeit, welche 1 Kilogramm Wasserdampf, in der angedeuteten Weise in einer Dampfmaschine verwendet, zu leisten im Stande ist, welche aber durchaus nicht vollständig nutzbar verwendet werden kann. Ein Theil dieser mechanischen Arbeit wird verwendet, um den auf der anderen Seite des Kolbens lastenden Druck (bei Hochdruckmaschinen der Druck der Atmosphäre, bei Niederdruckmaschinen ein aliquoter Theil des Atmosphärendruckes) zu bewältigen, ein anderer Theil wird durch Ueberwindung der Reibungswiderstände consumirt. Wie groß der zu nutzbarer Verwendung noch übrigbleibende Theil von E ist, hängt von der mehr oder weniger zweckmäßigen Construction der Maschine ab. In den folgenden Beispielen wollen wir die nutzbar verwendbare Kraft der Maschine gleich $\dfrac{E}{2}$ annehmen.

Aufgaben. 1. Wie groß ist nach Gleichung (2) die absolute mechanische Kraft, welche 1 Kilogramm Wasserdampf an den Kolben einer Dampfmaschine übertragen kann, wenn die Spannkraft des Dampfes gleich 2, 3, 4, 6, 8 oder 10 Atmosphären ist?

2. Der Kolben einer Dampfmaschine hat 3 Decimeter Durchmesser, der Kolbenhub ist 9 Decimeter. Wenn nun der Kolben in 3 Secunden einen Auf- und einen Niedergang vollendet, und die Spannkraft des Dampfes, welche

ihn treibt, gleich dem Druck von 4 Atmosphären ist; wie viel Kilogrammometer nutzbare Arbeit vollbringt dann die Maschine in 1 Minute? Wie viel Pferdekräften ist die Maschine unter den genannten Umständen gleichzusetzen? (1 Pferdekraft gleich 75 Kilogrammometer pr. Secunde.)

3. Wie viel Kilogramm Wasser consumirt eine Dampfmaschine von 10 Pferdekräften (nutzbarer Arbeit) während einer Stunde, wenn der Dampf, welcher den Kolben treibt, eine Spannkraft von 6 Atmosphären hat?

4. Die Gleichungen (1) und (2) sind mit Zugrundelegung des neuen französischen Maß- und Gewichtssystems entwickelt worden; man entwickele die entsprechenden Formeln für Fußmaß und Pfundgewicht.

Gehen wir nun zur Berechnung des Effectes solcher Dampfmaschinen über, welche mit Expansion arbeiten.

Es bezeichne

Q wie vorher den Querschnitt des Kolbens,

p den Druck, welchen der Dampf bis zum Momente der Absperrung des Dampfes gegen den Kolben ausübt, und

L den Theil des Kolbenhubes, welchen der Kolben mit vollem Dampfdruck zurücklegt,

so ist die Kraftquantität, welche von Beginn eines Kolbenschlages bis zum Moment der Absperrung des Dampfes entwickelt wird, gleich

$$10{,}33\, p\, Q\, L \text{ Kilogrammometer} \quad \ldots \ldots \quad (3)$$

Die Arbeit, welche der Dampf im Kolben nun noch verrichtet, nachdem ein weiterer Dampfzufluß abgesperrt ist und der im Cylinder schon vorhandene Dampf sich bis zu Ende des Kolbenschlages expandirt, läßt sich annähernd wenigstens nach folgender Betrachtung ableiten:

Denken wir uns den ganzen Weg, welchen der Kolben noch nach der Absperrung des Dampfes zu durchlaufen hat, in lauter gleiche Theile getheilt, von denen jeder gleich ist dem 10ten Theile des mit vollem Dampfdruck durchlaufenen Weges, also gleich $^1/_{10}\, L$, so können wir ohne merklichen Fehler annehmen, daß die Größe des Dampfdruckes unverändert bleibt, während der Kolben eine solche Abtheilung durchläuft, daß er nur von einer Abtheilung zur anderen abnehme.

Im Moment der Absperrung ist die Spannkraft des Dampfes gleich p und mit diesem Dampfdruck wird das nächste kleine Wegstück von $^1/_{10}\, L$ Länge durchlaufen, die dabei verrichtete Arbeit ist also

$$10{,}33\, ^1/_{10}\, L\, Q\, p.$$

Nun aber füllt der Dampf, welcher im Moment der Absperrung 10 Raumtheile einnahm, 11 solcher Raumtheile aus, die Spannkraft des Dampfes ist also nur noch $^{10}/_{11}\, p$, und mit dieser Spannkraft wird der Kolben auf der nächsten Abtheilung fortgedrückt; die dabei geleistete Arbeit ist also

$$10{,}33\, ^1/_{10}\, L\, Q\, p \cdot {}^{10}/_{11}.$$

Der Dampf, welcher im Moment der Absperrung 10 Raumtheile einnahm, füllt aber jetzt 12 derselben aus, seine Spannkraft ist also nur noch $^{10}/_{12}\, p$,

Veränderung des Aggregatzustandes.

und die mechanische Arbeit, welche der Dampf leistet, während er den Kolben mit der Spannkraft $^{10}/_{12}\,p$ durch die nächste Abtheilung hindurchdrückt, ist
$$^{1}/_{10}\,L\,Q\,p\cdot {}^{10}/_{12}.$$

Auf diese Weise kann man fortschließen, daß die mechanische Arbeit, welche der sich expandirende Dampf verrichtet, während der Kolben die folgenden Abtheilungen durchläuft, sein wird
$10{,}33\,^{1}/_{10}\,L\,Q\,p\,^{10}/_{13}$; $10{,}33\,^{1}/_{10}\,L\,Q\,p\,^{10}/_{14}$; $10{,}33\,^{1}/_{10}\,L\,Q\,p\,^{10}/_{15}$ u. s. w.

Die während der Expansion des Dampfes geleistete Arbeit ist also
$$10{,}33\,^{1}/_{10}\,L\,Q\,p\left(1 + {}^{10}/_{11} + {}^{10}/_{12} + {}^{10}/_{13} + \cdots \frac{10}{a-1}\right)$$
oder
$$10{,}33\,L\,Q\,p\left(^{1}/_{10} + {}^{1}/_{11} + {}^{1}/_{12} + {}^{1}/_{13} + \cdots \frac{1}{a-1}\right)\quad\ldots\,(4)$$

wenn wir mit a die Anzahl der besprochenen Abtheilungen bezeichnen, welche der Kolben während der Expansion des Dampfes zu durchlaufen hat.

Bezeichnen wir die in der Klammer der Gleichung (4) stehende Summe mit N, so ist also die während der Expansion des Dampfes für einen Kolbenschlag geleistete Arbeit
$$10{,}33\,L\,Q\,p\,N\ \ldots\ldots\ldots\ldots\,(5)$$

und die Gesammtarbeit, welche der Dampf während eines Kolbenschlages leistet, die Summe der Ausdrücke bei (3) und bei (5) ist
$$10{,}33\,p\,Q\,L\,(1 + N)\ \text{Kilogrammometer.}$$

Bei n Kolbenschlägen wird also eine Kraftquantität von
$$10{,}33\,p\,n\,Q\,L\,(1 + N)\ \text{Kilogrammometern}$$

entwickelt. Wenn aber durch n Kolbenschläge gerade 1 Kilogramm Wasserdampf consumirt wird, dessen Volumen wir mit V bezeichnen wollen, so ist die durch 1 Kilogramm Wasserdampf geleistete Arbeit
$$E = 10{,}33\,p\,V\,(1 + N)\ \text{Kilogrammometer}\ \ldots\,(6)$$

Aufgaben. 5. Wie groß ist die ganze durch 1 Kilogramm Wasserdampf geleistete Arbeit in einer Expansionsmaschine, wenn der Dampf bis zur Absperrung eine Spannkraft von 5 Atmosphären hat und wenn der Dampf in der Hälfte des Kolbenhubes abgesperrt wird? (Für diesen Fall ist a im Ausdruck (4) gleich 20.)

6. Wie groß ist E, wenn $p = 6$ Atmosphären und wenn der Dampf abgesperrt wird, wenn der Kolben $^{1}/_{3}$ des ganzen Hubes zurückgelegt hat, wenn also a im Ausdrucke bei (4) gleich 30 ist?

7. Wie groß ist E, wenn $p = 6$ Atmosphären und wenn der Kolben $^{1}/_{4}$ des ganzen Hubes mit vollem Dampfdruck zurücklegt, wenn also $a = 40$ ist?

8. Wie groß ist für die in den Aufgaben 5, 6 und 7 besprochenen Fälle die nutzbare Kraft der Maschine in Pferdekräften ausgedrückt?

Die Berechnung des Effectes einer Expansionsdampfmaschine nach der eben besprochenen Weise ist ziemlich umständlich und giebt doch nur angenäherte

Resultate. Die genauere Formel, welche man nach der Theorie von Poncelet und Morin zur Berechnung des Effectes von Expansionsmaschinen anzuwenden hat, ist

$$E = 10{,}33\, p\, V \left(1 + \log nat \frac{L'}{L}\right) \text{ Kilogrammometer} \ldots \quad (7)$$

wenn mit L' die Länge des ganzen Kolbenhubes, mit L die Länge desjenigen Theils des Kolbenhubes bezeichnet wird, welcher mit vollem Dampfdruck durchlaufen wird.

Aufgaben. 9. Nach Gleichung (7) berechne man den Werth von E für die in den Aufgaben 5, 6 und 7 angegebenen Fälle.

Die Ableitung der Gleichung (7) ist ohne höhere Rechnung nicht wohl möglich; wir wollen dieselbe hier für geübtere Leser folgen lassen.

In einem bestimmten Momente nach der Absperrung habe der Kolben von Anfang des Hubes an gerechnet den Weg x zurückgelegt, so ist für diesen Augenblick die Spannkraft des Dampfes gleich

$$p\frac{L}{x},$$

wenn man mit p die Größe des Dampfdruckes bis zur Absperrung und mit L den bei vollem Dampfdruck zurückgelegten Weg bezeichnet. Mit diesem Druck wird nun der Kolben auf dem folgenden kleinen Wegstückchen dx (Wegdifferential) fortgeschoben und die dabei geleistete Arbeit ist

$$10{,}33\, Q\, p\, \frac{L}{x}\, dx.$$

Die Arbeit F, welche während der ganzen Expansion entwickelt wird, ist demnach gleich dem Integral dieses Ausdruckes für die Gränzen $x = L$ und $x = L'$, wenn wir mit L' den ganzen Kolbenhub, mit L aber den Theil des Kolbenhubes bezeichnen, welcher mit vollem Dampfdruck zurückgelegt wird; wir haben also

$$F = 10{,}33\, Q\, p\, L \int_{x=L}^{x=L'} \frac{dx}{x}$$

$$F = 10{,}33\, Q\, L\, p \cdot \log nat \frac{L'}{L}.$$

Wird hierzu die Arbeit G addirt, welche der Dampf bis zum Moment der Absperrung geleistet hat, und welche ist

$$G = 10{,}33\, Q\, L\, p,$$

so kommt

$$F + G = 10{,}33\, Q\, L\, p \left(1 + \log nat \frac{L'}{L}\right),$$

woraus sich dann nach der bereits oben durchgeführten Schlußweise für 1 Kilogramm Wasserdampf die mechanische Arbeit

$$E = 10{,}33\, p\, V \left(1 + \log nat \frac{L'}{L}\right) \text{ Kilogrammometer}$$

ergiebt, die Gleichung, welche bereits oben bei (7) aufgeführt wurde.

Veränderung des Aggregatzustandes. 253

Die Pambour'sche Theorie. Die nach der besprochenen Theorie §. 113. von Poncelet und Morin berechneten Effecte stimmen nicht mit der Erfahrung überein, sie sind entschieden zu groß, wie sich aus folgender Betrachtung entnehmen läßt.

Die Poncelet-Morin'sche Theorie nimmt an, daß bei Maschinen, welche ohne Expansion wirken, die Spannung im Cylinder der Spannung im Kessel gleich sei. Dies ist nie der Fall. Spannkraft und Temperatur des Dampfes im Cylinder sind stets geringer als im Kessel. Je mehr der Kolben belastet, je langsamer also seine Bewegung ist, desto mehr nähern sich Spannkraft und Temperatur im Cylinder den entsprechenden Größen im Kessel; je rascher aber der Kolben läuft, um so mehr bleibt Spannkraft und Temperatur im Cylinder hinter der Spannkraft und der Temperatur im Kessel zurück.

Die Spannkraft des Dampfes im Cylinder läßt sich leicht aus dem Volumen ermitteln, welches der Kolben beschreibt, während 1 Kilogramm Wasser durch die Maschine verzehrt wird.

Es sei z. B. die Spannkraft des Dampfes im Kessel gleich 4 Atmosphären, so ist die entsprechende Temperatur 145° C., und das Volumen, welches unter diesen Umständen 1 Kilogramm Wasserdampf einnimmt, ist 474 Kubikdecimeter. (Siehe Aufgabe 3 in §. 110.)

Nehmen wir nun aber an, daß der Kolben einen Raum von 894 Kubikdecimetern beschrieben habe, während im Kessel 1 Kilogramm Wasser verdampft worden ist, so nimmt 1 Kilogramm Wasserdampf von der Spannkraft und Dichtigkeit, wie er sich im Cylinder befindet, einen Raum von 894 Kubikdecimetern ein. 894 Kubikdecimeter ist aber das Volumen von 1 Kilogramm gesättigten Wasserdampfs bei einer Spannkraft von 2 Atmosphären. Vorausgesetzt also, was die Erfahrung bestätigt, daß der Dampf als gesättigter Dampf die Maschine durchläuft, so würde sich aus dem Vorhergehenden ergeben, daß die Spannkraft des Dampfes im Cylinder nur 2 Atmosphären betragen hätte, es würde sich also für den Effect von 1 Kilogramm Wasserdampf ergeben

$$E = 10{,}33 \cdot 2 \cdot 894 = 18470 \text{ Kilogrammometer},$$

während er

$$E' = 10{,}33 \cdot 4 \cdot 474 = 19586 \text{ Kilogrammometer}$$

sein müßte, wenn der Dampf mit derselben Spannkraft im Cylinder wirkte, welche er in dem Kessel besitzt.

Noch stärker treten die Unrichtigkeiten der älteren Theorie bei solchen Maschinen vor, welche mit Expansion wirken, weil hier eben angenommen wird, daß sich der Dampf nach der Absperrung einfach nach dem Mariotte'schen Gesetze ausdehne. Nun aber nimmt während der Expansion des Dampfes auch seine Temperatur ab und seine Spannkraft sinkt deshalb in einem rascheren Verhältniß, als es bei der Entwickelung der Poncelet-Morin'schen Theorie angenommen wurde.

Die Mängel der älteren Theorie hat Pambour nachgewiesen; er hat eine neue Theorie zur Berechnung des Effectes der Dampfmaschinen aufgestellt, bei welcher die Umstände gehörig berücksichtigt werden, deren Vernachlässigung eben die ältere Theorie mangelhaft machen.

Wie nach Pambour der Effect solcher Maschinen zu berechnen sei, welche ohne Expansion wirken, haben wir zu Anfang dieses Paragraphen gesehen. Wenden wir uns nun zur Betrachtung der Expansionsmaschinen.

Zunächst nimmt Pambour an, daß der Dampf, so lange er in der Maschine wirkt, gesättigter Dampf bleibe, was schon deshalb der Fall sein muß, weil stets etwas Wasser mechanisch vom Dampfe mitgerissen wird, welches die Bildung von überhitztem Dampf verhindert. Für die Beziehungen zwischen Volumen und Spannkraft einer gegebenen Quantität gesättigten Dampfes nimmt Pambour die empirische Gleichung

$$v : v' = \frac{1}{a+p} : \frac{1}{a+p'} \quad \ldots \ldots \quad (1)$$

in welcher v und p zwei zusammengehörige Werthe von Volumen und Spannkraft des gesättigten Wasserdampfes für eine, v' und p' die entsprechenden Größen für eine andere Temperatur sind; a ist ein constanter Factor, dessen Bestimmung weiter unten näher besprochen werden soll.

Innerhalb derjenigen Gränzen, zwischen welchen Spannkraft und Volumen des Dampfes in einer Dampfmaschine variiren, schließt sich das durch Gleichung (1) ausgedrückte Gesetz hinlänglich gut den Beobachtungen an.

Das durch Gleichung (1) ausgedrückte Gesetz würde mit dem Mariotte'schen zusammenfallen, wenn a gleich Null wäre.

Bezeichnen wir nun mit p die Spannkraft des Dampfes bis zum Moment der Absperrung, und mit L den Theil des Kolbenhubes, welchen der Kolben mit vollem Dampfdruck zurücklegt; bezeichnen wir ferner mit x den Theil des Hubes, welchen der Kolben einige Zeit nach der Absperrung zurückgelegt hat, und mit p' die Spannkraft des Dampfes für diesen Moment, so hat man der Gleichung (1) entsprechend

$$L : x = \frac{1}{a+p} : \frac{1}{a+p'},$$

und daraus

$$p' = \frac{L}{x}(a+p) - a.$$

Mit dem Drucke p' wird nun das nächste Wegdifferential dx zurückgelegt und das dabei entwickelte Arbeitsdifferential ist

$$10{,}33\, p' \cdot Q\, dx,$$

wenn Q dieselbe Bedeutung hat wie im vorigen Paragraphen. Setzen wir für p' seinen obigen Werth, so kommt für das Arbeitsdifferential

$$10{,}33\, Q L\, (a+p)\, \frac{dx}{x} - 10{,}33\, a\, Q\, dx.$$

Wird dieser Ausdruck für die Gränzen $x = L$ und $x = L'$ (wo L' den ganzen Kolbenhub, L aber wie bisher den mit vollem Dampfdruck durchlaufenen

Veränderung des Aggregatzustandes. 255

Theil des Hubes bezeichnet), so erhält man für die Arbeit, welche während der Expansion des Dampfes gewonnen wird,

$$10{,}33\, Q\, L\, (a + p)\, \log\, nat\, \frac{L'}{L} - 10{,}33\, Q\, a\, (L' - L).$$

Addirt man dazu noch die Arbeit, welche bis zur Absperrung geleistet worden ist,

$$10{,}33\, p\, Q\, L,$$

so erhält man für die Arbeit eines Kolbenschlages

$$10{,}33\, Q\, \left(L\, p + L\, (a + p)\, \log\, nat\, \frac{L'}{L} - a\, (L' - L) \right)$$

oder

$$10{,}33\, Q\, \left(L\, (a + p) + L\, (a + p)\, \log\, nat\, \frac{L'}{L} - a\, L' \right),$$

oder endlich

$$10{,}33\, Q\, L\, (a + p)\, \left(1 + \log\, nat\, \frac{L'}{L} \right) - 10{,}33\, a\, Q\, L'.$$

Wenn nun in n Kolbenschlägen 1 Kilogramm Dampf verzehrt wird, so ergiebt sich für die durch 1 Kilogramm Dampf geleistete Arbeit

$$E = 10{,}33\, V\, (a + p)\, \left(1 + \log\, nat\, \frac{L'}{L} \right) - 10{,}33\, a\, V' \quad . \quad . \quad (2)$$

wenn man V für $n\, Q\, L$ und V' für $n\, Q\, L'$ setzt. Es bezeichnet aber V das Volumen von 1 Kilogramm Wasserdampf von derjenigen Dichtigkeit, welche derselbe im Cylinder bis zur Absperrung, V' aber das Volumen von 1 Kilogramm Wasserdampf von derjenigen Dichtigkeit, welche er im Cylinder zu Ende des Kolbenhubes hat.

Sind L, L' und Q bekannt, weiß man, in wie viel Kolbenschlägen 1 Kilogramm Dampf verzehrt wird, so kann man aus diesen Daten die Werthe von V und V' berechnen, welche in Gleichung (2) einzuführen sind.

Den Werth des constanten Factors a kann man auf folgende Weise ermitteln. Es sei P die Spannkraft des Dampfes im Kessel, p'' der ihm zunächst kommende Spannkraftswerth und V'' das zugehörige Volumen der Tabelle, welche als Resultat der Aufgabe 3, §. 110, erhalten wurde; in gleicher Weise sei V''' dasjenige Volumen der besagten Tabelle, welches V' zunächst liegt und p''' die dem Volumen V''' entsprechende Spannkraft, so haben wir

$$V'' : V''' = \frac{1}{a + p''} : \frac{1}{a + p'''},$$

und da in dieser Proportion alle Größen bekannt sind außer a, so läßt sich aus derselben der Werth des Factors a berechnen.

Es sei z. B. für eine Maschine, bei welcher die Absperrung erfolgt, wenn der Kolben $^1/_3$ des ganzen Hubes zurückgelegt hat, $P = 6{,}5$ Atmosphären, so ist $p'' = 6$ und $V'' = 328$. Ferner sei $V' = 970$, so ist nach der citirten Tabelle (welche man übrigens auch unter den Auflösungen zu den in diesem

256 Fünftes Buch. Zweites Capitel.

Supplementband gegebenen Aufgaben finden wird), $V'''' = 894$ und $p''' = 2$, wir haben also

$$328 : 894 = \frac{1}{a+6} : \frac{1}{a+2},$$

und daraus
$$a = 0{,}317.$$

Nachdem a bekannt ist, läßt sich auch p berechnen, da ja der Werth von V durch die Expansionsverhältnisse bestimmt ist. Man hat zur Bestimmung von p die Gleichung

$$V : V''' = \frac{1}{a+p} : \frac{1}{a+p'''},$$

in welcher alle Größen außer p bekannt sind.

Für obiges Beispiel ist $V = 1/_3\, V'$, also $= 323$. Wird dieser Werth von V nebst den schon bekannten Zahlenwerthen für V''', a und p''' in die letzte Gleichung gesetzt, so ergiebt sich

$$p = 6 \ldots$$

Demnach ergiebt sich die Arbeit, welche 1 Kilogramm Dampf in dieser Maschine verrichtet,

$E = 10{,}33 \cdot 323 \, (0{,}317 + 6)(1 + log\ nat\ ^8/_1) - 10{,}33 \cdot 0{,}317 \cdot 970$

$E = 21079 \,(1 + log\ nat\ 3) - 3170$

$E = 41096$ Kilogrammometer.

Nach der älteren Theorie würde man für E den Werth 42700 gefunden haben.

Aufgaben. 1. Wie groß ergiebt sich der Werth von E für die eben besprochene Maschine, wenn dieselbe, unter sonst gleichen Umständen, so weit entlastet wird, daß der Raum V', welchen der Kolben während der Comsumtion von 1 Kilogramm Wasserdampf beschreibt, gleich 1700 Kubikdecimeter ist?

2. Welches ist der kleinste Werth, welchen V' für diese Maschine möglicher Weise haben kann, und welches ist der ihm entsprechende Werth von E?

3. Eine Dampfmaschine ist so construirt, daß der Dampf abgesperrt wird, wenn der Kolben $^1/_4$ des Hubes zurückgelegt hat, daß also $\dfrac{L'}{L} = 4$. Die Spannkraft des Dampfes im Kessel betrage 7,5 Atmosphären, das Volumen V'' aber, welches der Kolben während der Consumtion von 1 Kilogramm Dampf beschreibt, sei 1200 Kubikcentimeter; wie groß ist für diese Maschine unter den angegebenen Verhältnissen der Werth von E nach der Pambour'schen und wie groß ist er nach der älteren Theorie?

4. Das Expansionsverhältniß einer Dampfmaschine sei $\dfrac{L'}{L} = 2$, V' sei gleich 950. Die Spannkraft des Dampfes im Kessel aber gleich 5 Atmosphären; wie groß ist E nach der Pambour'schen, wie groß nach der älteren Theorie?

Veränderung des Aggregatzustandes.

5. Bei der unter 3. besprochenen Maschine sei $Q = 14$ Quadratdecimeter, die ganze Länge des Kolbenhubes L' sei 9 Decimeter, und zwei Kolbenschläge (ein Aufgang und ein Niedergang) werden in einer Secunde gemacht; wie viel Pferdekräften ist die nutzbare Arbeit dieser Maschine gleichzusetzen? Wie viel Wasserdampf consumirt sie in einer Stunde?

6. Dieselben Fragen sind für die unter 4. besprochene Maschine zu beantworten, vorausgesetzt, daß $Q = 20$ Quadratdecimeter, $L' = 18$ Decimeter und daß drei Kolbenschläge in 2 Secunden gemacht werden.

NB. Bei Auflösung der beiden letzten Aufgaben ist der nach der Pambour'schen Theorie berechnete Werth von E zu Grunde zu legen.

NB. Die in diesem Paragraphen gegebenen Aufgaben können nach Gleichung (2) auch von Solchen gelöst werden, welche noch nicht genug mathematische Kenntnisse haben, um die Ableitung dieser Formel verstehen zu können.

Wir haben in den bisherigen Besprechungen über die Wirkung der Dampfmaschinen einen Umstand unberücksichtigt gelassen, welcher nothwendig mit in Rechnung gezogen werden muß, wenn es sich darum handelt, das Verhältniß des verbrauchten Wasserdampfes zum theoretischen Effect der Maschine mit größerer Genauigkeit zu bestimmen. Es wurde nämlich im Obigen stets angenommen, daß aller Dampf, welcher aus dem Kessel durch die Maschine geht, auch im Cylinder zur Wirkung komme. Dies ist nun in der That nicht der Fall. Aller Dampf, welcher die Zuleitungscanäle vom Vertheilungsschieber bis zum Cylinder füllt, entweicht beim Wechsel der Schieberstellung, ohne in den Cylinder eingetreten zu sein, in die Atmosphäre oder in den Condensator, er ist also für den Effect verloren, weshalb denn auch diese Zuleitungscanäle als **schädlicher Raum** bezeichnet werden. Will man den Einfluß des schädlichen Raumes in Rechnung ziehen, so muß man das Verhältniß seines Rauminhaltes zu dem des Cylinders kennen.

Abhängigkeit des Siedepunktes vom Drucke. Da der Siedepunkt des Wassers von dem Drucke abhängig ist, welcher auf seiner Oberfläche lastet, so ist klar, daß der Siedepunkt des Wassers auch mit den Schwankungen des Barometers variiren müsse; mit steigendem Barometer steigt der Siedepunkt des Wassers und umgekehrt.

§. 114.
(Zu S. 288 d. Gr.)

Die auf umstehender Seite folgende Tabelle enthält nach Regnault die zusammengehörigen Werthe des Siedepunktes des Wassers und des Barometerstandes.

Siedepunkt.	Barometer- stand.	Differenz.	Siedepunkt.	Barometer- stand.	Differenz.
85,0° C.	433,04mm		98,0° C.	707,26mm	
		8,58			2,56
85,5	441,62		1	709,82	
		8,72			2,57
86,0	450,34		2	712,39	
		8,87			2,58
86,5	459,21		3	714,97	
		9,01			2,59
87,0	468,22		4	717,56	
		9,16			2,59
87,5	477,38		5	720,15	
		9,31			2,60
88,0	486,69		6	722,75	
		9,46			2,60
88,5	496,15		7	725,35	
		9,61			2,61
89,0	505,76		8	727,96	
		9,77			2,62
89,5	515,53		9	730,58	
		9,92			2,63
90,0	525,45		99,0	733,21	
		10,08			2,64
90,5	535,53		1	735,85	
		10,25			2,65
91,0	545,78		2	738,50	
		10,41			2,66
91,5	556,19		3	741,16	
		10,57			2,67
92,0	566,76		4	743,83	
		10,74			2,67
92,5	577,50		5	746,50	
		10,91			2,68
93,0	588,41		6	749,18	
		11,08			2,69
93,5	599,49		7	751,87	
		11,25			2,70
94,0	610,74		8	754,57	
		11,43			2,71
94,5	622,17		9	757,28	
		11,61			2,72
95,0	633,78		100,0	760,00	
		11,79			2,73
95,5	645,57		1	762,73	
		11,97			2,73
96,0	657,54		2	765,46	
		12,15			2,74
96,5	669,69		3	768,20	
		12,34			2,75
97,0	682,03		4	771,95	
		12,53			2,76
97,5	694,56		5	773,71	
			101,0	787,63	

Man sieht aus dieser Tabelle, daß in der Nähe des Barometerstandes von 760 Millimeter im Durchschnitt einem Fallen des Barometers um 2,7 Millimeter eine Senkung des Siedepunktes um $^1/_{10}$ Grad Celsius entspricht, daß also das Barometer nahezu um 1 Pariser Linie fallen muß, wenn der Siedepunkt des Wassers um $^1/_{10}$° C. sinken soll.

Der Siedepunkt unserer Thermometer soll diejenige Temperatur angeben, bei welcher das Wasser siedet, wenn der Barometerstand 760 Millimeter beträgt.

Daraus ergiebt sich denn auch, daß man bei der Construction genauer Thermometer eine Correction des Siedepunktes anbringen muß, wenn man denselben bei einem anderen als dem normalen Barometerstande markirt hat.

Veränderung des Aggregatzustandes.

Nehmen wir z. B. an, man habe auf der Thermometerröhre den Siedepunkt markirt, als das Barometer auf 741 Millimeter stand, so ersehen wir aus obiger Tabelle, daß die entsprechende Temperatur 99,3° C. betrug, also noch um 0,7° C. unter 100° C. war.

Es sei nun der Abstand zwischen dem Gefrierpunkte und dem der Temperatur 99,3° C. entsprechenden Punkte 230 Millimeter, so ergiebt sich die Länge für 1° C. aus der Proportion
$$99,3 : 230 = 1 : x,$$
daraus
$$x = 2,3.$$

Der wahre Siedepunkt liegt aber um 0,7° C., also um 0,7 . 2,3 oder 1,6 Millimeter über dem markirten. Nachdem man nun den wahren Siedepunkt bestimmt hat, wird der Zwischenraum zwischen ihm und dem Gefrierpunkte in 100 gleiche Theile getheilt.

Aufgaben. 1. Man hat den Siedepunkt eines Thermometers bei dem Barometerstande von 749 Millimeter markirt. Der Abstand zwischen dem so markirten Siedepunkte und dem Gefrierpunkte betrage 315 Millimeter; wie viel Millimeter liegt der Punkt, welcher die Temperatur von 100° C. bezeichnen soll, über dem beobachteten Siedepunkte?

2. Als man den Siedepunkt eines Thermometers markirte, war der Barometerstand 768,2 Millimeter. Der Abstand zwischen dem markirten Siedepunkte und dem Gefrierpunkte beträgt 283 Millimeter; um wie viel Millimeter liegt der die Temperatur 100° C. bezeichnende Punkt unter dem markirten Siedepunkte?

Latente Wärme der Dämpfe. Fig. 172 stellt eine für chemische §. 115. Laboratorien sehr zweckmäßige Form eines Destillirapparates dar. Die in A (Zu §. 261 d. Gr.)

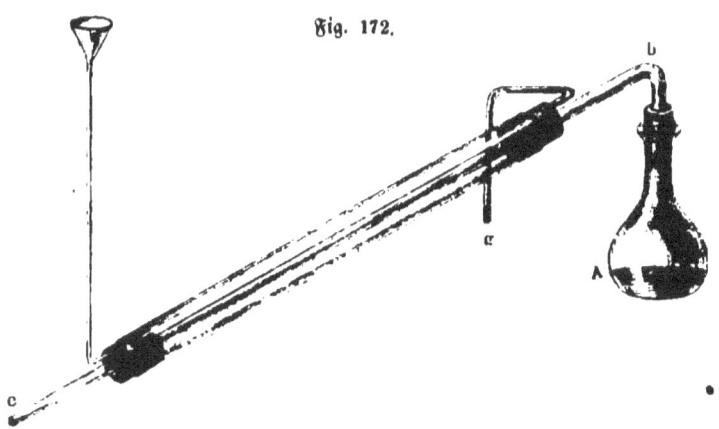

Fig. 172.

entwickelten Dämpfe entweichen durch das Glasrohr bc, dessen mittlerer Theil von einem weiteren, oben und unten durch Korke geschlossenen Glasrohre umgeben ist, welches die Stelle des Kühlgefäßes vertritt. In dieses Kühlrohr läßt man das kalte Wasser durch das Rohr d eintreten, wogegen das mehr oder minder erwärmte Wasser bei g wieder aus dem Kühlrohre austritt.

Aufgaben. 1. In dem Kühlfaß eines Destillirapparates von der Form Fig. 173 sind 60 Kubikdecimeter Kühlwasser enthalten, welches zu Anfang der Operation eine Temperatur von 8° C. hatte. In der Blase B befindet sich Wasser,

Fig. 173.

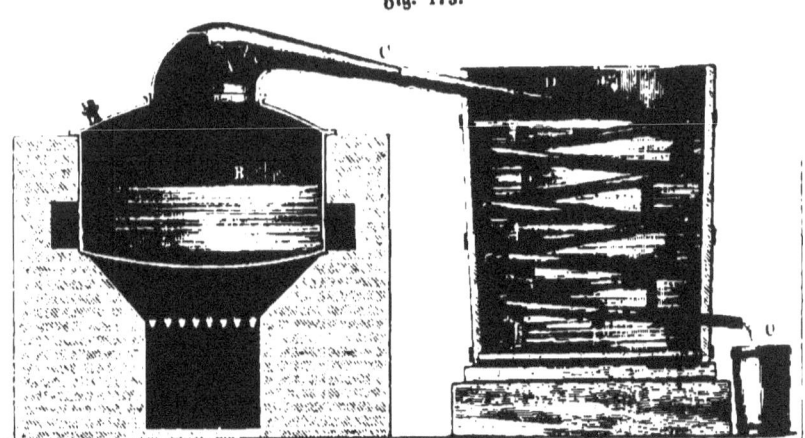

welches überdestillirt werden soll. Nachdem aus dem Kühlrohre bei O 2 Liter destillirten Wassers abgeflossen sind, findet man, daß die Temperatur des Kühlwassers auf 28,5° C. gestiegen ist. Aus diesen Daten ist die latente Wärme des Wasserdampfes zu berechnen.

2. In demselben Apparate, welcher in der ersten Aufgabe besprochen wurde, wird unter sonst ganz gleichen Umständen aus der Blase B Weingeist destillirt. Nachdem 3 Kilogramm Weingeist überdestillirt sind, ist die Temperatur der 60 Kubikdecimeter Kühlwasser von 8° C. auf 22° C. gestiegen. Wie groß ist nach diesem Versuche die latente Wärme des Weingeistdampfes?

3. Derselbe Versuch wird mit Aether wiederholt und man findet, daß die Temperatur der 60 Kilogramm Kühlwasser von 8° C. auf 17° C. gestiegen ist, nachdem 5 Kilogramm Aether überdestillirt sind. Wie groß ist danach die latente Wärme des Aetherdampfes?

(NB. Bei Auflösung dieser drei Aufgaben soll abgesehen werden von der Wärme, welche das Kühlwasser an die Umgebung verliert oder von der Umgebung etwa aufnimmt.

Bei den beiden letzten Aufgaben muß noch in Rechnung gebracht werden, daß die specifische Wärme des Alkohols und des Aethers geringer ist als die des Wassers. Wir wollen den Werth für die specifische Wärme des Aethers

Veränderung des Aggregatzustandes. 261

und des Alkohols gleich 0,5 setzen, also annehmen, daß die Wärmemenge, welche 1 Kilogramm Alkohol oder Aether bei einer Temperaturerniedrigung von 1° C. verliert, gerade hinreicht, um die Temperatur von 1 Kilogramm Wasser um 0,5° C. zu erhöhen.)

4. In einem Kühlapparate von der zu Anfang dieses Paragraphen beschriebenen Form sind 420 Gramm Kühlwasser von 10° C. enthalten. Wie hoch wird die Temperatur dieses Kühlwassers gestiegen sein, nachdem man a. 15 Gramm Wasser, oder b. 25 Gramm Weingeist, oder c. 35 Gramm Aether aus dem Gefäße A überdestillirt hat?

Beziehungen zwischen latenter Wärme und Dichtigkeit der Dämpfe. §. 116. Bezeichnen wir den Werth für die latente Wärme des Wasserdampfes mit 1, so ergeben sich folgende Werthe für die latente Wärme der übrigen Dämpfe:

	Nach Brix.	Nach Despretz.
Wasser	1	1
Alkohol	$\frac{1}{2{,}52}$	$\frac{1}{2{,}55}$
Schwefeläther	$\frac{1}{6}$	$\frac{1}{5{,}47}$
Terpentinöl	$\frac{1}{7{,}3}$	$\frac{1}{7}$

Nimmt man die Dichtigkeit des Wasserdampfes zur Einheit, so sind folgendes die Dichtigkeiten der Dämpfe der eben besprochenen Flüssigkeiten:

Wasser	1
Alkohol	2,58
Schwefeläther	4,15
Terpentinöl	8,04

Die Betrachtung dieser Zahlen zeigt, daß sich die latente Wärme der Dämpfe verschiedener Flüssigkeiten sehr nahe umgekehrt verhält wie die Dichtigkeit dieser Dämpfe. So ist der Alkoholdampf 2,58mal dichter als Wasserdampf, die latente Wärme des Alkoholdampfes ist aber 2,52- bis 2,55mal kleiner als die des Wasserdampfes. Beim Terpentinöl ist die Uebereinstimmung geringer; wenn wir jedoch für die Dichtigkeit des Terpentinöldampfes, nach Dumas, den Werth 4,76 nehmen, so ist er 7,6mal dichter als der Wasserdampf, was schon weit besser paßt. Für den Aether ist die Differenz bedeutend. Es muß vor der Hand dahingestellt bleiben, ob der Mangel an Uebereinstimmung vielleicht den Beobachtungsfehlern zugeschrieben werden muß, oder ob das angeführte Gesetz gar nicht stattfindet.

Wenn dies Gesetz richtig wäre, so würden gleiche Volumina gesättigten

Dampfes bei der Temperatur des Siedepunktes für alle Flüssigkeiten dieselbe Menge latenter Wärme enthalten.

Die bisher besprochenen Werthe für die latente Wärme der Dämpfe gelten natürlich nur für die bei der Temperatur des Siedepunktes unter einem Luftdrucke von 760 Millimeter gebildeten Dämpfe.

§. 117. Latente Wärme des Wasserdampfes bei verschiedenem Druck. Der oben besprochene Werth für die latente Wärme des Wasserdampfes gilt nur bei einem Drucke von 760 Millimeter.

Watt nahm an, daß die Wärmemenge, welche man einem Kilogramm flüssigen Wassers von 0° zuführen muß, um es in Dampf zu verwandeln, stets dieselbe sei, welches auch die Spannkraft des gesättigten Dampfes sein mag, daß also stets dieselbe Summe erhalten werden müsse, wenn man zur latenten Wärme des gesättigten Dampfes seine Temperatur addirt. Demnach wäre

für die Temperatur	die latente Wärme des gesättigten Dampfes
0° C.	640
50	590
100	540
200	440

Dieses Gesetz darf indeß nur als eine Hypothese des berühmten Mechanikers betrachtet werden, da Watt es nicht auf directe Versuche gründete. Er hatte nur einen einzigen Versuch unter geringerem Druck als dem einer Atmosphäre angestellt, dessen Mangelhaftigkeit er selbst zugiebt.

Southern stellte über den fraglichen Gegenstand Versuche an, nach welchen die latente Wärme des gesättigten Wasserdampfes für alle Spannkräfte dieselbe war.

Die Beobachtungen, welche Pambour an Locomotiven anstellte, ließen sich zwar mit dem Watt'schen, aber nicht mit dem Southern'schen Gesetz in Uebereinstimmung bringen.

Endlich hat Regnault, welcher sich schon so viele Verdienste um die Wärmelehre erworben hat, auch über diesen Gegenstand gründliche Untersuchungen angestellt, welche zeigten, daß weder das Watt'sche noch das Southern'sche Gesetz richtig sei, daß sich aber letzteres weit mehr von der Wahrheit entfernt als ersteres.

Regnault's zahlreiche Versuche über die latente Wärme des gesättigten Wasserdampfes gehen von 5° bis zu 195° C. Die Resultate derselben lassen sich sehr gut durch die Formel
$$\lambda = 606{,}5 + 0{,}305\, t$$
ausdrücken, wenn λ die Gesammtwärme des gesättigten Wasserdampfes und t die nach dem hunderttheiligen Thermometer gemessene Temperatur bezeichnet. Nach dieser Gleichung ist die folgende Tabelle berechnet.

Veränderung des Aggregatzustandes. 263

Temperatur	Gesammt-wärme
des gesättigten Wasserdampfes	
0°	606,5
20	612,6
40	618,7
60	624,8
80	630,9
100	637,0
120	643,1
140	649,2
160	655,3
180	661,4
200	667,5
220	678,6

(Pogg. Annal. Bd. LXXVIII.)

Drittes Capitel.

Die specifische Wärme.

Numerische Werthe der specifischen Wärme einiger Körper. §. 118. Den zahlreichen Bestimmungen der specifischen Wärme einfacher und zusammengesetzter Körper entnehmen wir die folgenden: (zu §§. 263 u. 264 d. Gr.)

Einfache Körper

Namen der Substanz	Specifische Wärme s	Atomgewicht a	$a \cdot s$
Eisen	0,11379	329,21	38,597
Zink	0,09555	403,23	38,526
Kupfer	0,09515	395,70	37,849
Silber	0,05701	675,80	38,527
Quecksilber	0,0330	1250,00	41,250
Blei	0,03140	1294,5	40,647
Zinn	0,05623	735,29	41,345
Platin	0,03243	1233,5	39,993
Schwefel	0,20259	200,00	40,518

264 Fünftes Buch. Drittes Capitel.

Die specifische Wärme des Kohlenstoffs ändert sich bedeutend mit dem Dichtigkeitszustande. Regnault fand für

  Holzkohle 0,2415
  Steinkohle 0,2009
  Diamant 0,1469

Für die specifische Wärme einiger Flüssigkeiten fand Regnault folgende Werthe:

  Terpentinöl 0,423
  Alkohol, specif. Gewicht 0,807 . . . 0,602
   » » » 0,833 . . . 0,665
   » » » 0,902 . . . 0,843
   » » » 0,932 . . . 0,968
  Benzol 0,386
  Aether 0,521
  Schwefelkohlenstoff 0,218

Aufgaben. 1. Wie viel Wärmeeinheiten (1 Wärmeeinheit = 1 Calorie, gleich der Wärmemenge, welche nöthig ist, um die Temperatur von 1 Gramm Wasser um 1° C. zu erhöhen) sind nöthig, um die Temperatur von 793 Gramm Quecksilber um 45° C. zu erhöhen?

2. Wie viel Wärmeeinheiten sind erforderlich, um 60 Kilogramm Eisen von 10° C. auf 150° C. zu erwärmen?

3. Wie viel Calorien müssen einer Masse von 1523 Gramm Weingeist (specif. Gewicht 0,833) zugeführt werden, wenn seine Temperatur von 15° C. bis auf 63° C. erhöht werden soll?

4. In 180 Gramm Wasser von 19° C. werden einige Stückchen Eisen eingetaucht, welche zusammen 60 Gramm wiegen und welche auf 100° C. erwärmt waren. Nach vollständiger Ausgleichung der Temperatur findet man, daß die des Kühlwassers auf 22° C. gestiegen ist; wie groß wäre nach diesem Versuche die specifische Wärme des Eisens?

(Nach der Gleichung $c = \dfrac{m\,t}{m'\,t'}$, Grundriß Seite 490, ist $t = 22 - 19$ und $t' = 100 - 22$.)

5. Um die specifische Wärme des Quecksilbers zu ermitteln, wurden 80 Gramm dieses Metalls auf 98° C. erwärmt, in 112 Gramm Wasser von 10° C. gegossen, welches in einem Glaskolben enthalten war. Nach gehörigem Schütteln fand man, daß die Temperatur des Kühlwassers auf 12° C. gestiegen war. Wie groß ist nach diesem Versuch die specifische Wärme des Quecksilbers? (Ohne Rücksicht auf die Wärmezunahme des Glasgefäßes zu nehmen.)

6. Um die specifische Wärme des Benzols zu finden, wurde folgender Versuch angestellt. 43,5 Gramm Benzol von 65° C. wurden in ein Kölbchen gegossen, welches 100 Gramm Wasser von 8° C. enthielt. Nach tüchtigem Schütteln war die Temperatur der Mischung 15,5° C. Aus diesen Daten soll die specifische Wärme des Benzols berechnet werden.

Die specifische Wärme.

7. Ein ganz ähnlicher Versuch wurde zur Bestimmung der specifischen Wärme des **Weingeistes** angestellt. 84 Gramm Weingeist von 0,84 specifischem Gewicht wurden auf 53^0 C. erwärmt, in 250 Gramm Wasser von $3\frac{1}{4}{}^0$C. gegossen. Nachdem die Mischung rasch mit einem Glasstäbchen umgerührt worden war, fand man die Temperatur der Mischung gleich $19,5^0$ C.

Wollte man nach diesen Angaben die specifische Wärme des Weingeistes ohne Weiteres nach der zur Lösung der Aufgabe 6. angewandten Methode berechnen, so würde man ein bedeutend unrichtiges Resultat erhalten, denn die Temperaturerhöhung des Kühlwassers auf $19,5^0$ C. rührt nicht allein von der Abkühlung des Weingeistes her.

Es ist bekannt, daß beim Mischen von Wasser und Weingeist stets eine Contraction eintritt, und eine solche Contraction ist stets von einer Temperaturerhöhung begleitet. Um die aus dieser Quelle stammende Temperaturerhöhung zu bestimmen, wurden 84 Gramm des obigen Weingeistes von 4^0 C. in 250 Gramm Wasser von der gleichen Temperatur gegossen; nach gehörigem Umrühren mit einem Glasstäbchen war die Temperatur der Mischung auf 11^0 C. gestiegen. Der Contraction, welche bei einer Mischung von Wasser und Weingeist in den obigen Verhältnissen eintritt, hat man also eine Temperaturerhöhung von 7^0 C. beizumessen. Ohne die aus dieser Quelle stammende Temperaturerhöhung würde also, wenn man 84 Gramm Weingeist von 53^0 C. in 250 Gramm Wasser von $3\frac{1}{4}{}^0$ C. gießt, die Temperatur der Mischung nur auf $19,25 - 7$, also auf $12,25^0$ C. steigen, und diese letztere Zahl ist bei der Berechnung der specifischen Wärme des Weingeistes in Rechnung zu nehmen.

8. Es werden 250 Gramm Wasser von 5^0 C. und 250 Gramm Terpentinöl von 50^0 C. zusammengeschüttelt. Welches wird die Temperatur des Gemenges sein?

9. In einer Masse von 500 Gramm Wasser von 10^0 C. wird eine 83 Gramm schwere, auf eine Temperatur von 340^0 C. erwärmte eiserne Kugel eingetaucht. Wie hoch wird die Temperatur des Kühlwassers nach vollständiger Abkühlung der Kugel sein?

10. Eine 200 Gramm schwere **Platinkugel** war in dem Feuer eines Ofens stark erhitzt und dann in einer Wassermasse von 1000 Gramm abgelöscht worden; in Folge davon stieg aber die Temperatur des Wassers von 13^0 auf 20^0 C. Wie hoch war demnach die Temperatur der Platinkugel vor dem Eintauchen?

Zur Lösung dieser Aufgabe muß natürlich die specifische Wärme des Platins bekannt sein.

11. 200 Gramm geschmolzenen **Zinns** von 300^0 C. werden in 1000 Gramm Wasser von 12^0 C. gegossen. Wie hoch wird die Temperatur des Kühlwassers nach Erstarrung und vollständiger Abkühlung des Zinns gestiegen sein?

Zur Lösung dieser Aufgabe muß man die latente Wärme des geschmolzenen Zinns und die specifische Wärme dieses Metalles kennen. Erstere findet man auf Seite 452 des Grundrisses, letztere auf Seite 263 des Supplementbandes.

12. Ein Eisblock von 0°, in welchem man eine Höhlung gemacht hat, ungefähr wie Fig. 174 zeigt, befindet sich in einem Raume, dessen Temperatur noch etwas unter 0° ist, so daß ein Schmelzen des Eises durch den Einfluß der äußeren Umgebung nicht stattfinden kann. In diese Höhlung wird nun eine 200 Gramm schwere, auf 100° C. erwärmte eiserne Kugel gelegt und dann sogleich die Höhlung durch ein Eisstück zugedeckt. Nachdem die Kugel auf 0° erkaltet ist, findet sich, daß 293 Gramm Eis geschmolzen worden sind. Wie groß ist danach die specifische Wärme des Eisens?

Fig. 174.

Fünftes Capitel.

Die Quellen der Wärme.

§. 119. **Wärmeentwickelung durch mechanische Mittel.** Die Temperaturerhöhung, welche durch Compression der Luft hervorgebracht wird, hat Joule zum Gegenstande einer höchst interessanten und wichtigen Untersuchung gemacht. In ein kupfernes Behälter A von 12 Zoll Länge, $136^{1}/_{2}$ Kubikzoll Inhalt und $^{1}/_{4}$ Zoll Wanddicke wurde in ähnlicher Weise wie in den Kolben einer Windbüchse durch eine aufgeschraubte Druckpumpe Luft eingepreßt und zwar bis dieselbe nahezu eine Spannkraft von 22 Atmosphären erreicht hatte. Während dieser Operation war nun das kupferne Behälter A sammt der Druckpumpe in ein Gefäß eingetaucht, welches 45 Pfund 3 Unzen Wasser enthielt. Durch 300 Kolbenstöße wurde die Luft im Gefäße von 1 bis 21,654 Atmosphären verdichtet und dabei so viel Wärme entwickelt, daß die Temperatur des Kühlwassers um 0,643° F. stieg. Diese Temperaturerhöhung rührt aber nicht allein von der Compression der Luft, sondern auch von der Kolbenreibung her. Um letztere zu eliminiren, wurde das Rohr, durch welches die Luft eingetreten war, verschlossen, und nun fand sich, daß durch 300 Kolbenstöße, welche jetzt

Die Quellen der Wärme. 267

nicht von einer Compression der Luft im Behälter begleitet waren, die Temperatur des Kühlwassers um 0,297° F. erhöht wurde. Auf Rechnung der Compression der Luft kommt also beim ersten Versuch eine Temperaturerhöhung von 0,346° F.

Nach Vornahme der nöthigen Reductionen und Correctionen ergab sich nun, daß durch das Zusammenpressen von 2956 Kubikzoll trockener Luft von atmosphärischer Dichtigkeit in einem Raume von 136,5 Kubikzoll so viel Wärme entwickelt wurde, als nöthig, um das Gewicht von 1 Pfd. Wasser um 13,628° F. zu erwärmen. Es ist dies gleich der Wärmemenge, welche nöthig ist, um die Temperatur von 3437 Gramm Wasser um 1° C. zu erhöhen.

Suchen wir nun die mechanische Kraft zu bestimmen, welche erforderlich ist, um 2956 Kubikzoll Luft von atmosphärischer Dichtigkeit bis zu einer 21,654fachen Dichtigkeit zu comprimiren. Zu diesem Zwecke wollen wir uns die genannte Luftmenge in einer 21,654 Fuß langen Röhre ab, Fig. 175, von solchem Querschnitt (11,376 Quadratzoll) enthalten denken, daß der Inhalt eines 1 Fuß langen Stückes dieser Röhre dem Inhalte des Gefäßes A gleich ist

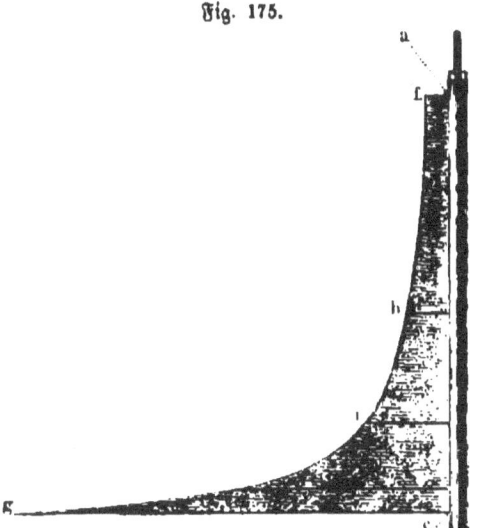

Fig. 175.

(136,5 Kubikzoll), so wird offenbar die besagte Compression erfolgen, wenn man einen Kolben von dem oberen Ende a bis zu dem Punkte c heruntertreibt, welcher noch 1 Fuß hoch über dem Boden der Röhre steht. Werden nun an verschiedenen Stellen des Rohres rechtwinklig zu seiner Axe Linien gezogen, deren Länge stets dem Drucke proportional ist, unter welchem die eingeschlossene Luft steht, wenn der Kolben bis zu dieser Stelle herabgedrückt ist (die Linie cg muß also 21,654mal so groß sein als af), so ist die Curve fhg, welche die Endpunkte dieser Linien verbindet, ein Stück einer gleichseitigen Hyperbel, und der hyperbolische Flächenraum $acghf$ stellt dann die Kraft dar, welche verwendet werden muß, um den Kolben von a bis c herabzudrücken. Bezeichnen wir gc mit y, bc mit x und ba mit x', so ist der fragliche Flächeninhalt

$$H = x \cdot y \cdot \log nat \frac{x'}{x},$$

und wenn $x = 1$,
$$H = y \log \text{nat } x'$$
oder
$$H = 2{,}3026 \cdot y \cdot \log x' \quad \ldots \ldots \ldots \text{(1}$$

wenn log gewöhnliche, auf die Basis 10 sich beziehende Logarithmen bezeichnet. Bei Anstellung der Versuche war der Barometerstand 30,2 englische Zoll, das macht auf den Querschnitt unserer Röhre 168,5 Pfund. Die Linie fa repräsentirt uns also den Druck 168,5, gc aber den Druck $21{,}654 \times 168{,}5 = 3648{,}7$. Setzen wir nun in Gleichung (1) $x' = 21{,}654$ und $y = 3648{,}7$, so kommt

$$H = 2{,}3026 \times 3648{,}7 \log 21{,}654 = 11220 \text{ Fußpfund}$$

als der Kraftaufwand, welcher nöthig ist, um 2956 Kubikzoll Luft von atmosphärischer Dichtigkeit auf einen 21,654mal kleineren Raum zusammenzupressen, wobei, wie wir gesehen haben, 3437 Wärmeeinheiten entwickelt werden.

Diesen Versuchen zufolge sind also 3437 Wärmeeinheiten das thermische Aequivalent für einen Kraftaufwand von 11220 Fußpfund oder 1552 Kilogrammometer. Um 1 Wärmeeinheit durch Compression der Luft zu erzeugen, ist demnach ein Kraftaufwand von 0,451 Kilogrammometern nöthig.

Um die Wärmebindung zu messen, welche beim Ausströmen comprimirter Luft erfolgt, wurde das Gefäß A, nachdem in ihm die Luft bis auf 22 Atmosphären comprimirt war, in ein Wasserbehälter eingesetzt, welches 21 Pfund Wasser enthielt. Als nun die comprimirte Luft durch ein Bleirohr aus dem Gefäße A ausströmte, wurde die Temperatur des umgebenden Wassers um 4,1° F. erniedrigt. Mit Berücksichtigung aller nothwendigen Correctionen berechnet sich hieraus, daß die Wärmemenge, welche beim Ausströmen der Luft aus dem Gefäße A verschwindet, ungefähr eben so groß ist, wie die, welche durch die Compression der Luft in dem Gefäße A entwickelt wird.

Bei diesem Versuche hatte die ausströmende Luft den Widerstand der Atmosphäre zu überwinden, also eine mechanische Arbeit zu verrichten.

Bei einer anderen Versuchsreihe wurde an das Behälter A, in welchem Luft bis auf 22 Atmosphären zusammengepreßt war, ein gleich großes luftleer gemachtes Gefäß B mittelst eines kurzen Metallrohres angeschraubt, und nachdem beide Gefäße A und B in ein und dasselbe $16\frac{1}{2}$ Pfund Wasser haltende Behälter eingesetzt worden waren, ein passend construirter Hahn geöffnet, so daß die Hälfte der in A comprimirten Luft nach B überströmen konnte.

Bei diesem Vorgange wurde keine Temperaturveränderung in dem die Gefäße A und B umgebenden Wasser beobachtet, woraus Joule den Schluß zieht, daß keine Temperaturveränderung eintritt, wenn sich Luft in der Weise ausdehnt, daß sie keine mechanische Kraft erzeugt.

Als die beiden Behälter A und B in getrennte Wassergefäße gesetzt wurden, ergab sich in dem Gefäße, welches das Behälter A enthielt, aus welchem die comprimirte Luft ausströmte, eine Temperaturerniedrigung von 2,36° F., während das Wasser, welches das Behälter B umgab, in welches die Luft einströmte, eine fast gleiche Temperaturerhöhung erhielt.

Die Quellen der Wärme. 269

Wärmeentwickelung durch Reibung. Auch feste Körper können §. 120. durch kräftige Compression bedeutend erhitzt werden, wie man dies beim Hämmern der Metalle und beim Prägen der Münzen beobachten kann; unter allen mechanischen Mitteln, Wärme zu erzeugen, ist aber keines von größerer Bedeutung als die Reibung, denn die Reibung ist es, welche man fast durchgängig benutzt, um sich Feuer zu verschaffen.

Es ist bekannt, daß die Wilden die Reibung zweier Holzstücke benutzen, um Feuer zu machen; Fig. 176 zeigt z. B. eine Vorrichtung, deren sich die

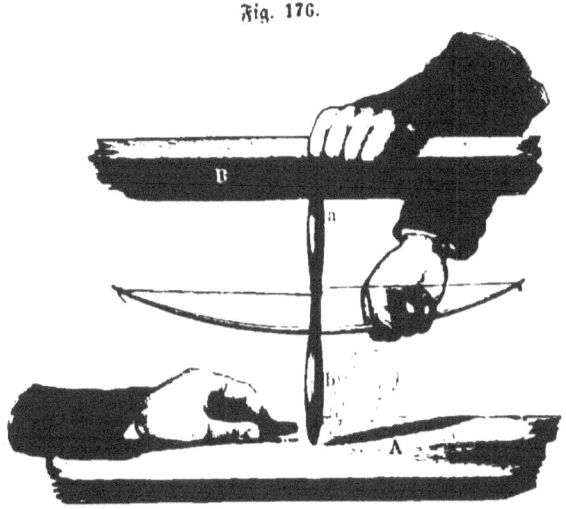

Fig. 176.

Dacota-Indianer zu diesem Zwecke bedienen. Ein ungefähr 6 Zoll langer, an beiden Enden etwas zugespitzter Stab ab von hartem trockenen Holz wird in eine kleine Vertiefung des Brettes A eingesetzt, auf das obere Ende das Brett B aufgedrückt und dann auf die aus der Figur ersichtliche Weise der Stab in rasche Drehung versetzt. Sobald sich Feuer zeigt, nähert eine zweite Person ein Stück Feuerschwamm, um dasselbe zu entzünden.

Das Feuermachen mit Stahl und Stein beruht gleichfalls nur auf der Anwendung der durch Reiben entwickelten Wärme, welche hinreicht, um einzelne abgerissene Stahlpartikelchen zum Glühen zu erhitzen, und die jetzt allgemein verbreiteten Streichzündhölzchen werden ebenfalls durch die Wärme entzündet, welche schon durch eine gelinde Reibung der Zündmasse entwickelt wird.

Die ersten wissenschaftlichen Versuche über die Entwickelung von Wärme durch Reibung sind wohl die, welche Graf Rumford in der Kanonenbohrerei zu München anstellte (Gilbert's Ann. XII, S. 554). Damit die Mündung der Kanone, welche beim Gusse oben ist, nicht porös werde, gießt man noch ein cylindrisches massives Metallstück darauf, welches man den verlorenen Kopf nennt. Aus dem verlorenen Kopfe eines metallenen Sechspfünders ließ

Rumford einen 9,8 Zoll langen und 7,75 Zoll dicken Cylinder drehen, welcher mit der Kanone nur noch durch einen kleinen Hals zusammenhing. Bei einem der von Rumford angestellten Versuche befand sich dieser Cylinder (dessen Axe gleich der Axe der Kanone und dem Bohrer, wie gewöhnlich, horizontal lag) in der Mitte eines hölzernen oben offenen Kastens; durch die eine Seitenwand des Kastens ging der erwähnte Hals wasserdicht hindurch, aber so, daß er sich darin drehen konnte. In der gegenüberstehenden Wand war die eiserne Bohrstange befestigt. In den Kasten wurden 18³/₄ Pfund Wasser gegossen. Die Umdrehung der Kanone und des mit Wasser umgebenen Cylinders, also auch die damit verbundene Bohrung des letzteren wurde durch Pferdekraft bewerkstelligt. Bei 32 Umdrehungen in der Minute war die Temperatur des Wassers nach 1 Stunde auf 41° C., nach 1½ Stunden auf 61° C., nach 2 Stunden auf 81° C. gestiegen, um 2½ Stunden nach Beginn des Versuches zum Erstaunen aller Umstehenden wirklich ins Kochen zu kommen. Zu derselben Temperatur wie das Wasser waren auch der Cylinder und die Bohrstange erwärmt. Es hatten sich während der 2½ Stunden 4145 Gran (ungefähr 17 Loth) Bohrspähnchen abgerieben.

Daß auch durch Reibung von Wasser an festen Körpern Wärme entwickelt wird, hat zuerst Mayer (1842) dargethan, indem er Wasser durch Schütteln von 12° C. auf 13° C. erwärmte (Annal. d. Chem. und Pharm. Mai 1842). Im Jahre 1843 (Phil. Mag. XXIII) machte Joule die Erscheinung bekannt, daß beim Durchgange des Wassers durch enge Röhren Wärme erzeugt wird, und zwar, daß eine mechanische Kraft von 770 Fußpfunden verbraucht wird, um die Temperatur von 1 Pfund Wasser um 1° F. zu erhöhen, woraus sich berechnen läßt, daß hier zur Erzeugung von 1 Wärmeeinheit ein Kraftaufwand von 0,421 Kilogrammometern erforderlich ist, ein Resultat, welches von dem im vorigen Paragraphen besprochenen, durch Compression der Luft erhaltenen, nicht viel verschieden ist.

Auch noch auf anderem Wege versuchte Joule das Verhältniß der durch

Fig. 177.

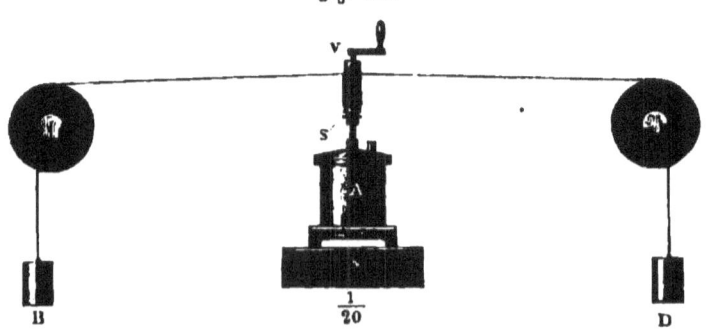

Reibung erzeugten Wärme zu der dabei aufgewendeten mechanischen Kraft zu ermitteln. In einem kupfernen Gefäße A, Fig. 177, war um eine verticale

Die Quellen der Wärme.

Axe ein Schaufelrad drehbar, dessen Einrichtung aus Fig. 178 zu ersehen ist: acht Schaufeln von Messingblech, 45° von einander abstehend, befinden sich in der Höhe h, acht andere in der Höhe g. Sie bewegen sich zwischen Metallplatten, welche an der Wand des Gefäßes befestigt sind, und von denen vier, um einen rechten Winkel von einander abstehend, sich in der Höhe von f, vier andere in der Höhe von c befinden.

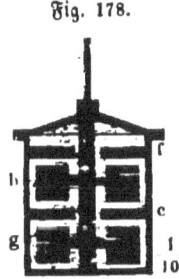

Fig. 178.

Das Gefäß A, welches auf einem Schemel von Holz stand, wurde mit Wasser gefüllt und dann die Umdrehung des Schaufelrades in der aus der Fig. 177 ersichtlichen Weise durch die Gewichte B und D bewerkstelligt, welche durch ihr Niedersinken die Axe des Schaufelrades in gleicher Richtung in Bewegung setzten und welche ungefähr eine Höhe von 63 Zoll zu durchfallen hatten. Nachdem dieselben auf dem Boden angekommen waren, wurde durch Ausziehen des Stiftes S die Verbindung der Walze V mit der Umdrehungsaxe des Schaufelrades gelöst, die Gewichte B und D wieder aufgewunden, und dann dieselbe Operation wiederholt. Nachdem dies 20mal geschehen war, wurde die Temperaturerhöhung gemessen, welche auf diese Weise im Wasser des Behälters A hervorgebracht worden war, und welche ungefähr 0,6° F. betrug.

Die zur Hervorbringung dieses Effectes verwendete mechanische Kraft ergiebt sich, wenn man die Gewichte mit dem Gesammtfallraume multiplicirt, welchen sie durchlaufen haben, wobei jedoch die Beschleunigung in Abzug zu bringen ist, mit welcher die Gewichte jedesmal am Boden ankommen.

In der erwähnten Weise hat nun Joule eine große Reihe von Versuchen angestellt, und berechnet aus ihnen, als Mittel nach Anbringung der nöthigen Correctionen, daß ein Kraftaufwand von 773,64 Fußpfund unter den erwähnten Umständen so viel Wärme entwickelt, als nöthig ist, um die Temperatur von 1 Pfund Wasser um 1° F. zu erhöhen, oder mit anderen Worten, daß 1 Wärmeeinheit das thermische Aequivalent eines mechanischen Kraftaufwandes von 0,425 Kilogrammometern ist.

Die Reibung eines eisernen Schaufelrades in Quecksilber ergab 776,3 Fußpfund, und die Reibung gußeiserner Platten an einander ergab 774,88 Fußpfund als Kraftaufwand, welcher nöthig ist, um die Temperatur von 1 Pfd. Wasser um 1° F. zu erhöhen.

Ein von diesem nicht sehr verschiedenes Resultat erhielt Joule, als er die Wärmemenge, welche in den Windungen eines Elektromagneten frei wird, wenn derselbe zwischen kräftigen Magnetpolen rotirt, mit der mechanischen Kraft verglich, welche zur Hervorbringung dieser Rotation nöthig ist (Phil. Mag. XXIII). Die in den Windungen des rotirenden Elektromagneten entwickelte Wärme wurde dadurch bestimmt, daß derselbe in der Weise in einer Glasröhre steckte, daß der Zwischenraum zwischen dem Elektromagneten und der Glaswand ein nach allen Seiten verschließbares Gefäß bildete, welches mit Wasser gefüllt wurde. Durch die bei der Rotation des Elektromagneten entwickelte Wärme wurde die Temperatur des denselben umgebenden Wassers erhöht und diese Temperaturerhöhung gemessen. — Um die mechanische Kraft bestimmen zu können, welche zur Hervorbringung der Rotation erforderlich ist, wurde um die Verlängerung der Rotationsaxe eine Schnur gewickelt und durch ein an dieser Schnur hängendes Gewicht die Umdrehung des Elektromagneten bewerkstelligt. Aus diesen Versuchen berechnete Joule, daß zur Hervorbringung einer Wärmemenge, welche 1 Pfund Wasser um $1°$ F. zu erhöhen im Stande ist, eine mechanische Kraft von 838 Fußpfund nöthig sei, also 1 Wärmeeinheit ist einem Kraftaufwande von 0,460 Kilogrammometern entsprechend.

§. 121. **Das mechanische Aequivalent der Wärme.** Die Idee, daß es zwischen mechanischer Arbeit und Wärme, wie zwischen Ursache und Wirkung, ein Aequivalent geben muß, scheint zuerst von Mayer in dem bereits im vorigen Paragraphen angeführten Aufsatz ausgesprochen worden zu sein; genaue Versuche zur Ermittelung dieses Aequivalents hat aber bis jetzt nur Joule angestellt. Als Mittel aus den in den beiden letzten Paragraphen besprochenen Versuchen ergiebt sich das Resultat, daß zur Hervorbringung von einer Wärmeeinheit auf mechanischem Wege ein Kraftaufwand von 0,436 Kilogrammometern nöthig sei.

Wie man aber durch mechanische Arbeit Wärme erzeugen kann, so ist auch umgekehrt die Wärme im Stande, mechanische Effecte hervorzubringen, wie dies z. B. die Dampfmaschine beweist, und es ist wichtig, zu ermitteln, wie groß die mechanische Arbeit sei, welche durch Verbrauch einer Wärmeeinheit geleistet werden kann.

Aus dem Betriebe einer Dampfmaschine läßt sich dies Aequivalent nicht wohl ableiten, weil hier offenbar eine große Menge Wärme verloren geht, welche dem mechanischen Effect nicht zu gute kommt; allein man kann dieses Aequivalent auf theoretischem Wege berechnen, wenn man das Verhältniß der specifischen Wärme der Gase bei constantem Druck und bei constantem Volumen, sowie den Ausdehnungs-Coëfficienten der Gase als bekannt annimmt.

1 Liter Luft von $0°$ und atmosphärischer Pressung (1,293 Gramm Luft) muß um $271°$ C. erwärmt werden, wenn bei unverändertem Volumen seine Spannkraft auf 2 Atmosphären gesteigert werden soll. Dazu sind aber nöthig:

$$271 \times 1,293 \times 0,1686 = 59 \text{ Wärmeeinheiten,}$$

da 0,1686 die specifische Wärme der Luft bei constantem Volumen ist.

Wird aber 1 Liter Luft von $0°$ und atmosphärischer Pressung bis auf $271°$ C. erwärmt, während sie sich bei constantem Druck frei ausdehnen kann, so dehnt sie sich bis zum Volumen von 2 Litern aus, und die dazu nöthige Wärmemenge ist:

$$271 \times 1,293 \times 0,2377 = 83 \text{ Wärmeeinheiten,}$$

da 0,2377 die specifische Wärme der Luft bei constantem Drucke ist.

Die Quellen der Wärme.

Die Differenz 83 — 59 = 24 Wärmeeinheiten ist also nöthig, um, abgesehen von der Temperaturerhöhung, das Gas bei constantem Druck auf das doppelte Volumen auszudehnen. Untersuchen wir nun, wie groß die dabei geleistete mechanische Arbeit ist.

Denken wir uns das besprochene Liter Luft eingeschlossen in einem hohlen Cylinder von 1 Quadratdecimeter Querschnitt und oben begränzt durch einen verschiebbaren Kolben, der sich in seiner Anfangsstellung 1 Decimeter hoch über dem festen Boden befindet. Auf diesem Kolben lastet die Atmosphäre mit einem Druck von 103,3 Kilogrammen. Soll nun die abgesperrte Luft bei unverändertem Druck auf das doppelte Volumen ausgedehnt werden, so muß sie den Kolben um 1 Decimeter (0,1 Meter) fortschieben, was einer mechanischen Arbeit von $103{,}3 \times 0{,}1 = 10{,}33$ Kilogrammometern entspricht.

Um eine mechanische Arbeit von 10,33 Kilogrammometern zu verrichten, sind also 24 Wärmeeinheiten nöthig; 1 Wärmeeinheit entspricht also einer mechanischen Arbeit von $\frac{10{,}33}{24} = 0{,}430$ Kilogrammometern, ein Resultat, welches mit dem auf dem umgekehrten Wege, nämlich durch Umsetzung mechanischer Arbeit in Wärme erhaltenen, so nahe übereinstimmt, daß wohl kein Zweifel über die vollständige Gegenseitigkeit zwischen mechanischer Arbeit und Wärme mehr stattfinden kann.

Vergleichen wir nun den mechanischen Effect, den wir mit unseren Dampfmaschinen erzielen, mit der Wärmeconsumtion, so finden wir freilich, daß nur ein sehr geringer Theil der verbrauchten Wärme dem mechanischen Effect zu gute kommt. Eine Dampfmaschine von 1 Pferdekraft leistet in 1 Stunde eine Arbeit von 27 000 Kilogrammometern. Um diesen Effect zu erhalten, müssen aber in der Stunde 15 Kilogramm Wasser im Kessel verdampft werden, wozu 810 000 Wärmeeinheiten erforderlich sind. Auf 1 Wärmeeinheit erhalten wir also mittelst der Dampfmaschine einen mechanischen Effect von 0,033 Kilogrammometern, also ungefähr nur $\frac{1}{13}$ des mechanischen Aequivalentes der Wärme.

Es erklärt sich dies vorzugsweise dadurch, daß nur ein geringer Theil der dem Wasser im Kessel zugeführten Wärme zur Hervorbringung mechanischer Effecte benutzt wird, während der größte Theil derselben als gebundene Wärme durch den entweichenden Dampf der Maschine wieder entführt wird.

Mechanische Theorie der Wärme. Zur Erklärung der Wärme- §. 122. phänomene sind zwei wesentlich verschiedene Hypothesen aufgestellt worden. Nach der ersten ist die Wärme als ein imponderabeles Fluidum zu betrachten, welches, die materiellen Moleküle gleichsam umhüllend, die Zwischenräume zwischen den Atomen mehr oder weniger erfüllt. Die Wärmeatmosphären, welche die einzelnen Atome nach dieser Ansicht umhüllen, üben eine abstoßende Wirkung auf einander aus, vermöge deren die Wärme der Cohäsion der materiellen Moleküle entgegenwirkt. Um einen Körper zu erwärmen, muß man die Menge des in ihm enthaltenen Wärmestoffes vermehren. Nach dieser Hypothese wird gewöhnlich die Lehre vom Binden der Wärme beim Schmelzen und Verdampfen, sowie vom Freiwerden der Wärme bei der Rückkehr von Dämpfen in den tropfbar-flüssigen Zustand und beim Erstarren der Flüssigkeiten vorgetragen. Den Ausdrücken »gebundene oder latente Wärme« und »freie Wärme« liegt diese Anschauungsweise zu Grunde.

In der That können wir auch bei dem gegenwärtigen Stande der Wissenschaft diese Hypothese bei der Darstellung der Wärmelehre noch nicht wohl entbehren, obgleich vielfache Thatsachen dagegen sprechen, daß es in dem oben bezeichneten Sinne einen Wärmestoff gebe und daß die Wärmeerscheinungen durch das bloße Vorhandensein der Wärmeatmosphären hervorgebracht würden.

Die intime Beziehung zwischen Licht- und Wärmestrahlen führt schon darauf hin, auch die Ursache der Wärmephänomene in Vibrationsbewegungen zu suchen. Was aber ganz besonders darauf hinweist, die Wärme als ein Phänomen der Molekularbewegung aufzufassen, ist die Wärmeproduction durch mechanische Mittel und namentlich durch Reibung.

Durch Bewegung, durch Reibung kann kein Wärmestoff erzeugt werden: woher also die bedeutende Wärmeentwickelung bei dem Rumford'schen Bohrversuch? H. Davy brachte durch Reibung zwei Eisstücke in einem luftleeren unter den Gefrierpunkt erkalteten Raume zum Schmelzen. Von einer Zuleitung der Wärme von außen kann hier so wenig wie beim Rumford'schen Versuch die Rede sein; woher soll also die zum Eisschmelzen nöthige Wärme in diesem Falle kommen, wenn sie nicht in Molekularvibrationen besteht, welche durch die Reibung angeregt wurden?

Schon Locke sagt: »Die Wärme ist eine sehr lebhafte Erschütterung der unmerkbar kleinen Theile eines Körpers, welche uns das Gefühl hervorbringt, wonach wir den Körper warm nennen; also was für unser Gefühl Wärme ist, ist in der Wirklichkeit nichts Anderes als Bewegung.« Die ersten Experimente zu Gunsten dieser Ansicht hat Graf Rumford angestellt, welcher denn auch in den bereits in §. 120 besprochenen Versuchen einen schlagenden Beweis dafür findet, daß die Wärme als Bewegungsphänomen aufzufassen sei, und ebenso schloß Humphry Davy aus der eben erwähnten durch Reibung bewirkten Schmelzung von Eis, daß die Bewegung die unmittelbare Ursache der Wärmeerscheinungen sei.

In neuester Zeit ist diese Ansicht von den ausgezeichnetsten Physikern wieder mit aller Entschiedenheit aufgenommen worden, und es steht zu hoffen, daß es bald gelingen werde, die Vibrationstheorie in der Wärmelehre eben so vollständig durchzuführen, wie in der Optik, also Ausdehnung, Schmelzung, Verdampfung, latente Wärme, specifische Wärme u. s. w. nicht allein der Art, sondern auch der Größe nach aus dieser Hypothese zu erklären.

Wenn man die Wärmeerscheinungen als Resultat einer Molekularbewegung betrachtet, so hat die Erklärung des mechanischen Aequivalents der Wärme

Die Quellen der Wärme. 275

keine Schwierigkeit mehr. Die Umwandlung mechanischer Kraft in Wärme ist dann Nichts als eine Umsetzung von Massenbewegung in Molekularbewegung, während umgekehrt die Leistung mechanischer Arbeit durch die Wärme als eine Verwandlung der Molekularbewegung in Massenbewegung aufgefaßt werden muß.

Aus der mechanischen Wärmetheorie ergiebt sich als nothwendige Folgerung, daß immer eine entsprechende Menge Wärme als solche verschwindet, sobald durch Wärme eine mechanische Arbeit verrichtet wird. Wir haben oben (Seite 273) gesehen, daß, wenn 1,293 Gramm Luft von 0° bis 271°C. erwärmt werden, und sich dabei unter dem Druck der Atmosphäre auf das doppelte Volumen ausdehnen, daß dadurch eine mechanische Arbeit von 10,33 Kilogrammometern geleistet wird. Zur Hervorbringung dieses Effectes sind aber 24 Wärmeeinheiten mehr erforderlich, als wenn man das Liter Luft bei constantem Volumen auf 271°C. erwärmt hätte. Wenn nun wirklich die 10,33 Kilogrammometer das mechanische Aequivalent für 24 Wärmeeinheiten sind, so müssen diese 24 Wärmeeinheiten auch bei Hervorbringung jener mechanischen Arbeit vollständig verbraucht sein, sie können nicht mehr in der aufs doppelte Volumen ausgedehnten Luft enthalten sein, oder mit anderen Worten: wenn 1,293 Gramm Luft bei einer Temperatur von 271°C. das Volumen von 2 Litern einnehmen, so ist in dieser Luftmasse nicht mehr Wärme enthalten, als wenn sie bei gleicher Temperatur nur den Raum von 1 Liter erfüllte.

Daraus folgt aber dann ferner, daß, wenn Luft ohne Wärmezuführung sich ausdehnen kann, ohne daß dabei eine mechanische Arbeit verrichtet wird, keine Wärmebindung erfolgen darf, wofür auch der auf Seite 268 besprochene Versuch Joule's spricht.

Die Dynamiden. Die in den letzten Paragraphen besprochenen Thatsachen drängen unwiderstehlich darauf hin, die Wärme als ein mechanisches Phänomen aufzufassen, sie als das Resultat einer Vibrationsbewegung darzustellen. Will man die Wärmeerscheinungen auf Vibrationen zurückführen, so muß man sich vor allen Dingen eine bestimmte Vorstellung über das Wesen der Materie und des Stoffes bilden, durch dessen Oscillationsbewegung man die Wärme erklären will, und muß dann von dieser möglichst bestimmt formulirten Hypothese aus die Wärmelehre zu construiren suchen. §. 123.

Derartige Versuche sind von verschiedenen Physikern gemacht worden, namentlich aber von Krönig, Clausius und Redtenbacher.

Krönig und Clausius (Pogg. Annal. XCIX. und C.) nehmen an, daß die im Verhältniß zu den Zwischenräumen verschwindend kleinen Moleküle der Gase und Dämpfe sich in gerader Linie mit constanter Geschwindigkeit fortbewegen, bis sie gegen andere Gasmoleküle oder gegen eine für sie undurchdringliche Wand stoßen. Der Druck des Gases gegen eine feste Wand hat dann seinen Grund darin, daß die Moleküle fortwährend in großer Zahl gegen die Wand fliegen und von ihr abprallen. Durch wachsende Temperatur wird die Geschwindigkeit gesteigert, mit welcher sich die Gasmoleküle bewegen, und zwar ist die Temperatur dem Quadrat dieser Geschwindigkeit proportional.

Bei den festen Körpern oscilliren die Moleküle um eine feste Gleichgewichtslage; bei den flüssigen findet zwar eine solche Gleichgewichtslage nicht mehr statt, allein die Moleküle sind doch trotz ihrer beständigen und mannigfaltigen Bewegungen an bestimmte Abstände gebunden, sie können nicht frei auseinander fahren wie bei den Gasen.

Während nun die oben genannten Gelehrten die Ursache der Wärmephänomene in einer Bewegung der Körperatome selbst suchen, betrachtet Redtenbacher die Oscillation der die Körperatome einhüllenden Aetheratome als Quelle der Wärmephänomene, wie er dies in seinem ausgezeichneten »Dynamidensystem« (Mannheim 1857) entwickelt. Er geht dabei von folgender Grundansicht über die Constitution der Materie aus:

Die Körpersubstanzen enthalten nebst den trägen und schweren Körperatomen noch den ebenfalls aus Atomen bestehenden Aether. Die Aetheratome sind gleichfalls träge, aber nicht schwer; sie sind sehr klein im Verhältniß zu den Körperatomen.

Die Körperatome ziehen sich einander an.

Die Aetheratome stoßen sich einander ab.

Zwischen den Körperatomen und den Aetheratomen findet Anziehung statt, jedoch nur auf kleine Entfernungen.

Vermöge der wechselseitigen Abstoßung der nicht schweren Aetheratome verbreitet sich der Aether in dem ganzen unendlichen Raum und durchdringt alle Körper. Durch die Körperatome angezogen muß sich der Aether um dieselben concentriren, ein jedes Körperatom ist also gleichsam von einer Aetheratmosphäre eingehüllt.

Ein Körperatom mit der dasselbe umgebenden Aetherhülle nennt Redtenbacher eine Dynamide. Eine Substanz aber, welche durch eine Gleichgewichtslagerung solcher Dynamiden besteht, nennt er ein Dynamidensystem. Fig. 179 kann das Bild einer Dynamide darstellen. Was die Gestalt derselben anlangt, so muß man zur Erklärung der Krystallisation und der damit zusammenhängenden Erscheinungen annehmen, daß die Körperatome und die Dynamiden nicht nothwendig kugelförmig sind, sondern man wird zur Erklärung bestimmter Erscheinungen irgend anders gestaltete Körperatome und Dynamiden postuliren müssen.

Im vollkommenen Gleichgewichtszustande mit sich selbst und mit den Attractivkräften der Körperatome erscheint der Aether nur als repulsives Princip, welches die Körperatome in ge-

Die Quellen der Wärme.

wissen Entfernungen und Gruppirungen erhält. In diesem Ruhezustande des Aethers sind die Körper absolut kalt. Befindet sich dagegen der Aether in den Körpern in einem Bewegungszustande, bei welchem die Aetheratome der Hüllen gegen die Kerne der Dynamiden nach normalen Richtungen schwingen, so sind die Körper erwärmt.

Die Temperatur eines Körpers hängt von dem Schwingungszustande des Aethers ab, und zwar ist sie der mittleren lebendigen Kraft des einzelnen Aetheratoms proportional und von der Dichte des Aethers in den Körpern unabhängig.

Nennen wir also ϱ die Masse eines Aetheratoms, u den wahren mittleren Werth der Schwingungsgeschwindigkeit des Aetheratoms, T die entsprechende Temperatur und k einen constanten Factor, so ist

$$kT = \varrho u^2 \quad \ldots \ldots \ldots \ldots \quad (1)$$

Um die dem Schwingungszustande entsprechende Temperatur nach Graden einer gewöhnlichen Thermometerscala auszudrücken, muß der Ausdruck (1) modificirt werden. Nennen wir t die Gradzahl des hunderttheiligen Thermometers, welche der Schwingungsgeschwindigkeit u entspricht, bezeichnen wir mit u_0 die dem Nullpunkte des Celsius'schen Thermometers entsprechende Schwingungsgeschwindigkeit, so ist

$$kt = \varrho (u^2 - u_0^2).$$

Nach dieser Ansicht kann die specifische Wärme eines Stoffes nur noch durch die Anzahl der vibrirenden Aetheratome bedingt sein, welche in der Gewichtseinheit des Stoffes enthalten sind. Die Thatsache, daß das Product der specifischen Wärme eines Körpers mit dem Atomgewicht desselben eine constante Zahl ist, erklärt sich dann ganz einfach durch die Annahme, daß die Dynamiden aller einfachen Stoffe gleich viel Aetheratome enthalten.

Bei chemischen Processen wird Aether ausgeschieden und zwar nicht in ruhendem, sondern in bewegtem Zustande, und daher rühren, nach Redtenbacher's Ansicht, die Wärme-, Licht- und Electricitätserscheinungen, von welchen die chemischen Processe begleitet sind.

Nennen wir p die Spannkraft einer abgesperrten Gasmasse bei 0^0, so ist ihre Spannkraft nach dem Mariotte-Gay-Lussac'schen Gesetz bei t^0 C. gleich $p(1 + 0{,}00365\, t)$; die Spannkraft des abgesperrten Gases wird also gleich Null, wenn $1 + 0{,}00365\, t = 0$, d. h. wenn $t = -273^0$ C. ist. Bei einer Temperatur, welche 273^0 C. unter dem Gefrierpunkte des Wassers liegt, verlieren also die Gase ihre Spannkraft, und diese Temperatur ist es, welche man als den absoluten Nullpunkt der Temperatur bezeichnet hat. Nach dem Redtenbacher'schen System ist diese Temperatur aber keine andere, als diejenige, für welche die Vibrationen der Aetheratome aufhören. Nach der Ansicht von Krönig und Clausius würde bei dieser Temperatur die Bewegung der Gasmoleküle vollständig aufhören und damit auch der Stoß der Gasmoleküle gegen die Gefäßwände und der dadurch bedingte Druck gegen dieselben verschwinden.

Ob nun die eine oder die andere dieser Ansichten die richtige ist, ob also die Wärme ein Bewegungsphänomen der Körperatome oder der Aetheratome ist, müssen zukünftige Untersuchungen lehren. Da aber die mechanische Theorie der Wärme gegenwärtig mit so großem Interesse ventilirt wird, da die ausgezeichnetsten Mathematiker und Physiker ihre Kräfte an diesem schwierigen Problem versuchen, so ist zu hoffen, daß seine Lösung nicht all zu lange auf sich warten läßt.

Als vollendet wird man eine mechanische Wärmetheorie erst dann betrachten können, wenn sich aus ihr auch das Phänomen der latenten Wärme, also der Schmelzungswärme und der Verdampfungswärme ungezwungen, nicht allein der Art, sondern auch der Größe nach ableiten läßt. Die Bindung der Wärme beim Uebergange eines Körpers aus dem festen in den flüssigen, sowie aus dem flüssigen in den gasförmigen Zustand lediglich als Bewegungsphänomen hinzustellen, ist aber meines Wissens nach nicht mit Erfolg versucht worden. Erst mit der Lösung dieser Frage dürfte der übrigens keineswegs zweifelhafte Sieg der mechanischen Wärmetheorie entschieden sein.

Schlußcapitel.

Ausgleichung der Beobachtungsfehler.

§. 124. **Beobachtungsfehler.** Alle Beobachtungen, welche wir anstellen, alle Messungen, welche wir machen, sind bei aller Sorgfalt, die wir auf Beobachtung und Messung verwenden mögen, doch mit Fehlern behaftet, welche theils von der Unvollkommenheit der sinnlichen Wahrnehmung, theils von der Fehlerhaftigkeit der gebrauchten Instrumente, theils auch von störenden äußeren Umständen herrühren, welche wir weder kennen noch sie zu beseitigen im Stande sind.

Es giebt eine Gränze der Wahrnehmbarkeit für das Auge wie für das Ohr, und dadurch schon ist eine Gränze für die Genauigkeit der Beobachtung gegeben, da Gesicht und Gehör vorzugsweise die Sinne sind, welche bei naturwissenschaftlichen Beobachtungen in Anspruch genommen werden. — Wenn wir durch künstliche Mittel die Sinne gleichsam schärfen, wie es z. B. durch das Fernrohr und das Mikroskop für das Auge geschieht, so wird dadurch die Gränze der Wahrnehmbarkeit nur weiter hinausgerückt, die Genauigkeit der Beobachtung wird erhöht, die Größe der Beobachtungsfehler wird vermindert, aber fehlerfrei sind die so erlangten Resultate doch nicht, eine absolute Genauigkeit kann man durch solche Hülfsmittel doch nicht erreichen.

Die unvermeidlichen Fehler, welche alle unsere Beobachtungen und Messungen mehr oder weniger ungenau machen, zerfallen in zwei Hauptclassen; sie sind nämlich entweder constante oder zufällige Fehler.

Constante Fehler sind solche, welche von Ursachen herrühren, die, stets in gleicher Weise wirkend, die Resultate stets nach derselben Seite hin unrichtig machen. Solche Fehlerquellen wirken also nach einem Gesetz, welches man bald mehr bald minder genau zu erforschen im Stande ist, weshalb man auch diese constanten Fehler bis zu einem gewissen Grade durch Correctionen unschädlich machen kann.

Zu den constanten Fehlern gehört unter andern die atmosphärische Refraction, welche alle gemessenen Höhenwinkel zu groß macht; Temperaturschwankungen, welche die Länge der angewandten Maßstäbe verändern; die Verschiebung des Nullpunktes an Thermometern u. s. w.

Wie diese constanten Fehler zu ermitteln und wie ihr Einfluß möglichst zu beseitigen sei, darüber lassen sich keine allgemeinen Regeln aufstellen, weil sie lediglich von der Individualität der Umstände, der Eigenthümlichkeit der gebrauchten Instrumente und der Beobachtungsmethode abhängen; es kann deshalb hier auch nicht weiter die Rede von denselben sein.

Die zufälligen oder irregulären Fehler rühren von Ursachen her, welche von einem Versuche zum anderen wechseln, welche also das Resultat bald nach der einen, bald nach der anderen Seite unrichtig machen, welche man also nicht durch Correctionen eliminiren kann, wie die constanten Fehler.

Die Quellen der zufälligen Fehler sind sowohl in äußeren störenden Ursachen, als auch in Unregelmäßigkeiten des zu beobachtenden oder zu messenden Objectes, in der Mangelhaftigkeit der sinnlichen Wahrnehmung oder auch endlich in der unvermeidlichen Ungenauigkeit der Instrumente zu suchen.

Soll z. B. mit Hülfe des Reflexionsgoniometers der Winkel zweier Krystallflächen gemessen werden, so ist die Genauigkeit der Einstellung meist dadurch begränzt, daß die Krystallflächen nicht vollkommen eben sind, daß sie also kein reines Spiegelbild geben.

Will man mit Hülfe der Sirene die Schwingungszahl eines bestimmten Tones, etwa des Tones einer Stimmgabel, bestimmen, so hat man zunächst den Ton der Sirene dem der Gabel gleich zu stimmen (Lehrbuch I, 366). Wir können es aber mit der größten Sorgfalt nicht dahin bringen, daß die beiden Töne absolut gleich sind, weil unser Ohr Differenzen der Tonhöhe über eine gewisse, von einem Individuum zum andern variirende Gränze gar nicht mehr unterscheiden kann. Man wird also die Sirene bald unmerklich zu hoch, bald unmerklich zu tief stimmen, wodurch die unvermeidlichen Schwankungen in der Bestimmung der Schwingungszahl bestimmt sind.

Wenn man das Sammelbild einer Linse auf einem Schirme auffangen will, so wird man den Schirm nie mit absoluter Genauigkeit an dem Orte feststellen können, für welchen das Bild die größte Schärfe hat; man wird den Schirm bald etwas mehr vor, bald etwas mehr zurückstellen, weil die Veränderungen in der Schärfe des Bildes für Verschiebungen des Schirmes innerhalb gewisser Gränzen ganz unmerklich sind.

Weder das Fadenkreuz im Fernrohr eines Theodoliten, noch der Gegenstand, auf welchen man dasselbe richten will, sind mathematische Linien; bei wiederholtem Einvisiren desselben Gegenstandes wird man deshalb die Axe des Fernrohres bald etwas mehr rechts, bald etwas mehr links einstellen, und in Folge dessen bei wiederholter Messung desselben Winkels mit dem Theodoliten denselben bald etwas größer, bald etwas kleiner finden.

Alle unsere Maßstäbe, Theilkreise u. s. w. sind mit unvermeidlichen zufälligen Fehlern behaftet, indem die Theilstriche, ganz abgesehen von den Fehlern, welche die namhafte Breite derselben mit sich bringt, bald etwas zu weit nach der einen, bald etwas zu weit nach der anderen Seite stehen.

§. 125. **Das arithmetische Mittel.** In Folge der im vorigen Paragraphen besprochenen zufälligen Fehler wird man nun auch für eine und dieselbe Größe stets etwas von einander verschiedene Werthe finden, wenn man sie nicht einmal, sondern wenn man sie mehrmals mißt.

Da nun aber in Folge der Natur der zufälligen Fehler anzunehmen ist, daß wiederholte Bestimmungen derselben Größe bald einen zu großen, bald einen zu kleinen Werth für dieselbe geben werden, so wird man offenbar einen der Wahrheit möglichst nahe kommenden Werth erhalten, wenn man aus den Resultaten verschiedener Messungen derselben Größe das arithmetische Mittel nimmt, d. h. wenn man alle die verschiedenen für dieselbe Größe erhaltenen Werthe addirt und in die Summe durch die Anzahl der Messungen dividirt.

Wir wollen dies durch einige Beispiele erläutern.

1. Im Jahre 1737 fand man zu Paris an verschiedenen Abenden des November und December für die Zenithdistanz des Polarsternes bei seiner oberen Culmination folgende Werthe (Maupertuis, la figure de la terre):

39° 2′ 19,5″
39 2 22,0
39 2 30,0
39 2 33,0
39 2 34,0

Wir haben hier fünf Beobachtungen für denselben Winkel, welche für Grade und Minuten vollkommen übereinstimmen und nur in Betreff der Secunden differiren. Werden die Secunden der einzelnen Beobachtungen addirt, so erhält man die Summe 138,5, also das arithmetische Mittel $\frac{138,5}{5} = 27,7''$. Der wahrscheinlichste Werth für die gesuchte Zenithdistanz ist also
39° 2′ 27,7″

Ausgleichung der Beobachtungsfehler. 281

und jedenfalls liegt dieser Werth der Wahrheit näher, als irgend einer der unmittelbar beobachteten.

2. Ein anderes, vielfach angeführtes Beispiel entnehmen wir den Versuchen, welche Benzenberg anstellte, um durch den Fall von Kugeln in tiefen Schachten einen directen Beweis für die Umdrehung der Erde um ihre Axe zu erhalten (Benzenberg, Versuche über das Gesetz des Falles u. s. w., Dortmund 1804).

Wenn sich die Erde wirklich um ihre Axe dreht, so muß die Umdrehungsgeschwindigkeit eines Punktes an der Erdoberfläche größer sein, als für einen Punkt, welcher sich in einiger Tiefe unter der Erdoberfläche befindet. Wenn man also in einem tiefen Schacht, von welchem Luftströmungen und sonstige störende Ursachen möglichst abgehalten sind, eine Kugel frei herabfallen läßt, so wird sie ihre gegen Ost gerichtete Geschwindigkeit, welche sie am Ausgangspunkte ihrer Fallbewegungen hatte, während des ganzen Falles unverändert beibehalten, sie wird also östlich von dem Punkte aufschlagen müssen, welcher vertical unter demjenigen Punkte liegt, von welchem die Kugel herabfiel.

Bei Ausführung des Versuches ergab sich nun, daß die Kugeln sowohl östlich oder westlich, als auch nördlich und südlich von dem Punkte aufschlugen, welcher vertical unter dem Ausgangspunkte der Fallbewegung lag, und in welchem die Kugel hätte auffallen müssen, wenn die Erde sich weder um ihre Axe drehte noch irgend störende Ursachen auf die fallende Kugel einwirkten.

Für 29 derartige Fallversuche, bei welchen die Fallhöhe 262 Fuß betrug, ergab sich, daß die Summe der nördlichen Abweichungen fast genau eben so groß war, wie die Summe der südlichen. Daraus geht hervor, daß diese nördlichen und südlichen Abweichungen in der That nur das Resultat zufälliger Störungen waren. Anders verhält es sich mit den Abweichungen in östlicher und westlicher Richtung, welche in der folgenden Tabelle zusammengestellt sind, in welcher $+$ eine östliche, $-$ aber eine westliche Abweichung bezeichnet.

Versuch			Versuch		
1	$-$	3,0'''	16	$-$	8,0'''
2	$+$	12,0	17	$+$	8,0
3	$+$	3,0	18	$+$	10,0
4	$+$	13,0	19	$+$	7,0
5	$+$	20,0	20	$+$	7,5
6	$-$	2,0	21	$+$	6,0
7	$+$	11,5	22	$-$	2,0
8	$-$	4,0	23	$+$	11,0
9	$+$	2,0	24	$-$	4,0
10	$+$	2,0	25	$-$	9,0
11	$+$	12,0	26	$-$	10,0
12	$+$	7,0	27	$+$	8,5
13	$+$	13,5	28	$+$	10,0
14	$+$	11,0	29	$+$	5,5
15	$+$	9,0			

282　Fünftes Buch. Schlußcapitel.

Die Summe aller positiven Abweichungen ist 189,5, die Summe aller negativen ist 42,0, folglich ergiebt sich als arithmetisches Mittel aus allen 29 Fallversuchen Benzenbergs eine östliche Abweichung

$$\frac{189{,}5 - 42}{29} = 5{,}086 \text{ Linien}.$$

In den bis jetzt betrachteten Beispielen war die zu bestimmende Größe direct gemessen und der wahrscheinlichste Werth derselben als arithmetisches Mittel der durch wiederholte Messung gefundenen Resultate erhalten worden. In der Physik kommen aber auch vielfach Fälle vor, in welchen die zu bestimmende Größe nicht direct gemessen, sondern erst aus den durch einen entsprechenden Versuch ermittelten Zahlenwerthen anderer Größen berechnet werden muß.

Ein derartiges Beispiel liefert uns die Bestimmung der Länge des Secundenpendels aus der beobachteten Schwingungsdauer verschieden langer einfacher Pendel. Bezeichnen wir mit l und t die Länge und die Schwingungsdauer eines einfachen Pendels, mit L und T die eines zweiten, so verhalten sich die Pendellängen wie die Quadrate der Schwingungszeiten, d. h. es ist

$$\frac{l}{L} = \frac{t^2}{T^2} \quad \ldots \ldots \ldots \quad (1)$$

Setzen wir $t = 1$, so ist der entsprechende Werth von l die Länge des Secundenpendels; es ergiebt sich aber für diesen Fall

$$l = \frac{L}{T^2} \quad \ldots \ldots \ldots \quad (2)$$

Nach dieser Gleichung kann man stets die Länge des Secundenpendels finden, wenn man die Länge irgend eines einfachen Pendels durch das Quadrat seiner Schwingungsdauer dividirt. Bezeichnen wir mit L', L'', L''' u. s. w. die Längen verschiedener einfacher Pendel, mit T', T'', T''' u. s. w. die entsprechenden Schwingungszeiten, so sollte streng genommen

$$\frac{L'}{T'^2} = \frac{L''}{T''^2} = \frac{L'''}{T'''^2} \text{ u. s. w.}$$

sein. Da nun aber weder die Messung der Pendellänge noch die Messung der Schwingungsdauer fehlerfrei ist, so wird auch der fragliche Quotient für verschieden lange Pendel zwar sehr nahe, aber nicht absolut gleich ausfallen und man muß aus den verschiedenen Werthen des Quotienten das arithmetische Mittel nehmen, um einen möglichst genauen Werth für die Länge des Secundenpendels zu erhalten.

Gehen wir zu einem anderen Beispiele über. Bezeichnen wir mit f die Brennweite einer Linse, mit a den Abstand eines Gegenstandes von derselben, mit b die Entfernung der Linse von dem Orte, in welchem ein scharfes Bild des Gegenstandes entsteht, so sind die Größen f, a und b durch die Gleichung

$$\frac{1}{a} = \frac{1}{f} - \frac{1}{b}$$

verknüpft, aus welcher folgt

$$f = \frac{ab}{a+b} \quad \quad \quad \quad \quad \quad (3)$$

Wenn man nun durch den Versuch für verschiedene Abstände des Objects, also für verschiedene Werthe von a die entsprechenden Werthe von b ermittelt, so werden sich für die verschiedenen zusammengehörigen Werthe von a und b zwar sehr nahe, aber nicht vollkommen gleiche Werthe von f ergeben. Eine mit einer Glaslinse angestellte Versuchsreihe ergab z. B. für die in der ersten Verticalreihe der folgenden Tabelle eingetragenen Werthe von a die daneben verzeichneten Werthe von b; und aus den zusammengehörigen Werthen von a und b ergeben sich dann nach Gleichung (3) die in der gleichen Horizontalreihe eingetragenen Werthe von f:

a	b	f
936'''	139'''	121,0'''
648	148	120,4
504	159	120,8
360	181	120,3
288	208	120,7

Nimmt man aus den fünf in der letzten Verticalreihe stehenden berechneten Werthen von f das arithmetische Mittel, so erhält man 120,64 Linien als möglichst genauen Werth für die Brennweite der fraglichen Linse.

Mittelwerthe für mehrere gleichzeitig zu bestimmende §. 126. Grössen. In allen bisher besprochenen Fällen handelt es sich nur um die Bestimmung einer einzigen Größe, sei es nun, daß dieselbe unmittelbar selbst gemessen oder aus anderen Daten berechnet werden konnte. Etwas umständlicher wird die Sache, wenn es sich um die gleichzeitige Bestimmung mehrerer Größen handelt, welche nicht unmittelbar gemessen werden können, sondern welche unter sich und mit anderen durch die Beobachtung gegebenen Größen durch ein bekanntes Gesetz verbunden sind.

Ein solches Gesetz wird stets durch eine Gleichung dargestellt zwischen den zu bestimmenden, vor der Hand noch als Unbekannte zu behandelnden Größen x, y, z u. s. w. und anderen Größen a, b, c u. s. w., deren Zahlenwerthe durch entsprechende Versuche ausgemittelt worden sind. Wenn diese Gleichungen in Beziehung auf die Unbekannten x, y, z u. s. w. vom ersten Grade sind, so lassen sie sich stets auf die Form

$$ax + by + cz \cdots + k = 0$$

284 Fünftes Buch. Schlußcapitel.

bringen, in welcher man für $a, b, c \ldots n$ die Zahlenwerthe zu setzen hat, welche sich aus einem entsprechend angestellten Versuch ergeben. Bezeichnet man mit $a', b', c' \ldots k'$ die Zahlenwerthe, welche sich aus einem ersten, mit $a'', b'', c'' \ldots k''$ die Zahlenwerthe, wie sie sich aus einem zweiten, und mit $a''', b''', c''' \ldots k'''$ die entsprechenden Zahlenwerthe, wie sie sich aus einem dritten Versuch ergeben, so haben wir die Gleichungen:

$$a' x + b' y + c' z \cdots + k = 0$$
$$a'' x + b'' y + c'' z \cdots + k' = 0$$
$$a''' x + b''' y + c''' z \cdots + k'' = 0$$

Wenn n unbekannte Größen zu bestimmen sind, muß man wenigstens n Gleichungen haben, und um diese aufstellen zu können, muß man n Versuche machen. Stellt man einen weiteren Versuch an, welcher eine weitere $n + 1$te Gleichung liefert, so würden die aus den n ersten Gleichungen erhaltenen Werthe für die n unbekannten der $n + 1$ten vollkommen Genüge leisten müssen, wenn alle Beobachtungen absolut fehlerfrei wären; in Folge der unvermeidlichen Beobachtungsfehler aber werden die Resultate der n ersten Gleichungen der $(n + 1)$ten nicht vollständig genügen.

Sind es nur zwei Unbekannte x und y, welche ermittelt werden sollen, so genügen zu ihrer Bestimmung die beiden Gleichungen:

$$a' x + b' y + k' = 0 \quad \ldots \ldots \quad (1)$$
$$a'' x + b'' y + k'' = 0 \quad \ldots \ldots \quad (2)$$

Sobald aber durch einen dritten Versuch die dritte Gleichung

$$a''' x + b''' y + k''' = 0 \quad \ldots \ldots \quad (3)$$

geliefert wird, so werden die aus den Gleichungen (1) und (2) abgeleiteten Werthe von x und y der dritten Gleichung nicht mehr ganz Genüge leisten. Die Combination der Gleichungen (1) und (3), der Gleichungen (2) und (3) wird Werthe von x und y liefern, welche von den aus (1) und (2) abgeleiteten etwas differiren.

Ein Beispiel mag dies erläutern. Nach dem Ohm'schen Gesetze ist:

$$S = \frac{E}{R + l} \quad \ldots \ldots \quad (4)$$

wenn S die Stromstärke bezeichnet, welche durch eine hydroelektrische Säule hervorgebracht wird, deren elektromotorische Kraft gleich E und deren wesentlicher Widerstand gleich R ist, wenn im Schließungsbogen ein Widerstand l eingeschaltet wurde.

In diesem Falle sind S und l die Größen, welche unmittelbar durch den Versuch ermittelt, E und R diejenigen, welche mit Hülfe der Gleichungen berechnet werden sollen; wir wollen deshalb, um die Gleichung (4) mehr auf die gewöhnliche Form zurückzuführen, x für R, y für E und a für S setzen, so geht die Gleichung (4) über in

$$a = \frac{y}{x + l}$$

Ausgleichung der Beobachtungsfehler. 285

woraus sich ergiebt:
$$ax - y + al = 0 \quad \ldots \ldots \quad (5)$$

Die Stromstärke a wird gemessen durch die Tangente des Ablenkungswinkels v, welchen der Strom in einer in den Schließungsbogen eingeschalteten Tangentenbussole hervorbringt; der Leitungswiderstand l aber wird gemessen durch die Länge eines stets gleich dicken Kupferdrahtes, welcher außer der Tangentenbussole noch in den Schließungsbogen der Tangentenbussole eingeschaltet ist und dessen Länge von einem Versuch zum andern variirt. Je größer die Länge l gemacht wird, desto kleiner wird der Ablenkungswinkel v. Die folgende Tabelle enthält die Resultate einer Versuchsreihe, welche mit einer aus sechs Daniell'schen Bechern bestehenden Säule angestellt wurden:

	l	v	a
1	0	68° 30′	2,54
2	5	63 20	1,99
3	10	58 30	1,63
4	40	39 0	0,81
5	70	28 0	0,53
6	100	21 30	0,39

Als außer den nothwendigen dicken Verbindungsdrähten kein weiterer Widerstand in den Schließungsbogen eingeschaltet war, wurde an der Tangentenbussole eine Ablenkung von 68° 30′ beobachtet, die entsprechenden Werthe von l und a sind also in diesem Versuche 0 und 2,54. Setzen wir diese Werthe für l und a in Gleichung (5), so kommt:
$$2,54 x - y = 0 \quad \ldots \ldots \quad (I)$$

Wurde nun ein dünner Kupferdraht von 5 Meter Länge in den Schließungsbogen eingeschaltet, so ging die Nadel auf 63° 20′ zurück; aus diesem zweiten Versuch ergeben sich also $l = 5$ und $a = 1,99$ als zusammengehörige Werthe des Widerstandes und der Stromstärke, und wenn man diese Werthe für l und a in Gleichung (5) setzt, so kommt:
$$1,99 x - y + 9,95 = 0 \quad \ldots \ldots \quad (II)$$

Aus einem dritten Versuch, bei welchem $l = 10$ war, ergibt sich:
$$1,63 x - y + 16,30 = 0 \quad \ldots \ldots \quad (III)$$

Die Combination der Gleichungen (I) und (II) ergiebt:
$$x = 18,1 \qquad y = 45,974 \quad \ldots \ldots \quad (A)$$

Setzt man diese Werthe von x und y in Gleichung (III), so kommt:
$$1,63 \cdot 18,1 + 16,3 - 45,974 = 45,803 - 45,974 = -0,171,$$

die aus Gleichung (I) und (II) gezogenen Werthe von x und y genügen also der Gleichung (III) nicht ganz. Durch Verbindung der beiden Gleichungen (I) und (III) findet man:

$$x = 17{,}9 \qquad y = 45{,}466 \ldots \ldots \quad \text{(B)}$$

Aus den beiden Gleichungen (II) und (III) endlich leitet man ab:

$$x = 17{,}6 \qquad y = 44{,}974 \ldots \ldots \quad \text{(C)}$$

Bleiben wir vor der Hand bei den drei ersten Versuchen der obigen Versuchsreihe stehen, indem wir die drei letzten gar nicht weiter in Betracht ziehen.

Einen Werth für x sowohl wie für y, welcher der Wahrheit jedenfalls näher liegt als die Werthe bei A, B und C, findet man nun dadurch, daß man aus den drei berechneten Werthen von x und y das arithmetische Mittel nimmt. Man findet auf diese Weise den Mittelwerth:

für x gleich 17,87
„ y „ 45,47.

Hätte man den 4ten Versuch der obigen Reihe noch mit in Betracht gezogen, so hätte dieser eine 4te Gleichung geliefert:

$$0{,}81\, x - y + 32{,}40 = 0 \ \ldots \ldots \quad \text{(IV)}$$

durch die Combination dieser 4ten Gleichung mit (I) hätte man einen 4ten Werth für x und y erhalten, einen 5ten durch die Combination von (II) und (IV), einen 6ten durch die Verbindung von (III) und (IV), und würde also unter Berücksichtigung dieser vier Versuche als wahrscheinlichsten Werth von x und y das arithmetische Mittel aus sechs einzeln berechneten Zahlenwerthen erhalten haben. Es dürfte für weniger Geübte eine zweckmäßige Arbeit sein, die hier nur angedeuteten Rechnungen ganz durchzuführen und wohl auch noch den 5ten und 6ten Versuch mit in Betrachtung zu ziehen.

Gehen wir zu einem zweiten, der Chemie entnommenen Beispiel über.

Strecker hat die Analysen mehrerer Silbersalze, welche von Liebig und Redtenbacher veröffentlicht wurden, benutzt, um aus ihnen nach der Methode der kleinsten Quadrate das Aequivalent des Kohlenstoffs zu berechnen. Wir wollen dieses Beispiel etwas ausführlicher besprechen.

Die chemische Formel für das essigsaure Silberoxyd ist $C^4H^3O^3 + AgO$. Um diese Formel mehr auf die gewöhnliche Gestalt algebraischer Gleichungen zu bringen, wollen wir bezeichnen:

das Aequivalent des Kohlenstoffs mit z
„ „ „ Wasserstoffs „ y
„ „ „ Silbers „ x.

Setzen wir ferner das Aequivalent des Sauerstoffs gleich 100, so haben wir für das Aequivalent des essigsauren Silberoxyds:

$$4z + 3y + x + 400.$$

Nehmen wir nun an, die Analyse habe ergeben, daß in m Grammen

Ausgleichung der Beobachtungsfehler. 287

essigsauren Silberoxyds s Gramme Silber enthalten seien, so ergeben sich die Gleichungen:

$$n(4z + 3y + x + 400) = m$$

und

$$nx = s,$$

wenn wir mit n die Anzahl der Aequivalente essigsauren Silberoxyds bezeichnen, welche in m Grammen dieses Salzes enthalten sind. Eliminirt man n aus diesen beiden Gleichungen, so kommt:

$$4z + 3y - \left(\frac{m-s}{s}\right)x + 400 = 0,$$

in welche Gleichung für m und s die durch die Analyse gelieferten Zahlenwerthe zu substituiren sind.

Aus fünf Analysen des essigsauren Silberoxyds ergab sich für den Quotienten $\frac{m-s}{s}$ der Mittelwerth 0,54803, die obige Gleichung wird also:

$$4z + 3y - 0{,}54803\,x + 400 = 0 \quad \ldots \ldots \text{(a)}$$

In derselben Weise führten zehn Analysen von weinsaurem Silberoxyd zu der Gleichung:

$$4z + 2y - 0{,}68702\,x + 600 = 0 \quad \ldots \ldots \text{(b)}$$

und drei Analysen des apfelsauren Silberoxyds zu der Gleichung:

$$4z + 2y - 0{,}61304\,x + 500 = 0 \quad \ldots \ldots \text{(c)}$$

Wir haben also drei Gleichungen und drei unbekannte Größen, also gerade Gleichungen genug, um die Unbekannten zu bestimmen, ohne daß Gelegenheit geboten wäre, irgend eine Ausgleichungsrechnung vorzunehmen; also auch für die Anwendung der Methode der kleinsten Quadrate ist unter diesen Umständen keine Gelegenheit geboten.

Durch die Combination obiger drei Gleichungen ergiebt sich:

$$x = 1351$$
$$y = 12{,}23$$
$$z = 75{,}90.$$

Für das Aequivalent des Wasserstoffs, also für y, nimmt nun aber Strecker den von Dumas bestimmten Werth 12,51, und dadurch werden obige drei Gleichungen:

$$4z - 0{,}54803\,x + 437{,}53 = 0 \quad \ldots \ldots \text{(1)}$$
$$4z - 0{,}68702\,x + 625{,}02 = 0 \quad \ldots \ldots \text{(2)}$$
$$4z - 0{,}61304\,x + 525{,}02 = 0 \quad \ldots \ldots \text{(3)}$$

Hier haben wir also nur noch zwei unbekannte Größen und drei Gleichungen, und somit tritt jetzt der Fall ein, wo Ausgleichungsrechnungen anzuwenden sind.

Aus den Gleichungen (1) und (2) ergiebt sich:
$$x = 1348{,}92 \qquad z = 75{,}44.$$
Aus der Verbindung der Gleichungen (1) und (3) erhält man:
$$x = 1346{,}00 \qquad z = 75{,}00.$$
Die Combination der Gleichungen (2) und (3) endlich liefert die Werthe:
$$x = 1352{,}72 \qquad z = 76{,}00.$$
Das arithmetische Mittel der drei für x gefundenen Werthe ist
$$1349{,}21,$$
das arithmetische Mittel der drei für z gefundenen Werthe ist
$$75{,}48.$$
Demnach wäre also 1349,21 der wahrscheinlichste Werth für das Aequivalent des Silbers und 75,48 der wahrscheinlichste Werth für das Aequivalent des Kohlenstoffs.

§. 127. **Die Methode der kleinsten Quadrate.** Wenn man auch nach dem im vorigen Paragraphen besprochenen ganz elementaren Verfahren der Wahrheit sehr genäherte Resultate erhält, so können dieselben doch nicht auf den Grad von Annäherung Anspruch machen, welche nach einem Verfahren erreicht wird, welches unter dem Namen der Methode der kleinsten Quadrate bekannt ist, und welches im Folgenden erläutert werden soll.

Nehmen wir den einfachsten Fall, daß es sich nur um zwei unbekannte Größen handelt, und daß zu ihrer Bestimmung mehr als zwei Gleichungen gegeben sind. Die Gleichungen seien:

$$ax + by + c = 0 \quad \ldots \ldots \quad (1)$$
$$a'x + b'y + c' = 0 \quad \ldots \ldots \quad (2)$$
$$a''x + b''y + c'' = 0 \quad \ldots \ldots \quad (3)$$
$$a'''x + b'''y + c''' = 0 \quad \ldots \ldots \quad (4)$$
u. s. w.

Wenn es möglich wäre, die Zahlenwerthe für a, b und c, a', b' und c', a'', b'' und c'' u. s. w. mit absoluter Genauigkeit aus den Versuchen abzuleiten, so müßte es einen Werth von x und einen von y geben, welcher den sämmtlichen Gleichungen zugleich Genüge leistet.

Da aber die Coëfficienten a, b und c, a', b' und c' u. s. w. sämmtlich mit den unvermeidlichen Beobachtungsfehlern behaftet sind, so werden die aus (1) und (2) gezogenen Werthe von x und y den Gleichungen (3) und (4) nicht Genüge leisten. Die Werthe von x und y, welche den Gleichungen (1) und (3) genügen, passen nicht ganz in (2) und (4) u. s. w.

Nehmen wir an, daß die absolut genauen Werthe von x und y bekannt wären, so würden auch diese, in die obigen Gleichungen substituirt, ihnen keineswegs vollkommen Genüge leisten, eben weil a, b und c, a', b' und c' u. s. w. mehr oder weniger fehlerhaft sind.

Ausgleichung der Beobachtungsfehler.

Würden die wahren Werthe von x und y in die obigen Gleichungen substituirt, so würde also die auf der linken Seite des Gleichheitszeichens stehende Summe nicht ganz Null werden, sondern sie würde geben:

$$ax + by + c = v \quad \ldots \ldots \quad (5)$$
$$a'x + b'y + c' = v' \quad \ldots \ldots \quad (6)$$
$$a''x + b''y + c'' = v'' \quad \ldots \ldots \quad (7)$$
$$a'''x + b'''y + c''' = v''' \quad \ldots \ldots \quad (8)$$

in welchen v, v', v'', v''' ꝛc. sehr kleine, bald positive, bald negative Größen bezeichnen, die wir als Fehler bezeichnen wollen.

Als wahrscheinlichste Werthe von x und y sind nun diejenigen zu betrachten, welche den Gleichungen (1), (2), (3) u. s. w. wenigstens so nahe als möglich genügen, welche also die sämmtlichen Fehler v, v', v'' ꝛc. so klein wie möglich, oder mit anderen Worten, welche die Summe der absoluten Werthe der verschiedenen v, abgesehen von ihrem Vorzeichen, zu einem Minimum machen.

Da nun aber die Werthe v, v', v'' ꝛc. theils positiv, theils negativ sind, so können sich die positiven Fehler gegen die negativen beinahe vollständig aufheben, während die Summe aller Fehler, wenn man nur ihre absolute Größe und nicht ihr Vorzeichen in Betracht zieht, sehr bedeutend sein kann. Wollte man also die Summe

$$v + v' + v'' + v''' + \text{ꝛc.}$$

zu einem Minimum machen, so würde man dadurch der Bedingung, daß die Summe aller Fehler, abgesehen von ihrem Vorzeichen, ein Minimum sein soll, durchaus nicht entsprechen.

Nun aber ist das Quadrat einer Größe v jederzeit positiv, mag v selbst positiv oder negativ sein. Wir werden also der Bedingung, daß die Summe der Fehler, abgesehen von der Verschiedenheit der Vorzeichen, ein Minimum werde, dadurch Genüge leisten, daß wir die Summe ihrer Quadrate zu einem Minimum machen. Unsere Aufgabe reducirt sich also darauf, diejenigen Werthe der Unbekannten x und y aufzusuchen, für welche

$$v^2 + v'^2 + v''^2 + v'''^2 + \text{ꝛc.}$$

ein Minimum wird.

Bildung der Bedingungsgleichungen. Aus den Gleichungen (5), §. 128. (6), (7) u. s. w. erhalten wir:

$$v^2 = a^2 x^2 + 2ab\,xy + b^2 y^2 + 2ac\,x + 2bc\,y + c^2$$
$$v'^2 = a'^2 x^2 + 2a'b'\,xy + b'^2 y^2 + 2a'c'\,x + 2b'c'\,y + c'^2$$
$$v''^2 = a''^2 x^2 + 2a''b''\,xy + b''^2 y^2 + 2a''c''\,x + 2b''c''\,y + c''^2$$
$$\text{ꝛc.}$$

Setzen wir nun $V = v^2 + v'^2 + v''^2 + \text{ꝛc.}$, so ist:

$$V = (a^2 + a'^2 + a''^2 + \text{ac.}) \, x^2 + 2(ab + a'b' + a''b'' + \text{ac.}) \, xy$$
$$+ (b^2 + b'^2 + b''^2 + \text{ac.}) \, y^2 + 2(ac + a'c' + a''c'' + \text{ac.}) \, x \quad (9)$$
$$+ 2(bc + b'c' + b''c'' + \text{ac.}) \, y + c^2 + c'^2 + c''^2 + \text{ac.})$$

V ist also eine Function von x und y, und es ist die Aufgabe, die Werthe der Unbekannten x und y auszumitteln, welche V zu einem Minimum machen.

Damit aber V ein Maximum oder Minimum sein könne, muß nun, wie die Differentialrechnung lehrt, der erste Differentialquotient von V in Beziehung auf x sowohl wie der erste Differentialquotient von V in Beziehung auf y gleich Null sein, oder in Formeln ausgedrückt, es muß sein:

$$\frac{dV}{dx} = 0 \text{ und } \frac{dV}{dy} = 0.$$

Führen wir nun die Differentiation der Gleichung (9) in Beziehung auf x aus, so kommt:

$$\frac{dV}{dx} = 2(a^2 + a'^2 + a''^2 + \text{ac.}) \, x + 2(ab + a'b' + a''b'' + \text{ac.}) \, y$$
$$+ 2(ac + a'c' + a''c'' + \text{ac.}).$$

Und wenn wir diesen Differentialquotienten gleich Null setzen:

$$(a^2 + a'^2 + a''^2 + \text{ac.}) \, x + (ab + a'b' + a''b'' + \text{ac.}) \, y$$
$$+ (ac + a'c' + a''c'' + \text{ac.}) = 0 \quad . \quad . \quad . \quad (10)$$

Aus Gleichung (9) ergiebt sich ferner:

$$\frac{dV}{dy} = 2(b^2 + b'^2 + b''^2 + \text{ac.}) \, y + (ab + a'b' + a''b'' + \text{ac.}) \, x$$
$$+ (bc + b'c' + b''c'' + \text{ac.}),$$

und wenn wir $\dfrac{dV}{dy}$ gleich Null setzen:

$$(b^2 + b'^2 + b''^2 + \text{ac.}) \, y + (ab + a'b' + a''b'' + \text{ac.}) \, x$$
$$+ (bc + b'c' + b''c'' + \text{ac.}) = 0 \quad . \quad (11)$$

Soll nun V in der That ein Maximum oder Minimum sein, so müssen x und y so bestimmt werden, daß den Gleichungen (10) und (11) Genüge geleistet wird.

Ob man mit einem Maximum oder mit einem Minimum zu thun hat, erkennt man am Vorzeichen des zweiten Differentialquotienten: er wird positiv für ein Minimum. Nun aber folgt aus obigen Gleichungen:

$$\frac{d^2V}{dx^2} = 2(a^2 + a'^2 + a''^2 + \text{ac.})$$

$$\frac{d^2V}{dy^2} = 2(b^2 + b'^2 + b''^2 + \text{ac.});$$

und da eine Summe von Quadraten stets positiv sein muß, so ergiebt sich, daß hier in der That nur von einem Minimum die Rede sein kann.

Beispiele. Wenden wir die soeben abgeleiteten Formeln auf die bereits oben besprochenen Beispiele an!

Nach §. 126 hatte man aus mehreren Versuchen zur Bestimmung des wesentlichen Widerstandes x und der elektromotorischen Kraft y einer galvanischen Säule folgende Gleichungen abgeleitet:

$$2,54\,x - y = 0 \quad \ldots \ldots \ldots \text{(a)}$$
$$1,99\,x - y + 9,95 = 0 \quad \ldots \ldots \text{(b)}$$
$$1,63\,x - y + 16,3 = 0 \quad \ldots \ldots \text{(c)}$$

Es ist also
$$a = 2,54; \quad a' = 1,99; \quad a'' = 1,63,$$
also
$$a^2 = 6,4516; \quad a'^2 = 3,9601; \quad a''^2 = 2,6569,$$
und
$$a^2 + a'^2 + a''^2 = 13,0786.$$

Es ist ferner $b = b' = b'' = -1$, also auch
$$b^2 + b'^2 + b''^2 = 3$$
$$ab + a'b' + a''b'' = -a - a' - a'' = -2,54 - 1,99 - 1,63 = -6,16.$$

Endlich ist
$$c = 0; \quad c' = 9,95; \quad c'' = 16,3;$$
also
$$ac + a'c' + a''c'' = 46,3695$$
und
$$bc + b'c' + b''c'' = -c' - c'' = -26,25.$$

Die Gleichungen (10) und (11) werden also:
$$13,0786\,x - 6,16\,y + 46,3695 = 0$$
$$-6,16\,x + 3\,y - 26,25 = 0;$$

und aus ihnen ergiebt sich:
$$x = 18,11$$
$$y = 45,935.$$

Setzen wir diese Werthe von x und y in die Gleichungen (a), (b) und (c), so erhalt man für die Summe dieser drei Gleichungen, oder vielmehr für die Summe der Fehler:
$$v + v' + v'' = 0,0176.$$

Diese Fehlersumme ist in der That weit kleiner als die, welche man für die in §. 126 für x und y berechneten Mittelwerthe erhalten würde. Setzt man in den Gleichungen (a), (b) und (c) $x = 17,87$ und $y = 45,47$, so ergiebt sich:
$$v + v' + v'' = 0,51,$$
also ein weit größerer Werth für die Fehlersumme, als der eben gefundene, welcher sich ergiebt, wenn man für x und y die nach der Methode der kleinsten Quadrate berechneten Werthe setzt.

Nehmen wir nun zum zweiten Beispiel die bereits in §. 126 besprochene Bestimmung des Atomgewichts des Kohlenstoffs. Die Analysen von Liebig und Redtenbacher haben zu den drei Gleichungen (a), (b) und (c) §. 126 geführt, welche gerade so viel Unbekannte enthalten, als Gleichungen vorhanden sind. Von einer Anwendung der Methode der kleinsten Quadrate kann also hier, wie schon bemerkt, keine Rede sein, wenn nicht durch weitere Versuche wenigstens eine vierte Gleichung zwischen x, y und z geliefert wird, oder, was eigentlich auf dasselbe hinauskommt, wenn nicht eine der Größen x, y und z aus anderen Bestimmungen substituirt wird.

Setzt man nach Dumas $y = 12,51$, so erhält man die drei Gleichungen (1), (2) und (3) auf S. 287, in welchen nur zwei Unbekannte vorkommen; hier kann also die Methode der kleinsten Quadrate in Anwendung gebracht werden.

Die Gleichungen (1), (2) und (3) auf Seite 287 stimmen in der Form mit den Gleichungen (5), (6) und (7) Seite 288 überein, wenn wir z an die Stelle von y gesetzt denken. Wir haben alsdann:

$$a = -0{,}54803 \qquad b = 4 \qquad c = 437{,}53$$
$$a' = -0{,}68702 \qquad b' = 4 \qquad c' = 625{,}02$$
$$a'' = -0{,}61304 \qquad b'' = 4 \qquad c'' = 525{,}02;$$

also

$$a^2 + a'^2 + a''^2 = 1{,}14815$$
$$b^2 + b'^2 + b''^2 = 48$$
$$ab + a'b' + a''b'' = -7{,}39236$$
$$ac + a'c' + a''c'' = -991{,}04$$
$$bc + b'c' + b''c'' = 6350{,}3.$$

Setzen wir diese Zahlenwerthe an entsprechender Stelle in die Bedingungsgleichungen (10) und (11) Seite 290, so kommt:

$$1{,}14815\,x - 7{,}39236\,z - 991{,}04 = 0$$
$$7{,}39236\,x - 48\,z - 6350{,}3 = 0,$$

und aus diesen Gleichungen ergeben sich dann als wahrscheinlichste Werthe für x und z:

$$x = 1349{,}44$$
$$y = 75{,}53.$$

Setzt man diese Werthe von x und y in die Gleichungen:

$$-0{,}54803\,x + 4y + 437{,}53 = v$$
$$-0{,}68702\,x + 4y + 625{,}02 = v'$$
$$-0{,}61304\,x + 4y + 525{,}02 = v'',$$

so ergiebt sich:

$$v + v' + v'' = 0{,}01,$$

während diese Summe den Werth $0{,}34$ erhält, wenn man für x und y die im §. 126 berechneten arithmetischen Mittel $1349{,}21$ und $75{,}48$ setzt.

Bei den eben besprochenen Beispielen waren zur Bestimmung der beiden Unbekannten drei Gleichungen gegeben. Wenn nun noch mehr überschüssige Gleichungen gegeben sind, so wird dadurch die Form der Bedingungsgleichungen (10) und (11) Seite 290 durchaus nicht geändert, es wird dadurch nur die Zahl der Posten vermehrt, durch deren Addition die Factoren von x, y ꝛc. gebildet werden, wie dies in jenen Formeln auch schon durch das $+$ ꝛc. bezeichnet ist. Immer ist die Anzahl der in einer Klammer stehenden Posten gleich der Anzahl der ursprünglich gegebenen Gleichungen.

Nach diesen Andeutungen berechne man nach der Methode der kleinsten Quadrate den Werth des Leitungswiderstandes x und der elektromotorischen Kraft y der galvanischen Säule, mit welcher die auf Seite 285 angeführten Versuche angestellt wurden, mit Berücksichtigung der Beobachtungsresultate aller sechs Versuche. (In dem ersten Beispiele dieses Paragraphen waren nur die drei ersten dieser Versuche berücksichtigt worden.)

Erweiterung der Formeln. Die Bedingungsgleichungen (10) und §. 129. (11), nach welchen die wahrscheinlichsten Werthe der Unbekannten berechnet werden, sind nur für den Fall abgeleitet worden, daß es sich um nicht mehr als zwei Unbekannte handelt. Diese Gleichungen (10) und (11) sind aber so symmetrisch, daß man auch ohne neue Differentiation die Bedingungsgleichungen für den Fall ableiten kann, daß es sich um mehr als zwei Unbekannte handelt.

Wenn drei Unbekannte zu bestimmen sind, so müssen wenigstens vier Gleichungen gegeben sein, wenn von einer Anwendung der Methode der kleinsten Quadrate die Rede sein soll.

Es seien nun die gegebenen Gleichungen:

$$\left. \begin{aligned} ax \;+\; by \;+\; cz \;+\; d \;&=\; 0 \\ a'x \;+\; b'y \;+\; c'z \;+\; d' \;&=\; 0 \\ a''x \;+\; b''y \;+\; c''z \;+\; d'' \;&=\; 0 \\ a'''x \;+\; b'''y \;+\; c'''z \;+\; d''' \;&=\; 0 \\ &\text{ꝛc.} \end{aligned} \right\} \quad \ldots \ldots (1)$$

so ergeben sich die Werthe von x, y und z, welche der Gesammtheit der Gleichungen (1) am besten genügen, aus den drei Bedingungsgleichungen:

$$\left. \begin{aligned} (a^2+a'^2+a''^2+a'''^2+\text{ꝛc.})x + (ab+a'b'+a''b''+a'''b'''+\text{ꝛc.})y \\ + (ac+a'c'+a''c''+a'''c'''+\text{ꝛc.})z + (ad+a'd'+a''d''+a'''d'''+\text{ꝛc.}) \end{aligned} \right\} = 0 \quad (2)$$

$$\left. \begin{aligned} (b^2+b'^2+b''^2+b'''^2+\text{ꝛc.})y + (ab+a'b'+a''b''+a'''b'''+\text{ꝛc.})x \\ + (bc+b'c'+b''c''+b'''c'''+\text{ꝛc.})z + (bd+b'd'+b''d''+b'''d'''+\text{ꝛc.}) \end{aligned} \right\} = 0 \quad (3)$$

$$\left. \begin{aligned} (c^2+c'^2+c''^2+c'''^2+\text{ꝛc.})z + (ac+a'c'+a''c''+a'''c'''+\text{ꝛc.})x \\ + (bc+b'c'+b''c''+b'''c'''+\text{ꝛc.})y + (cd+c'd'+c''d''+c'''d'''+\text{ꝛc.}) \end{aligned} \right\} = 0 \quad (4)$$

Wenden wir diese Formeln auf ein von Gauß gegebenes Beispiel an. Die vier gegebenen Gleichungen seien:

$$x - y + 2z - 3 = 0$$
$$3x - 2y - 5z - 5 = 0$$
$$x + y + 4z - 21 = 0$$
$$-x + 3y + 3z - 14 = 0;$$

wir haben

$$a = 1, \quad a' = 3, \quad a'' = 4, \quad a''' = -1,$$

also

$$a^2 + a'^2 + a''^2 + a'''^2 = 27;$$

ferner

$$b = -1, \quad b' = -2, \quad b'' = 1, \quad b''' = 3;$$

also

$$b^2 + b'^2 + b''^2 + b'''^2 = 15$$

und

$$ab + a'b' + a''b'' + a'''b''' = 6.$$

In den gegebenen Gleichungen sind die Factoren von z:

$$c = 2, \quad c' = -5, \quad c'' = 4, \quad c''' = 3;$$

also

$$c^2 + c'^2 + c''^2 + c'''^2 = 54$$
$$ac + a'c' + a''c'' + a'''c''' = 0$$
$$bc + b'c' + b''c'' + b'''c''' = 1;$$

und endlich

$$d = -3, \quad d' = -5, \quad d'' = -21, \quad d''' = -14;$$

also

$$ad + a'd' + a''d'' + a'''d''' = -88$$
$$bd + b'd' + b''d'' + b'''d''' = -70$$
$$cd + c'd' + c''d'' + c'''d''' = -107.$$

Die drei Gleichungen (2), (3) und (4) werden demnach:

$$27x + 6y - 88 = 0$$
$$6x + 15y + z - 70 = 0$$
$$ y + 54z - 107 = 0,$$

aus welchen man

$$x = 2{,}470$$
$$y = 3{,}551$$
$$z = 1{,}916$$

als diejenigen Werthe der drei Unbekannten erhält, welche sich den gegebenen vier Gleichungen am besten anschließen.

Im Falle es sich nur um **eine** unbekannte Größe x handelt, lassen sich die ursprünglich gegebenen Gleichungen sämmtlich auf die Form

$$x = c$$
$$x = c'$$
$$x = c''$$
$$\text{ic.}$$

Ausgleichung der Beobachtungsfehler.

bringen. Es ist in diesem Falle $a = 1$, $b = 0$ und danach reduciren sich die Bedingungsgleichungen (10) und (11) Seite 290 auf

$$(1 + 1 + 1 + \text{c.}) x = c + c' + c'' + \text{c.} \quad \ldots \quad (A)$$

Bezeichnen wir mit n die Zahl der gegebenen Gleichungen, so erhalten wir statt der Gleichung (A) die folgende:

$$n x = c + c' + c'' + \text{c.}$$

oder

$$x = \frac{c + c' + c'' + \text{c.}}{n},$$

d. h. der wahrscheinlichste Werth für x wird gefunden, wenn man die Summe aller einzelnen Werthe von x durch die Anzahl dieser Werthe dividirt, oder mit anderen Worten, wenn man aus den für x gegebenen Werthen das arithmetische Mittel nimmt. Im Falle es sich also nur um eine Unbekannte handelt, führt die Methode der kleinsten Quadrate zu keinem andern Resultate, als das in §. 125 besprochene Verfahren.

Der mittlere Fehler. So lange man für eine Größe nur eine einzige Bestimmung gemacht hat, sei es nun durch directe Messung oder durch Rechnung aus so viel Daten, als eben hinreichen, einen Werth für die gesuchte Größe zu finden, hat man durchaus keinen Anhaltspunkt, um über den Grad der Genauigkeit zu urtheilen, welchen wir der fraglichen Bestimmung beilegen dürfen. Erst durch Wiederholung der Messung, welche mehrere Werthe für dieselbe Größe liefern, durch Vervielfältigung der Versuche, wodurch man überschüssige Gleichungen erhält, ist es möglich, die Gränzen auszumitteln, innerhalb welcher die Fehler liegen, und die Größe des mittleren Fehlers zu bestimmen. §. 130.

Nehmen wir an, man habe für irgend eine zu bestimmende Größe x verschiedene Zahlenwerthe erhalten, die wir mit a, a', a'', a''' u. s. w. bezeichnen wollen, für den wahrscheinlichsten Mittelwerth dieser Größe aber nach einer der oben besprochenen Methoden den Werth b erhalten, so sind:

$$a - b = f$$
$$a' - b = f'$$
$$a'' - b = f''$$
$$a''' - b = f'''$$
$$\text{c.}$$

die Abweichungen der aus den einzelnen Messungen oder Versuchen abgeleiteten Werthe der Größe x von ihrem Mittelwerth, und diese Differenzen f, f', f'', f''' c. wollen wir als die Fehler der einzelnen Bestimmungen bezeichnen. **Den mittleren Fehler der ganzen Beobachtungsreihe erhält man aber, wenn man aus der Summe aller f das arithmetische Mittel nimmt**, wobei jedoch noch zu bemerken ist, daß nur der absolute Werth der Fehler f in Betracht kommt und die Verschiedenheit der Vorzeichen unberücksichtigt bleiben muß. In diesem Sinne erhalten wir also für den mittleren Fehler den Werth:

$$\frac{f + f' + f'' + f'''}{n},$$

wenn n die Anzahl der einzelnen Werthe von f ist, welche man addirt hat.

Für die in §. 125 besprochene Bestimmung der Zenithdistanz des Polarsterns erhalten wir folgende Werthe für die einzelnen Fehler:

$$19{,}5 - 27{,}7 = -8{,}2''$$
$$22{,}0 - 27{,}7 = -7{,}7$$
$$30{,}0 - 27{,}7 = +2{,}3$$
$$33{,}0 - 27{,}7 = +5{,}3$$
$$34{,}0 - 27{,}7 = +6{,}3;$$

in diesem Falle ist also der mittlere Fehler:

$$\frac{8{,}2 + 7{,}7 + 2{,}3 + 5{,}3 + 6{,}3}{5} = \frac{29{,}8}{5} = 5{,}96''.$$

Für die Aequivalente des Kohlenstoffs und des Silbers haben wir in §. 128 nach der Methode der kleinsten Quadrate als wahrscheinlichsten Werth gefunden:

$$z = 75{,}53$$
$$x = 1349{,}44.$$

Setzen wir nun in den Gleichungen (1), (2) und (3) S. 287 $z = 75{,}53$, so ergiebt sich aus der ersten $x = 1349{,}65$, aus der zweiten $x = 1349{,}51$, und aus der dritten $x = 1349{,}25$. Wir haben also in diesem Falle die einzelnen Fehler der Werthe für das Atomgewicht des Silbers:

$$1349{,}65 - 1349{,}44 = 0{,}21$$
$$1349{,}51 - 1349{,}44 = 0{,}07$$
$$1349{,}25 - 1349{,}44 = 0{,}19,$$

woraus sich als **mittlerer Fehler**

$$\frac{0{,}21 + 0{,}07 + 0{,}19}{3} = 0{,}16$$

ergiebt.

Als weiteres Beispiel wollen wir die Versuche discutiren, aus welchen die Factoren von x in den Gleichungen (1), (2) und (3) Seite 287 abgeleitet wurden.

Fünf Analysen des essigsauren Silberoxyds geben folgende zusammengehörige Werthe von m und s, aus denen sich dann die Werthe von $\frac{m-s}{s}$ ergeben, wie sie in der vorletzten Verticalreihe der folgenden Tabelle eingetragen sind:

Ausgleichung der Beobachtungsfehler.

	m	s	$\dfrac{m-s}{s}$	f
1	4,8754	3,1493	0,54809	0,00006
2	7,5900	4,9035	0,54787	0,00016
3	6,4546	4,1699	0,54790	0,00013
4	5,7928	3,7419	0,54809	0,00006
5	4,1016	2,6493	0,54813	0,00015
			Mittel 0,54803	0,00011

Als arithmetisches Mittel ergiebt sich aus diesen fünf Versuchen $\dfrac{m-s}{s} = 0{,}54803$, und wenn man diesen Mittelwerth von den einzelnen Werthen des Quotienten $\dfrac{m-s}{s}$ abzieht, so erhält man die einzelnen Fehler, wie sie (ohne Rücksicht auf das Vorzeichen zu nehmen) in der letzten Verticalreihe unter f stehen. Das arithmetische Mittel aller Fehler, oder mit anderen Worten, der mittlere Fehler für diese Versuchsreihe ist demnach:

$$\frac{0{,}00056}{5} = 0{,}00011.$$

Von traubensaurem und weinsaurem Silberoxyd (welche derselben chemischen Formel entsprechen, und welche wir deshalb gleich zusammennehmen wollen) waren zehn Analysen gemacht worden, welche 0,68702 als Mittelwerth für $\dfrac{m'-s'}{s'}$ und 0,000096 als mittleren Fehler ergeben.

Drei Analysen des apfelsauren Silberoxyds ergeben den mittleren Werth von $\dfrac{m''-s''}{s''}$ gleich 0,61304 mit dem mittleren Fehler 0,00019.

Das Gewicht einer Beobachtungsreihe. Wir werden im Allgemeinen einer Beobachtungsreihe um so größeres Zutrauen schenken, ihr einen um so größeren Werth, ein um so größeres Gewicht beilegen, je kleiner der mittlere Fehler ist, welcher sich aus derselben ergiebt. Das Gewicht zweier entsprechenden Beobachtungsreihen wird sich demnach wenigstens angenähert umgekehrt verhalten, wie die mittleren Fehler derselben. Bezeichnen wir mit f und f' die mittleren Fehler zweier analoger Beobachtungsreihen, mit p und p' ihre Gewichte, so ist also:

$$p : p' = f' : f$$

und daraus

$$p' = p\frac{f}{f'}.$$

§. 131.

298 Fünftes Buch. Schlußcapitel.

Setzen wir $p = 1$, so ergiebt sich:

$$p' = \frac{f}{f'}.$$

Wenden wir dies auf das letzte Beispiel des vorigen Paragraphen an, um das Gewicht der aus den Analysen des essigsauren, weinsauren und apfelsauren Silberoxyds abgeleiteten Resultate zu vergleichen! Das Gewicht der Analysen des apfelsauren Silberoxyds (mittlerer Fehler $f = 0,00019$) zur Einheit nehmend, ergiebt sich nach obiger Formel für das Gewicht p' der aus den Analysen des essigsauren Silberoxyds ($f' = 0,00011$) gezogenen Resultate:

$$p' = \frac{0,00019}{0,00011} = \frac{19}{11} = 1,7 \ldots$$

Für das Gewicht p'' der aus den Analysen des weinsauren Silberoxyds gezogenen Resultate ($f'' = 0,000096$) findet man:

$$p'' = \frac{0,00019}{0,000096} = \frac{190}{96} = 2,0 \ldots$$

der Werth der aus den Analysen des weinsauren Silberoxyds gezogenen Resultate ist also ungefähr doppelt so hoch, der Werth der aus den Analysen des essigsauren Silberoxyds gezogenen Resultate ist ungefähr 1,7mal so hoch anzuschlagen, als der Werth der Resultate, welchen die Analysen des apfelsauren Silberoxyds geliefert haben.

Als oben Seite 292 nach der Methode der kleinsten Quadrate aus den Gleichungen (1), (2) und (3) Seite 287 die wahrscheinlichsten Werthe für das Aequivalent des Kohlenstoffs und des Silbers berechnet wurden, war stillschweigend angenommen worden, daß die drei Analysenreihen gleich genaue Resultate geliefert haben, daß ihr Gewicht gleich sei, und deshalb wurden auch die drei Gleichungen (1), (2) und (3) ohne weitere Veränderung gebraucht. Nun aber haben wir eben gesehen, daß die drei Versuchsreihen keineswegs gleiches Zutrauen verdienen; wir müssen deshalb auch bei ferneren Combinationen dieser drei Gleichungen derjenigen einen entsprechend bedeutenderen Einfluß gestatten, welche aus der zuverlässigeren Versuchsreihe hervorgegangen ist, und dies geschieht dadurch, daß man jede dieser drei Gleichungen mit dem Gewichte der entsprechenden Versuchsreihe multiplicirt. Statt der drei Gleichungen (1), (2) und (3) Seite 287 erhalten wir demnach die folgenden:

$$(4z - 0,54803\,x + 437,53)\,1,7 = 0$$
$$(4z - 0,68702\,x + 625,02)\,2 = 0$$
$$4z - 0,61304\,x + 525,02 = 0$$

oder

$$6,8\,z - 0,93165\,x + 743,80 = 0$$
$$8\,z - 1,37404\,x + 1250,04 = 0$$
$$4\,z - 0,61304\,x + 525,02 = 0.$$

Ausgleichung der Beobachtungsfehler.

Wendet man auf diese drei Gleichungen die Methode der kleinsten Quadrate an, so findet man als diejenigen Werthe von z und x, welche sich diesen drei Gleichungen am besten anschließen, d. h. also als die wahrscheinlichsten Werthe für die Aequivalente des Kohlenstoffs und des Silbers:

$$z = 75,46$$
$$x = 1349,29.$$

In mathematischen Werken, welche diesen Gegenstand behandeln, wird öfters eine complicirtere Definition des mittleren Fehlers und des Gewichtes zu Grunde gelegt, welche übrigens zu Resultaten führen, die nur wenig (und zwar um so weniger, je größer die Anzahl der Beobachtungen ist, aus denen das Mittel genommen wird) von denen abweichen, zu welchen man nach obigem Verfahren gelangt. So erhielt Strecker nach diesen complicirteren Methoden:

$$z = 75,115$$
$$x = 1348,79.$$

Im Verlage von Friedrich Vieweg und Sohn in Braunschweig
ist erschienen:

Siebenstellige gemeine Logarithmen
der Zahlen von 1 bis 108000
und der
Sinus, Cosinus, Tangenten und Cotangenten
aller Winkel des Quadranten von 10 zu 10 Secunden
nebst einer
Interpolationstafel zur Berechnung der Proportionaltheile.
Von
Dr. Ludwig Schrön,
Director der Sternwarte und Professor zu Jena, Mitgliede der Kaiserlich Leopold. Carolin. deutschen Academie
der Naturforscher und der gelehrten Gesellschaften zu Breslau, Frankfurt a. M., Halle und Jena.

Stereotyp-Ausgabe. Gesammt-Ausgabe in drei Tafeln. Imperial-Octav.
geh. Preis 1 Thlr. 22½ Sgr.

Um auch einfachere Zwecke mit geringerem Kostenaufwande zu befriedigen, sind aus folgenden Theilen des Werkes für sich verkäufliche Ausgaben gebildet:

die Tafel I mit den Logarithmen der Zahlen, welche Tafeln für trigonometrische Rechnungen nicht nöthig haben (Preis 20 Sgr.),

die Tafeln I und II mit den Logarithmen der Zahlen und der trigonometrischen Functionen, für Solche, welche auch für trigonometrische Rechnungen der Interpolationstafel nicht bedürfen (Preis 1 Thlr. 7½ Sgr.),

die Interpolationstafel, Tafel III, für Solche, welche diese Tafel für die erste Ausgabe oder für andere Tafeln anzuwenden wünschen (Preis 15 Sgr.), und

das Gesammtwerk, bestehend aus Tafel I, II und III, für Solche, welche alle Tafeln vollständig besitzen wollen (Preis 1 Thlr. 22½ Sgr.).

Jedem, welcher mit siebenstelligen Logarithmen zu rechnen veranlasst ist, dürften diese Tafeln willkommen sein, da sie in mehrfacher Hinsicht wesentliche Fortschritte enthalten. Während nämlich alle Werke über Logarithmen, welche auf bequemere Weise zugleich schärfere Resultate liefern, einen grösseren Umfang zu haben pflegen, gewähren diese Tafeln, verglichen mit anderen für dieselben Zwecke bestimmten, bei geringerem Umfange eine grössere Genauigkeit und eine bequemere Interpolation, besonders in dem schwierigsten Theile derselben, bei den kleinen trigonometrischen Functionen, wo die schriftlichen Hülfsrechnungen ganz vermieden werden.

Durch die unter der letzten Decimalstelle der Logarithmen angebrachten Striche ist die Grenze des Fehlers, welchen das Abschneiden aller folgenden Stellen mit sich bringt, auf die Hälfte vermindert. In Folge dieser Einrichtung gestatten auch die in der Einleitung nachgewiesenen drei Methoden für die Vereinigung der Proportionaltheile mit den Logarithmen einen verschiedenen Gebrauch der Tafeln I. und II., je nach Gewohnheit und Bedürfniss, welcher Vortheil durch die Interpolationstafel (Tafel III.) noch weiter unterstützt wird.

Ferner gewähren diese Tafeln eine bequemere und schärfere Rechnung mit sechsstelligen Logarithmen als die sechsstelligen Tafeln anderer Logarithmenwerke.

Ausserdem zeichnen sich diese Tafeln vor vielen anderen durch Correctheit aus, und wird in dieser Hinsicht bemerkt, dass ihre Aufstellung zur Entdeckung und Vermeidung von 555 (fünfhundert fünfundfünfzig) Fehlern anderer Tafeln (einschliesslich der 31 Fehler in den Zahlen S und T der Callet'schen Tafeln) Veranlassung gegeben hat.

Endlich ist auf die Ausstattung die grösste Sorgfalt verwendet; insbesondere wird sich der Satz durch Ziffern von eigenthümlicher Klarheit und Schärfe, welche bei den lichten Zwischenräumen der Zeilen und Spalten dem Auge vollkommene Ruhe gewähren, sowie der sorgsame Druck auf sehr schönem und starkem Velin-Schreibpapier in bequemem Formate der Zustimmung des Publicums zu erfreuen haben. Kein Logarithmen-Werk irgend einer Nation, der Deutschen, Engländer oder Franzosen etc., dürfte hinsichtlich der Ausstattung und des billigen Preises die Vergleichung mit diesen Tafeln bestehen.

Um die in den Tafeln möglicherweise noch verbliebenen Fehler zu entfernen, sind Preise auf deren Entdeckung ausgesetzt worden.

Das Nähere ist aus der Vorrede und den Einleitungen zu entnehmen, welche der besonderen Beachtung der Leser empfohlen werden.

Für Diejenigen, welche viel mit Logarithmen arbeiten, aber an schwachen Augen leiden, sind eine Anzahl Exemplare auf meergrünem Velinpapier gedruckt, welche Färbung die Augen ausserordentlich schont. Diese Exemplare können für den gleichen Preis wie die

Gressler & Co., Berlin.

Fabrik und Lager

chemischer, physikalischer, pharmaceutischer, elektrischer, mineralogischer Apparate, Instrumente und Geräthschaften, chemischer Glaswaaren, Chemikalien, Reagentien und Mineralien.

Wir übernehmen die vollständige Einrichtung, resp. Completirung der Laboratorien von Apotheken, Universitäten, Gymnasien, Realschulen, Bergwerks- und Hüttenbetrieben, chemischen Fabriken, sowie für: Physikalische Kabinette, medicinische Heil-Anstalten etc.

Unsere vollständigen Preislisten können direct oder auf Buchhändlerweg gegen $\frac{1}{4}$ Thlr. Vergütung, bezogen werden. Wiederverkäufern entsprechender Rabatt.

Gressler & Co., Berlin.

Telegraphen-Bauanstalt,

Fabrik galvanischer Batterien und elektromagnetischer Apparate.

Kohlenzink-Batterien aller Constructionen, Kohlencylinder von 16 bis 2 Zoll Höhe, Kohlenrollen, Kohlenplatten, Kohlenspitzen, in grosser Auswahl auf Lager.

Thonzellen vorzüglicher Qualität, rund und viereckig, in 80 verschiedenen Grössen.

Telegraphen-Einrichtungen für Hotels und Fabriken, Morse'sche Schul-Telegraphen (Schreib-Apparate) zum Unterricht für Lehr-Anstalten, Regulatoren zum elektrischen Licht, Inductions- und Rotations-Apparate, Kupferdraht mit Seide besponnen, in 32 Nummern. Galvanometer und alle übrigen galvanischen Apparate.

☞ Vollständige Preislisten werden auf Verlangen eingesandt. Wiederverkäufern angemessener Rabatt.

Verzeichniss neuerer Werke

aus dem Verlage von

FRIEDRICH VIEWEG UND SOHN

in

Braunschweig.

Abich, Dr. H., Geologische Beobachtungen über die vulkanischen
Erscheinungen und Bildungen in Unter- und Mittel-Italien. 1. Bd. 1. Liefrg.
Auch unter dem Titel: Ueber die Natur und den Zusammenhang der vulkanischen Bildungen. Nebst 8 Karten und 2 lithograph. Tafeln als Atlas. gr. 4.,
der Atlas in Quer Imp.-Folio. geh.   Preis 2 Thlr. 20 Sgr.
—— Erläuternde Abbildungen geologischer Erscheinungen,
beobachtet am Vesuv und Aetna, in den Jahren 1833 und 1834. — Auch unter dem Titel: Vues illustratives de phénomènes géologiques, observés sur le
Vesuve et l'Aetna, pendant les années 1833 et 1834. (Deutsch und Französisch.)
Quer Imp.-Folio. geh.   Auf Velinpapier   2 Thlr. 20 Sgr.
  Auf chinesischem Papier 8 Thlr.
  Colorirt   6 Thlr.

Andriessen, Dr. Adolph, Lehrbuch der unorganischen Chemie
für Schulen. Mit 109 in den Text eingedruckten Holzschnitten. gr. 8. Fein
Velinpap. geh.   Preis 1 Thlr. 20 Sgr.

Aristofanes, von J. H. Voss, mit erläuternden Anmerkungen
von H. Voss. 3 Bde. gr. 8.   Preis 5 Thlr. 20 Sgr.

Arnd, Eduard, Geschichte der französischen Revolution von
1789 bis 1799. In sechs Bänden. 8. Fein Velinpap. geh.   Preis 4 Thlr.

Assmann, Prof. Dr. W., Abriss der allgemeinen Geschichte in
zusammenhängender Darstellung auf geographischer Grundlage. Ein Leitfaden
für mittlere und höhere Lehranstalten. 4te Auflage. gr. 8. Velinpap. geh.
   Preis 25 Sgr.

Assmann, Prof. Dr. W., Handbuch der allgemeinen Geschichte.
Für höhere Lehranstalten und zur Selbstbelehrung für Gebildete. Zwei Bände
(4 Theile, jeder zu etwa 20 Bogen). Erschienen ist: Erster Theil. Geschichte
des Alterthums. Zweiter Theil. Geschichte des Mittelalters; erste
Abtheilung, bis zum Anfange der Kreuzzüge; zweite Abtheilung, das
Zeitalter der Kreuzzüge. Vierter Theil. Geschichte der neuesten
Zeit. gr. 8. Fein Velinpap. geh. Preis jedes Theils und jeder Abtheilung 25 Sgr.

Assmann, Prof. Dr. W., Kleine Weltgeschichte oder Geschichts-
Katechismus in Gedächtnissversen zu Assmann's Abriss und Handbuch der allgemeinen Geschichte. Schulausgabe mit Anmerkungen unter dem Texte. gr. 8.
Fein Velinpap. geh.   Preis 7½ Sgr.

—— Dasselbe Werk, Ausgabe in 12. geh.   Preis 20 Sgr.

Assmann, Dr. Fr. Wilh., Quellenkunde der vergleichenden Anatomie als Vorläufer einer pragmatischen Geschichte der Zootomie. Für Naturforscher und Anatomen bearbeitet. gr. 8. geh.   Preis 2 Thlr.

Bacmeister, Dr. G. F., Handbuch für Sanitäts-Soldaten. Mit
58 in den Text eingedruckten Holzschnitten. 8. geh.   Preis 15 Sgr.

de la Beche, Sir Henry, Vorschule der Geologie. Eine Anleitung zur Beobachtung und zum richtigen Verständniss der noch jetzt auf
der Erdoberfläche vorgehenden Veränderungen, sowie zum Studium der geolo-

gischen Erscheinungen überhaupt. Frei mit Zusätzen bearbeitet von Dr. E. Dieffenbach. Mit 312 in den Text eingedruckten Illustrationen in Holzstich. In 6 Lieferungen. gr. 8. Fein Velinpap. Geh. Compl. Preis 3 Thlr.

Beauties of the poets of Great Britain, with explanatory notes. Selected and arranged by T. Collins-Banfield. 8. Vol. I. Preis 1 Thlr. 15 Sgr.
Vol. II. Preis 1 Thlr. 10 Sgr.

Beer, Dr. A., Einleitung in die höhere Optik. Mit 212 in den Text eingedruckten Holzschnitten und 2 Tafeln mit 50 Abbildungen in Kupferstich. gr. 8. Fein Velinpap. geh. Preis 2 Thlr. 15 Sgr.

Beer, Dr. A., Grundriss des photometrischen Calcüles. Mit in den Text eingedruckten Holzschnitten. gr. 8. Fein Velinpap. geh. Preis 1 Thlr.

Bergmann, Prof. Dr. Carl, Lehrbuch der Medicina forensis für Juristen. Mit 39 erläuternden Abbildungen in Holzstich. gr. 8. Fein Velinpap. geh. Preis 2 Thlr. 15 Sgr.

Bibra, Freiherr Ernst v., Dr. med. et phil., Chemische Fragmente über die Leber und die Galle. 8. Fein Velinpap. geh.
Preis 1 Thlr. 10 Sgr.

Bischoff, Prof. Dr. Th. L. W., Entwickelungsgeschichte des Kaninchen-Eies. Gekrönte Preisschrift, ausgesetzt von der physikalisch-mathematischen Klasse der Königl. Preuss. Akademie der Wissenschaften im Jahre 1840. Mit 16 Steintafeln. gr. 4. Fein Velinpap. geh. Preis 6 Thlr.

Bischoff, Prof. Dr. Th. L. W., Entwickelungsgeschichte des Hunde-Eies. Mit 15 Steintafeln. gr. 4. Fein Velinpap. geh. Preis 5 Thlr.

Bischoff, Prof. Dr. Th. L. W., Ueber Missbildungen nebst einer Einleitung über die Literatur-Geschichte der Entwickelungs-Geschichte. Aus R. Wagner's Handwörterbuch der Physiologie, Bd. I., besonders abgedruckt. gr. 8. Velinpap. geh. Preis 15 Sgr.

Blasius, Prof. J. H., Fauna der Wirbelthiere Deutschlands und der angrenzenden Länder von Mitteleuropa. Erster Band: Säugethiere. Mit 209 in den Text eingedruckten Holzschnitten. gr. 8. Fein Velinpap. geh.
Preis 2 Thlr. 20 Sgr.

Blasius, Prof., und Graf A. Keyserling, Die Wirbelthiere Europas. Erstes Buch: Die unterscheidenden Charaktere. gr. 8. Fein Velinpap. geh. Preis 2 Thlr. 10 Sgr.

Blum, Wilhelm, Natürliche und künstliche Mineralwasser. Mit 17 in den Text eingedruckten Holzschnitten. gr. 8. Fein Velinpap. geh.
Preis 20 Sgr.

Böcker, Dr. F. W., Ueber eine Ursache des Branntweingenusses, als Anmerkung zu Liebig's Thierchemie Seite 216 und 217, nebst Mitteln zur Beseitigung derselben und gerichtl. medicinische Beurtheilung in der Trunkenheit verübten gesetzwidrigen Handlungen. gr. 8. geh. Preis 25 Sgr.

Bolley, Prof. Dr. P. A., Der Mist, seine chemische Zusammensetzung, seine Wirkung als Düngmittel und seine Zubereitungsweise. Für deutsche Landwirthe bearbeitet nach dem Plane von J. Girardin's Vorlesungen über diesen Gegenstand, gehalten an der Landwirthschaftsschule zu Rouen. 8. geh. Preis 15 Sgr.

Braun, E., Die Ruinen und Museen Roms. Für Reisende, Künstler und Alterthumsfreunde. 8. geh. Preis 3 Thlr.
Eleg. gebunden Preis 3 Thlr. 10 Sgr.

Braun, E., The ruins and museums of Rome. A guide book for travellers, artists and lovers of antiquity. In engl. Leinen gebunden.
Preis 3 Thlr.

Breislack, Scipio, Lehrbuch der Geologie. Nach der zweiten französischen Ausgabe, mit beständiger Zuziehung der ersten italienischen, übersetzt und mit Anmerkungen begleitet von F. K. v. Strombeck. In 3 Bänden, mit den Kupfern des Originals. Preis 9 Thlr.

Breusing, H., Ein Westfale. 3 Bände. 8. Fein Velinpap. geh.
Preis 3 Thlr. 15 Sgr.

Bruns, Prof. Dr. V., Lehrbuch der allgemeinen Anatomie des
Menschen. Nach eigenen Untersuchungen zum Gebrauche bei Vorlesungen,
sowie zum Selbstudium für praktische Aerzte und Wundärzte bearbeitet. gr. 8.
Fein Velinpap. geh. Preis 2 Thlr.

Budge, Julius, Ueber die Bewegung der Iris. Für Physiologen
und Aerzte. Mit 8 Tafeln Abbildungen und in den Text eingedruckten Holzschnitten. gr. 8. Fein Velinpap. geh. Preis 1 Thlr. 15 Sgr.

Buff, Prof. Dr. H., Zur Physik der Erde. Vorträge für Gebildete
über den Einfluss der Schwere und der Wärme auf die Natur der Erde. 8.
Fein Velinpap. geh. Peis 1 Thlr. 5 Sgr.

Buff, Prof. Dr. H., **Kopp,** Prof. Dr. H. und **Zamminer,** Prof.
Dr. F., Lehrbuch der physikalischen und theoretischen Chemie. Zugleich als
erster Band zu Graham-Otto's ausführlichem Lehrbuch der Chemie. Mit 500
in den Text eingedruckten Holzschnitten. gr. 8. Fein Velinpapier. geh.
Preis 4 Thlr. 15 Sgr.

Bunsen, Robert, Gasometrische Methoden. Mit 60 in den Text
eingedruckten Holzschnitten. gr. 8. Fein Velinpap. geh. Preis 2 Thlr.

———, Tabellen zur Berechnung gasometrischer Analysen. Besonderer Abdruck aus „Bunsen's gasometrischen Methoden." Zum Gebrauche in
den Laboratorien. gr. 8. Fein Velinpap. geh. Preis 10 Sgr.

Byron, Mazeppa, a Poem. Mit Worterklärung und einer Lebensskizze des Dichters von Dr. H. M. Melford. Zweite verbesserte und vermehrte Auflage. 12. geh. Preis 7½ Sgr.

Callery und Yvan. Der Aufstand in China von seiner Entstehung bis zur Einnahme von Nanking. Aus dem Französischen von Reinhard
Otto. Mit einer topographischen Originalkarte und dem Bildnisse des Thronprätendenten. gr. 8. Fein Velinpapier. geh. Preis 1 Thlr.

Celsus, Aulus Cornelius, über die Arzneiwissenschaft, in 8
Büchern, übersetzt und erläutert von Dr. F.d. Scheller. 2 Thle. gr. 8. geh.
Preis 3 Thlr.

Ciceronis, M.T., de officiis libri tres. Ad solam priscorum exemplarium fidem recensuit, adiectisque I. M. Heusingeri, et suis adnotat.
Explicatores edituras erat I. Fr. Heusinger. Editionem a Conr. Heusingero,
Iac. Fr. filio, curatam repetivit suisque animadversionibus auxit Car. Timoth.
Zumptius. gr. 8. geh. Preis 3 Thlr. 15 Sgr.

Ciceronis, M. T., de officiis libri tres, cum selectis I. M. et I. F.
Heusingerorum suisque notis scholarum in usum iterum edidit C. T. Zumptius. 8. Fein Velinpap. geh. Preis 20 Sgr.

Cicero's Rede für Sextus Roscius aus Ameria. Mit Einleitung
und Commentar von Hofrath u. Prof. Dr. E. Osenbrüggen. 8. geh.
Preis 20 Sgr.

Claussen, Chevalier, Der Flachsbau, seine nationale Bedeutung
und Vortheile nebst Anweisungen zur Bereitung von Flachsbaumwolle und zur
Cultur des Flachses. Aus dem Englischen. gr. 8. Fein Velinpap. geh.
(Siehe auch Ryan.) Preis 10 Sgr.

Corvinus, J., Ein Frühling. 8. Fein. Felinp. geh.
Preis 1 Thlr. 20 Sgr.

Curtii Rufi de gestis Alexandri magni regis Macedonum libri
qui supersunt octo. Ad fidem codicum manuscriptorum et olim adhibitorum
et recens collatorum Florentinorum et Bernensium recensuit et commentario instruxit Car. Timoth. Zumptius. Accedit tabula geographica expeditionum
regis Alexandri. gr. 8. Fein Velinpap. geh. Preis 4 Thlr.

Curtii Rufi, Ausgabe zum Schulgebrauch mit einem deutschen
erklärenden Commentar von C. G. Zumpt. Nebst einer Karte von den Zügen
Alexanders des Grossen. 8. Fein Velinpap. geh. Preis 1 Thlr.

Darvin, Charles, Naturwissenschaftliche Reisen nach den Inseln
des grünen Vorgebirges, Südamerika, dem Feuerlande, den Falkland-Inseln,

Chiloe-Inseln, Galapagos-Inseln, Otaheiti, Neuholland, Neuseeland, Van Diemen's Land, Keeling-Inseln, Mauritius, St. Helena, den Azoren etc. Deutsch und mit Anmerkungen von Ernst Dieffenbach, Dr. med. 2 Thle. Mit 1 Karte (in Folio) und Holzschnitten. gr. 8. geh. Preis 3 Thlr. 10 Sgr.

Dienger, Prof. Dr. J., Ausgleichung der Beobachtungsfehler nach der Methode der kleinsten Quadratsummen. Mit zahlreichen Anwendungen, namentlich auf geodätische Messungen. Mit in den Text eingedruckten Holzschnitten. gr. 8. Fein Velinpap. geh. Preis 1 Thlr. 5 Sgr.

Dienger, Prof. Dr. J., Abbildung krummer Oberflächen auf einander und Anwendung derselben auf höhere Geodäsie. Mit in den Text eingedruckten Holzschnitten. gr. 8. Fein Velinpap. geh. Preis 20 Sgr.

Dommerich, E., Sollen wir Milchvieh züchten oder kaufen? Ein Beitrag zur Rindviehzucht. gr. 8. Fein Velinpap. geh. Preis 7½ Sgr.

Duhamel, Lehrbuch der reinen Mechanik. Deutsch bearbeitet für Universitäten, polytechnische und Kriegsschulen, sowie zum Selbstunterrichte von Dr. Wilh. Wagner. Zwei Theile in einem Bande nebst Zusätzen nach der zweiten Auflage des Originals. Mit in den Text eingedruckten Holzschnitten. gr. 8. Fein Velinpap. geh. Preis 1 Thlr.

Duhamel, Lehrbuch der Differential- und Integral-Rechnung mit vielen analytischen und geometrischen Anwendungen. Deutsch von Dr. Wilh. Wagner. In zwei Theilen. Mit in den Text eingedruckten Holzschnitten. gr. 8. Fein Velinpap. geh. Preis 1 Thlr.

Ecker, Prof. Dr. Alex., Der feinere Bau der Nebennieren beim Menschen und den vier Wirbelthierclassen. Mit 2 Steintafeln. gr. 4. geh. Preis 2 Thlr.

Ellerbrock, Ignatz Joseph, Die holländische Rindviehzucht und Milchwirthschaft, die Zucht, Veredlung und Pflege des Rindviehes, Mastung der Kälber, Melken und Behandlung der Milch; die Bereitung der Butter und der verschiedenen Sorten des berühmten holländischen Käses für den Haus- und Handelsbedarf umfassend. Aus der Praxis beschrieben. Mit 71 in den Text eingedruckten Holzschnitten. gr. 8. Fein Velinpap. geh. Preis 1 Thlr.

Engelhardt, J. D. W. E., Sammlung von Erfahrungen, wie bürgerliche Wohngebäude dauerhaft zu construiren, bequem einzurichten, verständig zu verzieren und wohlfeil aufzuführen, sowie zu erhalten sind. Ein Hülfsbuch für Alle, die solche Gebäude aufführen, erwerben oder verbessern wollen. gr. 8. geh. Preis 1 Thlr. 10 Sgr.

Erläuternde Beispiele zur Unterrichtsmethode des königl. preussischen General-Lieutenants Grafen Waldersee in der kriegsmässigen Ausbildung der Infanterie für das zerstreute Gefecht, mit besonderer Bezugnahme auf die Vorschriften des Exercir-Reglements für die kaiserl. königl. österreichische Linien- und Gränz-Infanterie von M. v. D. Mit fünf Plänen. In engl. Leinen gebunden. Preis 1 Thlr.

Euripides, der Cyklop. Ein Satyrspiel. Deutsch in den Versmaassen der Urschrift von Adolph Schöll. kl. 8. geh. Preis 10 Sgr.

Falke, Dr. J. E. L., Compendium der Veterinär-Jurisprudenz. Ein Leitfaden bei Vorlesungen und zum Handgebrauche für Regierungs- und richterliche Beamte, Advokaten und Gerichtsthierärzte. gr. 8. geh. Preis 25 Sgr.

Feuerbach, Anselm, Nachgelassene Schriften. In 4 Bänden. Mit dem Portrait des Verfassers und 2 Tafeln Abbildungen. 8. Fein Velinpap. geh. Preis complet 4⅘ Thlr.

Erster Band: Leben, Briefe und Gedichte von Anselm Feuerbach. Herausgegeben von Henriette Feuerbach. Mit dem Portrait des Verfassers. 8. Fein Velinpap. geh. Preis 1 Thlr. 5 Sgr.

Zweiter und dritter Band: Geschichte der griechischen Plastik. Von Anselm Feuerbach. Herausgegeben von Hermann Hettner. 8. Fein Velinpap. geh. Preis 2 Thlr. 10 Sgr.

Vierter Band: Kunstgeschichtliche Abhandlungen. Von Anselm Feuerbach. Herausgegeben von Hermann Hettner. Mit 2 Abbildungen. 8. Fein Velinpap. geh. Preis 1 Thlr. 5 Sgr.

Fick, Prof. Dr. Adolph, Die medizinische Physik. Zugleich als Supplementband für Mediziner zu sämmtlichen Auflagen von Müller-Pouillet's Lehrbuch der Physik. Mit in den Text eingedruckten Holzschnitten. gr. 8. Fein Velinpap. geh. In sechs Lieferungen. Preis compl. 8 Thlr.

Fischer, J. G., Naturgeschichtliches Lesebuch für Schule und Haus, oder anschauliche leichtfassliche Belehrungen über die vornehmsten Gegenstände aus dem Thier-, Pflanzen- und Mineralreiche. Mit 66 in den Text eingedruckten Holzschnitten. Zweite Auflage. gr. 8. Fein Velinpap. geh.
Preis 20 Sgr.

Fliedner, Dr. C., Aufgaben aus der Physik nebst ihren Auflösungen und einem Anhange, physikalische Tabellen enthaltend. Zum Gebrauche für Lehrer und Schüler in höheren Unterrichtsanstalten und besonders zum Selbstunterrichte. Mit in den Text eingedruckten Holzschnitten. Zweite verbesserte und vermehrte Auflage. gr. 8. geh.
Erste Abtheilung: Die Aufgaben und physikalischen Tabellen enthaltend.
Preis 15 Sgr.
Zweite Abtheilung: Die Auflösungen enthaltend. Preis 20 Sgr.

Frerichs, Prof. Dr. Fried. Theod., Die Bright'sche Nierenkrankheit und deren Behandlung. Eine Monographie. Mit einer Kupfertafel. gr. 8. Fein Velinpap. geh. Preis 1 Thlr. 20 Sgr.

Frerichs, Prof. Dr. Fried. Theod., Klinik der Leberkrankheiten. Erster Band. Mit zahlreichen in den Text eingedruckten Holzschnitten. — Auch unter dem Titel: Die medicinische Klinik. Erster Band. — Zweite Auflage. Royal-8. Satin. Velinpapier. geh. Preis 2 Thlr. 20 Sgr.

—— Atlas zu Frerichs' Klinik der Leberkrankheiten. Erstes Heft, enthaltend 12 sorgfältig colorirte Tafeln in Stahlstich. Zweite Auflage. Royal-Quart. geh. Preis 5 Thlr.

Fresenius, Prof. Dr. C. R., Anleitung zur quantitativen chemischen Analyse, oder die Lehre von der Gewichtsbestimmung und Scheidung der in der Pharmacie, den Künsten, Gewerben und der Landwirthschaft häufiger vorkommenden Körper in einfachen und zusammengesetzten Verbindungen. Für Anfänger und Geübtere bearbeitet. Mit in den Text eingedruckten Holzschnitten. Vierte sehr vermehrte und verbesserte Auflage. gr. 8. geh.
Preis 4 Thlr. 10 Sgr.

Fresenius, Prof. Dr. C. R., Anleitung zur qualitativen chemischen Analyse, oder die Lehre von den Operationen, von den Reagentien und von dem Verhalten der bekannteren Körper zu Reagentien, sowie systematisches Verfahren zur Auffindung der in der Pharmacie, den Künsten, Gewerben und der Landwirthschaft häufiger vorkommenden Körper in einfachen und zusammengesetzten Verbindungen. Für Anfänger und Geübtere bearbeitet. Mit in den Text eingedruckten Holzschnitten und einem Vorwort von Justus v. Liebig. Zehnte verbesserte Auflage. gr. 8. Fein Velinpap. geh. Preis 1 Thlr. 25 Sgr.

Fresenius, Prof. Dr. C. R., Lehrbuch der Chemie für Landwirthe, Forstmänner und Cameralisten, zum Gebrauche bei Vorlesungen und zum Selbstunterrichte. Mit zahlreichen Abbildungen in Holzstich. gr. 8. Fein Velinpap. geh.
Preis 2 Thlr. 20 Sgr.

Frey, Dr. Heinr., und Dr. Rud. Leuckart, Beiträge zur Kenntniss wirbelloser Thiere, mit besonderer Berücksichtigung der Fauna des norddeutschen Meeres. Mit 2 Kupfertafeln. gr. 4. Fein Velinpap. geh.
Preis 4 Thlr.

Frick, Prof. Dr. J., Physikalische Technik oder Anleitung zur Anstellung von physikalischen Versuchen und zur Herstellung von physikalischen Apparaten mit möglichst einfachen Mitteln. Zweite vermehrte und verbesserte Auflage. Mit 810 in den Text eingedruckten Holzschnitten. gr. 8. Fein Velinpap. geh. Preis 2 Thlr. 15 Sgr.

Frick, Prof. Dr. J., Die Feuerspritze. Anleitung zu deren Bau, Berechnung, Behandlung und Prüfung, für Spritzenfabrikanten, Spritzenmeister,

Polizei- und Gemeindebeamte, Löschvereine und Feuerversicherungsgesellschaften. Mit 263 in den Text eingedruckten Holzschnitten. gr. 8. Fein Velinpap. geh.
Preis 2 Thlr. 20 Sgr.

Fries, Dr. K. F. E., Lehrbuch des Wiesenbaues. Für Landwirthe, Forstmänner, Cameralisten und Techniker. Zum Gebrauche bei Vorlesungen und zum Selbstunterrichte. Mit 207 in den Text eingedruckten Holzschnitten. gr. 8. Fein Velinpap. geh. Preis 2 Thlr.

Fries, Geh. Hofr. Prof. Dr. J. Fr., Versuch einer Kritik der Principien der Wahrscheinlichkeits-Rechnung gr. 8. geh. Preis 1 Thlr. 10 Sgr.

Für den Friedhof der evangelischen Gemeinde in Gratz in Steiermark. Erzählungen, vermischte Aufsätze und Gedichte von Einhundertsechsundzwanzig deutschen Gelehrten, Schriftstellern und Dichtern diesem Zwecke gewidmet. Mit einer musikalischen Beilage von G. Meyerbeer. 8. geh.
Preis 2 Thlr.

Fürst zu Salm-Horstmar, Versuche und Resultate über die Nahrung der Pflanzen. 8. Fein Velinpap. geh. Preis 10 Sgr.

Fürstenberg, S., Anleitung zum Unterricht im Freihandzeichnen mit Rücksicht auf die Methode der Brüder Ferdinand und Alexandre Dupuis nebst einem Anhange: „Vorschule der Perspective". Mit 30 in den Text eingedruckten Figuren und 2 Tafeln. gr. 8. Fein Velinpap. geh. Preis 25 Sgr.

——, Vorschule der Perspective für den Schul- und Selbstunterricht. Mit 28 in den Text eingedruckten Holzschnitten. gr. 8. Fein Velinpap. geh. Preis 10 Sgr.

Gentele, J. G., Lehrbuch der Farbenfabrikation. Anweisung zur Darstellung, Untersuchung und Verwendung aller im Handel vorkommenden Malerfarben, zum Gebrauche für Farbenfabrikanten, Chemiker, Techniker, Kaufleute, Maler und Consumenten dieser Artikel. Mit in den Text eingedruckten Holzschnitten. gr. 8. Fein Velinpap. geh.

Gilly, D., Handbuch der Landbaukunst, vorzüglich in Rücksicht auf die Construction- der Wohn und Wirthschaftsgebäude, für angehende Baumeister und Oekonomen. 4te sehr vermehrte Aufl., besorgt von F. Triest. 1r Thl. mit schwarzen Kupf. gr. 8. Preis 3 Thlr. Mit illumin. Kupf. 4 Thlr.

Goethe's Hermann und Dorothea. Neue Miniatur-Ausgabe. Mit einem Stahlstich nach L. Richter. Gebunden mit Goldschnitt. Preis 25 Sgr.
Dasselbe Werk. Neue Ausgabe mit einem Titelbilde in Holzschnitt. Cartonn.
Preis 20 Sgr.

Gorup-Besanez, Prof. Dr. E. F. von, Lehrbuch der Chemie für den Unterricht auf Universitäten und mit besonderer Berücksichtigung des Standpunktes studirender Mediciner. In drei Bänden. gr. 8. Fein Velinpap. geh.
Erster Band: Anorganische Chemie. Mit 150 in den Text eingedruckten Holzschnitten. Preis 2 Thlr. 10 Sgr.
Zweiter Band: Organische Chemie. Mit in den Text eingedruckten Holzschnitten. Preis 2 Thlr. 20 Sgr.

Gottlieb, D. J., Lehrbuch der reinen und technischen Chemie. Zum Gebrauche an Real- und Gewerbeschulen, Lyceen, Gymnasien etc. und zum Selbstunterricht. Zweite verbesserte Auflage. Mit zahlreichen in den Text eingedruckten Holzschnitten. gr. 8. Fein Velinpap. geh. Preis 2 Thlr.

Grisebachii, Dr. med. et Prof. A., Spicilegium florae rumelicae et bithynicae exhibens synopsin plantarum quas aest. 1838 legit. 2 Bände. gr. 8. Velinpap. Preis 8 Thlr.

Groth, K., Quickborn. Volksleben in plattdeutschen Gedichten Ditmarscher Mundart. Ins Hochdeutsche übertragen von F. A. Hoffmann. geh. Preis 1 Thlr.

Groth, K., Vertelln. Plattdeutsche Erzählungen. Ins Hochdeutsche übertragen von R. Otto. Cartonnirt. Preis 20 Sgr.

Grützner, August, Die Augustin'sche Silberextraction in ihrer
Anwendung auf Hüttenproducte und Erze. Mit 4 Kupfertafeln in gross Folio.
gr. 8. Fein Velinpap. geh. Preis 2 Thlr.

Habich, G. E., Die mineralische Düngung, als Grundlage des
rationellen Ackerbaues. Den in Cleve versammelten deutschen Landwirthen gewidmet. 8. Velinpap. geh. Preis 10 Sgr.

Hagen, Dr. F. W., Psychologische Untersuchungen. Studien im
Gebiete der physiologischen Psychologie. gr. 8. Preis 15 Sgr.

Hamm, Dr. Wilhelm, Die Grundzüge der Landwirthschaft. Ein
Lehrbuch für den Selbstunterricht und zum Gebrauch in landwirthschaftlichen
Lehranstalten. Nach Girardin und Du Breuil's Cours élémentaire d'agriculture selbständig bearbeitet. Zwei Bände. Mit 1884 in den Text eingedruckten Holzschnitten. gr. 8. Fein Velinpap. geh. Preis complet 8 Thlr.

Hamm, Dr. Wilh., Die landwirthschaftlichen Geräthe und Maschinen Englands. Mit besonderer Berücksichtigung der landwirthschaftlichen
Mechanik und einer Uebersicht der Verhältnisse der englischen Agricultur.
Zweite gänzlich umgearbeitete und bedeutend vermehrte Auflage. Mit 711 in
den Text eingedruckten Holzschnitten. gr. 8. Fein Velinpap. geh. Preis 5 Thlr.

Handwörterbuch der reinen und angewandten Chemie. Begründet von Dr. J. v. Liebig, Dr. J. C. Poggendorff und Dr. Fr. Wöhler.
Erster und zweiter Band. Zweite Auflage, die Buchstaben A bis E enthaltend,
bearbeitet in Verbindung mit mehren Gelehrten. Redigirt von Dr. Herm.
v. Fehling. In Lieferungen von 8 Bogen. Erschienen ist: Erster Band complet
(in 8 Liefrgn.); zweiten Bandes 1. Abtheilung (Liefrg. 1 — 9); zweiten Bandes
2. Abtheilung, Lieferung 1 — 5. (Lieferung 6 befindet sich unter der Presse).
Desselben Werkes dritter bis sechster Band. Erste Auflage. Die Buchstaben
F bis S enthaltend. In 25 Lieferungen. Redigirt von Dr. Hermann Kolbe.
Mit zahlreichen in den Text eingedruckten Holzschnitten. gr. 8. Fein
Velinpap. geh.
Desselben Werkes siebenter Band, redigirt von Dr. Herm. v. Fehling und
Dr. H. Kolbe, Lieferung 1 bis 5. Preis jeder Lieferung 20 Sgr.
(Des desselben Bandes 6. bis 8. Lieferung befindet sich unter der Presse).

Handwörterbuch der Physiologie, mit Rücksicht auf physiologische Pathologie, in Verbindung mit mehren Gelehrten herausgegeben von
Dr. R. Wagner. Mit Kupfern und in den Text eingedruckten Holzschnitten.
Vier Bände, wovon der dritte in zwei Abtheilungen, 278 Bogen grösstes Octav
enthaltend. Ausgegeben in 28 Lieferungen. Preis jeder Lieferung 1 Thlr.

Harless, Prof. Dr. Emil, Populäre Vorlesungen aus dem Gebiete
der Physiologie und Psychologie. Mit 103 in den Text eingedruckten Holzschnitten. 8. Fein Velinpap. geh. Preis 1 Thlr. 20 Sgr.

Hartig, Prof. Dr. Th., Ueber das Verhältniss des Brennwerthes
verschiedener Holz- und Torf-Arten für Zimmerheizung und auf dem Kochheerde. Ein Hülfsbuch für Alle, denen daran gelegen ist, ihren Feuerungsbedarf in mindest kostspieliger Weise zu befriedigen, je nach Verschiedenheit
des Zweckes der Verwendung. 8. Velinpap. geh. Preis 20 Sgr.

Hartig, Prof. Dr. Th., Neue Theorie der Befruchtung der Pflanzen. Gegründet auf vergleichende Untersuchungen der wesentlichsten Verschiedenheiten im Baue der weiblichen Geschlechtstheile. Mit 1 Stahlstiche. gr. 4.
geh. Preis 1 Thlr. 10 Sgr.

Harting, Prof. P., Das Mikroskop. Theorie, Gebrauch, Geschichte und gegenwärtiger Zustand desselben. Deutsche Originalausgabe, vom
Verfasser revidirt und vervollständigt. Aus dem Holländischen übertragen von
Dr. Fr. Wilh. Theile. Mit 410 in den Text eingedruckten Holzschnitten und
einer Tafel in Farbendruck. gr. 8. Satin. Velinpap. geh. Preis 5 Thlr.

Harting, Prof. P., Die gebräuchlichsten mikrometrischen Maasse
in Decimalbrüchen und in gemeinen Brüchen. Für praktische Mikroskopiker.
Separatabdruck aus Harting's Werke über das Mikroskop. gr. 8. gch.
Preis 10 Sgr.

Heidler, Med.-Rath Dr. Carl Jos., Die Nervenkraft im Sinne der
Wissenschaft, gegenüber dem Blutleben in der Natur. Rudiment einer naturgemässen Physiologie, Pathologie und Therapie des Nervensystems. gr. 8. geh.
Preis 2 Thlr.

Heidler, Med.-Rath Dr. Carl Jos., Die Erschütterung als Diagnosticum und als Heilmittel. Ein praktischer Beitrag zur physikalischen Seite der Pathologie und Therapie. Erste Hälfte. gr. 8. geh. Preis 1 Thlr.

Heinemann, H. v., Die Schmetterlinge Deutschlands und der Schweiz. Erste Abtheilung: die Grossschmetterlinge. gr. 8. Fein Velinpapier. geh. Preis 8 Thlr. 15 Sgr.

——— Tabellen zur Bestimmung der Schmetterlinge Deutschlands und der Schweiz. Separatabdruck aus v. Heinemann's Werke über die Schmetterlinge Deutschlands und der Schweiz. gr. 8. Fein Velinpap. geh.
Preis 20 Sgr.

Heinen, Dr. Franz, Ueber einige Rotations-Apparate, insbesondere den Fessel'schen. Mit in den Text eingedruckten Holzschnitten. gr. 8. Fein Velinpap. geh. Preis 20 Sgr.

Hellmuth, J. H., Volks-Naturlehre. Sechszehnte sehr vermehrte Auflage. Nach dem Tode des Verfassers zum neunten Male bearbeitet von J. G. Fischer. Auch unter dem Titel: Elementar-Naturlehre für Lehrer an Seminarien und gehobenen Volksschulen, wie auch zum Schul- und Selbstunterrichte methodisch bearbeitet. 26 Bogen Druck-Velinpap. Mit 294 in den Text eingedruckten Holzschnitten. gr. 8. geh. Preis 1 Thlr.

Henle, Prof. Dr. J., Handbuch der systematischen Anatomie des Menschen. In drei Bänden. Erster Band. g. 8. Sat. Velinpap. geh. Erste Abtheilung: Knochenlehre. Mit 290 in den Text eingedruckten Holzschnitten. Preis 1 Thlr. 15 Sgr. Zweite Abtheilung: Bänderlehre. Mit 161 mehrfarbigen in den Text eingedruckten Holzschnitten. Preis 1 Thlr. 10 Sgr. Dritte Abtheilung: Muskellehre. Mit 159 mehrfarbigen in den Text eingedruckten Holzschnitten. Preis 2 Thlr. 10 Sgr.

Henle, Prof. Dr. J., Handbuch der Knochenlehre des Menschen. Mit 290 in den Text eingedruckten Holzschnitten. gr. 8. Sat. Velinpap. geh.
Preis 1 Thlr. 15 Sgr.

Henle, Prof. Dr. J., Handbuch der Bänderlehre des Menschen. Mit 161 mehrfarbigen in den Text eingedruckten Holzschnitten. gr. 8. Satin. Velinpap. geh. Preis 1 Thlr. 10 Sgr.

Henle, Prof. Dr. J., Handbuch der Muskellehre des Menschen. Mit 159 mehrfarbigen in den Text eingedruckten Holzschnitten. gr. 8. Satin. Velinpap. geh. Preis 2 Thlr. 10 Sgr.

Henle, Prof. Dr. J., Handbuch der rationellen Pathologie. Erster Band. Einleitung und allgemeiner Theil. Dritte Auflage. Zweiter Band: Specieller Theil (in zwei Abtheilungen, erste Abtheilung in zweiter Auflage.) gr. 8. Fein Velinpap. geh. Preis 9 Thlr. 15 Sgr.

Hermes, Dr. Karl Heinr., Die Entdeckung von Amerika durch die Isländer im 10. und 11. Jahrhundert. Mit 1 Kupfertafel. gr. 8. geh.
Preis 25 Sgr.

Hettner, Hermann, Die romantische Schule in ihrem inneren Zusammenhange mit Göthe und Schiller. 8. geh. Preis 1 Thlr.

Hettner, Hermann, Das moderne Drama. Aesthetische Untersuchungen. 8. geh. Preis 1 Thlr. 5 Sgr.

Hettner, Hermann, Griechische Reiseskizzen. Mit 4 Tafeln Abbildungen. 8. Fein Velinpap. geh. Preis 1 Thlr. 20 Sgr.

Hettner, Hermann, Literaturgeschichte des achtzehnten Jahrhunderts. In drei Theilen. Erster Theil. Die englische Literatur von 1660 bis 1770. gr. 8. geh. Preis 2 Thlr. 20 Sgr. Gebunden 3 Thlr.
Zweiter Theil: Die französische Literatur im achtzehnten Jahrhundert. gr. 8. geh. Preis 2 Thlr. 20 Sgr. Gebunden 3 Thlr.

Hildebrand, G. F., Handbuch der Anatomie des Menschen. 4te
stark vermehrte und verbesserte Auflage, besorgt vom Prof. C. H. Weber. 4 Bde.
gr. 8. Preis 11 Thlr.
1. Band: Allgemeine Anatomie, mit 2 Kupfern. Preis 3 Thlr.
2. Band: Beschreibung des Knochensystems, des Muskelsystems und der Haut.
Preis 1 Thlr. 20 Sgr.
3. Band: Das Gefäss- und Nervensystem. Preis 2 Thlr. 20 Sgr.
4. Band: Die Eingeweidelehre und Entwickelungsgeschichte des Menschen.
Preis 3 Thlr. 20 Sgr.

Hoffmeister, W., Die bis jetzt bekannten Arten aus der Familie
der Regenwürmer. Als Grundlage zu einer Monographie dieser Familie. Mit
Zeichnungen nach dem Leben von A. Hoffmeister. gr. 4. Velinpap. geh.
Preis 2 Thlr.

Hutchinson, John, Von der Capacität der Lungen und von den
Athmungs-Functionen, mit Hinblick auf die Begründung einer genauen und
leichten Methode, Krankheiten der Lungen durch das Spirometer zu entdecken.
Aus dem Englischen übersetzt und mit Anmerkungen versehen von Dr. Samosch. Mit zahlreichen in den Text eingedruckten Holzschnitten. gr. 8.
Fein Velinpap. geh. Preis 25 Sgr.

Ingerslev, Dr. C. F., Lateinisch-deutsches Schul-Wörterbuch.
Lexikon-Octav. Zweite Auflage. Fein Velinpap. geh. Preis 1 Thlr. 25 Sgr.

Ingerslev, Dr. C. F., Deutsch-lateinisches Schul-Wörterbuch.
Lexikon-Octav. Zweite Auflage. Fein Velinpap. geh. Preis 1 Thlr. 15 Sgr.

Jones, M. H. B., Ueber Gries, Gicht und Stein. Zunächst eine
Anwendung von Liebig's Thier-Chemie auf die Verhütung und Behandlung
dieser Krankheiten. Deutsch bearbeitet und mit Noten von Dr. Herm. Hoffmann. gr. 8. Velinpap. geh. Preis 25 Sgr.

Justini historiae Philippicae. Zum Gebrauch für die Schüler der
mittleren Gymnasialklassen bearbeitet von Dr. G. H. Th. Hartwig. Erste
Abtheilung. Liber I—XII. 8. Fein Velinpap. geh. Preis 10 Sgr.

Juvenalis, D. Junius, Sechste Satire. Mit Einleitung und Uebersetzung von Eduard Casp. Jac. von Siebold. gr. 8. geh. Preis 15 Sgr.

Keller, Gottfr., Der grüne Heinrich, Roman in 4 Bänden. 8.
Fein Velinpap. geh. Preis 5 Thlr.

Keller, Gottfr., Die Leute von Seldwyla. Erzählungen. 8. Fein
Velinpap. geh. Preis 2 Thlr.

Keller, Gottfr., Neuere Gedichte. Zweite Auflage. geh.
Preis 1 Thlr. 5 Sgr., gebunden mit Goldschnitt 1 Thlr. 15 Sgr.

Kellner, C., Das orthoskopische Ocular, eine neu erfundene achromatische Linsencombination, welche dem astronomischen Fernrohr, mit Einschluss der dialytischen Rohrs, und dem Mikroskop bei einem sehr grossen
Gesichtsfeld ein vollkommen ungekrümmtes, perspectivisch richtiges, seiner ganzen Ausdehnung nach scharfes Bild ertheilt, sowie auch den blauen Rand des
Gesichtsraumes aufhebt; zugleich als Anleitung zur Kenntniss aller Umstände,
welche zu einer massgebenden Beurtheilung und richtigen Behandlungsart der
optischen Instrumente, insbesondere des Fernrohrs, durchaus nöthig sind. Nebst
einem Anhang: Zur Kenntniss und genauen Prüfung der Libellen oder Niveaus,
von M. Hensoldt. Mit in den Text eingedruckten Holzschnitten. gr. 8.
Fein Velinpap. geh. Preis 15 Sgr.

Kerner, Justinus, Das Bilderbuch aus meiner Knabenzeit. Erinnerungen aus den Jahren 1786 bis 1804. 8. Fein Velinpap. geh. Preis 2 Thlr.

Kitz, J. G., Methodisches Lehr- und Lesebuch zur gründlichen
Einführung in die französische Sprache. Umfassend Grammatik, grammatische
Uebungen, Lectüre, und praktische Anleitung zum Schreiben und Sprechen. gr. 8.
Fein Velinpap. geh. Preis 20 Sgr.

Knapp, Prof. Dr. F., Die Nahrungsmittel in ihren chemischen
und technischen Beziehungen. Mit in den Text eingedruckten Holzschnitten.
gr. 8. Fein Velinpap. geh. Preis 1 Thlr.

Knapp, Prof. Dr. F., Lehrbuch der chemischen Technologie, zum
Unterricht und Selbstudium bearbeitet. Mit 462 in den Text eingedruckten
Holzschnitten. Zwei Bände. Zweiter Abdruck. gr. 8. geh. Preis 8 Thlr.

Kolbe, Dr. Hermann, Ausführliches Lehrbuch der organischen
Chemie. In zwei Bänden. Mit in den Text eingedruckten Holzschnitten.
Zugleich als dritter und vierter Band zu Graham-Otto's ausführlichem Lehrbuch
der Chemie. Erschienen ist: 1. — 11. Lieferung. Preis jeder Lieferung 15 Sgr.

Kopp, Dr. H., Geschichte der Chemie. In vier Bänden. gr. 8.
Preis: 1. Bd. 2 Thlr. 15 Sgr., 2. Bd. 2 Thlr. 15 Sgr., 3. Bd. 2 Thlr., 4. Bd.
2 Thlr. 15 Sgr.

Kopp, Dr. H., Einleitung in die Krystallographie und in die krystallographische Kenntniss der wichtigeren Substanzen. Mit einem Atlas von
21 Kupfertafeln und 7 lithographirten Tafeln, Netze zu Krystallmodellen enthaltend. gr. 8. Fein Velinpap. geh. Preis 3 Thlr. 20 Sgr.
Preis für den Atlas von 21 Kupfertafeln und 7 lithographirten Tafeln mit
   Netzen aparte, quer 4. geh. Preis 1 Thlr. 20 Sgr.
  „ für die 7 Tafeln, Netze zu Krystallmodellen aparte, quer 4. geh.
Preis 10 Sgr.

Küchler, Dr. H., Eine neue operative Heilmethode der sämmtlichen wahren Hornhautstaphylome nebst Untersuchungen über die Form und
Bildungsweise dieser Staphylome. gr. 8. Fein Velinpap. geh. Preis 20 Sgr.

Kurrer, Dr. Wilhelm Heinrich v., Das Bleichen der Leinwand
und der leinenen Stoffe in den europäischen Ländern, von dem Standpunkte
der Wissenschaft und der praktischen Erfahrungen beleuchtet, in steter Hinweisung auf eigene Beobachtungen, Erfahrungen und Verfahrungsarten, und
die verschiedenen Appreturen, mit einem Anhang über den gegenwärtigen Standpunkt und die neuesten Verfahrungsarten in der Kunst, baumwollene Stoffe
jeder Gattung auf die schnellste, sicherste und unschädlichste Art, sowohl für
den Druck als für den weissen Bedarf vollkommen weiss zu bleichen und zu
appretiren. Zweite, durch Nachträge vermehrte Auflage. Mit 5 Kupfertafeln
gr. 8. Fein Velinpap. geh. Preis 2 Thlr.

Kurrer, Wilhelm Heinrich von, Das neue Verfahren, Leinwand
und leinene Stoffe zu bleichen, wie es zu Blaubeuren im Königreich Würtemberg
eingeführt ist. Als Supplement zur ersten Auflage der Schrift: Das Bleichen
der Leinwand und der leinenen Stoffe in den europäischen Ländern. gr. 8. geh.
Preis 15 Sgr.

Lang, Karl Heinrich, Ritter von, Memoiren. Skizzen aus meinem Leben und Wirken, meinen Reisen und meiner Zeit. 2 Theile 8. geh.
Preis 4 Thlr.

Leuckart, Dr. Rud., Ueber die Morphologie und die Verwandtschaftsverhältnisse der wirbellosen Thiere. Ein Beitrag zur Charakteristik und
Classification der thierischen Formen. 8. Velinpap. geh. Preis 1 Thlr. 10 Sgr.

Lewald, Fanny, Deutsche Lebensbilder. 4 Bändchen. 8. Fein
Velinpap. geh. à Bdchn. 7½ Sgr. Preis 1 Thlr.
1. Bändchen: Die Hausgenossen. 2. Bändchen: Das grosse Loos. 3. Bändchen:
Kein Haus. 4. Bändchen: die Tante.

Lewald, Fanny, Dünen und Berggeschichten. 2 Bände. 8. Fein
Velinpap. geh. Preis 2 Thlr. 20 Sgr.

Lewald, Fanny, England und Schottland. Reisetagebuch. 2
Bände. 8. Fein Velinpap. geh. Preis 5 Thlr. 20 Sgr.

Lewald, Fanny, Wandlungen. Roman. 4 Bände. 8. Fein Velinpap. geh. Preis 7 Thlr. 20 Sgr.

Lewald, Fanny, Die Kammerjungfer. Roman. 2 Bände. 8. Fein
Velinpap. geh. Preis 3 Thlr.

Lewald, Fanny, Adele. Roman. 8. Fein Velinpap. geh.
Preis 1 Thlr.

Lewald, Fanny, Liebesbriefe aus dem Leben eines Gefangenen.
Roman. 8. geh. Preis 1 Thlr. 20 Sgr.

Lewald, Fanny, Erinnerungen aus dem Jahre 1848. 2 Bände.
8. geh. Preis 2 Thlr. 20 Sgr.

Liebig, Justus von, Die Chemie in ihrer Anwendung auf Agricultur und Physiologie. Siebente Auflage. gr 8. Fein Velinpap. (Unter der Presse befindlich.)

Liebig, Justus von, Die Thier-Chemie oder die organische Chemie in ihrer Anwendung auf Physiologie und Pathologie. Dritte umgearbeitete und vermehrte Auflage. gr. 8. Fein Velinpap. geh. Erste Abtheilung.
Preis 1 Thlr. 10 Sgr.

Liebig, Justus von, Anleitung zur Analyse organischer Körper. Mit 82 in den Text eingedruckten Holzschnitten. Zweite umgearbeitete und vermehrte Auflage. gr. 8. Fein Velinpap. geh.
Preis 20 Sgr.; in engl. Leinen gebunden 25 Sgr.

Liebig, Justus von, Vollständiger Unterricht über das Verfahren Silber auf nassem Wege zu probiren. Deutsch bearbeitet nach Gay-Lussac. Mit 6 Kupfertafeln in Folio. gr. 8. geh. Preis 1 Thlr. 20 Sgr.

Liebig, Justus von, Untersuchungen über einige Ursachen der Säftebewegung im thierischen Organismus. Mit in den Text eingedruckten Holzschnitten. gr. 8. Fein Velinpap. geh. Preis 20 Sgr.

Liebig, Justus von, Die Grundsätze der Agriculturchemie mit Rücksicht auf die in England angestellten Untersuchungen. Zweite, durch einen Nachtrag vermehrte Auflage. gr. 8. Sat. Velinpap. geh. Preis 25 Sgr.

Liebig, Justus von, Herr Dr. Emil Wolff in Hohenheim und die Agricultur-Chemie. Nachtrag zu den „Grundsätzen der Agricultur-Chemie". gr. 8. Sat. Velinpap. geh. Preis 10 Sgr.

Liebig, Justus von, Ueber Theorie und Praxis in der Landwirthschaft. gr. 8. Sat. Velinpap. geh. Preis 25 Sgr.

Liebig, Justus von, Wissenschaftliche Vorträge s. Vorträge etc.

Linke, Baurath G., Der Bau der Dorn'schen Lehmdächer nach eigenen Erfahrungen, mit Rücksicht auf die dabei vorkommenden Holzconstructionen und Kostenberechnungen. Mit 1 Kupfertafel. gr. 8. geh. Preis 20 Sgr.

Linke, Baurath G., Der Bau der flachen Dächer unter Benutzung des Lehms, der Lehmplatten, der verschiedenen Mastic-Compositionen, der Harzplatten, der Pappe, des Asphalts, der künstlichen Erdharze und des Oel-Cements. Mit den dazu gehörigen Holzconstructionen und Kostenberechnungen, und einem Anhange über die Verwendung des Asphalts und einiger künstlichen Bitumen zu Fussböden, Pflasterungen und anderen baulichen Zwecken. Ein Handbuch für Baumeister und Bauherren, nach den neuesten Erfahrungen bearbeitet. Mit 2 grossen Kupfertafeln in Royal-Format, 52 Constructionszeichnungen und andere Gegenstände enthaltend. Zweite Ausgabe der Schrift: »Der Bau der Dorn'schen Lehmdächer.« gr. 8. geh. Preis 1 Thlr. 20 Sgr.

Löffler, Dr. Karl, Das chinesische Zuckerrohr (Kao-lien). Ein Wundergewächs für Agricultur und Industrie, in seiner Verwendung zur Zucker-, Alkohol-, Farben- und Papierfabrikation etc., sowie als Nahrungs-, Fütterungs- und Düngungsmittel. Nach den neuesten Quellen betrachtet. Mit einer colorirten Abbildung der Pflanze. gr. 8. Fein Velinpap. geh. Preis 20 Sgr.

Löhr, Math. Jos., Enumeratio der Flora von Deutschland und der angränzenden Länder im ganzen Umfange von Reichenbach's Flora germanica excursoria, der Mittelländischen Meere bis zur Nord- und Ost-See. Geordnet nach dem natürlichen Systeme von De Candolle und der Reihenfolge von Koch's Synopsis, mit allen Synonymen, Varietäten und Fundorten, unter besonderer Berücksichtigung der Gegenden am Rheine. 8. Fein Velinpap. geh.
Preis 2 Thlr.

Löwig, Prof. Dr. Carl, Chemie der organischen Verbindungen.
Zweite umgearbeitete und vermehrte Auflage. 2 Bände. gr. 8. geh.
Preis 11 Thlr. 10 Sgr.

Löwig, Prof. Dr. Carl, Grundriss der organischen Chemie.
gr. 8. Fein Velinpap. geh. Preis 2 Thlr. 10 Sgr.

Lyell, Sir Charles, Zweite Reise nach den Vereinigten Staaten
von Nordamerika. Deutsch nach der zweiten Ausgabe des englischen Originals
von Ernst Dieffenbach. In zwei Bänden. Mit 14 in den Text eingedruckten
Holzschnitten. 8. Fein Velinpap. geh. Preis 2 Thlr. 20 Sgr.

Madvig, Prof. Dr. J. N., Lateinische Sprachlehre für Schulen.
Dritte Auflage. gr. 8. Velinpap. geh. Preis 1 Thlr.
Durch die am Ende des Buches hinzugefügte Zusammenstellung der geänderten Paragraphenzahlen ist der Gebrauch der ersten Auflage neben dem der dritten möglich gemacht, und in Berücksichtigung dieses Umstandes dürfte es von Interesse sein und die Einführung des Buches in die Schulen noch mehr erleichtern, dass wir einen Rest Exemplare erster Auflage auf ⅓ Thlr. im Preise herabsetzen. Ausserdem geben wir von beiden Auflagen auf 6 auf einmal bezogene Exemplare ein Frei-Exemplar.

Madvig-Tischer, Kleinere lateinische Sprachlehre für Schulen.
Für die unteren und mittleren Klassen der Gymnasien bearbeitet von Dr.
Gustav Tischer, Gymnasiallehrer in Brandenburg. gr. 8. Velinpap.
Preis 20 Sgr.

Madvig, Prof. Dr. J. N., Bemerkungen über verschiedene Punkte
des Systems der lateinischen Sprache und einige Einzelheiten derselben. Als
Beilage zu seiner lateinischen Sprachlehre für Schulen. gr. 8. Velinpap. geh.
Preis 10 Sgr.

Madvig, Prof. Dr. J. N., Syntax der griechischen Sprache, besonders der attischen Sprachform, für Schulen. gr. 8. geh. Preis 25 Sgr.

Melford, H. M., Englisches Lesebuch, enthaltend eine zweckmässige, zur Beförderung der Fortschritte in dieser Sprache besonders dienliche Sammlung von Lese- und Uebersetzungsstücken, aus den besten neueren englischen Prosaisten und Dichtern gezogen, nach stufenweiser Schwierigkeit geordnet, mit zahlreichen unter dem Texte angebrachten Bedeutungen der Wörter, sowie mit lebensgeschichtlichen Anmerkungen versehen. Mit einem Vorworte von K. F. Ch. Wagner. Vierte vermehrte und verbesserte Auflage. gr. 8.
Velinpap. geh. Preis 22½ Sgr.

Melford, Synonymisches Handwörterbuch der Englischen Sprache
für die Deutschen. Nach den besten Originalwerken bearbeitet und durch zahlreiche Beispiele aus älteren und neueren Musterwerken erläutert. gr. 8. geb.
Preis 2 Thlr. 20 Sgr.

Melford, Vereinfachte Englische Sprachlehre. Erste Studien vor
dem Gebrauche der Wagner'schen Neuen Englischen Sprachlehre für die Deutschen. Mit einem Vorworte von Dr. F. K. Ch. Wagner, Geheimen Hofrathe und Professor zu Marburg. 8. geh. Preis 12½ Sgr.

Mémoires de Frédérique Sophie Wilhelmine, Margrave de Bareith, soeur de Frédéric le Grand, depuis l'année 1706 jusqu'à 1742. Ecrits de
sa main. Nouv. édit. 2 Vol. gr. 8. 1845. broch. Preis 3 Thlr.

Memoiren von Friederike Sophie Wilhelmine, Markgräfin von Baireuth, Schwester Friedrich's des Grossen, vom Jahre 1706 bis 1742. Von ihr
selbst niedergeschrieben. Nach dem französischen Originale übersetzt von Th.
Hell. 2 Theile gr. 8. geh. Preis 2 Thlr.

Meyer, F. K., Bellona Orientalis. Zwölf politische Hymnen. Nebst
einem Schluss-Hymnus: Bellona Occidentalis. geh Preis 1 Thlr. 15 Sgr.
Gebunden 1 Thlr. 25 Sgr.

Meyer-Altenburg, Dr. C. H., Ein Pfund Stickstoff kaum einen
Groschen! Oder F. A. v. Fellenberg-Ziegler's Erfahrungen über die Behandlung und Aufbewahrung des Stalldüngers. 2. Auflage. 8. Fein Velinpap. geh.
Preis 10 Sgr.

Michelet, J., Das Insekt. Naturwissenschaftliche Beobachtungen
und Reflexionen über das Wesen und Treiben der Insektenwelt. Mit einem
Vorwort von Prof. J. H. Blasius. 8. Fein Velinpap. geb. Preis 1 Thlr. 15 Sgr.

Mill, John Stuart, Die inductive Logik. Eine Darlegung der philosophischen Principien wissenschaftlicher Forschung, insbesondere der Naturforschung. Nach dem Englischen bearbeitet von Dr. J. Schiel. gr. 8. Fein Velinpap. geb. Preis 2 Thlr. 20 Sgr.

Mohl, Hugo von, Grundzüge der Anatomie und Physiologie der vegetabilischen Zelle. Aus Rud. Wagner's Handwörterbuche der Physiologie besonders abgedruckt. Mit einer Kupfertafel und 52 in den Text eingedruckten Holzschnitten. gr. 8. Fein Velinpap. geb. Preis 1 Thlr.

Mohr, Dr. F., Lehrbuch der chemisch-analytischen Titrirmethode. Nach eigenen Versuchen und systematisch dargestellt. Für Chemiker, Aerzte und Pharmaceuten, Berg- und Hüttenmänner, Fabrikanten, Agronomen, Metallurgen, Münzbeamte etc. Mit zahlreichen in den Text eingedruckten Holzschnitten und angehängten Berechnungstabellen. In 2 Abtheilungen. gr. 8. Sat. Velinpap. geb. Preis 4 Thlr.

Mohr, Dr. F., Commentar zur preuss. Pharmacopoe nebst Uebersetzung des Textes. Nach der sechsten Auflage der Pharmacopoea Borussica bearbeitet. Zweite vermehrte und verbesserte Auflage. Mit in den Text eingedruckten Holzschnitten. gr. 8. Fein Velinpap. geh. Zwei Bände. Preis 5 Thlr. 10 Sgr.

Mohr, Dr. F., Lehrbuch der pharmaceutischen Technik. Nach eigenen Erfahrungen bearbeitet. Für Apotheker, Chemiker, chemische Fabrikanten, Aerzte und Medicinalbeamte. Zweite vermehrte und verbesserte Auflage. Mit 441, darunter 169 neuen, in den Text eingedruckten Holzschnitten. gr. 8. Fein Velinpap. geb. Preis 2 Thlr. 15 Sgr.

Moll, C. L. und F. Reuleaux, Constructionslehre für den Maschinenbau. Zwei Bände. Erster Band, nebst einem Atlas von 85 Tafeln in Imperial-Format und zahlreichen in den Text eingedruckten Holzschnitten. gr. 8. Fein Velinpap. geb. Erschienen ist:
Erste bis dritte Lieferung mit 22 Tafeln. Preis 9 Thlr.

Moll, C. L. und F. Reuleaux, Die Festigkeit der Materialien, namentlich des Guss- und Schmiedeeisens. Zunächst für Ingenieure und polytechnische Schulen. Besonderer Abdruck aus der „Constructionslehre für den Maschinenbau". Mit in den Text eingedruckten Holzschnitten. gr. 8 Fein Velinpap. geb. Preis 15 Sgr.

Moll-Delaunay, Die reine und angewandte Elementar-Mechanik. Für Gewerbe- und Realschulen, sowie für den Selbstunterricht. Zum Theil auf Grundlage von Delaunay's „Cours élémentaire de Mécanique" bearbeitet. Mit zahlreichen in den Text eingedruckten Holzschnitten. Erste Lieferung, enthaltend: Die Statik fester Körper. 8. Fein Velinpap. geb. Preis 20 Sgr.

Mulder, Prof. G. J., Versuch einer allgemeinen physiologischen Chemie. Mit eigenen Zusätzen des Verfassers für diese deutsche Ausgabe seines Werkes. gr. 8. Fein Velinpap. geb. Complet in zwei Abtheilungen. Mit 8 colorirten und 10 schwarzen Kupfertafeln. Preis 6 Thlr.

Müller-Pouillet, Lehrbuch der Physik und Meteorologie. Fünfte umgearbeitete und vermehrte Auflage. Zwei Bände, zusammen circa 100 Bogen gr. 8. (mit 1460 in den Text eingedruckten Holzschnitten und 13 zum Theil farbigen Stahlstich-Tafeln) enthaltend. Sat. Velinpap. geh.
Preis 7 Thlr. 20 Sgr.

Müller, Prof. Dr. Joh., Supplemente zur ersten Auflage von Müller-Pouillet's Lehrbuch der Physik und Meteorologie. Mit zahlreichen in den Text eingedruckten Holzschnitten. gr. 8. Velinpap. geb. Preis 1 Thlr.

————, Desgleichen zur zweiten Auflage etc. etc. gr. 8. Velinpap. geb. Preis 15 Sgr.

Müller, Prof. Dr. Joh., Lehrbuch der kosmischen Physik. Zugleich als dritter Band zu sämmtlichen Auflagen von Müller-Pouillet's Lehrbuch der

Physik. Mit 281 in den Text eingedruckten Holzschnitten und einem Atlas, enthaltend 27 Tafeln in Stahlstich. gr. 8. Fein Velinpap. geh.
Preis 3 Thlr. 20 Sgr.

Müller, Prof. Dr. Joh., Grundriss der Physik und Meteorologie. Für Lyceen, Gymnasien, Gewerbe- und Realschulen, sowie zum Selbstunterrichte. Mit 538 in den Text eingedruckten Holzschnitten. Siebente vermehrte und verbesserte Auflage. gr. 8. Fein Velinpap. geh. Preis 1 Thlr. 25 Sgr. In englisch Leinen gebunden Preis 2 Thlr. 5 Sgr.

Müller, Prof. Dr. Joh., Mathematischer Supplementband zum Grundriss der Physik und Meteorologie. Mit 179 in den Text eingedruckten Holzschnitten. Nebst besonders gedruckten Auflösungen. gr. 8. Fein Velinpap. geh.

Müller, Prof. Dr. Joh., Anfangsgründe der geometrischen Disciplinen für Gymnasien, Real- und Gewerbeschulen, sowie auch zum Selbstunterrichte. gr. 8. Fein Velinpap. geh. In drei Theilen.
Erster Theil: Elemente der ebenen Geometrie und Stereometrie. Zweite verbesserte und vermehrte Auflage. Mit 141 in den Text eingedruckten Holzschnitten, einer Maassstabstafel und einer Tafel mit vier Transporteuren. Preis 15 Sgr.
Zweiter Theil: Elemente der ebenen und sphärischen Trigonometrie. Zweite verbesserte und vermehrte Auflage. Mit 25 in den Text eingedruckten Holzschnitten und einer Tafel mit Netzen. Preis 10 Sgr.
Dritter Theil: Elemente der analytischen Geometrie in der Ebene und im Raum. Mit 90 in den Text eingedruckten Holzschnitten und einer Tafel mit Netzen.
Preis 15 Sgr.

Müller, Prof. Dr. Joh., Grundzüge der Krystallographie. Mit 123 in den Text eingedruckten Holzschnitten. gr. 8. Fein Velinpap. geh. Preis 15 Sgr.

Müller, Prof. Dr. Joh., Bericht über die neuesten Fortschritte der Physik. In ihrem Zusammenhange dargestellt. In zwei Bänden. Mit zahlreichen in den Text eingedruckten Holzschnitten. Erster Band complet. gr. 8. Fein Velinpap. geh. Preis 5 Thlr.

Müller, Dr. Johannes, und Dr. Fr. Herm. Troschel, System der Asteriden. Mit 12 Kupfertafeln. gr. 4. Velinpap. geh. Preis 9 Thlr.

Müller, P., Handbuch für Bierbrauer. Eine wissenschaftlichpraktische Anleitung zum Bierbrauen im ganzen Umfange des Gewerbes. Mit Rücksicht auf die neuesten Erfahrungen und Verbesserungen im Braufache und unter Beifügung der verschiedenen Braumethoden in Baiern und anderen Ländern. Nach den besten Quellen und vieljährigen eigenen Erfahrungen bearbeitet. Mit einem Vorworte von Prof. Dr. Fr. Jul. Otto. Mit in den Text eingedruckten Holzschnitten. gr. 8. Fein Velinpap. geh. Preis 2 Thlr 10 Sgr.

Müller, Canzler Friedrich von, Erinnerungen aus den Kriegszeiten von 1806 bis 1813. 8. Velinpap. geh. Preis 1 Thlr. 20 Sgr.

Nell, Dr. A. M., Der Planetenlauf, eine graphische Darstellung der Bahnen der Planeten, um mit Leichtigkeit ihren jedesmaligen Ort unter den Gestirnen auf eine Reihe von Jahren voraus zu bestimmen. Mit einem Atlas von fünf Tafeln in Stahlstich, Royal-Quart. gr. 8. Satin. Velinpap. geh.
Preis 1 Thlr. 5 Sgr.

Oersted, H. C., Der mechanische Theil der Naturlehre. Mit 248 in den Text eingedruckten Holzschnitten. gr. 8. Fein Velinpap. geh.
Preis 1 Thlr. 15 Sgr.

Oettinger, Prof. Dr. L., Anleitung zu finanziellen, politischen und juridischen Rechnungen. Ein Handbuch für Staatsmänner, Cameralisten, Kaufleute etc. gr. 8. geh. Preis 1 Thlr. 25 Sgr.

Orfila, M., Lehrbuch der Toxicologie. Nach der fünften, umgearbeiteten, verbesserten und vielfach vermehrten Auflage aus dem Französischen mit selbständigen Zusätzen bearbeitet von Dr. G. Krupp. Zwei Bände. gr. 8. Velinpap. geh. Preis 5 Thlr.

Otto-Graham's ausführliches Lehrbuch der Chemie. Dritte umgearbeitete Auflage. 4 Bände. Erster Band: Physikalisches, Allgemeines und Theoretisches der Chemie, von den Professoren Buff,

Kopp und Zamminer in Giessen; zweiter Band (in drei Abtheilungen): Anorganische Chemie, von Prof. Otto in Braunschweig; dritter und vierter Band: Organische Chemie, von Prof. Kolbe in Marburg. In Lieferungen. Erschienen ist: Bd I. complet (in 9 Liefrgn); Bd. II. complet (in 26 Lieferungen); Bd. III. complet (in 11 Lieferungen). Preis jeder Lieferung 15 Sgr.

Otto, Prof. Dr. Jul., Anleitung zur Ausmittelung der Gifte.
Ein Leitfaden bei gerichtlich-chemischen Untersuchungen und in chemischen Laboratorien zur Ausmittelung des Arsens, Kupfers, Bleis, Quecksilbers, Antimons, Zinns, Zinks, der Blausäure, des Phosphors, des Alkohols und Chloroforms, der Alkaloide sowie zur Erkennung der Blutflecken. Für Apotheker, Medicinalbeamte, Juristen, Chemiker und Studirende. Zweite, durch einen Nachtrag vermehrte Auflage. Mit in den Text eingedruckten Holzschnitten. gr. 8. Fein Velinpap. geb. Preis 20 Sgr.

Otto, Prof. Dr. Fr. Jul., Lehrbuch der rationellen Praxis der landwirthschaftlichen Gewerbe. Die Bierbrauerei und Branntweinbrennerei, die Sprit-, Hefe-, Liqueur-, Essig-, Senf-, Stärke-, Stärkezucker- und Runkelrübenzuckerfabrikation, die Cider- oder Obstmostbereitung, die Kalk-, Gyps- und Ziegelbrennerei, Potaschesiederei, Oelraffinerie, Butter- und Käsebereitung, das Brotbacken und Seifesieden umfassend. Zum Gebrauche bei Vorträgen über die landwirthschaftlichen Gewerbe und zum Selbstunterrichte für Landwirthe, Fabrikanten, Architekten und Ingenieure. Fünfte umgearbeitete und vermehrte Auflage. Mit zahlreichen neu gestochenen in den Text eingedruckten Holzschnitten. gr. 8. Fein Velinpap. geb. Zwei Bände in 4 Lieferungen. Preis jeder Lieferung 1 Thlr. 15 Sgr.

Otto, Prof. Dr. Fr. Jul., Lehrbuch der Essigfabrikation, enthaltend: die Anleitung zur rationellen Bereitung aller Arten von Essig, sowohl nach der älteren langsamen Methode, als auch nach der neueren schnellen Methode; zur Darstellung der Kräuteressige; zur Prüfung des Essigs auf seinen Säuregehalt; zur Anlage von Essigfabriken u. s. w. Für Essigfabrikanten, Kaufleute, Landwirthe, Cameralisten und Techniker. Zweite vermehrte und verbesserte Auflage. Mit zahlreichen in den Text eingedruckten Holzschnitten. 8. Fein Velinpap. geb. Preis 1 Thlr. 10 Sgr.

Ovid's drei Bücher der Liebe; übersetzt von F. K. von Strombeck. gr. 8. Preis 20 Sgr.

Ovid's Heilmittel der Liebe; übersetzt von F. K. von Strombeck. 2 Aufl. gr. 8. Preis 20 Sgr.

Ovid's Kunst zu lieben; übersetzt von F. K. von Strombeck. 8.
Preis 22½ Sgr.

Ovid's Verwandlungen, deutsch von J. H. Voss. 2. Auflage, durchgesehen und mit einem Anhange vermehrt. gr. 8. Preis 2 Thlr. 20 Sgr.

Ovid's fünf Bücher der Trauer; übersetzt von F. K. von Strombeck. gr. 8. Preis 1 Thlr.

Ovid's Metamorphosen im Auszuge, zum Gebrauch auf Schulen, bearbeitet von A. C. Meinecke. Dritte Auflage, durchgesehen und berichtigt von Dr. F. G. Schneidewin. 8. Preis 15 Sgr.

Pape, Dr. W., Handwörterbuch der griechischen Sprache. In vier Bänden. Lexikon-Octav.
Erster und zweiter Band, jeder von 90 Bogen, griechisch-deutsches Wörterbuch. Zweite überall berichtigte und vermehrte Auflage. Preis 6 Thlr.
Dritter Band von 29 Bogen, die griechischen Eigennamen enthaltend. Zweite überall berichtigte und vermehrte Auflage. Preis 1 Thlr. 10 Sgr.
Vierter Band von 60 Bogen, deutsch- griechisches Wörterbuch. 2. Auflage. Bearbeitet von M. Sengebusch. Preis 3 Thlr.

Piderit, Dr. Theodor, Grundsätze der Mimik und Physiognomik.
Mit 78 in den Text eingedruckten Holzschnitten. gr. 8. Fein Velinpap. geb.
Preis 20 Sgr.

Plagge, Dr. M. W., Handbuch der Pharmakodynamik für Aerzte,
Wundärzte und Studirende. Nach den neuesten Erfahrungen des In- und Auslandes, wie auch nach eigener dreissigjähriger Erfahrung am Krankenbette kritisch bearbeitet gr. 8. Velinpap. geb. Preis 2 Thlr.

Plagge, Dr. M. W., Arzneiverordnungslehre, kritische, ärztliche und wundärztliche. Nach dem heutigen Standpunkte der Chemie und Medicin und mit besonderer Rücksicht auf Einfachheit und Wohlfeilheit der Verordnungen bearbeitet. 8. Velinpap. geb. Preis 1 Thlr.

Poppleton, G., und J. Bettac, Englische Sprachlehre für Deutsche, mit Beispielen zur Erläuterung und Uebungen zur Anwendung der gegebenen Regeln. Neunte verbesserte und vermehrte Auflage. 8. Velinpap. geh. Preis 20 Sgr.

Properz' Elegien, übersetzt und erklärt von F. K. von Strombeck. Zweite sehr vermehrte und verbesserte Ausgabe. gr. 8. Preis 1 Thlr. 15 Sgr.

Pressler, Prof. Max. Rob., Der Messknecht und sein Praktikum. Ein populäres und universelles Mess- und Berechnungs-Brieftascheninstrument und Taschenhandbuch zur vereinfachten und selbstthätigen Erledigung der im bürgerlichen, technischen und wissenschaftlichen Leben vorkommenden und ohne specifische Hülfsmittel schwer oder gar nicht ausführbaren Arbeiten der gesammten Mathematik. Für Gelehrt und Ungelehrt in allen Gebieten der Praxis, vornehmlich in denen der Staats-, Land- und Forstwirthschaft, des Militär-, Ingenieur-, Maschinen- und Fabrikwesens; Strassen-, Eisenbahn-, Berg-, Hoch- und Wasserbaues u. s. w.; sowie für gewerbliche und humanistische Schulen aller Art. Zweite gänzlich umgearbeitete und bedeutend vervollkommnete Auflage. Mit 483 in den Text eingedruckten Holzschnitten und dem fertigen Messknechts-Instrumente. 8. Velinp. In engl. Leinen geb. 2 Thlr. 15 Sgr.

Pressler, Prof. Max. Rob., Der Messknecht als Mastknecht. Ein einfaches und überraschend sicheres Verfahren, das Lebend- wie das Schlachtgewicht der Thiere, namentlich des Rindviehs, aus dem gemessenen Umfange vollständiger und genauer als nach jeder der bisherigen Band- und Tabellen-Methoden aus der Tafel des landwirthschaftlichen Messknechts nach jedem beliebigen landüblichen Maasse und Gewichte abzuleiten. Für Landwirthe, Viehmaster, Viehhändler, sowie zum Gebrauche für landwirthschaftliche Lehranstalten entworfen und beschrieben. Mit in den Text eingedruckten Holzschnitten. 8. Fein Velinpap. cart. Preis 15 Sgr.

Pressler, Prof. Max. Rob., Der Zeitmessknecht oder der Messknecht als Normaluhr. Ein Brieftascheninstrument und Tabellenwerk zur leichten und bequemen Messung der Zeit und Stellung der Uhren nach der Sonne, sowie zur vereinfachten Ausführung mannigfaltiger bürgerlicher, technischer und wissenschaftlicher Messungs- und Rechnungs-Arbeiten. Für Forst- und Landwirthe, Pfarrer, Lehrer, Behörden, Techniker und Geschäftsleute aller Art, namentlich auf dem Lande und in Provinzialstädten. Zugleich als selbstständiges Supplement zu dem grösseren und allgemeineren Messknechtswerke: „Der Messknecht und sein Prakticum". Erste Abtheilung: Für Süd- (und Mittel-) Deutschland; zweite Abtheilung: Für Nord- (und Mittel-) Deutschland und alle Länder von gleicher Breitenlage. Mit in den Text eingedruckten Holzschnitten und einem justirten Messknechtsinstrumente und zwei Schattenstiften. 8. Fein Velinpap. In engl. Leinen gebunden. Preis jeder Abtheilung 1 Thlr 5 Sgr.

Prestel, Dr. M. A. F., Das astronomische Diagramm, ein Instrument, mittelst dessen der Stand und Gang einer Uhr, das Azimuth terrestrischer Gegenstände, die Mittagslinie, die Abweichung der Magnetnadel, der Auf- und Untergang der Gestirne bestimmt und andere Aufgaben der astronomischen Geographie und nautischen Astronomie schnell, sicher und bequem ohne Rechnung gelöst werden können. Für Seefahrer, reisende Geographen, Ingenieure, Feldmesser, Uhrmacher etc., sowie für Freunde der praktischen Astronomie. Die Erklärung des Diagramms umfasst zugleich eine genetische Entwicklung der Grundbegriffe der sphärischen Astronomie, die Beschreibung der tragbaren astronomischen Instrumente, eine Anweisung zu den Beobachtungen und zur geographischen Ortsbestimmung, sowie die Aufgaben der sphärischen Astronomie auch durch Rechnung zu lösen. Mit 140 in den Text eingedruckten Holzschnitten und dem Instrumente (Diagramm nebst Maassstab) auf zwei Tafeln. gr. 8. Fein Velinpap. geb. Preis 3 Thlr. 20 Sgr.

Raff, Joachim, Die Wagnerfrage. Erster Theil: Wagner's letzte künstlerische Kundgebung im „Lohengrin". 8. geh. Preis 1 Thlr. 15 Sgr.

Rarey, J. S., Die Kunst des Pferdebändigens und der Pferdedressur nebst Anleitung zum Einfahren und zum Zureiten der Pferde. Vierte Auflage. Mit ausführlichen Erläuterungen und Zusätzen nach den mündlichen Unterweisungen Rarey's durch den Secretair der ersten Rarey - Subscription von 5000 Guineen. Aus dem Englischen. Mit 8 grösseren und 14 in den Text eingedruckten Abbildungen. 8. geh. Preis 20 Sgr.

Rathke, D. H., Ueber die Entwickelung der Schildkröten. Untersuchungen. Mit 10 Steindrucktafeln. 4. Fein Velinpap. geh. Preis 8 Thlr.

Rees, G. Owen, Ueber Nierenkrankheiten mit eiweisshaltigem Urin (Morbus Brightii). Aus dem Englischen von Dr. med. Rostok. gr. 8. Velinpap. geh. Preis 15 Sgr.

Regnault, Victor und Adolph Strecker. Kurzes Lehrbuch der Chemie. In zwei Bänden. Erster Band, vierte Auflage. Anorganische Chemie. Zweiter Band. Dritte Auflage. Organische Chemie von Adolph Strecker.
Erster Bd. gr. 12. Sat. Velinpap. Mit 182 Holzschnitten. Preis 2 Thlr.
Zweiter Band. gr. 12. Sat. Velinpap. Mit 42 Holzschnitten. Preis 1 Thlr. 25 Sgr.

Reichardt, C. F., Centro-Amerika. Nach den gegenwärtigen Zuständen des Landes und Volkes, in Beziehung auf die Verbindung der beiden Oceane, und im Interesse der deutschen Auswanderung bearbeitet. Mit 1 General- und 3 Special-Karten. gr. 8. Velinpap. geh. Preis 1 Thlr. 20 Sgr.

Reichardt, C. F., Nicaragua. Nach eigener Anschauung im Jahre 1852 und mit besonderer Beziehung auf die Auswanderung nach den heissen Zonen Amerikas beschrieben. Mit einer General- und einer Special-Karte in Stahlstich. gr. 8. geh. Preis 2 Thlr. 10 Sgr.

Reichenbach, Freiherr v., Dr. ph., Physikalisch-physiologische Untersuchungen über die Dynamide des Magnetismus, der Elektricität, der Wärme, des Lichtes, der Krystallisation, des Chemismus in ihren Beziehungen zur Lebenskraft. Zweite verbesserte Auflage. Mit 2 lithogr. Tafeln und 24 in den Text eingedruckten Figuren. In zwei Bänden. gr. 8. Fein Velinpap. geh. Preis 1 Thlr. 15 Sgr.

Rodenberg, J., Pariser Bilderbuch. 8. Fein Velinpap. geh.
Preis 1 Thlr. 20 Sgr.

Rose, Prof. Heinrich, Ausführliches Handbuch der analytischen Chemie. Mit in den Text eingedruckten Holzschnitten. Zwei Bände. gr. 8. Fein Velinpap. geh.
Erster Band: die Lehre von den qualitativen chemisch-analytischen Untersuchungen. Preis 4 Thlr.
Zweiter Band: die Lehre von den quantitativen chemisch-analytischen Untersuchungen. Preis 4 Thlr. 20 Sgr.

————, Nachträge. S. Weber etc.

Rosengarten, A., Das Buch von den architektonischen Stylarten. Eine kurze, allgemeinfassliche Darstellung der charakteristischen Verschiedenheiten der architektonischen Stylarten zur richtigen Verwendung in Kunst und Handwerk. Für Architekten, Maler, Bauschulen und Bauwerkschulen, Handwerker im Allgemeinen und Bauhandwerker im Besonderen und für gebildete Freunde der Kunst und Architektur. Mit 426 in den Text eingedruckten Holzschnitten. gr. 8. Fein Velinpap. geh.
Preis 3 Thlr. 15 Sgr. In engl. Leinen cartonnirt 3 Thlr. 25 Sgr.

Ruete, Prof. Dr. C. G. T., Lehrbuch der Ophthalmologie für Aerzte und Studirende. In zwei Bänden. Mit 289 in den Text eingedruckten Holzschnitten. Zweite umgearbeitete und vermehrte Auflage. gr. 8. Fein Velinpap. geh. Preis 5 Thlr. 25 Sgr.

Ruete, Prof. Dr. C. G. T., Klinische Beiträge zur Pathologie und Physiologie der Augen und Ohren. Nach der numerischen Methode bearbeitet. Erstes Jahresheft. gr. 8. Fein Velinpap. geh. Preis 2 Thlr.

Ryan, Dr. John, Die Zubereitung von Flachs, Flachsbaumwolle und Flachswolle, nach dem Claussen'schen Verfahren; nebst einer Beschreibung der dabei angewendeten chemischen und mechanischen Hülfsmittel, und Claussen's Bleichmethode für vegetabilische Fasern, Garne und gewebte Stoffe. Deutsch herausgegeben von Theod. Kell. Mit Holzschnitten. geh. (Siehe auch Claussen.) Preis 20 Sgr.

Sandwith, Dr. H., Geschichte der Belagerung von Kars und der Vertheidigung durch General Williams. Nebst einer Beschreibung von Reisen und Abenteuern in Armenien und Lazistan, mit Bemerkungen über den gegenwärtigen Zustand der Türkei. Mit einem Plane von Kars und zwei Titelbildern. 8. Velinpap. geb. Preis 1 Thlr. 15 Sgr.

Scheerer, Prof. Dr. Th., Löthrohrbuch. Eine Anleitung zum Gebrauch des Löthrohrs sowie zum Studium des Verhaltens der Metalloxyde, der Metalle und der Mineralien vor dem Löthrohre, nebst Beschreibung der vorzüglichsten Löthrohrgebläse. Für Chemiker, Mineralogen, Metallurgen, Metallarbeiter und andere Techniker, sowie zum Unterrichte auf Berg-, Forst- und landwirthschaftlichen Akademieen, polytechnischen Lehranstalten, Gewerbeschulen u. s. w. Mit in den Text eingedruckten Holzschnitten. Zweite vermehrte Auflage. 8. Fein Velinpap. geb. Preis 1 Thlr. 5 Sgr. In engl. Leinen gebunden: Preis 1 Thlr. 10 Sgr.

Scheerer, Prof. Dr. Th., Bemerkungen und Beobachtungen über Afterkrystalle. gr. 8. Fein Velinpap. geh. Preis 10 Sgr.

Scheerer, Prof. Dr. Th., Lehrbuch der Metallurgie mit besonderer Hinsicht auf chemische und physikalische Principien. In zwei Bänden. Mit zahlreichen in den Text eingedruckten Holzschnitten. Velinpap. geh. Erschienen ist: Erster Band complet in 7 Lieferungen; zweiter Band 1. und 2. Lieferung. à Lieferung 15 Sgr.

Scheerer, Prof. Dr. Th., Isomorphismus und polymerer Isomorphismus. (Besonderer Abdruck aus dem Handwörterbuche der Chemie von Liebig, Poggendorff, Wöhler und Kolbe.) gr. 8. Fein Velinpap. geh. Preis 10 Sgr.

Scheerer, Prof. Dr. Th., Der Paramorphismus und seine Bedeutung in der Chemie, Mineralogie und Geologie. gr. 8. Velinpap. geh. Preis 1 Thlr.

Scheffler, Dr. Hermann, Der Situationskalkul. Versuch einer arithmetischen Darstellung der niederen und höheren Geometrie, auf Grund einer abstrakten Auffassung der räumlichen Grössen, Formen und Bewegungen. Mit 97 in den Text eingedruckten Holzschnitten. gr. 8. Fein Velinpap. geb. Preis 2 Thlr. 15 Sgr.

Schellen, Dr. H., Der elektromagnetische Telegraph in den Hauptstadien seiner Entwickelung und in seiner gegenwärtigen Ausbildung und Anwendung, nebst einer kurzen Einleitung über die optische und akustische Telegraphie und einem Anhange über den gegenwärtigen Betrieb der elektrischen Uhren. Für das gebildete Publicum, Freunde der Physik, angehende Telegraphen-Beamte und Techniker bearbeitet. Mit 130 in den Text eingedruckten Holzschnitten. Zweite ganz umgearbeitete und den neuesten Zuständen des Telegraphen-Wesens angepasste Auflage. gr. 8. Fein Velinpap. geh. Preis 1 Thlr. 20 Sgr.

Schenckel, J., Elementare Arithmetik, theoretisch-praktisch dargestellt für Lehrer an Volksschulen und an den unteren Klassen der Realschulen. gr. 8. Velinpap. geh. Preis 17½ Sgr.

Schleiermacher, Dr. A. A. E. (Grossh. Hess. Geh.-Rath), Bibliographisches System der gesammten Wissenschaftskunde, mit einer Anleitung zum Ordnen von Bibliotheken, Kupferstichen, Musikalien, wissenschaftlichen und Geschäftspapieren. Zwei Theile. gr. 8. Velinpap. geh. Preis 8 Thlr.

Schlömilch, Prof. Dr. Oskar, Compendium der höheren Analysis. Mit 64 In den Text eingedruckten Holzschnitten. gr. 8. Fein Velinpap. geh. Preis 2 Thlr.

Schleiden, Dr. M. J., Die Physiologie der Pflanzen und Thiere und Theorie der Pflanzencultur. Für Landwirthe bearbeitet. Mit 161 in den Text eingedruckten Holzschnitten. gr. 8. Fein Velinpap. geh. Preis 2 Thlr. 15 Sgr.

Schmid, Dr. E. E., Physik, anorganische Chemie und Mineralogie.
Für Landwirthe bearbeitet. Mit 258 in den Text eingedruckten Holzschnitten.
gr. 8. Fein Velinpap. geh. Preis 2 Thlr. 15 Sgr.

Schmid, Dr. E. E., Organische Chemie, Meteorologie, Geognosie,
Bodenkunde und Düngerlehre. Für Landwirthe bearbeitet. Mit 88 in den Text
eingedruckten Holzschnitten. gr. 8. Fein Velinpap. geh. Preis 2 Thlr. 15 Sgr.

Die vorstehenden 3 Werke von Schleiden und Schmid sind auch unter folgendem Gesammt-Titel erschienen:

Encyclopädie der gesammten theoretischen Naturwissenschaften
in ihrer Anwendung auf die Landwirthschaft. Von Dr. M. J. Schleiden und
Dr. E. E. Schmid. Mit 500 in den Text eingedruckten Holzschnitten. gr. 8.
Fein Velinpap. geh. Drei Bände. Preis 7$\frac{1}{2}$ Thlr.

Schmidt, Dr. Carl, Zur vergleichenden Physiologie der wirbel-
losen Thiere. Eine physiologisch-chemische Untersuchung. gr. 8. Velinpap.
geh. Preis 15 Sgr.

Schödler, Dr. Fr., Das Buch der Natur, die Lehren der Physik,
Astronomie, Chemie, Mineralogie, Geologie, Botanik, Physiologie und Zoologie
umfassend. Allen Freunden der Naturwissenschaft, insbesondere den Gymnasien, Real- und höheren Bürgerschulen gewidmet. Elfte wesentlich vermehrte
und verbesserte Auflage. Mit circa 500 in den Text eingedruckten Holzschnitten, Sternkarten, Mondkarte und einer geognostischen Tafel in Farbendruck.
In zwei Theilen. Erster Theil: Physik, physikalische Geographie, Astronomie
und Chemie. Gross Median. Fein Velinpap. geh. Preis 1 Thlr.

Scholl, E. F., Der Führer des Maschinisten. Anleitung zur
Kenntniss, zur Wahl, zum Ankaufe, zur Aufstellung, Wartung, Instanderhaltung
und Feuerung der Dampfmaschinen, der Dampfkessel und Triebwerke. Ein
Hand- und Hülfsbuch für Heizer, Dampfmaschinenwärter, angehende Mechaniker,
Ingenieure, Fabrikherren, Maschinenbauanstalten, technische Behörden und Gewerbeschulen. Nach selbständiger Erfahrung bearbeitet. Fünfte umgearbeitete und vermehrte Auflage. Mit 284 in den Text eingedruckten Holzschnitten. 8. Fein Velinpap. cart. Preis 1 Thlr. 25 Sgr.; in engl. Leinen gebunden Preis 2 Thlr. 2$\frac{1}{2}$ Sgr.

Schröder van der Kolk, Prof. H. C., Ueber den Bau und die
Functionen der Medulla spinalis und oblongata und über Epilepsie, deren nächste
Ursache und rationelle Behandlung. Mit 8 Tafeln mikroskopischer Darstellungen. Royal-Octav. Satin. Velinpap. geh. Preis 2 Thlr. 10 Sgr.

Schrön, Prof. Dr. Ludwig, Siebenstellige gemeine Logarithmen
der Zahlen von 1 bis 108000 und der Sinus, Cosinus, Tangenten und Cotangenten aller Winkel des Quadranten von 10 zu 10 Secunden nebst einer Interpolationstafel zur Berechnung der Proportionaltheile. Stereotyp-Ausgabe. Gesammt-Ausgabe in drei Tafeln. Imperial-Octav. geh. Preis 1 Thlr. 22$\frac{1}{2}$ Sgr.

Um auch einfachere Zwecke mit geringerem Kostenaufwande zu befriedigen, sind aus folgenden Theilen des Werkes für sich verkäufliche Ausgaben gebildet:
die Tafel I mit den Logarithmen der Zahlen, für Solche, welche Tafeln für trigonometrische Rechnungen nicht nöthig haben (Preis 20 Sgr.),
die Tafeln I und II mit den Logarithmen der Zahlen und der trigonometrischen Functionen, für Solche, welche auch für trigonometrische Rechnungen der Interpolationstafel nicht bedürfen (Preis 1 Thlr. 7$\frac{1}{2}$ Sgr.),
die Interpolationstafel, Tafel III, für Solche, welche diese Tafel für die erste Ausgabe oder für andere Tafeln anzuwenden wünschen (Preis 15 Sgr.), und das Gesammtwerk, bestehend aus Tafel I, II und III, für Solche, welche alle Tafeln vollständig besitzen wollen (Preis 1 Thlr. 22$\frac{1}{2}$ Sgr.).

Schubert, Eduard, Der rationelle Brennereibetrieb, nebst Dar-
stellung eines neuen auf rationellen Grundsätzen beruhenden Einmaischverfahrens, wonach in jedem Brennereiverhältnisse ein mindestens um $\frac{1}{8}$ höherer
Spiritusertrag, als bei allen bisher bekannten Einmaischmethoden, erzielt wird.
Mit gründlichen Anweisungen zur Bereitung der Presshefe, der bewährten
Kunsthefen, des Filz- und Schaufelmalzes etc. versehen. 8. Fein Velinpap.
geh. Preis 25 Sgr.

Schuchardt, Dr. Bernhard, Handbuch der allgemeinen und
speciellen Arzneimittellehre und Receptirkunst. Royal-8. Satin. Velinpap. geh.
Preis 3 Thlr. 10 Sgr.

Schunk, R., Handbuch der Pariser Feuerwehr. Auf Befehl des französischen Kriegsministeriums herausgegeben von einer Commission von Offizieren des Sapeur-Pompier-Bataillons der Stadt Paris. Für deutsche Polizeimänner und Communalbeamte, sowie für deutsche Bürger- und Militairfeuerwehren bearbeitet. Mit 121 in den Text eingedruckten Holzschnitten. 8. Velinpap. geh. Preis 1 Thlr. 15 Sgr.

Schwarz, H., Dr. ph., Ueber die Maassanalysen, besonders in ihrer Anwendung auf die Bestimmung des technischen Werthes der chemischen Handelsproducte, wie Potasche, Soda, Braunstein, Säuren, Eisen, Kupfer, Blei, Silber u. s. w. Zweite durch Nachträge vermehrte Auflage. Mit in den Text eingedruckten Holzschnitten. gr. 8. Fein Velinpap. geh. Preis 20 Sgr.

Semper, Gottfried, Die vier Elemente der Baukunst. Ein Beitrag zur vergleichenden Baukunde. 8. Fein Velinpap. geh. Preis 20 Sgr.

Semper, Gottfried, Wissenschaft, Industrie und Kunst. Vorschläge zur Anregung nationalen Kunstgefühles. Beim Schlusse der Londoner Industrie-Ausstellung. gr. 8. Velinpap. geh. Preis 15 Sgr.

Semper, Gottfried, Das Königliche Hoftheater zu Dresden. Mit 12 Kupfertafeln. gr. Fol. geh. Preis 6 Thlr. 20 Sgr.

Siebold, Eduard Casp. Jac. v., Lehrbuch der Geburtshülfe. Zum Gebrauche bei academischen Vorlesungen und zu eigenem Studium. Zweite vermehrte und verbesserte Auflage. Mit 108 grösstentheils nach Originalzeichnungen angefertigten Holzschnitten. gr. 8. Fein Velinpap. geh.
Preis 2 Thlr 20 Sgr.

Sigismund, Berthold, Kind und Welt. Vätern, Müttern und Kinderfreunden gewidmet. I. Die fünf ersten Perioden des Kindesalters. 8.
Preis 1 Thlr.

Spiess, Dr. G. A., Physiologie des Nervensystems, vom ärztlichen Standpunkte dargestellt. gr. 8. geh. Preis 2 Thlr. 20 Sgr.

Stahr, Adolf, Torso. Kunst, Künstler und Kunstwerke der Alten. In zwei Theilen. gr. 8. geh. Preis 6 Thlr.

Stammer, Dr. Karl, Leitfaden bei den praktischen Arbeiten im chemischen Laboratorium. Zum Gebrauche beim Unterrichte in der unorganischen Chemie an Gewerbe und Realschulen. 8. Velinpap. geh. Preis 15 Sgr.

Stammer, Dr. Karl, Sammlung von chemischen Rechenaufgaben. Zum Gebrauche an Real- und Gewerbe-Schulen, an technischen Lehranstalten und beim Selbststudium für Studirende, Pharmaceuten, chemische Fabrikanten u. A. 8. Velinpap. geh. Preis 10 Sgr.

——, Antworten und Auflösungen zu der Sammlung von chemischen Rechenaufgaben. Zum Gebrauche beim Selbststudium für Studirende, Pharmaceuten, chemische Fabrikanten u. A., sowie für Lehrer an technischen Lehranstalten, Real- und Gewerbeschulen. 8. Velinpap. geh. Preis 20 Sgr.

Stammer, Dr. Karl, Tabellen chemischer Schemata. Zum Gebrauche beim Unterricht in der unorganischen Chemie. In 48 Wandtafeln.
Preis complet 6 Thlr.

Steub, L., Deutsche Träume. Roman. 3 Bände. 8. Fein Velinpap. geh. 3 Thlr. 15 Sgr.

Stöckhardt, Dr. J. A., Die Schule der Chemie, oder erster Unterricht in der Chemie, versinnlicht durch einfache Experimente. Zum Schulgebrauch und zur Selbstbelehrung, insbesondere für angehende Apotheker, Landwirthe, Gewerbtreibende etc. Elfte, verbesserte Auflage. Mit 286 neu gestochenen in den Text eingedruckten Holzschnitten. gr. 8. Fein Velinpap. geh. Preis 2 Thlr. Elegant gebunden: Preis 2 Thlr. 10 Sgr.

Stockmar, Dr. E. v., Washington. Eine Vorlesung gehalten in Jena. 8. Velinpap. geh. Preis 10 Sgr.

Stölzel, Dr. C., Die Entstehung und Fortentwickelung der Rübenzuckerfabrikation und insbesondere die Concurrenz zwischen Rohr- und Rübenzucker. gr. 8. geh. 15 Sgr.

Strecker, Prof. Dr. A., Kurzes Lehrbuch der organischen Chemie.
Zugleich als zweiter Band zu Regnault-Strecker's kurzem Lehrbuch der
Chemie. Mit 42 in den Text eingedruckten Holzschnitten. Dritte verbesserte
Auflage. gr. 12. Fein Velinpap. geh. Preis 1 Thlr. 25 Sgr.

Strecker, Prof. Dr. A., Theorien und Experimente zur Bestimmung der Atomgewichte der Elemente. 8. Fein Vel. geh. Preis 20 Sgr.

Taciti, C. Cornelii, De vita et moribus Cn. Iulii Agricolae liber.
Ad fidem codicum denuo collatorum recensuit et commentariis enarravit Fr.
Carolus Wex. gr. 8. Fein Velinpap. geh. Preis 2 Thlr. 15 Sgr.

Taciti, C. Cornelii, De vita et moribus Cn. Iulii Agricolae liber.
Nach kritisch berichtigtem Texte erklärt von Fr. Carl Wex. 8. Fein Velinpap. geh. Preis 10 Sgr.

Taciti, C. Cornelii, De vita et moribus Cn Iulii Agricolae liber.
Recensuit Fr. Carolus Wex. 8. Fein Velinpap. geh. Preis 8²/₄ Sgr.

Tennyson, Alfred, In Memoriam. Aus dem Englichen nach der
fünften Auflage. 8. geh. Preis 25 Sgr.
Dasselbe Werk in engl. Leinen gebunden. Preis 1 Thlr. 5 Sgr.

Thielau, W. E. F. v., Gemeinschaftliche Productionssteuer von
Salz und Rübenzucker in Deutschland. Ein Votum. gr. 8. 1851. geh.
Preis 20 Sgr.

Thieme, Dr. F. W., Neues und vollständiges Hand-Wörterbuch
der Englischen und Deutschen Sprache. Mit genauer Angabe von Genitiven,
Pluralen und Unregelmässigkeiten der Substantiva. Steigerung der Adjectiva
und den unregelmässigen Formen der Verba, die sowohl der alphabetischen
Ordnung nach als auch bei ihren Wurzeln aufgeführt sind, nebst Bezeichnung
der Aussprache und steter Anführung der grammatischen Construction. In
zwei Theilen. Sechste Stereotypausgabe. 8. Velinpap. Preis 2 Thlr.

Tischer, Dr. Gustav, Uebungsbuch zum Uebersetzen aus dem
Deutschen ins Lateinische, für Gymnasialklassen. gr. 8. Sat. Velinpap. geh.
Preis 15 Sgr.

Tregder, P. H., Handbuch der griechischen und lateinischen
Literaturgeschichte. Zum Schulgebrauch. Frei für deutsche Schulzwecke bearbeitet von E. Vollbehr. 8. Velinpap. geh. Preis 20 Sgr.

Ueber Bivouak's und Lager der Infanterie im Felde. Eine ge-
drängte Uebersicht der am meisten gebräuchlichen Lagerungsarten, ihrer Einrichtung u. s. w., zusammengestellt und bearbeitet von E. v. St. 8.
Preis 15 Sgr.

Uflacker, J. H., Exempel-Buch für Anfänger und Liebhaber der
Algebra. Sechste verbesserte und mit mehreren neuen Aufgab n vermehrte
Auflage, herausgegeben von Dr. Hilzheimer. gr. 8. P eis 15 Sgr.

Uflacker, Auflösungen zu J. H. Uflacker's Exempel-Buch für
Anfänger und Liebhaber der Algebra. Dritte nach der sechsten Auflage des
Exempel-Buches eingerichtete verbesserte und vermehrte Aufl. gr. 8.
Preis 1 Thlr.

Uhde, Prof. Dr. August, Die ebene Trigonometrie zum Gebrauche
beim Unterricht und zum Selbststudium. Mit in den Text eingedruckten Holzschnitten. gr. 8. Fein Velinpap geh. Preis 10 Sgr.

Valentin, Prof. Dr. G., Grundriss der Physiologie des Menschen.
Für das erste Studium und zur Selbstbelehrung. Mit 6 Tafeln in Stahlstich,
einer colorirten Tafel und 619 in den Text eingedruckten Holzschnitten. Vierte
gänzlich umgearbeitete und vermehrte Auflage. gr. 8. Fein Velinpap. geh.
Preis 4 Thlr

Valentin, Prof. Dr. G., Lehrbuch der Physiologie des Menschen. Für Aerzte und Studirende. Zweite umgearbeitete und vermehrte Auflage. Zwei Bände. Mit 8 Kupfertafeln und 630 in den Text eingedruckten Holzschnitten. gr. 8. Fein Velinpap. geh. Preis 11 Thlr. 20 Sgr.

Valentin, Prof. Dr. G., Nachträge zur zweiten Auflage vom Lehrbuche der Physiologie des Menschen. Die wichtigsten während des Druckes und bis Ende 1850 veröffentlichten Thatsachen enthaltend. Mit in den Text eingedruckten Holzschnitten. gr. 8. Fein Velinpap. geh. Preis 20 Sgr.

Valleix, F. L. J., Abhandlung über die Neuralgien. Nach der französischen Originalausgabe für deutsche Aerzte übersetzt und mit einigen Zusätzen begleitet von K. G. Gruner. gr. 8. Fein Velinpap. geh. Preis 2 Thlr. 20 Sgr.

Vechelde, C. F. v., Aus dem Tagebuche des Generals F. L. v. Wachholz. Zur Geschichte der früheren Zustände der preussischen Armee und besonders des Feldzuges des Herzogs Friedrich Wilhelm von Braunschweig-Oels im Jahre 1809. 8. geh. Preis 2 Thlr.

Vierordt, Dr. Karl, Die Lehre vom Arterienpuls in gesunden und kranken Zuständen. Gegründet auf eine neue Methode der bildlichen Darstellung des menschlichen Pulses. Mit sechs Tafeln Abbildungen und in den Text eingedruckten Holzschnitten. gr. 8. Preis 1 Thlr. 20 Sgr.

Virgil's Werke von J. H. Voss. Neue sehr verbesserte Ausgabe in 3 Bänden. gr. 8. Preis 5 Thlr.

Vogelgesang, Moritz, Lehrbuch der Eisenemaillirkunst. Mit 2 Kupfertafeln in gross Folio. gr. 8. Fein Velinpap. geh. Preis 1 Thlr.

Vogt, Carl, Lehrbuch der Geologie und Petrefactenkunde. Zum Gebrauch bei Vorlesungen und zum Selbstunterricht. Zwei Bände. Mit 16 Kupfertafeln und 1186 Illustrationen in Holzstich. Zweite vermehrte und gänzlich umgearbeitete Auflage. gr. 8. Sat. Velinpap. geh. Preis 5 Thlr.

Vogt, Carl, Grundriss der Geologie und Petrefactenkunde. Mit zahlreichen in den Text eingedruckten Holzschnitten. 8. Fein Velinpap. (Unter der Presse befindlich.)

Vogt, Carl, Natürliche Geschichte der Schöpfung des Weltalls, der Erde und der auf ihr befindlichen Organismen, begründet auf die durch die Wissenschaft errungenen Thatsachen. Aus dem Englischen nach der sechsten Auflage. Mit 164 in den Text eingedruckten Holzschnitten. Zweite verbesserte Auflage. gr. 8. Fein Velinpap. geh. Preis 1 Thlr. 20 Sgr.

Voit, A. von, Das chemische Laboratorium der königlichen Akademie der Wissenschaften in München. Unter Mitwirkung von Justus v. Liebig. Nebst einem Atlas mit 13 Tafeln in Quer-Folio. gr. 8. Fein Velinpap. geh. Preis 5 Thlr.

Volkmar, W., Geschichte des Landes Dithmarschen bis zum Untergange des Freistaates. Mit einer Karte und einer Tafel Abbildungen. kl. 8. geh. Preis 15 Sgr.

Volney, Graf C. F. von, Die Ruinen oder Betrachtungen über die Revolutionen der Reiche und das natürliche Gesetz. Aus dem Französischen und mit einer Vorrede von G. Forster. Elfte Auflage, vermehrt mit einem Vorwort über das Leben des Verfassers vom Grafen Daru, Pair von Frankreich. Mit Kupfern. Preis 20 Sgr.

Vortisch, Pastor L., Die jüngste Katastrophe des Erdballs. Ein geologischer Versuch. 8. 1852. geh. Preis 25 Sgr.

Vorträge, wissenschaftliche, gehalten zu München im Winter 1858 von Th. Bischoff, J. C. Bluntschli, F. Bodenstedt, M. Carriere, P. Heyse, Ph. Jolly, F. Knapp, Fr. v. Kobell, J. v. Liebig, F. Löher, M. Pettenkofer, W. H. Riehl, L. Seidel, H. v. Sybel, O. v. Voelderndorff, B. Windscheid. Herausgegeben von J. v. Liebig. gr. 8. Satin. Velinpap. geh. Preis 3 Thlr.

Wagner, K. F. Ch., Theoretisch-praktische Schulgrammatik der
englischen Sprache für jüngere Anfänger. Dritte vermehrte und verbesserte
Auflage. gr. 8. Velinpap. geh. Preis 25 Sgr.

Wagner, K. F. Ch., Grammatik der englischen Sprache.
Sechste Auflage. Neu bearbeitet von Ludwig Herrig. Preis 1 Thlr.

Waitz, Dr. Th., Allgemeine Pädagogik. gr. 8. geh.
Preis 2 Thlr. 10 Sgr.

Waitz, Dr. Th., Lehrbuch der Psychologie als Naturwissenschaft.
gr. 8. geh. Preis 3 Thlr. 10 Sgr.

Walkhoff, Louis, Der praktische Rübenzuckerfabrikant. Ein
Lehr- und Hülfsbuch für Rübenzuckerfabrikanten, Betriebsdirigenten, Siede-
meister, Maschinenbauer, Ingenieure, Landwirthe und Studirende an landwirthschaftlichen Lehranstalten. Nach eigenen langjährigen Erfahrungen bearbeitet.
Mit einem Vorwort vom Prof. Dr. Fr. Jul. Otto. Mit zahlreichen in den
Text eingedruckten Holzschnitten, nach Originalzeichnungen der neuesten und
besten Constructionen aller Apparate der Rübenzuckerfabrikation. Zweite sorg-
sam durchgesehene und vermehrte Auflage. gr. 8. Fein Velinpap. geh.
Preis 2 Thlr. 25 Sgr.

Weber, Dr. H. E., Allgemeine Anatomie des menschlichen Körpers; enthaltend: die Lehre von den Substanzen, von den durch das Mikroskop
erkennbaren kleinsten Theilen und von den Geweben des menschlichen Körpers.
Mit zwei Tafeln mikroskopischer Abbildungen. gr. 8. (Bildet zugleich den
ersten Theil zu Hildebrandt's Handbuch der Anatomie.) Preis 3 Thlr.

Weber, Ernst Heinrich, Die Lehre vom Tastsinne und Ge-
meingefühle auf Versuche gegründet. Für Aerzte und Philosophen besonders
abgedruckt aus Rud. Wagner's Handwörterbuche der Physiologie. gr. 8.
Fein Velinpap. geh. Preis 1 Thlr.

Weber, R., Atomgewichtstabellen zur Berechnung der bei ana-
lytisch chemischen Untersuchungen erhaltenen Resultate. Zugleich als Nachtrag zum Handbuche der analytischen Chemie von Heinrich Rose. gr. 8.
Fein Velinpap. geh. Preis 20 Sgr.

Weisbach, Prof. Dr. J., Die neue Markscheidekunst und ihre
Anwendung auf bergmännische Anlagen. In 2 Abtheilungen. 4. Fein Velinpap. geh.
Erste Abtheilung: Die trigonometrischen und Nivellir-Arbeiten über Tage. Mit
10 zum Theil colorirten Tafeln in Kupferstich und 79 Abbildungen in Holzstich. Preis 4 Thlr.
Zweite Abtheilung: Die trigonometrischen und Nivellir-Arbeiten unter Tage. Mit
9 zum Theil colorirten Tafeln, einem Titelbilde und 93 in den Text eingedruckten Holzschnitten. Preis 4 Thlr.

Weisbach, Prof. Dr. J., Lehrbuch der Ingenieur- und Maschinen-
mechanik. Mit den nöthigen Hülfslehren aus der Analysis für den Unterricht
an technischen Lehranstalten, sowie zum Gebrauch für Techniker bearbeitet.
In drei Theilen. Erster Theil: Theoretische Mechanik. Zweiter Theil: Statik
der Bauwerke und Mechanik der Umtriebsmaschinen. Dritter Theil: Die Mechanik der Zwischen- und Arbeitsmaschinen. Dritte verbesserte und vervoll-
ständigte Auflage. Jeder Band mit etwa 600 bis 800 in den Text eingedruckten Holzstichen. gr. 8. Fein Velinpap. geh. In Lieferungen. Erschienen
ist: Erster Band complet in 10 Lieferungen, Preis 5 Thlr.; zweiter Band
complet in 11 Lieferungen, Preis 5 Thlr. 20 Sgr.; dritter Band, Lieferung 1—12,
Preis jeder Lieferung 15 Sgr.
(Der Schluss des dritten Bandes befindet sich unter der Presse).

Weisbach, Prof. Dr. J., Die ersten Grundlehren der höheren
Analysis oder Differential- und Integralrechnung. Für das Studium der prak-
tischen Mechanik und Naturlehre möglichst populär bearbeitet. Mit 88 in den
Text eingedruckten Holzschnitten. gr. 8. Fein Velinpap. geh. Preis 10 Sgr.

Weisbach, Prof. Dr. J., Der Ingenieur, Sammlung von Tafeln,
Formeln und Regeln der Arithmetik, der theoretischen und praktischen Geometrie sowie der Mechanik und des Ingenieurwesens. Für praktische Geometer,

Mechaniker, Architekten, Civilingenieure, Berg- und Hüttenbeamte, Baugewerksmeister und andere Techniker bearbeitet. Dritte neu bearbeitete und wesentlich bereicherte Auflage. In zwei Abtheilungen. Erste Abtheilung: Arithmetik, theoretische und praktische Geometrie. Mit 179 in den Text eingedruckten Holzschnitten. Taschenformat. geh. Preis 24 Sgr.

Weltzien, Prof. C., Systematische Zusammenstellung der organischen Verbindungen. gr. 8. Satin. Velinpap. Preis 3 Thlr. 20 Sgr.

Wernicke, Ad., Lehrbuch der Mechanik in elementarer Darstellung, mit Uebungen und Anwendungen auf Maschinen- und Bau-Constructionen. Für den Unterricht an Gewerbe- und Realschulen, sowie zum Privatstudium, für angehende Ingenieure und Architekten bearbeitet. gr. 8. Satin. Velinpapier. geh. In zwei Theilen.
Erster Theil: Mechanik fester Körper. Mit 376 in den Text eingedruckten Holzschnitten Preis 1 Thlr. 25 Sgr.
Zweiter Theil: Mechanik flüssiger Körper. Mit 170 in den Text eingedruckten Holzschnitten. Preis 1 Thlr. 5 Sgr.

Wiegmann, Dr. A. F., Ueber die Bastarderzeugung im Pflanzenreiche. Eine gekrönte Preisschrift. Mit illum. Kupfern. 4. geh. Preis 25 Sgr.

Wiegmann, Dr. A. F., Ueber die Entstehung, Bildung und das Wesen des Torfes. Eine von der Königlichen Akademie der Wissenschaften in Berlin des Preises für 1833 würdig erkannte Preisschrift. Nebst einem Anhange über die Entstehung, Bildung und das Wesen der Raseneisensteine und des erdigen Eisenblau. gr. 8. geh. Preis 15 Sgr.

Wiegmann, Dr. A. F., Die Krankheiten und krankhaften Missbildungen der Gewächse, mit Angabe der Ursachen und der Heilung und Verhütung derselben. Ein Handbuch für Landwirthe, Gärtner, Gartenliebhaber und Forstmänner. gr. 8. geh. Preis 22½ Sgr.

Wiegmann, Dr. A. F., und C. Polstorff, Ueber die anorganischen Bestandtheile der Pflanzen, oder Beantwortung der Frage: Sind die anorganischen Elemente, welche sich in der Asche der Pflanzen finden, so wesentliche Bestandtheile des vegetabilischen Organismus, dass dieser sie zu seiner völligen Ausbildung bedarf, und werden sie den Gewächsen von Aussen dargeboten? Eine in Göttingen im Jahre 1842 gekrönte Preisschrift, nebst einem Anhange über die fragliche Assimilation des Humusextractes. gr. 8. geh.
Preis 10 Sgr.

Wigand, Dr. Albert, Intercellularsubstanz und Cuticula. Eine Untersuchung über das Wachsthum und die Metamorphose der vegetabilischen Zellenmembran. Mit zwei Tafeln Abbildungen. gr. 8. Fein Velinpap. geh.
Preis 1 Thlr. 15 Sgr.

Wigand, Dr. Albert, Der Baum. Betrachtungen über Gestalt und Lebensgeschichte der Holzgewächse. Mit 2 Tafeln Abbildungen. gr. 8. Fein Velinpap. geh. Preis 1 Thlr. 15 Sgr.

Wigand, Dr. Albert, Botanische Untersuchungen. Mit 6 Tafeln Abbildungen. gr. 8. Fein Velinpap. geh. Preis 1 Thlr. 15 Sgr.

Wislizenus, Dr. A., Denkschrift über eine Reise nach Nord-Mexico, verbunden mit der Expedition des Obersten Damphan, in den Jahren 1846 und 1847. Aus dem Englischen übertragen von G. M. v. Ross. Mit einem wissenschaftlichen Anhange und drei Karten. gr. 8. geh.
Preis 1 Thlr. 10 Sgr.

Wundt, Dr. Wilhelm, Die Lehre von der Muskelbewegung. Mit 22 in den Text eingedruckten Holzschnitten. Royal-8. Satin. Velinpap. geh.
Preis 1 Thlr. 20 Sgr.

Zernikow, Dr., Die Theorie der Dampfmaschinen, in welcher die physikalischen Eigenschaften und die mechanischen Wirkungen des Dampfes von der ersten Ursache der Dampfbildung, von der Wärme, abhängig gemacht werden. gr. 8. Fein Velinpap. geh. Preis 1 Thlr. 10 Sgr.

Zur Erinnerung an F. L. W. Meyer, den Biographen Schröder's. Lebensskizze nebst Briefen von Bürger, Forster, Göcking, Gotter, Herder, Heyne, Schröder u. A. 2 Theile. 8. geh. Preis 2 Thlr. 20 Sgr.

www.ingramcontent.com/pod-product-compliance
Lightning Source LLC
Chambersburg PA
CBHW030006240426
43672CB00007B/840